2024
손진호
세법
2023년도 세무직 공무원 시험대비!

요약서

gong.conects.com

손진호 | 편저

· 기본서의 **핵심 내용**을 정리하여
  단권화와 **회독수 증가**에 **최적화!**

- 2024년 7, 9급 공무원 세법 요약서
- **회독수** : 도표로 내용을 요약하여 **빠르게**
  학습이 가능
- **단권화** : 넓은 여백을 활용하여 오답정리 등의
  단권화에 최적화

교재의 강의는 공단기에서 수강하실 수 있습니다.
gong.conects.com

https://**hmstory.kr**

이 책은 세법의 기본이론에 대한 학습이 완료된 수험생을 위한 것입니다.
아마도 여러분의 머릿속에는 세법이라는 생소한 지식이 제자리에서 맴돌고 있을 것 입니다.
마치 타인의 지식인 것처럼 온전히 흡수되지 않은체 기억의 주변을 맴돌고 있을 것 입니다.
요약서와 기출문제를 통한 학습은 이러한 지식을 여러분의 것으로 만드는 훈련입니다.
스토리를 통해 이해한 이론을 이제는 요약서를 통해 결론을 확인하고 비교하며 체득해야합니다.

11년전 초급장교훈련(OBC)에서 처음으로 권총을 잡은 순간이 기억납니다.
교재를 통해서 권총사격의 원리와 탄도를 공부했습니다. 당시 젊은 친구들이 권총에 매료되었고, 사격과
총기 분해/결합을 시합하였습니다.
어떤 친구는 계속해서 교재를 읽었고, 또 어떤 친구는 총기를 만지작 거렸습니다.
레옹이라는 영화를 좋아했던 저는 권총 시합에서 꼭 이기고 싶었습니다.
교재의 내용을 머릿속에 넣기 위해 결론을 요약해서 중얼거렸고, 그 이론의 내용대로 사격과 총기 분해
결합을 연습했습니다.
처음에는 계속 실수를 했습니다. 다시 처음부터하고, 또 다시 처음부터 하고,
실패를 거듭하다보니 경험이 쌓여서 교재의 순서대로 막힘 없이 몸이 움직였습니다.
약 50명 중에 1등으로 권총사격을 하였고, 총기 분해/결합은 저보다 빠른 친구가 없었습니다.

저는 재능이나 순발력이 뛰어난 사람이 아닙니다.
당시 뇌과학 교재를 통해 결과를 이끌어 내는 과정에 대하여 확신이 있었을 뿐입니다.

'결론을 요약해서 중얼거리는 작업'은 새롭게 배운 무언가를 체득하는 것에 있어 가장 중요하다고 생각합니다.

여러분의 시합(시험)은 이제부터 시작입니다.
요약서를 통하여 배운 지식을 온전하게 흡수할 수 있었으면 좋겠습니다.

가장 빠른 속도로 정확하게 사격할 수 있기를 바라며,

손진호 올림.

1. 도표를 활용하여 이론을 요약하였습니다.

이론을 배우는데 있어서 도표는 유용하지 않은 경우가 많습니다.
우리는 무언가를 이해할 때 기존의 알고 있는 사실과 새로운 정보간의 비교를 통하여 내용을 습득합니다.
즉, 생소한 이론을 배우기 위해서는 그 이론에 대한 맥락(스토리)의 파악이 중요한데 도표는 결론만 보기좋게 나열되어 있기에
새로운 정보를 습득함에는 유용한 방식이 아닙니다.
여러분이 기본이론을 충실하게 공부하였다면, 이제는 도표로 학습을 해야합니다.
도표에는 결론이 나열되어 있고 비교되어 있어 '이미 알고 있는'정보를 강화하는데 유용합니다.

도표로 정리가된 요약서가 읽힌다면, 기본서에 대한 학습은 졸업하셔도 됩니다.
요약서 중간에 막히는 부분이 있다면 '그 부분만' 기본서로 학습한다면, 가장 효율적으로 시험을 준비할 수 있습니다.

2. 단권화를 위한 여백이 존재합니다.

'단권화'란 필기, 오답정리 등 시험과 관련된 자료를 체계적으로 모아 기록하는 것을 말합니다.
기본서, 요약서, 노트, 문제집 등을 선택하여 단권화 할 수 있습니다.
저는 요약서에 단권화 하는 것을 추천합니다.

기본서는 너무 많은 정보가 나열되어 있어 회독수의 증가에 불리합니다.
문제집은 세법과 관련된 내용이 체계적으로 정리가 되어 있지 않아 공백 영역이 발생할 수 있습니다.
노트는 수험생의 너무 많은 시간과 노력을 투자해야합니다.

요약서는 시험과 관련된 주제들의 결론이 나열되어 있고, 목차에 따라 대부분의 내용이 체계적으로 정리되어 있습니다.
따라서 단권화를 하기에 가장 유용합니다.

수험생의 단권화를 위해 여백을 조정하였습니다.
실제 250페이지 이내의 내용이 300페이지로 조정되었습니다. 증가된 50페이지는 단권화 여백으로 활용되었습니다.

3. 개정세법의 간단한 표시

개정세법에 대하여 '_____'로 표시하였습니다.
개정세법은 개정이전에 공부한 세법이 개정 이후의 내용으로 잘 이해하고 있는지 확인하기 위한 목적으로 표기해 놓습니다.
수험생이 이해하고 있는지만 간단하게 확인해볼 수 있도록간단하게 밑줄로만 표시하였습니다.

목차 Contents

목차 Contents

목차 Contents

Part 5 법인세법 / 225

2024 손진호 ◆ 세법 요약서

P·A·R·T

01

국세기본법

총칙

I 국세기본법 통칙

구 분	내 용
목적	① 국세의 기본적이고 공통적인 사항과 납세자의 권리·의무 및 권리구제 사항을 규정 ② 법률관계를 명확하게 하고, 과세를 공정하게 하며, 국민의 납세의무의 원활한 이행에 이바지함
국세 [≠지방세] [≠관세]	국가가 부과하는 조세 중 관세를 제외한 내국세 [소득세, 법인세, 상속세와 증여세, 종합부동산세, 부가가치세, 개별소비세, 「교통·에너지·환경세」, 주세, 인지세, 증권거래세, 교육세, 농어촌특별세]
세법 [≠국세기본법] [≠지방세법] [≠관세법]	국세의 종목과 세율을 정하고 있는 법률과 국세징수법·조세특례제한법·국제조세조정에 관한 법률·조세범 처벌법·조세범 처벌절차법
원천징수	세법에 따라 원천징수의무자가 국세(가산세 제외)를 징수하는 것
가산세	세법에서 규정하는 의무의 성실한 이행을 확보하기 위하여 세법에 따라 산출한 세액에 가산하여 징수하는 금액
강제징수비 [국세≠강제징수비]	「국세징수법」 중 강제징수에 관한 규정에 따른 재산의 압류, 보관, 운반과 매각에 든 비용(매각을 대행시키는 경우 그 수수료 포함)
공과금	「국세징수법」의 강제징수의 예에 따라 징수할 수 있는 채권 중 국세, 관세, 임시수입부가세, 지방세와 이에 관계되는 강제징수비를 제외한 것
납세의무자	세법에 따라 국세를 납부할 의무(국세를 징수하여 납부할 의무 제외)가 있는 자
납세자	납세의무자(연대납세의무자와 제2차 납세의무자 및 보증인 포함)와 세법에 따라 국세를 징수하여 납부할 의무를 지는 자 납세자 = 납세의무자(본래의 납세의무자, 연대납세의무자, 제2차 납세의무자, 납세보증인) + 징수의무자(원천징수의무자, 대리납부의무자)
제2차 납세의무자	납세자가 납세의무를 이행할 수 없는 경우 납세자를 갈음하여 납세의무를 지는 자
보증인	납세자의 국세 또는 강제징수비의 납부를 보증한 자
과세표준	세법에 따라 직접적으로 세액산출의 기초가 되는 과세대상의 수량 또는 가액

구 분	내 용
법정신고기한	세법에 따라 과세표준신고서를 제출할 기한
전자신고	과세표준신고서 등 신고관련 서류를 국세정보통신망을 이용하여 신고하는 것
정보통신망	전기통신설비를 활용하거나 전기통신설비와 컴퓨터 및 컴퓨터의 이용기술을 활용하여 정보를 수집, 가공, 저장, 검색, 송신 또는 수신하는 정보통신체계
세무공무원	① 국세청장, 지방국세청장, 세무서장 또는 그 소속 공무원 ② 세법에 따라 국세에 관한 사무를 세관장이 관장하는 경우의 세관장(or 소속공무원)
세무조사	국세의 과세표준과 세액을 결정 또는 경정하기 위하여 질문을 하거나 해당 장부·서류 또는 그 밖의 물건을 검사·조사하거나 그 제출을 명하는 활동
특수관계인	본인과 혈족·인척 등 친족관계, 임원·사용인 등 경제적 연관관계, 주주·출자자 등 경영지배관계 중 어느 하나에 해당하는 관계에 있는 자(이 경우 국세기본법 및 세법을 적용할 때 본인도 그 특수관계인의 특수관계인으로 봄)
다른 법률과의 관계	1. 세법과의 관계 : 국세에 관하여 세법에 별도의 규정이 있는 경우를 제외하고는 국세기본법에서 정하는 바에 따른다.(＝세법의 별도 규정 우선 적용) 2. 관세법과의 관계 : 「관세법」등에서 세관장이 부과·징수하는 국세에 관하여 국세기본법에 대한 특례규정을 두고 있는 경우에는 「관세법」등에서 정하는 바에 따른다. 3. 다른 불복절차법과의 관계 ① 행정심판법 : 국세기본법에 따른 불복청구에 대해서는 행정심판법 적용× ② 감사원법 : 불복 ＝ 국세기본법 규정과 감사원법 규정을 선택하여 적용할 수 있다.

Ⅱ 기간과 기한

구분	내용
기간 계산	국세기본법 또는 세법에 특별한 규정이 있는 것을 제외하고는 「민법」에 따른다.(세법)민법)
기한의 특례	① 기한이 토요일 · 일요일 · 공휴일 · 대체공휴일 · 근로자의 날일 때 : 토요일 · 일요일 · 공휴일 · 대체공휴일 · 근로자의 날의 다음날이 기한 ② 신고기한(납부기한) 만료일에 국세정보통신망이 정전 · 장애, 프로그램의 오류 및 그 밖의 부득이한 사유로 가동이 정지되어 전자신고나 전자납부를 할 수 없는 경우 : 그 장애가 복구되어 신고 또는 납부할 수 있게 된 날의 다음날이 기한
우편신고 전자신고 발신주의	1. 우편신고 : 우편날짜 도장이 찍힌 날(찍히지 않았거나 분명하지 않은 경우 통상의 배송일수를 기준으로 발송한 날로 인정되는 날)에 신고되거나 청구된 것으로 본다. 2. 전자신고 : 국세청장에게 전송된 때에 신고되거나 청구된 것으로 본다.
천재지변 등으로 인한 기한의 연장	천재지변이나 그 밖에 다음의 사유로 국세기본법 또는 세법에서 규정하는 신고, 신청, 청구, 그 밖에 서류의 제출 또는 통지를 정하여진 기한까지 할 수 없다고 인정하는 경우 + 납세자가 기한 연장을 신청한 경우에는 그 기한을 연장할 수 있다. → 관할 세무서장이 직권으로 또는 납세자의 신청에 따라 기한 연장 ① 납세자가 화재, 전화, 그 밖의 재해를 입거나 도난을 당한 경우 ② 납세자(or동거가족)가 질병이나 중상해로 6개월 이상 치료가 필요하거나 사망하여 상중인 경우 ③ 정전, 프로그램의 오류, 그 밖의 부득이한 사유로 한국은행(대리점 포함) 및 체신관서의 정보통신망의 정상적인 가동이 불가능한 경우 ④ 금융회사 등 또는 체신관서의 휴무, 그 밖의 부득이한 사유로 정상적인 세금납부가 곤란하다고 국세청장이 인정하는 경우 ⑤ 권한 있는 기관에 장부나 서류가 압수 또는 영치된 경우 ⑥ 납세자의 장부 작성을 대행하는 세무사 등의 세무대리인이 화재, 전화, 그 밖의 재해를 입거나 도난을 당한 경우 ⑦ 위의 ①, ② 또는 ⑤에 준하는 사유가 있는 경우

기한 연장의 신청, 기간, 승인	(1) 기한 연장 신청
	  – 기한의 연장을 받으려는 자는 기한 만료일 3일 전까지 문서로 신청
	  – 3일 전까지 신청할 수 없다고 인정하는 경우 기한의 만료일까지 신청하게 할 수 있다.
	
	(2) 기한 연장 기간
	  – 기한연장은 3개월 이내로 함.
	  – 기한연장 사유 미소멸시 관할 세무서장은 1개월의 범위에서 다시 연장 가능.
	  – 신고와 관련된 기한연장은 9개월을 넘지 않는 범위에서 관할 세무서장이 연장 가능.
	
	(3) 기한 연장 승인
	  – 기한 연장시 문서로 지체 없이 관계인에게 통지하여야 한다.
	  – 기한 만료일 3일 전까지 한 신청은 기한 만료일 전에 그 승인 여부를 통지하여야 한다.
	  – 다음 중 어느 하나에 해당하는 경우 관보 또는 일간신문 공고로 통지를 갈음할 수 있다.
	  ① 정전, 프로그램의 오류, 그 밖의 부득이한 사유로 한국은행(대리점 포함) 및 체신관서의 정보통신망의 정상적인 가동이 불가능한 경우가 전국적으로 일시에 발생시
	  ② 기한연장의 통지대상자가 불특정 다수인 경우
	  ③ 기한연장의 사실을 그 대상자에게 개별적으로 통지할 시간적 여유가 없는 경우

Ⅲ 서류의 송달

구분	구분
송달을 받아야 할 자	① 원칙 : 명의인(서류의 수신인)의 주소, 거소, 영업소 또는 사무소에 송달 *전자송달은 명의인의 전자우편주소에 송달 ② 연대납세의무자에게 서류 송달 : 대표자를 명의인으로 하며, 대표자가 없을 때에는 연대납세의무자 중 국세를 징수하기에 유리한 자를 명의인으로 한다. 다만, 납부의 고지와 독촉에 관한 서류는 연대납세의무자 모두에게 각각 송달하여야 한다. ③ 상속 개시(상속재산관리인 존재시) : 상속재산관리인의 주소 또는 영업소에 송달 ④ 납세관리인 존재 : 납부의 고지와 독촉에 관한 서류는 납세관리인 주소 또는 영업소에 송달 ⑤ 교정시설(or유치장)에 체포·구속·유치 사실 확인 : 교정시설의 장(or국가경찰관서의 장)에게 송달
송달장소	서류의 송달을 받을 자가 주소 또는 영업소 중에서 송달받을 장소를 신고한 경우에는 그 신고된 장소에 송달하여야 한다. 이를 변경한 경우에도 또한 같다.

구분		구분
송달방법	교부 송달	① 송달할 장소에서 송달받아야 할 자에게 서류를 교부하는 방법으로 한다.(송달을 받아야 할 자가 거부하지 아니하면 다른 장소 교부 가능) ② 우편송달(등기우편을 말함)과 교부송달의 경우에 송달할 장소에서 서류를 송달받아야 할 자를 만나지 못하였을 때에는 그 사용인이나 그 밖의 종업원 또는 동거인으로서 사리를 판별할 수 있는 사람에게 서류를 송달할 수 있다. ※ 유치송달 : 서류를 송달받아야 할 자(or 사용인, 종업원, 동거인 사리판별 가능자)가 정당한 사유 없이 서류 수령을 거부할 때에는 송달할 장소에 서류를 둘 수 있다. → 서류 수령 거부시 유치송달(공시송달할 수 없음)
	우편 송달	① 일반적인 우편송달 방법 : 등기우편 또는 일반우편 둘 다 가능 ② 등기우편(강제) : 납부의 고지·독촉·강제징수 또는 세법상 정부 명령 관계 서류 *등기우편 강제 예외 : 다음 중 어느 하나에 해당하는 경우로써 50만원 미만에 해당하는 경우 ㉠ 소득세 중간예납세액 납부고지 ㉡ 부가가치세 예정납부고지서 ㉢ 신고납세세목 국세를 법정신고기한까지 제출하였으나 세액의 전부(or일부)를 납부하지 아니하여 발급하는 납부고지서
	전자 송달	원칙 : 송달받아야 할 자가 신청하는 경우에만 한다. *다만, 납부고지서 송달 전 국세정보통신망을 통해 소득세 중간예납세액(or 부가가치세 예정고지세액, 예정부과세액) 확인 후 계좌이체·신용카드 등으로 국세를 전액 자진납부한 경우 납부한 세액에 대해서는 자진납부한 시점에 전자송달을 신청한 것으로 본다. 예외 : 국세정보통신망의 장애 등으로 전자송달이 불가능한 경우에는 교부 또는 우편의 방법으로 송달할 수 있다.(별도의 전자송달철회신청×) ┌─────────────────────┬─────────────────────────────┐ 전자송달서류 / 전자송달 방법 테이블

전자송달서류	전자송달 방법
납부고지서 및 국세환급금통지서	국세정보통신망에 해당 서류를 열람할 수 있게 하여야 함
위 외의 서류(신고안내,채권압류통지서 등)	해당 납세자가 지정한 전자우편주소로 송달하여야 함

구 분		구 분

공시
송달
		우편이나 교부송달이 불가능한 경우에 서류의 주요 내용을 공고
		(1) 공시송달 사유 : 주소 또는 영업소가 분명하지 아니하거나 국외에 있고 송달하기 곤란한 경우
		   or 납부기한 내 송달이 곤란하다고 인정되는 경우
		   ① 등기우편으로 송달하였으나 수취인 부재중으로 확인되어 반송되는 경우
		   ② 세무공무원이 2회 이상 납세자를 방문(처음 방문일과 마지막 방문일 기간이 공휴일·토요일을
		      제외하고 3일 이상)해 서류를 교부하고자 하였으나 수취인 부재로 확인되어 반송되는 경우
		(2) 공시송달 방법 : 다음 중 어느 하나에 게시하거나 게재해야 한다.
		   ① 국세정보통신망(다른 공시송달 방법과 함께 해야 함)
		   ② 세무서의 게시판이나 그 밖의 적절한 장소
		   ③ 송달 장소 관할 특별자치시 등의 홈페이지, 게시판이나 그 밖의 적절한 장소
		   ④ 관보 또는 일간신문

송달의 효력 발생	교부, 우편	송달받아야 할 자에게 도달한 때
	전자	송달받을 자가 지정한 전자우편주소에 입력된 때(국세정보통신망에 저장된 때)
	공시	공고한 날로부터 14일이 지난 때

Ⅳ 법인으로 보는 단체

구 분		내 용
법인으로 보는 단체	당연 의제 법인	법인이 아닌 사단, 재단, 그 밖의 단체(=법인 아닌 단체) 중 다음 중 어느 하나에 해당하는 것 으로서 수익을 구성원에게 분배하지 않는 것은 법인으로 본다. ① 주무관청의 허가 또는 인가를 받아 설립되거나 법령에 따라 주무관청에 등록한 사단, 재 단, 그 밖의 단체로서 등기되지 아니한 것 ② 공익을 목적으로 출연된 기본재산이 있는 재단으로서 등기되지 아니한 것
	승인 의제 법인	법인으로 보는 단체(당연의제법인) 외의 법인 아닌 단체 중 다음의 요건을 모두 갖추고 대표 자나 관리인이 신청하여 승인을 받은 것 * 해당 사단, 재단, 그 밖의 단체의 계속성과 동질성이 유지되는 것으로 본다. ① 단체의 조직과 운영에 관한 규정 + 대표자나 관리인 선임 ② 단체 자신의 계산과 명의로 수익과 재산을 독립적으로 소유 및 관리 ③ 단체의 수익을 구성원에게 분배하지 아니할 것 *승인을 받은 날이 속하는 과세기간과 그 과세기간이 끝난 날부터 3년이 되는 날이 속하는 과세기간까지 는 거주자 또는 비거주자로 변경할 수 없다.(요건위배로 승인취소 받는 경우 제외)

구 분		내 용
	법인으로 보는 단체의 의무이행	① 국세에 관한 의무는 그 대표자나 관리인이 이행하여야 한다. ② 국세에 관한 의무 이행을 위하여 대표자나 관리인을 선임하거나 변경한 경우 관할 세무서 장에게 신고(신고× = 관할 세무서장은 단체의 구성원 또는 관계인 중 1명을 국세에 관한 의무를 이행하는 사람으로 지정할 수 있다.)
전환 국립대학법인에 대한 납세의무 적용 특례		전환 국립대학 법인*에 대한 국세의 납세의무(징수하여 납부할 의무 제외)를 적용할 때에는 전환 국립대학 법인을 별도의 법인으로 보지 아니하고 국립대학 법인으로 전환되기 전의 국 립학교 또는 공립학교로 본다.(국가= 비과세) 다만, 전환 국립대학 법인이 해당 법인의 설립 근거가 되는 법률에 따른 교육·연구 활동에 지장이 없는 범위 외의 수익사업을 하는 경우의 납세의무에 대해서는 그러하지 아니하다.(법인=과세) * 전환 국립대학 법인 : 국립대학 법인 중 국립학교 또는 공립학교로 운영되다가 법인별 설립근거가 되는 법률에 따라 국립대학 법인으로 전환된 법인
법인 아닌 단체에 대한 세법 적용	법인세	법인으로 보는 단체는 비영리내국법인으로 본다.
	소득세	① 공동사업의제 : 구성원 간 이익의 분배비율이 정해져 있거나 사실상 분배되는 경우 소득구 분에 따라 해당 단체의 각 구성원별로 소득에 대한 소득세를 납부할 의무를 짐 ② 1거주자 의제 : 구성원간 이익의 분배비율이 정해져 있지 않거나 확인되지 않는 경우 해당 단체를 1거주자 또는 1비거주자로 보아 소득세를 납부할 의무를 짐 * 일부 구성원의 분배비율만 확인되거나 일부 구성원에게만 이익이 분배되는 경우 ① 분배되는 부분 : 해당 구성원별로 소득세 또는 법인세에 대한 납세의무 부담 → 공동 사업의제 ② 분배되지 아니하는 부분 : 해당 단체를 1거주자 또는 1비거주자로 보아 소득세에 대한 납세의무 부 담 → 그 단체의 소득을 대표자의 소득과 합산하지 않음
	상증세	법인으로 보는 단체는 비영리내국법인으로 보고 상속세 및 증여세법을 적용

국세부과와 세법적용원칙

Ⅰ 국세부과의 원칙 (과세관청 및 납세자 모두에게 적용)

└─▶ 국세에 관한 납세의무를 확정(결정, 경정, 신고, 수정신고)하는 때 지켜야 할 원칙

구 분	내 용
실질과세의 원칙	형식과 실질이 다른 경우에 실질에 따라 과세한다는 원칙 (1) 거래귀속자에 대한 실질과세 　　과세의 대상이 되는 소득, 수익, 재산, 행위 또는 거래의 귀속이 명의일 뿐이고 사실상 귀속되는 자가 　　따로 있을 때 = 사실상 귀속되는 자를 납세의무자로 세법 적용 (2) 거래내용에 대한 실질과세 　　세법 중 과세표준의 계산에 관한 규정은 소득, 수익, 재산, 행위 또는 거래의 명칭이나 형식에 관계없 　　이 그 실질 내용에 따라 적용 (3) 우회거래에 대한 실질과세 　　제3자를 통한 간접적인 방법이나 둘 이상의 행위 또는 거래를 거치는 방법으로 국세기본법 또는 세법 　　의 혜택을 부당하게 받기 위한 것으로 인정되는 경우에는 그 경제적 실질 내용에 따라 당사자가 직접 　　거래를 한 것으로 보거나 연속된 하나의 행위 또는 거래를 한 것으로 보아 국세기본법 또는 세법을 적 　　용한다. *실질과세원칙은 조세평등주의에서 파생된 기본원리로 조세법률주의의 범위 내에서 행사되어야 함
신의성실의 원칙	납세자가 그 의무를 이행할 때에는 신의에 따라 성실하게 하여야 한다. 세무공무원이 직무를 수행할 때 에도 또한 같다. ① 납세자가 신의성실의 원칙을 위반하는 경우에는 가산세부과, 세무조사 등의 불이익처분을 받게 되므 　　로 납세자에 대한 신의성실의 원칙은 제한적으로 적용됨 ② 다음의 요건을 모두 충족하는 경우 과세관청에 대한 신의성실원칙의 적용 　　→ 요건충족시 과세관청의 처분은 적법함에도 불구하고 취소대상 처분이 됨 　　㉠ 납세자에게 신뢰의 대상이 되는 공적인 견해표시가 있을 것 　　㉡ 납세자가 관세관청의 견해표시를 신뢰하고 납세자의 귀책사유가 없을 것 　　㉢ 납세자가 그 신뢰에 근거하여 세무상의 처리를 하였을 것(상당한 인과관계) 　　㉣ 과세관청이 당초의 견해표명에 반하는 소급적인 적법한 처분을 할 것 　　㉤ 과세관청의 신의칙을 위반한 처분으로 인하여 납세자가 불이익을 받을 것 *신의성실의 원칙은 조세법률주의에 의하여 제약을 받는다.

구 분	내 용
근거과세의 원칙	(1) 실지조사원칙 : 납세의무자가 세법에 따라 장부를 갖추어 기록하고 있는 경우에는 과세표준의 조사와 결정은 그 장부와 이에 관계되는 증거자료에 의하여야 한다. (2) 국세를 조사·결정할 때 장부의 기록 내용이 사실과 다르거나 장부의 기록에 누락된 것이 있는 경우 그 부분에 대해서만 정부가 조사한 사실에 따라 결정할 수 있다. *다른 사실 또는 누락된 것을 조사하여 결정시 조사한 사실과 결정의 근거를 결정서에 적어야 한다. (3) 결정서 열람·복사 : 납세의무자(or 대리인)가 요구하면 결정서를 열람·복사하게 하거나 원본과 일치함을 확인하여야 한다.(요구는 구술로 하되, 필요시 서명 요구 가능)
조세감면 사후 관리	국세를 감면시 세법에 따라 감면세액에 상당하는 운용범위를 정할 수 있다. 운용 범위를 벗어난 경우 해당 감면세액은 세법에 따라 감면을 취소하고 징수할 수 있다. 예 세액공제받은 자산의 매각 제한, 공익법인 출연재산의 사후관리

II 세법적용의 원칙(과세관청에게만 적용)

구분	내용
세법 해석의 기준	세법을 해석·적용할 때에는 과세의 형평과 해당 조항의 합목적성에 비추어 납세자의 재산권이 부당하게 침해되지 아니하도록 하여야 한다.(세법 해석의 기준)
소급과세의 금지	(1) 입법에 관한 소급과세의 금지 　국세를 납부할 의무(징수의무자가 따로 규정시 징수하여 납부할 의무)가 성립한 소득, 수익, 재산, 행위 또는 거래에 대해서는 그 성립 후의 새로운 세법에 따라 소급하여 과세하지 아니한다. → 소급입법에 의한 진정소급과세금지 (2) 해석·관행에 관한 소급과세의 금지 　세법의 해석이나 국세행정의 관행이 일반적으로 납세자에게 받아들여진 후에는 그 해석이나 관행에 의한 행위 또는 계산은 정당한 것으로 보며, 새로운 해석이나 관행에 의하여 소급하여 과세되지 아니한다. → 신의성실원칙을 구체화 　* 부진정소급 : 과세기간 중 세법이 개정되거나 해석이 변경되는 경우 개정된 세법이나 변경된 해석을 그 과세기간 개시일부터 적용하는 것을 말한다. 부진정소급과세는 허용된다. ☞(예외) 납세자의 침해되는 신뢰)소급과세로 인한 공익 → 허용 ×(∵ for 법적안정성과 예측가능성) 　* 납세자에게 유리한 소급은 진정소급도 인정
세무공무원 재량의 한계	세무공무원이 그 재량으로 직무를 수행할 때에는 과세의 형평과 해당 세법의 목적에 비추어 일반적으로 적당하다고 인정되는 한계를 엄수하여야 한다.
기업회계의 존중	세무공무원이 국세의 과세표준을 조사·결정할 때에는 납세의무자가 계속 적용하고 있는 기업회계의 기준 또는 관행으로서 일반적으로 공정·타당하다고 인정되는 것은 이를 존중하여야 한다. 다만, 세법에 특별한 규정이 있는 것은 그러하지 아니한다.

*국세예규심사위원회

구분	내용
국세예규심사 위원회 심의사항	다음의 사항을 심의하기 위하여 기획재정부에 국세예규심사위원회를 둔다. ① 납세자 재산권의 부당침해 금지와 소급과세의 금지 기준에 맞는 세법의 해석 및 이와 관련되는 국세기본법의 해석에 관한 사항 ② 관세법의 해석 및 이와 관련되는 법의 해석에 관한 사항 국세예규심사위원회는 다음의 사항 중 위원회의 회의에 부치는 사항을 심의한다. ① 세법, 국세기본, 관세법 등의 입법 취지에 따른 해석이 필요한 사항 ② 기존의 법의 해석 또는 일반화된 국세 및 관세 행정의 관행을 변경하는 사항 ③ 그 밖에 납세자의 권리 및 의무에 중대한 영향을 미치는 사항
제척과 회피	국세예규심사위원회의 위원은 공정한 심의를 기대하기 어려운 사정이 있다고 인정될 때에는 위원회 회의에서 제척되거나 회피하여야 한다.
세법해석 질의 회신	기획재정부장관 및 국세청장은 세법의 해석과 관련된 질의에 대하여 세법해석의 기준에 따라 해석하여 회신하여야 한다.

03 납세의무의 성립 · 확정 · 소멸

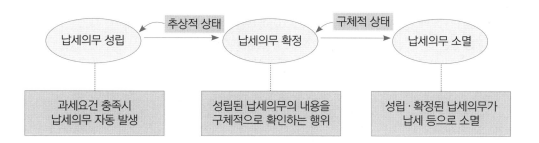

I 납세의무의 성립 · 확정 · 소멸

1. 납세의무의 성립

국세를 납부할 의무는 국세기본법 및 세법에서 정하는 과세요건이 충족되면 성립한다.

* 과세요건(납세의무 성립에 필요한 법률상의 요건) : 납세의무자, 과세대상, 과세표준과 세율

구분	세목	납세의무 성립시기
과세기간 특정	법인세 · 소득세 · 부가가치세	과세기간이 끝나는 때 * 단, 청산소득에 대한 법인세는 해산하는 때, 수입재화에 대한 부가가치세는 세관장에게 수입신고를 하는 때
수시부과	상속세	상속을 개시하는 때
	증여세	증여에 의하여 재산을 취득하는 때
	종합부동산세	과세기준일(6월 1일)
	개별소비세, 주세, 「교통 · 에너지 · 환경세」	과세물품을 제조장으로부터 반출하거나 판매장에서 판매하는 때, 과세 장소에 입장하거나 과세유흥장소에서 유흥음식행위를 한 때 과세영업 장소에서 영업행위를 한 때. 단, 수입물품의 경우에는 세관장에게 수입신고를 하는 때
	인지세	과세문서를 작성한 때
	증권거래세	해당 매매거래가 확정되는 때

구분	세목	납세의무 성립시기
부가세 (surtax)	교육세 · 농어촌특별세	본세인 국세의 납세의무가 성립하는 때. 단, 금융보험업자의 수익금액에 부과되는 교육세는 과세기간이 끝나는 때
가산세		① 무신고가산세 및 과소신고 · 초과환급신고가산세 : 법정신고기한이 경과하는 때 ② 납부지연가산세(1일 22/100,000 적용분) 및 원천징수 등 납부지연가산세(1일 22/100,000 적용 분)* 　 : 법정납부기한 경과 후 1일마다 그 날이 경과하는 때 ③ 납부지연가산세(3% 적용분)* : 납부고지서에 따른 납부기한이 경과하는 때 ④ 원천징수 등 납부지연가산세(3% 적용분) : 법정납부기한이 경과하는 때 ⑤ 그 밖의 가산세 : 가산할 국세의 납세의무가 성립하는 때 * ②와 ③의 경우 출자자의 제2차 납세의무를 적용할 때에는 법정납부기한이 경과하는 때로 한다.

* 예외적인 납세의무의 성립시기

구 분	성립시기
① 원천징수하는 소득세 · 법인세	소득금액 · 수입금액을 지급하는 때
② 납세조합이 징수하는 소득세 또는 예정신고납부하는 소득세	과세표준이 되는 금액이 발생한 달의 말일
③ 중간예납하는 소득세 · 법인세, 예정신고기간 또는 예정부과 기간에 대한 부가가치세	중간예납기간 · 예정신고기간 또는 예정부과 기간이 끝 나는 때
④ 수시부과하여 징수하는 국세	수시부과할 사유가 발생한 때

2. 납세의무의 확정

국세는 국세기본법 및 세법에서 정하는 절차에 따라 그 세액이 확정된다.

구분	신고납세제도	부과과세제도
의의	납세의무자의 신고에 의하여 납부할 세액을 확정하는 제 도(납세자 신뢰)	과세관청의 처분(결정고지)에 의하여 납부할 세액을 확정하는 제도(납세자불신)
세목	법인세 · 소득세 · 부가가치세 · 개별소비세 · 주세, 증권거 래세 · 교육세 · 「교통 · 에너지 · 환경세」 · 종합부동산세(납 세의무자가 신고하는 경우로 한정)	상속세 · 증여세 · 종합부동산세(신고한 경우 제외)
납세의무 확정절차	납세의무자가 과세표준과 세액을 정부에 신고했을 때에 확정된다. 다만, 과세표준과 세액의 신고를 하지 아니하거나 신고한 과세표준과 세액이 세법이 정하는 바에 맞지 아니한 경우 정부가 과세표준과 세액을 결정하거나 경정하는 때에 확 정된다.	해당 국세의 과세표준과 세액을 정부가 결정하 는 때*에 확정된다. 효력발생시기 : 납부고지서가 도달한 때 * 정부가 결정하는 때 : 결정과세표준과 세액 결정결 　의서를 세무서장이 결재한 날

* 자동확정: 다음의 국세는 납세의무가 성립하는 때에 특별한 절차 없이 그 세액이 확정된다.

  ① 인지세

  ② 원천징수하는 소득세 또는 법인세

  ③ 납세조합이 징수하는 소득세

  ④ 중간예납하는 법인세(세법에 따라 정부가 조사·결정하는 경우 제외)

  ⑤ 납부지연가산세 및 원천징수 등 납부지연가산세(납부고지서에 따른 납부기한 후의 가산세로 한정함)

3. 확정된 납세의무의 변경에 대한 효력

구분	부과과세제도
수정신고의 효력	신고납세세목인 국세의 수정신고^{*1}는 당초의 신고에 따라 확정된 과세표준과 세액을 증액하여 확정하는 효력^{*2}을 가진다. 다만, 당초 신고에 따라 확정된 세액에 관한 국세기본법 또는 세법에서 규정하는 권리·의무관계에 영향을 미치지 아니한다. *1 법정신고기한까지 제출한 자의 수정신고로 한정 *2 부과과세세목의 수정신고는 당초 세액을 확정하는 효력 없음.

경정 등의
효력
	① 증액경정 : 세법에 따라 당초 확정된 세액을 증가시키는 경정은 당초 확정된 세액에 관한 국세기본법 또는 세법에서 규정하는 권리·의무관계에 영향을 미치지 아니한다.
	  → 당초 확정된 납세의무에 대한 독촉, 압류 등의 절차는 그 효력이 유지된다.
	  → 증액경정처분시 불복청구는 각 처분별로 각각 제기해야 한다. 당초 처분에 대한 불복청구기한이 끝난 후 증액경정처분에 대한 불복청구시 당초 처분에 대해서는 다툴 수 없다.
	  → 소멸시효도 처분별로 각각 기산한다.
	② 감액경정처분 : 세법에 따라 당초 확정된 세액을 감소시키는 경정은 그 경정으로 감소되는 세액 외의 세액에 관한 국세기본법 또는 세법에서 규정하는 권리·의무관계에 영향을 미치지 아니한다.
	  → 감액된 세액을 제외한 세액에 대한 독촉, 압류 등의 절차는 그 효력이 유지된다.

4. 납세의무의 소멸

구분	소멸 사유		
납부의무 실현	① 납부^{*1}	② 충당(납부할 세액과 환급세액을 상계하는 것)	
납부의무 미실현	③ 부과 취소^{*2}	④ 제척기간의 만료	⑤ 국세징수권 소멸시효의 완성

*1 국세는 금전납부를 원칙으로 하나, 예외적으로 상속세는 물납제도를 두고 있다.

*2 유효하게 성립한 부과처분에 대하여 성립의 하자를 이유로 당초의 처분시점으로 소급하여 효력을 상실시키는 처분

☞ 부과 철회 : 송달불능으로 징수유예한 국세의 징수를 확보할 수 없다고 인정시 부과결정을 철회하는 것(소멸사유×)

Ⅱ 국세부과의 제척기간

1. 제척기간의 유형

(1) 일반적인 부과제척기간
국세를 부과할 수 있는 날부터 다음의 기간으로 한다.

구분	내 용	부과제척기간
일반 국세 (상증세 제외)	① 원칙적인 부과제척기간	5년(역외[2] 7년)
	② 법정신고기한까지 과세표준신고서를 제출하지 아니한 경우	7년(역외 10년)
	③ 부정행위[1]로 국세를 포탈하거나 환급·공제받은 경우 (법인세 = 소득처분된 금액에 대한 소득세 또는 법인세 포함)	10년(역외 15년)
	④ 부정행위 가산세 : 세금계산서(또는 계산서) 미발급·가공발급·허위발급 가산세 부과대상이 되는 경우	(부과가능일 부터) 10년
	⑤ ①과 ④의 기간이 끝난 날이 속하는 과세기간 이후의 과세기간에 소득세법(or 법인세법)에 따라 이월결손금을 공제시 결손금이 발생한 과세기간의 소득세 또는 법인세	(이월결손금 공제 과세기간 신고기한 부터) 1년
상속세 증여세	① 원칙적인 부과제척기간	10년
	② 부정행위로 상속세·증여세를 포탈하거나 환급·공제받은 경우	
	③ 상속세·증여세 신고서를 제출하지 아니한 경우	15년
	④ 상속세·증여세 신고서를 제출한 자가 거짓신고 또는 누락신고 부분[3]	
부담부 증여	부담부증여에 따라 증여세와 함께 과세되는 양도소득세	증여세 규정에 따름

[1] 부정행위 : 사기나 그 밖의 부정한 행위로서 다음 중 어느 하나에 해당하는 행위
   ① 이중장부의 작성 등 장부의 거짓 기장 ② 거짓 증빙 또는 거짓 문서의 작성 및 수취
   ③ 장부와 기록의 파기 ④ 재산의 은닉, 소득·수익·행위·거래의 조작 또는 은폐
   ⑤ 고의적으로 장부를 미작성하거나 비치하지 아니하는 행위 또는 (세금)계산서 또는 (세금)계산서합계표의 조작
   ⑥ 법에 따른 전사적 기업자원관리설비의 조작 또는 전자세금계산서의 조작 ⑦ 그 밖에 위계·부정한 행위
[2] 역외거래 :법에 따른 국제거래 및 거래 당사자 양쪽이 거주자(내국법인과 외국법인의 국내사업장을 포함한다)인 거래로서 국외에 있는 자산의 매매·임대차, 국외에서 제공하는 용역과 관련된 거래를 말한다.
[3] 거짓신고 또는 누락신고
   ① 상속재산가액 또는 증여재산가액에서 가공의 채무를 빼고 신고한 경우
   ② 권리의 이전이나 그 행사에 등기, 등록, 명의개서 등이 필요한 재산을 상속인 또는 수증자의 명의로 등기 등을 하지 아니한 경우로서 그 재산을 상속재산 또는 증여재산의 신고에서 누락한 경우
   ③ 예금, 주식, 채권, 보험금, 그 밖의 금융자산을 상속재산 또는 증여재산의 신고에서 누락한 경우

(2) 상속세·증여세에 대한 부과제척기간 특례(부과제척기간이 평생 만료되지 않는 경우)

구분	내용
적용 요건	납세자가 부정행위로 상속세·증여세를 포탈하는 경우로서 다음 중 하나에 해당하는 경우 과세관청은 상속·증여가 있음을 안 날로부터 1년 이내에 상속세·증여세를 부과할 수 있다. ① 제3자 명의로 되어 있는 피상속인(or증여자)의 재산을 상속인(or수증자)이 취득한 경우(재산 보유여부 무관) ② 계약에 따라 피상속인이 취득할 재산이 계약이행 기간 중에 상속이 개시됨으로써 등기·등록 또는 명의 개서가 이루어지지 아니하고 상속인이 취득한 경우 ③ 국외에 있는 상속재산이나 증여재산을 상속인이나 수증자가 취득한 경우 ④ 등기·등록 또는 명의개서가 필요하지 아니한 유가증권·서화·골동품 등 상속재산 또는 증여재산을 상속인이나 수증자가 취득한 경우 ⑤ 수증자 명의로 되어 있는 증여자의 금융자산을 수증자가 보유 or 사용·수익한 경우 ⑥ 비거주자인 피상속인의 국내재산을 상속인이 취득한 경우 ⑦ 명의신탁재산의 증여의제에 해당하는 경우(명의신탁 관련 국세 포함) ⑧ 가상자산을 가상자산사업자(가상자산거래소)를 통하지 않고 상속인·수증자가 취득하는 경우
적용 배제	① 상속인이나 증여자 및 수증자가 사망한 경우 ② 포탈세액 산출의 기준이 되는 재산의 가액이 50억원 이하인 경우

(3) 불복청구 등에 대한 부과제척기간 특례

일반적인 부과제척기간이 지난 경우에도 지방국세청장 또는 세무서장은 다음의 경우 특례 부과제척기간이 지나기 전까지는 경정이나 필요한 처분을 할 수 있다.

구분	내용	
불복청구· 행정소송· 상호합의	① 불복청구 또는 행정소송법에 따른 소송에 대한 결정 또는 판결 ② ①의 결정이나 판결이 확정됨에 따라 대상이 된 과세표준 또는 세액과 연동된 다른 세목(같은 과세기간 한정)이나 연동된 다른 과세기간(같은 세목 한정)의 과세표준 또는 세액의 조정이 필요한 경우 ③ ①의 결정 또는 판결에 의하여 명의대여사실이 확인된 경우 또는 국내원천소득의 실질귀속자가 확인된 경우*	결정 또는 판결이 확정된 날부터 1년
	④ 「형사소송법」소송에 대한 판결이 확정되어 「소득세법」에 따른 기타소득인 뇌물이나 알선수재 또는 배임수재에 의하여 받은 금품이 발생 ⑤ 최초의 신고·결정·경정에서 과세표준 및 세액의 계산 근거가 된 거래 또는 행위 등이 그 거래·행위 등과 관련된 소송에 대한 판결(판결과 같은 효력의 화해 등 포함)에 의해 다른 것으로 확정	판결이 확정된 날부터 1년
	⑥ 조세조약에 부합하지 아니하는 과세의 원인이 되는 조치가 있는 경우 조치가 있음을 안 날부터 3년 이내(조세조약에서 따로 규정하는 경우에는 그에 따른다)에 그 조세조약의 규정에 따른 상호합의가 신청된 것으로서 그에 대하여 상호합의가 이루어진 경우	상호합의가 종결된 날부터 1년

구 분	내 용	
경정청구	⑦ 국세기본법에 따른 경정청구와 법에 따른 경정청구(or 조정권고) ⑧ ⑦에 따른 경정청구 또는 조정권고가 있는 경우 그 경정청구 또는 조정권고의 대상이 된 과세표준 또는 세액과 연동된 다른 과세기간의 과세표준 또는 세액의 조정이 필요한 경우	경정청구일 또는 조정권고 일부터 2개월
역외거래 조세정보를 받는 경우	⑨ 역외거래와 관련하여 일반적인 부과제척기간이 지나기 전에 법에 따라 조세의 부과와 징수에 필요한 조세정보를 외국의 권한 있는 당국에 요청하여 요청한 날부터 2년이 지나기 전까지 조세정보를 받은 경우	조세정보를 받은 날부터 1년

* 예 1) 명의대여 사실이 확인된 경우 : 실제로 사업을 경영한 자
   2) 과세 대상 재산의 귀속이 명의일 뿐이고 사실상 귀속되는 자가 따로 있다는 사실 확인 : 사실상 귀속자
   3) 소득세 · 법인세법상 국내원천소득의 실질귀속자가 확인된 경우 : 국내원천소득의 실질귀속자 · 원천징수의무자

2. 부과제척기간의 기산일(국세를 부과할 수 있는 날)

구분	부과제척기간의 기산일
① 과세표준과 세액을 신고(신고하는 종합부동산세 제외)하는 국세[*1]	신고기한의 다음 날
② 종합부동산세 및 인지세	납세의무가 성립한 날
③ 원천징수의무자 또는 납세조합에 대하여 부과하는 국세	원천징수세액 또는 납세조합징수세액의 법정납부기한의 다음 날
④ 과세표준 신고기한이나 법정납부기한이 연장된 경우	그 연장된 기한의 다음 날
⑤ 공제 · 면제 · 비과세 또는 낮은 세율의 적용 등에 따른 세액[*2]을 의무불이행 등의 사유로 징수하는 경우	공제세액 등을 징수할 수 있는 사유가 발생한 날

[*1] 과세표준과 세액을 신고하는 국세 : 신고납세 · 부과과세제도를 불문하고 신고절차가 있는 국세
[*2] 신고기한 : 해당 국세의 과세표준과 세액에 대한 정기분 확정신고기한 → 중간예납 · 예정신고 · 수정신고기한의 다음 날은 부과제척기간의 기산일이 아님

3. 제척기간 만료의 효과

부과제척기간이 끝난 날 후에는 국세를 부과할 수 없다.

* 국세가 확정된 후 부과제척기간이 끝나게 된 경우 과세관청은 이미 확정된 과세표준과 세액을 변경시키는 어떠한 결정 · 경정, 부과의 취소도 할 수 없다.

Ⅲ 국세징수권의 소멸시효

1. 소멸시효 기간

국세징수권은 이를 행사할 수 있는 때부터 다음의 구분에 따른 기간 동안 행사하지 않으면 소멸시효가 완성된다.(소멸시효에 관하여는 국세기본법 또는 세법에 특별한 규정이 있는 것을 제외하고는 민법에 따름)

① 5억원 미만의 국세(가산세 제외 금액) : 5년 ② 5억원 이상의 국세(가산세 제외 금액) : 10년

2. 소멸시효 기산일(국세의 징수를 목적으로 하는 국가의 권리를 행사할 수 있는 때)

구 분	소멸시효 기산일
① 신고에 의하여 납세의무가 확정되는 국세의 경우 신고한 세액[*1]	법정신고납부기한의 다음 날
② 과세표준과 세액을 정부가 결정, 경정 또는 수시부과결정하는 경우 납부고지한 세액	고지에 따른 납부기한의 다음 날
③ 원천징수의무자 또는 납세조합으로부터 징수하는 국세의 경우 납부고지한 원천징수세액 또는 납세조합징수세액	
④ 인지세의 경우 납부고지한 인지세액	
⑤ 법정신고납부기한이 연장되는 경우	연장된 기한의 다음 날

[*1] 신고납세제도 국세를 신고하지 않은 경우에는 세액이 확정되지 않았으므로 부과제척기간은 기산되고 소멸시효는 기산되지 아니한다.

3. 소멸시효 완성의 효과

기산일로 소급하여 납세의무가 소멸한다.(국세의 강제징수비 및 이자상당세액도 모두 소멸)

4. 중단과 정지

구 분		내 용
시효의 중단	의의	권리행사로 볼 수 있는 행위가 있는 경우 경과한 시효기간의 효력을 상실시키는 것
	사유	① 납부고지, ② 독촉, ③ 교부청구, ④ 압류
	중단 기간	중단된 소멸시효는 다음의 기간이 지난 때부터 새로 진행한다. ① 고지 납부기간 ② 독촉 납부기간 ③ 교부청구 중의 기간 ④ 압류해제까지의 기간
시효의 정지	의의	일정기간 시효의 진행을 멈추는 것으로 정지사유 종료 후 잔여기간 경과시 시효가 완성된다.
	사유	① 분납기간, ② 납부고지 유예, 지정납부기한·독촉장 기한의 연장, 징수 유예기간, ③ 압류·매각의 유예기간, ④ 연부연납기간, ⑤ 사해행위 취소소송이나 채권자대위 소송을 제기하여 소송이 진행 중인 기간(소송이 각하·기각 또는 취하된 경우에는 효력×) ⑥ 체납자가 국외에 6개월 이상 계속 체류하는 경우 해당 국외 체류 기간

* 국세 부과제척기간과 소멸시효의 비교

구분	국세의 부과제척기간	국세징수권 소멸시효
(1) 성격	권리의 존속기간	권리의 불행사기간
(2) 대상	국세부과권(형성권의 일종)	국세징수권(청구권의 일종)
(3) 기간	5년~15년, 평생	5년(가산세 제외 5억 이상의 국세는 10년)
(4) 기산일	국세를 부과할 수 있는 날	국세징수권을 행사할 수 있는 날
(5) 중단과 정지	없음	있음
(6) 소급효 유무	없음(장래를 향하여 부과권 소멸)	있음(기산일로 소급하여 징수권 소멸)
(7) 시효이익포기	포기할 수 없음	포기할 수 없음
(8) 원용 여부	필요 없음	필요 없음

04 납세의무의 확장

Ⅰ 납세의무의 승계

납세의무의 승계란 합병이나 상속으로 납세의무자 이외의 자에게 납세의무가 이전되는 것을 말한다.
→ 법에 따른 강제승계제도, 별도의 지정절차 불필요

* 본래의 납세의무 외에 제2차 납세의무, 물적납세의무 등 보충적 납세의무, 원천징수 의무, 국세환급금청구권 등의 모든 권리와 의무가 승계되며, 담보제공, 물납, 징수유예 등도 모두 승계된다.

구 분	내 용
(1) 합병	법인이 합병한 경우 합병법인은 피합병법인에부과되거나 그 법인이 납부할 국세 및 강제징수비를 납부할 의무를 진다. → 승계한도 없음 * 합병등기일 현재 이미 부과되거나 합병등기일 이후 장차 부과되어 납부할 국세 등을 말한다.(합병등기일에 납세의무가 성립된 국세에 한하지 않음)
(2) 상속	① 승계한도 : 상속이 개시된 때에 그 상속인(수유자 포함) 또는 상속재산관리인은 피상속인에게 부과되거나 그 피상속인이 납부할 국세 및 강제징수비를 상속으로 받은 재산을 한도로 납부할 의무를 진다.[1] ┗→ 자산총액 − 부채총액 − 상속세 ② 공동상속의 경우[2] : 상속인이 2명 이상일 때에는 각 상속인은 피상속인에게 부과되거나 그 피상속인이 납부할 국세 및 강제징수비를 상속분(상속인 중에 수유자·상속 포기자·유류분을 받은 사람이 있거나 상속 재산에 보험금이 포함된 경우 법정의 비율로 한다)에 따라 나누어 계산한 국세 및 강제징수비를 상속으로 받은 재산의 한도로 연대납세의무를 진다. ③ 상속인이 분명하지 않은 경우 : 상속인에게 하여야 할 납부의 고지·독촉 등 필요한 사항은 상속재산관리인에게 하여야 한다. 상속인이 있는지 분명하지 아니하고 상속재산관리인도 없을 때에는 상속개시지 관할 법원에 상속 재산관리인 선임을 청구할 수 있다.

[1] 상속으로 인한 납세의무 승계를 피하면서 재산을 상속받기 위하여 피상속인이 상속인을 수익자로 하는 보험계약을 체결하고 상속인은 민법상 상속을 포기한 경우 상속포기자가 받는 해당 보험금은 상속포기자를 상속인으로 보고, 보험금을 상속받은 재산으로 보아 위 규정을 적용한다.

[2] 공동상속의 경우 각 상속인은 대표자를 정하여 상속 개시일부터 30일 이내에 문서(전자문서 포함)로 관할 세무서장에게 신고하여야 한다. 세무서장은 대표자신고가 없는 경우 상속인 중 1명을 대표자로 지정할 수 있다. 이 경우 세무서장은 그 뜻을 적은 문서로 지체 없이 각 상속인에게 통지하여야 한다.

* 피상속인에게 한 처분 또는 절차는 납세의무를 승계하는 상속인이나 상속재산관리인에 대해서도 효력이 있다.

Ⅱ 연대납세의무

여러 명의 납세의무자가 각각 독립하여 납세의무 전부를 이행할 책임을 지고, 그 중 1명이 납세의무를 이행하면 다른 연대납세의무자의 납세의무도 소멸하는 조세법률 관계를 말한다.

구분	내용
공유물 등 연대납세의무	공유물, 공동사업 또는 그 공동사업에 속하는 재산에 관계되는 국세 및 강제징수비는 공유자 또는 공동사업자가 연대하여 납부할 의무를 진다.
법인의 분할·분할합병시 연대납세의무	① 불완전분할(존속분할)의 경우 : 분할법인이 존속하는 경우 분할법인, 분할 신설법인, 분할합병의 상대방 법인은 분할등기일 이전에 분할법인에 부과되거나 납세의무가 성립한 국세 및 강제징수비에 대하여 분할로 승계된 재산가액을 한도로 연대하여 납부 할 의무가 있다. ② 완전분할(소멸분할)의 경우 : 법인이 분할 또는 분할합병한 후 소멸하는 경우 분할신설법인, 분할합병의 상대방 법인은 분할법인에 부과되거나 분할법인이 납부하여야 할 국세 및 강제징수비에 대하여 분할로 승계된 재산가액을 한도로 연대하여 납부할 의무가 있다.
신회사의 연대납세의무	법인이 법에 따라 신회사를 설립하는 경우 기존의 법인에 부과되거나 납세의무가 성립한 국세 및 강제징수비는 신회사가 연대하여 납부할 의무를 진다.

* 연대납세의무에 대한 소득세법의 별도규정 : 소득세법은 공동사업에서 발생하는 사업소득에 대해서는 거주자별로 납세의무를 지는 것을 원칙으로 한다.

Ⅲ 양도담보권자의 물적납세의무

구분	내용
(1) 양도담보	양도담보: 담보의 목적으로 재산의 소유권을 채권자에게 이전하고 채무자가 채무를 변제한 때에 반환하는 형식의 담보 → 형식=양도 / 실질=담보
(2) 양도담보권자의 물적납세의무	납세자가 체납한 경우 납세자에게 양도담보재산이 있을 때에는 그 납세자의 다른 재산에 대하여 강제징수를 해도 징수할 금액에 미치지 못하는 경우에만 그 양도담보재산으로써 납세자의 국세 및 강제징수비를 징수할 수 있다. 다만, 법정기일 전에 담보의 목적이 된 양도담보재산에 대해서는 그러하지 아니하다.
(3) 양도담보권자의 물적납세의무 확장	양도담보권자에게 납부고지가 있은 후 납세자가 담보된 채무를 불이행하여 해당 재산이 양도담보권자에게 확정적으로 귀속되고 양도담보권이 소멸하는 경우 납부고지 당시의 양도담보재산이 계속하여 양도담보재산으로서 존속하는 것으로 본다.

Ⅳ 제2차 납세의무

본래의 납세의무자가 납세의무를 이행할 수 없는 경우에 그를 대신하여 일정한 관계에 있는 자가 납세의무를 지는 것. 제2차 납세의무는 부종성과 보충성의 성격을 갖는다.

① 부종성 : 주된 납세의무의 변경·소멸 효력→제2차 납세의무에 그대로 미침

② 보충성 : 제2차 납세의무자는 본래의 납세의무가 이행되지 않는 부분에 대하여만 납세의무를 지는 것

내용 유형	요건	본래의 납세의무자	제2차 납세의무자	한도
청산인 등의 제2차 납세의무	청산시 법인에 부과되거나 납부할 국세 및 강제징수비를 납부하지 아니하고 잔여재산을 분배(인도)하였을 때 법인에 대하여 강제징수를 집행하여도 징수할 금액에 미치지 못하는 경우	(해산/청산) 법인	① 청산인 ② 잔여재산을 분배·인도받은 자	① 분배 or 인도한 재산 가액 ② 각자가 받은 재산의 가액 * 분배·인도한 날 현재 시가로 평가
출자자의 제2차 납세의무	법인[1] 재산으로 법인에게 부과되거나 납부할 국세·강제징수비에 충당해도 부족한 경우로 납세의무 성립일 현재 무한 책임사원·과점주주가 있는 경우	법인	① 무한책임사원[2] ② 과점주주[3]	① 전액 ② 징수부족액 × 지분율 * 의결권 없는 주식 제외
법인의 제2차 납세의무	국세(둘이상=납부기한이 뒤에 오는 국세)의 납부기간 만료일 현재 법인의 무한책임사원(과점주주)의 재산(법인 주식 제외)으로 납부할 국세·강제징수비에 충당해도 부족하고 무한책임사원(과점주주)의 주식 매각이 불가능(또는 제한된) 경우[4]	무한 책임사원 ·과점주주	법인	(자산 - 부채) × 지분율 * 의결권 없는 주식 포함 * 납부기간 종료일 현재 시가로 평가
사업 양수인의 제2차 납세의무	사업이 포괄양도·양수된 경우 양도일 이전에 양도인의 납세의무가 확정된 그 사업에 관한 국세 및 강제징수비[5]를 사업양도인 재산으로 충당해도 부족한 경우	사업양도인	사업양수인[6]	양수한 재산가액[7]

[1] 유가증권 시장·코스닥 시장 상장법인 제외

[2] 무한책임사원으로서 ① 합명회사의 사원 또는 ② 합자회사의 무한책임사원

[3] 과점주주 : 주주 또는 다음 사원 1명과 그의 특수관계인의 소유주식(or 출자주식) 합계가 해당법인의 발행 주식 총수 또는 출자총액(의결권이 없는 주식 제외)의 50%를 초과하면서 법인 경영에 대하여 지배적인 영향력을 행사하는 자들 ① 합자회사의 유한책임사원 ② 유한책임회사의 사원 ③ 유한회사의 사원

[4] 무한책임사원이나 과점주주의 주식이 다음에 해당하는 경우에만 법인이 제2차 납세의무를 진다.

　① 출자자의 소유주식(출자지분)을 재공매하거나 수의계약으로 매각하려 하여도 매수희망자가 없는 경우

　② 법률 또는 정관에 의해 출자자 소유주식(출자지분) 양도가 제한된 경우(불복진행 등 공매할 수 없는 경우 제외)

　③ 외국법인인 경우로 출자자의 출자지분이 외국에 있는 재산에 해당하여 압류 등 강제징수가 제한되는 경우

*5) 사업용부동산(토지·건물 등)의 양도시 양도소득세는 해당 사업에 관한 국세가 아님 → 사업양수인 제2차 납세의무 ×

*6) 사업장별로 그 사업에 관한 모든 권리(미수금 제외)와 모든 의무(미지급금 제외)를 포괄승계한 자로서 ① 양도인과 특수관계인인자 이거나 ② 양도인의 조세회피를 목적으로 사업을 양수한 자

*7) 사업양수인은 양수한 사업장에 관계되는 국세·강제징수비에 대하여 양수한 재산의 가액 한도로 제2차 납세의무를 진다.

  ① 양도인에게 지급하였거나 지급할 금액이 있는 경우 : 그 금액

  ② 위 금액이 없거나 불분명한 경우 : 양수한 자산-양수한 부채 (상증세법상 평가)

  * ①의 금액과 시가와의 차액이 3억원 이상이거나 시가의 30%에 상당하는 금액 이상인 경우 ①과 ② 중 큰 금액

05 국세와 일반채권과의 관계

I 국세우선권

구분	내용
국세의 우선	국세 및 강제징수비(국세 등)는 다른 공과금이나 그 밖의 채권에 우선하여 징수한다.
국세의 우선에 대한 예외	① 강제집행비용(강제집행·경매·파산 절차에 든 비용) : 국세 등에 우선함 ② 선집행 지방세나 공과금의 체납처분비(강제징수비) : 국세 등에 우선함 * 공과금과 공과금의 가산금은 국세에 우선하지 못함 ③ 소액임차금보증금 중 우선 변제받을 수 있는 보증금과 최종 3개월분 임금채권, 최종 3년간의 퇴직금, 재해보상금의 우선 : 국세에 우선함 * 기타 임금채권 : 담보채권이 없는 경우는 모든 채권(국세 포함)에 우선하나, 담보채권이 있는 경우에는 담보채권에 우선하는 국세 등에 우선하지 못함. ④ 해당 재산에 부과된 상속세, 증여세 및 종합부동산세(당해세) : 담보설정일·확정일자와 법정기일의 선후에 불문하고 담보채권 및 임차보증금에 우선함[1] ⑤ 법정기일 전에 다음의 담보채권 또는 임차보증금 : 국세에 우선함. 　(가) 전세권, 질권 또는 저당권 (나) 법에 따라 대항요건과 확정일자를 갖춘 임차권 　(다) 채무불이행 정지조건의 대물변제의 예약에 따라 채권 담보의 목적으로 가등기(가등록 포함)를 마친 가등기 담보권[2]
조세상호간의 우선순위	1순위 : 납세담보받은 국세와 지방세 → 2순위 : 압류한 국세와 지방세 → 3순위 : 교부청구(참가압류 포함)[3]된 국세와 지방세
통정허위의 담보권 설정에 대한 취소권	세무서장은 납세자가 제3자와 짜고 거짓으로(통정허위) 재산에 전세권·질권·저당권·임대차·가등기·양도담보 설정계약을 하고 등기·등록을 하거나 법정 대항요건과 확정일자를 갖춘 임대차 계약을 체결함으로 재산 매각금액으로 국세를 징수하기가 곤란하다고 인정할 때에는 행위의 취소를 법원에 청구할 수 있다. 이때 법정기일 전 1년 내에 특수관계인 중 일정한 자와 전세권 등 설정계약을 한 경우 짜고 한 거짓 계약으로 추정한다.

[1] 담보채권·임차보증금이 설정된 재산이 양도·상속·증여된 후 새로운 소유자의 국세체납을 원인으로 재산이 매각된 경우 해당 국세의 법정기일이 담보설정일·확정일자 전에 도래하는 경우에도 담보채권·임차보증금이 국세에 우선한다. 다만, 직전보유자가 전세권 등의 설정 당시 체납된 국세로 확정일자(권리 설정일) 중 가장 빠른 것보다 법정기일이 빠른 직전보유자의 국세체납액의 합계액의 범위 내에서는 국세를 우선하여 징수한다. 임차보증금은 확정일자·설정일보다 법정기일이 늦은 당해세의 우선 징수 순서에 대신 변제될 수 있다. (우선 변제 담보채권 등의 변제액과 당해세를 우선 징수하는 경우 배분 받을 수 있었던 임차보증금의 변제액에는 영향을 미치지 않는다.)

[2] 법정기일 후에 가등기를 마친 사실이 법에 따라 증명되는 재산을 매각하여 매각금액에서 국세를 징수하는 경우 재산을 압류한 날 이후에 가등기에 따른 본등기가 이루어지더라도 국세는 가등기에 의해 담보된 채권보다 우선한다. 세무서장은 가등기가 설정된 재산을 압류

하거나 공매할 때에는 그 사실을 가등기권리자에게 지체 없이 통지하여야 한다.

[3] 교부청구란 체납자의 재산에 대해서 이미 다른 채권자가 강제징수 등을 진행하는 경우 중복하여 압류할 필요 없이 해당 법적 절차에 참여하여 배당을 청구하는 것을 말한다. 참가압류란 재산을 이미 다른 기관에서 압류하고 있는 경우 그 선행압류에 참가하는 것을 말한다. 참가압류는 압류의 요건이 충족되어야 할 수 있다.(압류전환가능)

*법정기일 : 조세채권 확정일(조세채권의 존재와 액수가 특정되는 시점) → 예측가능성 확보시점

구분	법정기일
① 신고에 의해 납세의무가 확정되는 국세* = 신고한 해당 세액 　* 중간예납하는 법인세·예정신고납부하는 부가가치세 및 양도소득세 포함	신고일
② 과세표준과 세액을 정부가 결정·경정·수시부과 결정을 하는 경우 고지한 해당 세액(납부고지서에 따른 납부기한 후의 납부지연가산세와 원천징수 등 납부지연가산세 포함)	납부고지서의 발송일
③ 원천징수의무자나 납세조합으로부터 징수하는 국세와 인지세	납세의무의 확정일
④ 제2차 납세의무자(보증인 포함)의 재산에서 국세를 징수하는 경우	납부고지서의 발송일
⑤ 양도담보재산에서 국세를 징수하는 경우	
⑥ 국세징수법상 납부기한 전 징수 규정에 따라 납세자의 재산을 확정 전 보전압류한 경우에 그 압류와 관련하여 확정된 국세	압류등기일 또는 등록일
⑦ 부가가치세법상 신탁 관련 수탁자의 물적납세의무에 따라 신탁재산에서 부가가치세등을 징수하는 경우	납부고지서의 발송일
⑧ 종합부동산세법상 수탁자의 물적납세의무에 따라 신탁재산에서 징수하는 종합부동산세등	납부고지서의 발송일

06 과세

I 수정신고와 경정청구

구 분	수정신고	경정청구	
		일반적 경정청구	후발적 사유 경정청구
(1) 신고 대상자 · 청구권자	과세표준신고서를 법정 신고기한까지 제출한 자, 기한후과세표준신고서를 제출한 자(+종합부동산세 결정 · 고지를 받은 자도 경정청구 가능) * 연말정산 · 원천징수로 과세가 종결된 확정신고의무 면제자 포함		과세표준신고서를 법정신고기한까지 제출한 자 과세표준 및 세액의 결정을 받은 자(=무신고자 포함)
(2) 사유	과소신고, 과다환급, 불완전 신고*1)	과대신고, 과소환급, 과대결정 · 경정된 경우	후발적 사유*3)로 당초 신고, 결정, 경정이 과대한 것으로 된 경우
(3) 신고 · 청구기한	결정 또는 경정하여 통지하기 전으로서 부과제척기간이 끝나기 전	원칙 : 법정신고기한 5년 이내 결정 · 경정 : 처분이 있음을 안 날(처분 통지 받은 경우=받은 날)부터 90일 이내(법정신고기한 5년 이내로 한정)	후발적 사유가 발생한 것을 안 날로부터 3개월 이내(법정신고기한이 지난 후 5년 이내가 아니어도 됨)
(4) 신고 · 청구효력	신고납세제도 : 확정력 있음(기한 후 신고 수정신고는 확정력×) 부과과세제도 : 확정력×	세액 감액 효력 없음	
(5) 결과 통지기한	규정 없음	관할세무서장은 청구 받은 날부터 2개월 이내에 감액 결정 · 경정하거나 결정 · 경정하여야 할 이유 없다는 뜻을 통지하여야 함*4)	
(6) 불복청구	—	할수있음	
(7) 자진납부	세액 · 가산세 추가 납부*2)	—	

*1) 수정신고 사유

① 과소신고 : 세법에 따라 신고하여야 할 과세표준 및 세액에 미치지 못할 때

② 과다환급 : 세법에 따라 신고하여야 할 결 손금액이나 환급세액을 초과할 때

③ 불완전신고 : 원천징수의무자의 정산 과정에서의 소득누락, 세무조정과정에서 국고보조금 등과 공사부담금에 대해 불완전한 신고를 한 때(국고보조금 익금산입, 일시상각충당금 손금산입)

*2) 과소신고 · 초과환급신고가산세(영세율과세표준 신고불성실가산세 포함)를 감면(경정할 것을 미리 알고 제출시 감면×)

(감면율 : 1개월 이내 90%, 1개월 초과 3개월 이내 75%, 3개월 초과 6개월 이내 50%, 6개월 초과 1년 이내 30%, 1년 초과 1년 6개월 이내 20%, 1년 6개월 초과 2년 이내 10%) → 세액을 추가자진납부하지 않아도 감면

*3) 후발적 사유
① 과세표준·세액의 계산 근거인 거래·행위 등이 불복청구 결정, 소송 판결(판결과 같은 효력의 화해 등 포함)에 의해 다른 것으로 확정
② 소득이나 그 밖의 과세물건의 귀속을 제3자에게로 변경시키는 결정 또는 경정이 있을 때
③ 조세조약에 따른 상호합의가 최초의 신고·결정 또는 경정의 내용과 다르게 이루어졌을 때
④ 결정 또는 경정으로 대상이 된 과세표준 및 세액과 연동된 다른 세목(같은 과세기간 한정)이나 다른 과세기간(같은 세목 한정)의 과세표준 또는 세액이 세법에 따라 신고하여야 할 과세표준 또는 세액을 초과할 때
⑤ 과세표준·세액의 계산근거가 된 거래·행위 등의 효력에 관계되는 관청의 허가나 그 밖의 처분이 취소된 때
⑥ 과세표준·세액의 계산근거가 된 거래·행위 등의 효력에 관계되는 계약이 해제권의 행사에 의하여 해제되거나 해당 계약의 성립후 발생한 부득이한 사유로 인하여 해제되거나 또는 취소된 때
⑦ 최초의 신고·결정 또는 경정에 있어서 장부 및 증빙서류의 압수, 그 밖의 부득이한 사유로 인하여 과세표준 및 세액을 계산할 수 없었으나 그 후 해당 사유가 소멸한 때
*4) 청구 받은 날부터 2개월 내 결정·경정이 곤란한 경우 관련 진행상황 및 불복청구 할 수 있다는 사실을 통지하여야 한다. 2개월 이내에 통지 받지 못한 경우 2개월이 되는 날의 다음 날부터 불복청구를 할 수 있다.

Ⅱ 기한 후 신고

구분	기한 후 신고	기한 후 납부
(1) 대상자	법정신고기한까지 과세표준신고서를 제출하지 아니한 자	법정신고기한 내에 신고하였으나 세액의 전부 또는 일부를 납부하지 아니한 자
(2) 제출기한	관할 세무서장이 결정하여 통지하기 전까지	세무서장이 고지하기 전까지
(3) 신고절차	신고서를 제출하고 납부할 세액이 있는 경우 그 세액을 납부하여야 한다.	그 세액과 가산세를 자진하여 납부할 수 있다.
(4) 결정통지	관할 세무서장은 신고일부터 3개월 이내에 과세표준과 세액을 결정 또는 경정하여 신고인에게 통지하여야 한다.*1)	신고로 세액이 확정된 경우는 불필요함
(5) 효력	세액의 확정 효력 없음*2)	납부지연가산세의 감소

*1) 다만, 부득이한 사유로 신고일부터 3개월 이내에 결정할 수 없는 경우 그 사유를 신고인에게 통지하여야 한다.
*2) 기한 후 신고를 한 경우(결정할 것을 미리 알고 제출한 경우는 제외) 무신고가산세를 감면한다.
 (감면율 : 1개월 이내 50%, 1개월 초과 3개월 이내 30%, 3개월 초과 6개월 이내 20%) → 추가자진납부하지 않아도 감면함

Ⅲ 관할관청

① 과세표준신고 : 신고 당시 관할 세무서장에게 제출(전자신고는 지방국세청장이나 국세청장 가능)
        * 관할 세무서장 외의 세무서장에게 제출된 경우에도 신고의 효력에는 영향이 없다.
② 결정·경정 결정 : 처분 당시 관할하는 세무서장이 한다.
        * 관할외의 세무서장은 효력이 없음(법정 권한 있는 세무서장의 경우에는 효력 있음)

Ⅳ 가산세의 부과와 감면

구 분	내 용
(1) 개념	정부는 세법에서 규정한 의무를 위반한 자에 대해서는 국세기본법 및 세법에서 정하는 바에 따라 가산세를 부과할 수 있다. * 가산세는 해당 국세의 세목으로 한다. 다만, 해당 국세 감면에도 가산세는 감면하는 국세에 포함×
(2) 종류	① 신고 관련 : 무신고가산세, 과소신고 · 초과환급신고가산세 ② 납부 관련 : 납부지연가산세, 원천징수 등 납부지연가산세

(3) 감면	1) 가산세 적용배제 : 부과 원인의 사유가 다음 중 어느 하나에 해당하는 경우
	   ① 천재지변 등 기한 연장 사유
	   ② 납세자가 의무를 이행하지 아니한 데에 대한 정당한 사유가 있는 경우
	   ③ 세법해석에 관한 질의 · 회신등에 따라 신고 · 납부하였으나, 이후 다르게 과세처분한 경우
	   ④ 법에 따른 토지등의 수용 등으로 인해 세법상 의무를 이행할 수 없게 된 경우
	   ⑤ 실손의료보험금을 의료비에서 제외할 때에 의료비 지출 과세기간과 보험금을 지급받은 과세기간이 달라 보험금을 받은 후 의료비 지출한 과세기간에 수정신고 하는 경우(지급받은 과세기간에 대한 과세표준 확정신고기한까지 수정신고하는 경우로 한정)
	2) 가산세를 50% 감면하는 경우
	   ① 과세전적부심사 결정 · 통지기간 내에 결과 미통지(결정 · 통지 지연 기간의 납부지연가산세)
	   ② 제출 · 신고 · 가입 · 등록 · 개설의 기한이 지난 후 1개월 이내에 의무 이행시(의무위반가산세)
	   ③ 예정신고기한 및 중간신고기한까지 신고를 하였으나 과소신고 · 초과신고한 경우로 확정신고기한까지 과세표준을 수정하여 신고시(과소신고 · 초과환급신고 가산세만 해당)*
	   ④ 예정신고기한 및 중간신고기한까지 예정신고 및 중간신고를 하지 아니하였으나 확정신고기한까지 과세표준신고를 한 경우(무신고가산세만 해당함)*
	* 과세표준과 세액을 경정할 것을 미리 알고 과세표준신고를 하는 경우는 제외한다.

(4) 감면 신청	천재지변 등 기한연장 사유 또는 의무 불이행 정당한 사유 : 가산세 감면 등 신청서 제출 (다만, 천재지변 등 기한연장 사유가 집단적 발생시 신청이 없는 경우에도 직권으로 감면 가능)

(1) 다음 중 어느 하나에 해당하는 경우에는 무신고가산세를 적용하지 아니한다.
   ① 간이과세자의 납부의무가 면제되는 경우   ② 결정 · 경정시 공급받은 자의 대손세액을 매입세액에서 빼는 경우
(2) 예정 · 중간신고와 관련하여 무신고 · 과소신고 · 초과환급신고가산세가 부과되는 부분은 확정신고 관련 무신고가산세 적용×
(3) 무신고가산세와 장부 · 기장 불성실가산세가 동시에 적용시 = 가산세액이 큰 가산세만 적용(같은 경우 무신고가산세만 적용)

국세환급금과 국세환급가산금

I 국세환급금

국세환급금의 결정 → 국세환급금의 충당 → 지급(환급결정후 30일 내)

구분		내용
(1) 결정		국세·강제징수비로서 납부한 금액 중 잘못 납부하거나 초과납부한 금액이 있거나 환급세액(공제세액 적용 후 남은 금액)이 있을 때에는 즉시 잘못 납부한 금액[1] 초과납부한 금액[2] 또는 환급세액[3]을 국세환급금으로 결정하여야 한다. [1] 예 이중납부 [2] 예 납부 후 감액경정결정 [3] 예 매입 세액이 매출세액을 초과하는 경우
(2) 충당	직권 충당	① 체납된 국세·강제징수비(다른 세무서에 체납된 국세 등 포함), ② 납부기한 전 징수 사유에 따라 납부고지한 국세는 납세자의 동의 없이 세무서장 직권 충당
	신청 충당	① 납부고지에 의하여 납부하는 국세(납부기한 전 징수 사유가 없는 경우), ② 세법에 따라 자진납부하는 국세는 납세자가 동의하는 경우 충당
	국세 환급금 충 당의 효력	① 직권충당의 효력 : 소급효 인정 　체납된 국세 및 강제징수비와 국세환급금은 체납된 국세의 법정납부기한과 국세환급금 발생일 중 늦은 때로 소급하여 대등액에 관하여 소멸한 것으로 본다. ② 신청에 의한 충당의 효력 : 소급효 인정되지 않음 　환급세액을 신청에 의한 충당대상인 국세에 충당할 것을 청구할 수 있다. 이 경우 충당된 세액의 충당청구를 한 날에 해당 국세를 납부한 것으로 본다.
	소액 환급금	국세환급금 중 충당한 후 남은 금액이 10만원 이하이고, 지급결정을 한 날부터 1년 이내에 환급되지 않은 경우 납부고지에 의하여 납부하는 국세(납부기한 전 징수 사유 제외)에 충당할 수 있다.(납세자가 충당 동의한 것으로 봄)
	원천 징수 세액	원천징수의무자가 원천징수 납부한 세액의 환급액은 원천징수하여 납부하여야 할 세액에 충당하고 남은 금액을 환급한다. 다만, 환급액을 즉시 환급해 줄 것을 요구하는 경우나 원천징수하여 납부하여야 할 세액이 없는 경우 즉시 환급한다.
	충당 순서	① 체납된 국세 및 강제징수비에 우선 충당해야 한다. 　* 단, 납부고지 국세의 충당에 동의하거나 신청한 경우 우선 충당함 ② 소액환급금은 국세환급금이 발생한 세목과 같은 세목에 우선 충당함 ③ 2건 이상인 경우에는 소멸시효가 먼저 도래하는 것부터 충당함

구분		내용
(3) 환수절차		세무서장이 국세환급금 결정 취소로 이미 충당되거나 지급된 금액의 반환을 청구하는 경우에는 「국세징수법」의 고지·독촉 및 강제징수의 규정을 준용한다.
(4) 실질귀속자 환급		명의대여자에게 과세를 취소하고 실질귀속자에게 과세하는 경우 명의대여자 대신 실질귀속자가 납부한 것으로 확인된 금액은 기납부세액으로 실질귀속자에게 환급
(5) 지급		국세환급금 결정을 한 날부터 30일 내에 계좌이체 또는 현금으로 지급하고, 국세환급금송금통지서(계좌이체 지급 제외)를 납세자에게 송부하여야 한다.

(6) 물납재산에 대한 환급		상속세 물납한 후 그 부과의 전부·일부를 취소하거나 감액하는 경정 결정에 따라 환급하는 경우 해당 물납재산으로 환급하여야 한다.(국세환급가산금 지급×)
		1) 물납재산 환급 제한 : 다음의 경우 금전으로 환급하여야 한다.
		  ① 매각된 경우 ② 물납재산의 성질상 분할 환급이 곤란한 경우
		  ③ 임대 또는 다른 행정용도로 사용중인 경우
		  ④ 사용계획 수립으로 물납재산 환급이 곤란하다고 인정되는 경우 등
		2) 물납재산의 환급순서 : 납세자의 신청 = 신청 따라 환급, 신청이 없는 경우 = 상속세 및 증세법 물납충당재산의 허가 역순으로 환급
		3) 유지비용 : 유지비용은 국가의 부담으로 하되, 자본적 지출은 납세자의 부담
		4) 과실의 처리 : 수납 이후의 법정과실·천연과실은 국가에 귀속됨

(7) 국세환급금에 관한 권리의 양도와 충당		국세환급금 권리를 타인에게 양도하려는 납세자는 세무서장이 국세환급금통지서 발급 전 국세환급금 양도 요구서인 문서로 관할세무서장에게 양도를 요구하여야 한다. 이때 세무서장은 양도인·양수인이 납부할 국세·강제징수비가 있으면 충당하고, 남은 금액에 대해 양도의 요구에 지체없이 따라야 한다.
(9) 소멸 시효	개념	국세환급금과 국세환급가산금의 권리는 행사할 수 있는 때부터 5년간 행사하지 아니하면 소멸시효가 완성된다.
	중단효력	국세기본법·세법에 규정이 있는 것을 제외하고는 민법에 따른다. 이 경우 과세처분의 취소 등 행정소송으로 청구한 경우 시효의 중단에 관하여 소멸시효의 중단사유에 해당하는 청구를 한 것으로 본다.(소송의 각하, 기각, 취하시 시효중단×)
	환급청구	환급청구의 안내·통지 등으로 중단되지 아니한다.

Ⅱ 국세환급가산금

국세환급가산금 = 국세환급금 × 법정하는 이자율(기본이자율)[1] × 일수

구분	국세환급가산금 기산일
① 착오납부, 이중납부, 부과결정 취소	국세 납부일의 다음 날. 다만, 그 국세가 2회 이상 분할납부된 것인 경우에는 그 마지막 납부일로 하되, 국세환급금이 마지막에 납부된 금액을 초과하는 경우에는 그 금액이 될 때까지 납부일의 순서로 소급하여 계산한 국세의 각 납부일로 하며, 세법에 따른 중간예납액 또는 원천징수에 의한 납부액은 해당 세목의 법정신고기한 만료일에 납부된 것으로 본다.
② 적법하게 납부 후 감면	감면 결정일의 다음 날
③ 적법하게 납부 후 개정	개정된 법률의 시행일의 다음 날
④ 소득세법 등 환급세액의 신고, 결정 또는 경정	late(신고·신청을 한 날, 법정신고기일)부터 30일이 지난 날의 다음 날. 다만, 환급세액을 신고하지 않아 결정으로 발생한 환급세액을 환급시 결정일부터 30일이 지난 날의 다음날 * 세법에서 환급기한을 정하고 있는 경우에는 그 환급기한의 다음 날

[1] 조세불복 인용 확정일로부터 40일 이후 국세환급금을 지급하는 경우에는 기본이자율의 1.5배에 해당하는 이자율을 적용한다.

✎참고

국세환급가산금 지급 배제

경정 등의 청구, 불복청구 또는 법에 따른 소송에 대한 결정이나 판결 없이 고충민원*의 처리에 따라 국세환급금을 충당하거나 지급하는 경우에는 국세환급가산금을 가산하지 아니한다.

고충민원

국세와 관련하여 납세자가 불복청구 등을 그 기한까지 제기하지 않은 사항에 대해 과세관청에 직권으로 국세기본법 또는 세법에 따른 처분의 취소, 변경이나 그 밖의 필요한 처분을 해 줄 것을 요청하는 민원

*

08 조세불복제도(⇒ 사후구제제도)

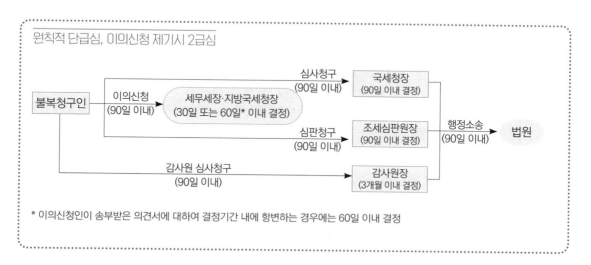

원칙적 단급심, 이의신청 제기시 2급심

* 이의신청인이 송부받은 의견서에 대하여 결정기간 내에 항변하는 경우에는 60일 이내 결정

구분	내용
(1) 개요	국세에 관하여 위법·부당한 처분을 받거나 필요한 처분을 받지 못하여 권리나 이익을 침해당한 자는 행정소송 전에 국세기본법이나 감사원법에 따라 행정심판을 제기해야 한다. 행정심판전치주의로 행정심판을 거치지 않으면 행정소송을 제기할 수 없다.(심사청구·심판청구의 재조사 결정에 따른 처분은 제외)
(2) 불복절차	심사청구와 심판청구 중 한 가지를 선택해야 한다. 다만, 국세청장이 조사·결정 또는 처리하거나 하였어야 할 것인 경우를 제외하고는 심사청구 또는 심판청구에 앞서 이의신청을 할 수 있다.
(3) 관계	심사청구·심판청구에 대한 처분에 대해서는 이의신청·심사청구·심판청구를 제기할 수 없다. 다만, 심사청구·심판청구의 재조사 결정에 따른 처분은 해당 재조사 결정을 한 재결청에 대하여 심사청구·심판청구를 제기할 수 있다. 이 경우 심사청구·심판청구를 거치지 않고 행정소송을 제기할 수 있다. 이의신청에 대한 처분과 이의신의 재조사 결정에 따른 처분에 대해서는 이의신청을 할 수 없다.
(4) 불복대상	개괄주의에 의하여 불복청구의 대상을 규정하고 있다. 따라서 위법·부당한 처분을 받거나 필요한 처분을 받지 못함으로 인하여 권리나 이익을 침해당한 자는 그 처분의 취소 또는 변경을 청구하거나 필요한 처분을 청구할 수 있다. 다만, 다음의 처분에 대해서는 불복할 수 없다. ① 「조세범 처벌절차법」에 따른 통고처분 ② 감사원법에 따라 심사청구를 한 처분이나 그 심사청구에 대한 처분 ③ 국세기본법 및 세법에 따른 과태료 부과처분

구분	내 용
(5) 불복청구인	불복청구를 할 수 있는 자는 위법·부당한 처분을 받거나 필요한 처분을 받지 못함으로 인하여 권리나 이익을 침해당한 자이다. 권리나 이익을 침해당한 자는 처분의 직접적인 상대방인 납세자에 한하지 않고 제3자적 지위에 있는 자도 포함하므로, 제2차 납세의무자로서 납부고지서를 받은 자, 물적납세 의무를 지는 자(양도담보권자, 부가가치세법상 신탁 관련 수탁자, 종합부동산세법상 신탁주택·신탁토지 관련 수탁자)로서 납부고지서를 받은 자, 납세보증인도 불복청구를 제기할 수 있다. 다만, 단순히 반사적인 권리 또는 이익의 침해를 받은 자는 불복청구를 할 수 없다.
(6) 대리인	① 불복청구인과 처분청은 변호사 또는 세무사(특정 공인회계사 포함)를 대리인으로 선임할 수 있다. ② 대리인은 본인을 위하여 그 신청 또는 청구에 관한 모든 행위를 할 수 있다. 다만, 그 신청 또는 청구의 취하는 특별한 위임을 받은 경우에만 할 수 있다. ③ 이의신청인, 심사청구인 또는 심판청구인은 신청 또는 청구의 대상이 3천만원(지방세는 1천만원) 미만인 경우에는 그 배우자, 4촌 이내의 혈족 또는 그 배우자의 4촌 이내의 혈족을 대리인으로 선임할 수 있다.
(7) 국선대리인	① 이의신청인·심사청구인·심판청구인·과세전적부심사 청구인은 재결청(과세전적부심사는 통지 한 세무서장·지방국세청장)에 다음의 요건을 갖추어 변호사·세무사·특정 공인회계사를 대리인(국선대리인)으로 선정하여 줄 것을 신청할 수 있다. (가) 이의신청인 등의 종합소득금액인 5천만원 이하이고, 소유한 재산을 평가한 가액의 합계액이 5억원 이하일 것 (나) 이의신청인등이 법인이 아닐 것 (다) 5천만원 이하인 신청 또는 청구일 것 (라) 상속세, 증여세 및 종합부동산세가 아닌 세목에 대한 신청 또는 청구일 것 ② 재결청은 신청 요건을 모두 충족하는 경우 지체 없이 국선대리인을 선정하고, 신청 받은 날부터 5일 이내에 결과를 이의신청인등과 국선대리인에게 각각 통지하여야 한다. ③ 국선대리인의 권한에 관하여는 대리인에 관한 권한을 준용한다.
(8) 불복청구의 효력	① 집행부정지의 효력 : 이의신청, 심사청구 또는 심판청구는 세법에 특별한 규정이 있는 것을 제외하고는 해당 처분의 집행에 효력을 미치지 아니한다. ② 집행정지 : 해당 재결청이 처분의 집행·절차의 속행 때문에 이의신청인·심사청구인·심판청구인에게 중대한 손해가 생기는 것을 예방할 필요성이 긴급하다고 인정할 때에는 집행정지를 결정할 수 있다. ※ 국세징수법상 공매의 경우 : 심판청구등이 계속 중인 국세의 체납으로 압류한 재산은 신청·청구에 대한 결정이나 소에 대한 판결이 확정되지 전에는 공매할 수 없다. 다만, 재산이 부패·변질·감량되기 쉬운 재산으로 속히 매각하지 아니하면 재산가액이 줄어들 우려가 있는 경우에는 그러하지 아니하다. ③ 통지의무 : 재결청은 집행정지 또는 집행정지의 취소에 관하여 심리·결정하면 지체 없이 당사자에게 통지하여야 한다.

구 분	내 용
(9) 불복청구 절차	불복청구서는 해당 처분청에 접수하여야 한다. 그러나 이의신청서, 심사청구서 또는 심판청구서가 해당 세무서장 외의 세무서장, 지방국세청장 또는 국세청장에게 제출된 경우에도 불복청구한 것으로 본다. → 납세자 보호규정 ※ 정보통신망을 이용한 불복청구 : 국세청장 또는 조세심판원장에게 불복청구서가 전송된 때 제출된 것으로 봄
(10) 청구서의 보정	① 불복청구의 내용이나 절차가 국세기본법·세법에 적합하지 아니하나 보정할 수 있다고 인정하는 때에는 20일 내의 기간(심판청구는 상당한 기간)을 정하여 보정할 것을 요구할 수 있다. (보정할 사항이 경미한 경우 직권 보정 가능.) ② 보정요구를 받은 불복청구인은 보정할 사항을 서면으로 작성하여 재결청에게 제출하거나, 재결청에 출석하여 보정할 사항을 말하고 그 말한 내용을 재결청 소속 공무원이 기록한 서면에 서명 또는 날인함으로써 보정할 수 있다.
(11) 관계서류 열람·의견진술권	이의신청인·심사청구인·심판청구인·처분청(처분청은 심판청구 한정*)은 신청 또는 청구에 관계되는 서류를 열람할 수 있으며 해당 재결청에 의견을 진술할 수 있다. * 처분청의 의견진술은 원칙적으로 허용함(단, 심판청구인이 의견진술을 신청하지 아니하고 처분청만 의견진술을 신청한 경우로 심판청구의 목적이 된 사항의 내용 등을 고려할 때 처분청의 의견진술이 필요하지 않다고 인정하는 경우는 제외)
(12) 결정 종류	(요건심리) 신청요건 미비 ──────▶ (본안심리) 불복의 이유 ┬ 없음 … 기각결정 　　　　　　　　　└▶ 각하결정*1)　　　　　　　　　　　　　　　　　　└ 있음 … 인용결정*2)
(13) 불고불리·불이익변경금지	불고불리의 원칙 : 재결청은 결정을 할 때 불복청구를 한 처분 외의 처분에 대해서는 처분의 전부·일부를 취소·변경하거나 새로운 처분의 결정을 하지 못한다. 불이익변경금지 : 재결청은 결정을 할 때 불복청구를 한 처분보다 청구인에게 불리한 결정을 하지 못한다.

*1) 각하사유
  ① 청구가 적법하지 아니한 경우　② 심판청구를 제기한 후 심사청구를 제기(같은 날 제기한 경우도 포함)한 경우
  ③ 청구기간이 지난 후에 청구된 경우　④ 보정기간에 필요한 보정을 하지 않은 경우
  ⑤ 불복청구의 대상이 되는 처분이 존재하지 않는 경우
  ⑥ 불복청구의 대상이 되는 처분으로 권리나 이익을 침해당하지 않는 경우
  ⑦ 대리인이 아닌 자가 대리인으로서 불복을 청구하는 경우

*2) 인용결정 : 처분의 취소·경정 결정, 필요한 처분의 결정, 재조사 결정(다만, 취소·경정 또는 필요한 처분을 하기 위하여 추가 조사가 필요한 경우 이를 재조사하여 결과에 따라 필요한 처분을 하도록 하는 재조사 결정을 할 수 있다)
  * 인용결정에도 불구하고 심사청구인의 주장과 재조사 과정에서 확인된 사실이 달라 원처분의 유지가 필요하거나 재조사 과정에서 사실관계 확인이 불가능한 경우 심사청구의 대상이 된 당초의 처분을 취소·결정하지 않을 수 있다.

구분	이의신청	심사청구	심판청구
성격	임의절차	필수절차	필수절차
청구기간	처분을 안날로 부터 90일 이내	처분을 안 날 또는 이의신청 결정통지를 받은 날로부터 90일 이내	
결정기관	국세심사위원회의 심의를 거쳐 세무서장 또는 지방국세청장이 결정	국세청장이 국세심사위원회의 의결에 따라 결정.*1) 단, 일정한 경우*2)는 제외 * 결정의 단순한 경정(결정의 잘못 기재, 계산착오 등)은 국세청장은 직권 또는 심사청구인 신청에 의하여 경정할 수 있음	조세심판관회의가 심리를 거쳐 결정 * 중요한 사안* 6)은 조세심판관합동회의에서, 소액심판* 7)의 경우는 주심조세심판관이 결정하는 경우도 있음
결정기간*3)	이의신청 받은 날부터 30일 이내*4) (의견서에 항변시 60일 이내*5))	심사청구를 받은 날로부터 90일 이내*4)	
보정기간	20일 이내의 기간	20일 이내의 기간	상당한 기간

*1) 국세청장은 국세심사위원회 의결이 법령에 명백히 위반된다고 판단하는 경우 구체적인 사유를 적어 서면으로 국세심사위원회로 하여금 한 차례에 한정하여 다시 심의할 것을 요청할 수 있다.

*2) 다음의 사유에 해당하는 경우 : 국세청장이 국세심사위원회의 의결을 거치지 않고 결정
  ① 심사청구금액이 3천만원 미만으로 사실판단 관련 사항이거나 유사한 심사청구에 대하여 국세심사위원회의 의결에 따라 결정된 사례가 있는 경우
  ② 각하결정사유에 해당하는 경우 ③ 심사청구가 그 청구기간이 지난 후에 제기된 경우

*3) 결정기간 내에 결정통지를 받지 못한 경우에는 결정의 통지를 받기 전이라도 그 결정기간이 지난 날부터 심사청구, 심판청구 및 행정소송을 제기할 수 있다.

*4) 재조사 결정이 있는 경우 처분청은 재조사 결정일로부터 60일 이내에 결정서 주문에 기재된 범위에 한정하여 조사하고, 그 결과에 따라 취소·경정하거나 필요한 처분을 하여야 한다. 이때 처분청은 조사를 연기하거나 조사기간을 연장하거나 조사를 중지할 수 있다.

*5) 이의신청인이 송부받은 의견서에 대하여 결정기간(이의신청을 받은 날부터 30일) 내에 항변하는 경우에는 이의신청을 받은 날부터 60일 이내에 결정하여야 한다.

*6) 중요한 사안 : 조세심판원장과 상임조세심판관 모두로 구성된 회의가 3분의2 이상 출석으로 개의하고, 과반수의 찬성으로 조세심판관회의 의결이 다음 중 하나에 해당한다고 의결시 조세심판관합동회의가 심리를 거쳐 결정한다.
  ① 해당 심판청구사건에 관하여 세법의 해석이 쟁점이 되는 경우로 종전의 조세심판원 결정이 없는 경우
  ② 종전에 조세심판원에서 한 세법의 해석·적용을 변경하는 경우
  ③ 조세심판관회의 간에 결정의 일관성을 유지하기 위한 경우
  ④ 해당 심판청구사건에 대한 결정이 다수의 납세자에게 동일하게 적용되는 등 국세행정에 중대한 영향을 미칠 것으로 예상되어 국세청장이 조세심판원장에게 조세심판관합동회의에서 심리할 것을 요청하는 경우
  ⑤ 그 밖에 해당 심판청구사건에 대한 결정이 국세행정이나 납세자의 권리·의무에 중대한 영향을 미칠 것으로 예상되는 경우

*7) 소액심판 : 다음의 경우 조세심판관회의의 심리를 거치지 않고 주심조세심판관이 심리하여 결정할 수 있다.
  ① 심판청구금액이 3천만원(지방세는 1천만원) 미만의 것으로 다음 중 어느 하나에 해당하는 것
    (가) 청구사항이 법령의 해석에 관한 것이 아닌 것
    (나) 청구사항이 법령의 해석에 관한 것으로서 유사한 청구에 대하여 이미 의결에 따라 결정된 사례가 있는 것
  ② 심판청구가 과세표준 또는 세액의 결정에 관한 것 이외의 것으로서 유사한 청구에 대하여 이미 조세심판관회의의 의결에 따라 결정된 사례가 있는 것
  ③ 청구기간이 지난 후에 심판청구를 받은 경우 ④ 각하결정 사유 중 어느 하나에 해당하는 경우

 참고

불복청구기간특례

① 불복청구인이 천재지변 등의 기한 연장사유로 인하여 불복청구기간 내에 불복청구할 수 없을 때에는 그 사유가 소멸한 날부터 14일 이내에 불복청구를 할 수 있다.

② 상호합의절차가 개시된 경우 상호합의절차의 개시일로부터 종료일까지의 기간은 국세기본법과 지방세기본법에 의한 불복청구기간과 결정기간에 산입하지 아니한다.

③ 불복청구기한까지 우편으로 제출한 이의신청서, 심사청구서 및 심판청구서가 청구기간을 지나서 도달한 경우에는 그 기간의 만료일에 적법한 청구를 한 것으로 본다.

* 조세심판관의 제척·회피 및 기피(심판에 관여하는 심판조사관도 준용함)

구 분	내 용
제척	조세심판관은 다음 중 어느 하나에 해당하는 경우에는 심판관여로부터 제척된다. ① 심판청구인 또는 대리인인 경우(대리인이었던 경우 포함) ② ①의 친족이거나 친족이었던 경우, ③ ①의 사용인이거나 사용인이었던 경우 ④ 불복의 대상이 되는 처분, 처분에 대한 이의신청에 관하여 증언 또는 감정을 한 경우 ⑤ 심판청구일 전 5년 이내에 불복의 대상이 되는 처분, 처분에 대한 이의신청 또는 그 기초가 되는 세무조사(조세범 칙조사 포함)에 관여하였던 경우 ⑥ ④ 또는 ⑤에 해당하는 법인·단체에 속하거나 심판청구일 전 최근 5년 이내에 속하였던 경우 ⑦ 그 밖에 심판청구인 또는 그 대리인의 업무에 관여하거나 관여하였던 경우
회피	제척 사유 중 하나에 해당하는 경우 주심조세심판관·배석조세심판관의 지정에서 회피해야 한다.
기피	담당 조세심판관에게 심판의 공정을 기대하기 어려운 사정이 있다고 인정되는 때에는 심판청구인은 담당 조세심판관의 지정 또는 변경통지를 받은 날부터 7일 이내에 기피를 신청할 수 있다. 조세심판원장은 기피 신청이 이유 있다고 인정할 때에는 기피 신청을 승인해야 한다.

 참고

국세심사위원회

이의신청·심사청구·과세전적부심사 청구사항을 심의 및 의결(심사청구 한정)하기 위하여 세무서, 지방국세청, 국세청에 각각 국세심사위원회를 둔다. 위원은 공정한 심의 및 의결을 기대하기 어려운 사정이 있다고 인정될 때 회의에서 제척되거나 회피하여야 한다. → 제척사유는 조세심판관의 제척사유와 동일

09 납세자의 권리

I 납세자권리헌장

구분	내용
(1) 제정·고시	국세청장은 납세자권리에 관한 사항과 그 밖에 납세자의 권리보호에 관한 사항을 포함하는 납세자권리헌장을 제정하여 고시하여야 한다.
(2) 교부 사유	세무공무원은 다음 중 어느 하나에 해당하는 경우에는 납세자권리헌장의 내용이 수록된 문서를 납세자에게 내주어야 한다. ① 세무조사(조세범칙조사 포함)를 하는 경우 ② 사업자등록증을 발급하는 경우
(3) 요지 낭독 및 조사사유 등 설명	세무공무원은 세무조사(조세범칙조사 포함)를 시작할 때 조사원증을 납세자 또는 관련인에게 제시 후 납세자권리헌장을 교부하고 요지를 직접 낭독해 주어야 한다. (조사사유·조사기간·납세자보호위원회 심의 요청사항·절차·권리구제 절차 등을 설명)

I-1 납세자의 성실성 추정

구분	내용
(1) 성실성 추정	세무공무원은 납세자는 성실하며 제출한 신고서 등이 진실한 것으로 추정한다.
(2) 추정배제	(정기선정에 의한 조사 외의 세무조사 사유와 동일) ① 납세자가 세법에서 정하는 신고, 성실신고확인서의 제출, 세금계산서·계산서의 작성·교부·제출, 지급명세서의 작성·제출 등의 납세협력의무를 미이행한 경우 ② 무자료거래, 위장·가공거래 등 거래내용이 사실과 다른 혐의가 있는 경우 ③ 납세자에 대한 구체적인 탈세제보가 있는 경우 ④ 신고내용에 탈루나 오류의 혐의를 인정할 만한 명백한 자료가 있는 경우 ⑤ 납세자가 세무공무원에게 직무와 관련하여 금품을 제공하거나 알선한 경우

세무조사

구 분	내 용
(1) 세무조사권 남용 금지	1) 세무조사권 남용의 금지 : 세무공무원은 필요한 최소한의 범위에서 세무조사(조세범칙조사 포함)를 하여야 하며, 다른 목적 등을 위해 조사권을 남용해서는 아니된다. 2) 재조사의 금지 : 세무공무원은 다음 중 하나에 해당하는 경우가 아니면 같은 세목 및 같은 과세기간에 대하여 재조사를 할 수 없다. ① 조세탈루의 혐의를 인정할 만한 명백한 자료가 있는 경우 ② 거래상대방에 대한 조사가 필요한 경우 ③ 2개 이상의 과세기간과 관련하여 잘못이 있는 경우 ④ 재조사 결정에 따라 조사를 하는 경우(결정서 주문에 기재된 범위에 한정) ⑤ 세무공무원에게 직무와 관련하여 금품을 제공하거나 알선한 경우 ⑥ 부분조사 실시 후 해당 조사에 포함되지 않은 부분에 대해 조사하는 경우 ⑦ 경제질서 교란 등 통한 탈세 혐의가 있는 자에 대해 일제조사를 하는 경우 ⑧ 과세관청 외의 기관이 직무상 목적을 위해 작성하거나 취득해 과세관청에 제공한 자료의 처리를 위해 조사하는 경우 ⑨ 국세환급금의 결정을 위한 확인조사를 하는 경우 ⑩ 조세범칙행위의 혐의를 인정할 만한 명백한 자료가 있는 경우. 　* 심의결과 조세범칙행위의 혐의가 없다고 의결한 경우 명백한 자료로 인정× 3) 장부등 제출 요구 : 세무조사를 위하여 필요한 최소한의 범위에서 장부등의 제출을 요구하여야 하며, 관련 없는 장부등의 제출을 요구해서는 아니 된다. 4) 공정한 세무조사 저해행위 금지 : 세무공무원에게 법령을 위반하게 하거나 지위·권한을 남용하게 하는 등 공정한 세무조사를 저해하는 행위를 하여서는 아니 된다.
(2) 조력을 받을 권리	납세자는 세무조사(조세범칙조사 포함)를 받는 경우에 변호사, 공인회계사, 세무사로 하여금 조사에 참여하게 하거나 의견을 진술하게 할 수 있다.
(3) 세무조사 관할	세무조사는 납세지 관할 세무서장 또는 지방국세청장이 수행한다. 다만, 다음의 경우 국세청장(같은 지방국세청 소관의 세무서 관할 조정의 경우 지방국세청장)이 관할을 조정할 수 있다. ① 납세자가 사업의 실질적 관리 장소 소재지와 납세지가 관할을 달리하는 경우 ② 납세지 관할 세무서장 등이 세무조사를 수행하는 것이 부적절하다고 판단시 　* 특정 지역에서 주로 사업을 하는 납세자에 대하여 공정한 세무조사를 실시할 필요가 있는 경우 등 ③ 세무조사 대상 납세자와 출자관계에 있는 자, 거래가 있는 자 또는 특수관계인에 해당하는 자 등에 대한 세무조사가 필요한 경우 ④ 세무관서별 관할을 조정할 필요가 있다고 판단되는 경우
(4) 세무조사 대상자 선정	1) 정기선정 세무조사 : 다음 중 하나에 해당하는 경우 정기적으로 신고의 적정성을 검증하기 위해 정기선정하여 세무조사 할 수 있다. (객관적 기준에 따라 공정하게 선정) ① 신고내용에 대하여 과세자료, 세무정보, 감사의견 등 회계성실도 자료 등을 고려하여 정기적으로 성실도를 분석한 결과 불성실혐의가 있다고 인정하는 경우

구 분	내 용
(4) 세무조사 대상자 선정	② 최근 4과세기간 이상 같은 세목의 세무조사를 받지 않은 납세자에 대하여 업종, 규모 등을 고려하여 신고내용 적정성을 검증할 필요가 있는 경우 ③ 무작위추출방식으로 표본조사를 하려는 경우 2) 정기선정에 의한 조사 외의 세무조사 : 세무공무원은 납세자가 불성실하다고 추정되는 경우(성실성 추정 배제사유)에는 수시로 세무조사를 실시할 수 있다. 3) 부과과세제도 국세에 대한 세무조사 : 과세관청의 조사결정에 의해 과세표준과 세액이 확정되는 세목의 경우 결정하기 위하여 세무조사를 할 수 있다.
(5) 정기선정 조사의 면제	소규모 성실사업자를 정기선정에 세무조사에서 제외할 수 있다. 다만, 객관적인 증거자료에 의하여 과소신고한 것이 명백한 경우에는 그러하지 아니한다. * 소규모사업자 : 간편장부대상자인 개인과 수입금액(1년 환산)이 3억원 이하인 법인
(6) 사전통지 등	① 조사를 받을 납세자(or 납세관리인)에게 조사를 시작하기 15일 전에 조사대상 세목, 과세기간, 조사기간 및 조사 사유 등의 사항을 문서로 통지(사전통지)하여야 한다. 다만, 사전통지를 하면 증거인멸 등으로 조사목적을 달성할 수 없다고 인정되는 때에는 그러하지 아니한다. ② ①에 따라 사전통지 없이 조사를 개시하거나 조세채권 확보를 위해 조사를 긴급히 개시할 필요가 있다고 인정되는 경우 조사를 개시할 때 세무조사통지서를 세무조사를 받을 납세자에게 교부하여야 한다. 다만, 다음 중 어느 하나에 해당하는 경우에는 그러하지 아니하다. (가) 납세자가 세무조사 대상이 된 사업을 폐업한 경우 (나) 납세관리인을 정하지 아니하고 국내에 주소 또는 거소를 두지 아니한 경우 (다) 납세자 또는 납세관리인이 세무조사통지서의 수령을 거부하거나 회피하는 경우
(7) 연기신청등	1) 세무조사의 연기신청 : 사전통지를 받은 납세자는 다음의 사유로 조사를 받기 곤란한 경우에 조사를 연기해 줄 것을 문서로 신청할 수 있다. ① 천재지변, 화재, 그 밖의 재해로 사업상 심각한 어려움이 있을 때 ② 납세자ㆍ납세관리인의 질병, 장기출장 등으로 세무조사가 곤란하다고 판단 ③ 권한 있는 기관에 장부, 증거서류가 압수되거나 영치되었을 때 ④ 위 ①부터 ③까지의 규정에 준하는 사유가 있을 때 * 연기신청시 승인 여부를 경정하고 결과(연기기간 포함)를 조사 개시 전까지 통지 2) 세무조사의 연기 중단 및 조사재개 : 다음 중 하나에 해당하는 사유가 있는 경우에는 연기한 기간이 만료되기 전에 조사를 개시할 수 있다. ① 연기 사유 소멸 ② 조세채권 확보를 위해 조사를 긴급히 개시할 필요가 있다고 인정 * ①의 경우 조사 개시 5일 전까지 납세자에게 연기 사유 소멸 사실과 조사기간을 통지.
(8) 세무조사 기간	1) 세무조사기간의 결정 ① 세목ㆍ업종ㆍ규모ㆍ조사 난이도 등을 고려하여 조사 기간이 최소한이 되도록 해야함 ② 조사대상 과세기간 중 연간 수입금액(or 양도가액)이 가장 큰 과세기간의 연간 수입금액(양도가액)이 100억원 미만 납세자의 세무조사 기간은 20일 이내로 함 2) 세무조사기간의 연장 : 다음 중 하나에 해당하는 경우 조사 기간을 연장할 수 있다. ① 장부ㆍ서류 등을 은닉ㆍ제출지연ㆍ거부하는 등 조사 기피 행위가 명백한 경우

구 분	내 용

(8) 세무조사 기간	② 거래처 조사, 거래처 현지확인 또는 금융거래 현지확인이 필요한 경우
	③ 세금탈루 혐의가 포착되거나 조사 과정에서 조세범칙조사를 개시하는 경우
	④ 천재지변이나 노동쟁의로 조사가 중단되는 경우
	⑤ 납세자보호관(or 담당관)이 세금탈루 혐의의 추가적 사실 확인이 필요하다고 인정
	⑥ 세무조사 대상자가 혐의 해명 등을 위해 세무조사 기간의 연장을 신청한 경우로서 납세자보호관 등이 이를 인정하는 경우
	* 1)의 ②에 따라 기간을 정한 세무조사를 연장하는 경우로서 최초로 연장하는 경우에는 관할 세무관서의 장의 승인을 받아야 하고, 2회 이후 연장의 경우에는 관할 상급 세무관서의 장의 승인을 받아 각각 20일 이내에서 연장할 수 있다.
	* 세무조사 기간을 연장하는 경우 사유와 기간을 납세자에게 문서로 통지해야한다.
	3) 세무조사기간 및 연장기간의 제한을 받지 않는 경우
	  ① 무자료거래, 위장·가공거래 등 거래 내용이 사실과 다른 혐의가 있어 실제 거래 내용에 대한 조사가 필요한 경우
	  ② 역외거래로 세금을 탈루하거나 국내 탈루소득의 해외 변칙유출 혐의의 조사시
	  ③ 명의위장, 이중장부의 작성, 차명계좌의 이용, 현금거래의 누락 등의 방법을 통하여 세금을 탈루한 혐의로 조사하는 경우
	  ④ 거짓계약서 작성, 미등기양도 등을 이용한 부동산 투기 등을 통하여 세금을 탈루한 혐의로 조사하는 경우
	  ⑤ 상속세·증여세 조사, 주식변동 조사, 범칙사건 조사 및 출자·거래관계에 있는 관련자에 대하여 동시조사를 하는 경우
	4) 세무조사기간의 단축(세무조사 조기 종결) : 세무조사 기간을 단축하기 위하여 노력하여야 하며, 납세성실도를 검토하여 더 이상 조사할 사항이 없다고 판단될 때에는 조사기간 종료 전이라도 조사를 조기에 종결할 수 있다.

(9) 세무조사의 중지와 조사 재개	1) 세무조사의 중지 : 다음의 사유로 세무조사를 진행하기 어려운 경우 세무조사를 중지할 수 있다. 중지기간은 세무조사 기간 및 세무조사 연장기간에 산입하지 아니한다.
	  ① 세무조사의 연기신청 사유가 있어 납세자가 조사중지를 신청한 경우
	  ② 국외 자료의 수집·제출 또는 세무조사 기간 중 상호합의절차 개시에 따라 외국 과세기관과의 협의가 필요한 경우
	  ③ 다음의 사유로 인하여 세무조사를 정상적으로 진행하기 어려운 경우
	    (가) 납세자의 소재가 불명 (나) 납세자가 해외로 출국
	    (다) 납세자가 장부·서류 등을 은닉하거나 제출을 지연 또는 거부
	    (라) 노동쟁의가 발생한 경우 (마) 그 밖에 위와 유사한 사유가 있는 경우
	  ④ 납세자보호관(or 담당관)이 위법·부당한 세무조사의 일시중지를 요청하는 경우 세무공무원은 중지기간 중에는 과세표준과 세액을 결정 또는 경정하기 위한 질문을 하거나 장부 등의 검사·조사 또는 그 제출을 요구할 수 없다.
	2) 세무조사의 재개 : 세무공무원은 세무조사 중지사유가 소멸하게 되면 즉시 조사를 재개하여야 하며, 조세채권의 확보 등 긴급히 조사를 재개하여야 할 필요가 있는 경우에는 세무조사를 재개할 수 있다.
	* 세무공무원은 세무조사를 중지 또는 재개하는 경우에는 그 사유를 문서로 납세자에게 통지하여야 한다.

구분	내용
(10) 세무조사 범위	다음의 사유를 제외하고는 조사 진행 중 조사 범위를 확대할 수 없다. ① 다른 과세기간·세목 또는 항목에 대한 구체적인 탈세 증거자료가 확인되어 다른 과세기간·세목 또는 항목에 대한 조사가 필요한 경우 ② 명백한 세금탈루 혐의 또는 착오 등이 있는 조사대상 과세기간의 특정 항목이 다른 과세기간에도 있어 동일하거나 유사한 세금탈루 혐의 또는 착오 등이 있을 것으로 의심되어 다른 과세기간의 그 항목에 대한 조사가 필요한 경우 * 세무조사 범위를 확대하는 경우 사유와 범위를 납세자에게 문서로 통지해야 한다.
(11) 장부등의 보관 금지	1) 장부 등의 보관 금지 : 세무공무원은 세무조사(조세범칙조사 포함)의 목적으로 납세자의 장부 등을 세무관서에 임의로 보관할 수 없다. 2) 성실성 추정배제 사유에 해당하는 경우 장부 등의 보관 　① 성실성 추정배제의 사유에 해당하는 경우에는 조사목적에 필요한 최소한의 범위에서 납세자 등이 임의로 제출한 장부 등을 납세자의 동의를 받아 세무관서에 일시 보관할 수 있다. 일시 보관 전에 납세자 등 정당한 권한이 있는 자에게 일시 보관하는 사유 등 법령에서 정한 사항을 고지하여야 한다. 　② 세무공무원은 납세자의 장부 등을 세무관서에 일시 보관하려는 경우 납세자로부터 일시 보관 동의서를 받아야 하며, 일시 보관증을 교부하여야 한다. 　③ 납세자 등은 조사목적·범위와 관련이 없는 등의 사유로 일시 보관에 동의하지 않는 경우 일시 보관할 장부 등에서 제외할 것을 요청할 수 있다. 이 경우 세무공무원은 정당한 사유 없이 해당 장부등을 일시 보관할 수 없다. 3) 장부 등의 반환 및 사본 보관 　① '2)'에 따라 일시 보관하고 있는 장부 등에 대하여 납세자가 반환을 요청한 경우 반환을 요청한 날부터 14일 이내에 장부 등을 반환하여야 한다. 다만, 조사 목적 달성을 위하여 필요한 경우에는 1회에 한하여 납세자보호위원회의 심의를 거쳐 14일 이내의 범위에서 보관 기간을 연장할 수 있다. 　② ①에도 불구하고 납세자가 일시 보관하고 있는 장부 등의 반환을 요청한 경우로 세무조사에 지장이 없다고 판단시 장부 등을 즉시 반환하여야 한다. 　③ ①, ②에 따라 장부 등을 반환한 경우를 제외하고 세무공무원은 해당 세무조사를 종결할 때까지 일시 보관한 장부등을 모두 반환하여야 한다. 　④ 장부 등을 반환하는 경우 세무공무원은 장부 등의 사본을 보관할 수 있고, 사본이 원본과 다름없다는 사실을 확인하는 서명·날인을 요구할 수 있다.
(12) 통합조사 원칙	1) 통합조사 원칙 : 사업 관련 세목을 통합하여 실시하는 것을 원칙으로 한다. 2) 통합조사 원칙의 예외 : 다음 중 하나에 해당시 특정 세목만 조사할 수 있다. 　① 세목의 특성, 납세자의 신고유형, 사업규모 또는 세금탈루 혐의 등을 고려하여 특정 세목만을 조사할 필요가 있는 경우 　② 조세채권의 확보 등을 위하여 특정 세목만을 긴급히 조사할 필요가 있는 경우 　③ 그 밖에 특정 세목만을 조사할 필요가 있는 경우로서 법령으로 정하는 경우

구분	내용
(12) 통합조사 원칙	3) 통합조사 원칙의 예외 : 다음 중 하나에 해당하는 경우에는 해당 사항에 대한 확인을 위하여 필요한 부분에 한정한 조사(부분조사)를 실시할 수 있다. ① 경정 등의 청구에 대한 처리 또는 국세환급금의 결정을 위하여 확인이 필요한 경우 ② 재조사 결정에 따라 사실관계의 확인 등이 필요한 경우 ③ 거래상대방에 대한 세무조사 중에 거래 일부의 확인이 필요한 경우 ④ 구체적인 탈세 제보가 있는 경우로 탈세 혐의에 대한 확인이 필요한 경우 ⑤ 명의위장, 차명계좌로 세금을 탈루한 혐의에 대한 확인이 필요한 경우 ⑥ 그 밖에 특정 사업장, 특정 항목 또는 특정 거래에 대한 확인이 필요한 경우 * 위 ③부터 ⑥까지에 해당하는 사유로 인한 부분조사는 같은 세목 및 같은 과세기간에 대하여 2회를 초과하여 실시할 수 없다.
(13) 세무조사 결과통지	① 조사를 마친 날부터 20일(공시송달 사유=40일) 이내에 조사 결과를 납세자에게 설명하고, 서면으로 통지하여야 한다. 다만, 다음의 경우에는 그러하지 아니하다. (가) 납세관리인을 정하지 아니하고 국내에 주소 또는 거소를 두지 아니한 경우 (나) 재조사 결정에 의한 조사를 마친 경우 (다) 세무조사결과통지서 수령을 거부하거나 회피하는 경우 ② ①에도 불구하고 세무공무원은 다음 중 어느 하나에 해당하는 사유로 ①에 따른 기간 이내에 조사결과를 통지할 수 없는 부분이 있는 경우에는 납세자가 동의하는 경우에 한정하여 조사결과를 통지할 수 없는 부분을 제외한 조사결과를 납세자에게 설명하고, 이를 서면으로 통지할 수 있다. (가) 조세조약 등에 따른 국외자료의 수집·제출 또는 상호합의절차 개시에 따라 외국 과세기관과의 협의가 진행 중인 경우 (나) 해당 세무조사와 관련하여 세법의 해석 또는 사실관계 확정을 위하여 기획재정부장관 또는 국세청장에 대한 질의 절차가 진행 중인 경우 ③ 상호합의절차 종료, 세법의 해석 또는 사실관계 확정을 위한 질의에 대한 회신 등 ②에 해당하는 사유가 해소된 때에는 사유가 해소된 날부터 20일(공시송달 사유=40일) 이내에 ②에 따라 통지한 부분 외에 대한 조사결과를 납세자에게 설명하고, 이를 서면으로 통지하여야 한다.
(14) 비밀유지	세무공무원은 과세정보를 타인에게 제공 또는 누설하거나 목적 외의 용도로 사용해서는 아니된다. 또한 세무공무원은 비밀유지 규정을 위반하여 과세정보의 제공을 요구받으면 그 요구를 거부하여야 한다. 단, 다음 중 어느 하나에 해당하는 경우에는 그 사용목적에 맞는 범위에서 납세자의 과세정보를 제공할 수 있다. 이 경우 과세정보를 알게 된 사람은 이를 타인에게 제공 또는 누설하거나 그 목적 외의 용도로 사용해서는 아니 된다. ① 국가행정기관, 지방자치단체 등이 법률에서 정하는 조세, 과징금의 부과·징수 등을 위하여 사용할 목적으로 과세정보를 요구하는 경우 ② 국가기관이 조세쟁송이나 조세범 소추를 위하여 과세정보를 요구하는 경우 ③ 통계청장이 국가통계작성 목적으로 과세정보를 요구하는 경우

구분	내용
(14) 비밀유지	④ 다른 법률의 규정에 따라 과세정보를 요구하는 경우 ⑤ 사회보장기본법에 따른 사회보험의 운영을 목적으로 설립된 기관이 관계 법률에 따른 소관 업무를 수행하기 위하여 과세정보를 요구하는 경우 ⑥ 국가 행정기관, 지방자치단체 또는 공공기관이 급부·지원 등을 위한 자격의 조사·심사 등에 필요한 과세정보를 당사자의 동의를 받아 요구하는 경우 ⑦ 조사위원회가 국정조사의 목적을 달성 하기 위하여 조사위원회의 의결로 비공개회의에 과세정보의 제공을 요청하는 경우 ⑧ 법원의 제출명령 또는 법관이 발부한 영장에 의하여 과세정보를 요구하는 경우 ⑨ 세무공무원 간에 국세의 부과·징수 또는 질문·검사에 필요한 과세정보를 요구 * 원칙 : 세무관서의 장에게 문서로 요구 / 예외 : ⑧,⑨는 문서로 요구할 필요가 없음. * 과세정보를 제공받아 알게 된 사람 중 공무원이 아닌 사람은 형법이나 그 밖의 법률에 따른 벌칙을 적용할 때에는 공무원으로 본다.

II 과세전적부심사(=〉사전구제제도)

구분	내용
(1) 청구대상	다음의 통지를 받은 자는 받은 날부터 30일 이내에 통지한 세무서장·지방국세청장에게 과세전적부심사를 청구할 수 있다.(정보통신망 이용 청구 가능. 불복청구 규정 준용) ① 세무조사 결과에 대한 서면통지 ② 과세예고통지
(2) 과세예고 통지	세무서장·지방국세청장은 다음의 경우 미리 납세자에게 과세예고통지하여야 한다. ① 업무감사 결과(현지 시정조치 포함)에 따라 세무서장·지방국세청장이 과세하는 경우 ② 세무조사에서 확인된 것으로 조사대상자 외의 자에 대한 과세자료 및 현지 확인조사에 따라 세무서장·지방국세청장이 과세하는 경우 ③ 납부고지 세액이 100만원 이상인 경우. 다만, 감사원법의 시정요구에 따라 세무서장·지방국세청장이 과세처분하는 경우로 시정요구 전에 과세처분 대상자가 감사원의 지적사항에 대한 소명안내를 받은 경우는 제외한다.
(3) 국세청장에게 청구할 수 있는 사유	① 법령 관련 국세청장의 유권해석을 변경해야 하거나 새로운 해석이 필요한 것 ② 국세청장의 훈령·예규·고시 등과 관련하여 새로운 해석이 필요한 것 ③ 세무서·지방국세청에 대한 국세청장의 업무감사 결과(현지에서 시정조치하는 경우 포함)에 따라 세무서장·지방국세청장이 하는 과세예고통지에 관한 것 ④ 위 이외의 사항 중 과세전적부심사 청구금액이 10억원 이상인 것 ⑤ 감사원법의 시정요구에 따라 세무서장·지방국세청장이 과세처분하는 경우로 시정 요구 전에 과세처분 대상자가 감사원의 지적사항에 대한 소명안내를 받지 못한 것

구분	내용
(4) 청구배제 대상	① 납부기한 전 징수의 사유가 있거나 수시부과의 사유가 있는 경우 ② 「조세범 처벌법」위반으로 고발 또는 통고처분하는 경우 ③ 세무조사 결과 통지 및 과세예고통지를 하는 날부터 국세 부과제척기간의 만료일까지의 기간이 3개월 이하인 경우 ④ 법에 따라 조세조약을 체결한 상대국이 상호합의 절차의 개시를 요청한 경우 ⑤ 불복청구 및 과세전적부심사 청구의 재조사 결정에 의한 조사를 하는 경우
(5) 결정결과의 통지	과세전적부심사 청구를 받은 세무서장, 지방국세청장 또는 국세청장은 각각 국세심사위원회의 심사를 거쳐 결정을 하고 그 결과를 청구를 받은 날부터 30일 이내에 청구인에게 통지하여야 한다.
(6) 결정의 종류	① 청구기간이 지났거나 보정기간에 보정하지 아니한 경우 : 심사하지 아니한다는 결정 ② 청구가 이유 없다고 인정되는 경우 : 채택하지 아니한다는 결정 ③ 청구가 이유 있다고 인정되는 경우 : 채택하거나 일부 채택하는 결정. 다만, 구체적인 채택의 범위를 정하기 위하여 추가적으로 조사가 필요한 경우 재조사하여 그 결과에 따라 당초 통지 내용을 수정 통지하도록 하는 재조사 결정을 할 수 있다.
(7) 청구의 효력	과세전적부심사 청구를 받은 경우 청구부분에 대하여 결정이 있을 때까지 과세표준 및 세액의 결정이나 경정결정을 유보하여야 한다. 다만, 과세전적부심사청구 제외대상의 경우 또는 조기결정신청이 있는 경우에는 그러하지 아니하다.
(8) 조기결정 신청	과세전적부심사를 청구하지 않고 통지를 한 세무서장·지방국세청장에게 통지받은 내용에 대하여 조기에 결정하거나 경정결정해 줄 것을 신청할 수 있다. 이 경우 해당 세무서장·지방국세청장은 신청받은 내용대로 즉시 결정이나 경정결정을 하여야 한다.
(9) 국선대리인	과세전적부심사 청구인은 통지를 한 세무서장·지방국세청장에게 요건을 갖추어 국선대리인의 선정 신청을 할 수 있다.(요건 : 국선대리인 참조)

Ⅲ 보칙

구분	내용
(1) 납세관리인	① 납세자가 국내에 주소 또는 거소를 두지 아니하거나 국외로 주소 또는 거소를 이전할 때에는 납세관리인을 정하여야 한다.(변호사, 세무사 등 납세관리인 가능) ② 납세관리인을 정한 납세자는 관할 세무서장에게 신고하여야 한다. 변경하거나 해임할 때에도 또한 같다. 미신고하는 경우 관할 세무서장은 납세자의 재산이나 사업의 관리인을 납세관리인으로 정할 수 있다. ③ 세무서장이나 지방국세청장은 상속세를 부과할 때에 납세관리인이 있는 경우를 제외하고 상속인이 확정되지 아니하였거나 상속인이 상속재산을 처분할 권한이 없는 경우에는 특별한 규정이 없으면 상속재산관리인 등에 대하여 상속인 또는 수유자에 관한 규정을 적용할 수 있다. ④ 비거주자인 상속인이 금융회사 등에 상속재산의 지급·명의개서 또는 명의변경을 청구하려면 납세관리인을 정하여 납세지 관할 세무서장에게 신고하고, 그 사실에 관한 확인서를 발급받아 금융회사 등에 제출하여야 한다.
(2) 최저한도	고지할 국세(인지세 제외) 및 강제징수비를 합친 금액이 1만원 미만=금액이 없는 것으로 봄
(3) 장부 등의 비치와 보존	납세자는 모든 거래에 관한 장부 및 증거서류를 성실하게 작성하여 갖춰 두어야 한다. 장부 및 증거서류는 그 거래사실이 속하는 과세기간에 대한 해당 국세의 법정신고기한이 지난 날부터 5년간(역외거래의 경우 7년) 보존하여야 한다. 다만, 부과제척기간(5년· 7년)이 끝난 날이 속하는 과세기간 이후의 과세기간에 이월결손금을 공제하는 경우 이월결손금을 공제한 과세기간의 법정신고기한으로부터 1년간 장부 및 증거서류를 보존하여야 한다.
(4) 서류접수증 발급	납세자 또는 과세자료를 제출할 의무가 있는 자로부터 다음의 서류를 받는 경우 세무공무원은 납세자등에게 접수증을 발급하여야 한다. 납세자등으로부터 신고서 등을 국세정보통신망을 통해 받은 경우 그 접수사실을 전자적 형태로 통보할 수 있다. ① 과세표준신고서, 과세표준수정신고서, 경정청구서(관련된 서류포함) ② 이의신청서·심사청구서 및 심판청구서 ③ 세법상 제출기한이 정하여진 서류 ④ 기타 국세청장이 납세자의 권익보호에 필요하다고 인정하여 지정한 서류 다만, 다음의 경우에는 접수증을 발급하지 아니할 수 있다. ① 납세자가 과세표준신고서등의 서류를 우편이나 팩스로 제출하는 경우 ② 세무공무원을 거치지 아니하고 지정된 신고함에 직접 투입하는 경우
(5) 포상금의 지급	국세청장은 포상금 지급대상자에게는 20억원(조세를 탈루한 자에 대한 탈루세액 또는 부당하게 환급·공제받은 세액을 산정하는 데 중요한 자료를 제공한 자에게는 40억원으로 하고, 체납자의 은닉재산을 신고한 자에게는 30억원으로 한다)의 범위에서 포상금을 지급할 수 있다. 다만, 다음의 경우에는 포상금을 지급하지 아니한다. ① 탈루세액, 부당하게 환급·공제받은 세액 또는 은닉재산의 신고를 통하여 징수된 금액이 5천만원 미만인 경우 ② 해외금융계좌 신고의무 불이행에 따른 과태료가 2천만원 미만인 경우 ③ 공무원이 그 직무와 관련하여 자료를 제공하거나 은닉재산을 신고한 경우 * 포상금 지급대상자에게 포상금을 지급하는 경우 같은 사안에 대하여 중복신고가 있으면 최초로 신고한 자에게만 포상금을 지급한다.

구분	내용

(6) 불성실기부금
수령단체 등의
명단공개
	국세청장은 비밀유지 규정에도 다음에 해당하는 자의 인적사항 등을 공개할 수 있다.
	
	1) 불성실기부금수령단체 : 명단 공개일이 속하는 연도의 직전 연도 12월 31일을 기준으로 다음 중 어느 하나에 해당하는 불성실기부금수령단체
	  ① 최근 2년 이내(불복청구·행정소송 기간 제외)에 「상속세 및 증여세법」에 따른 의무의 불이행으로 추징당한 세액의 합계액이 1천만원 이상인 경우
	  ② 최근 3년간(불복청구·행정소송 기간 제외)의 기부자별 발급명세를 작성하여 보관하고 있지 아니한 경우
	  ③ 최근 3년 이내(불복청구·행정소송 기간 제외)에 기부금액 또는 기부자의 인적사항이 사실과 다르게 발급된 기부금영수증(거짓영수증)을 5회 이상 발급하였거나 그 발급 금액의 합계액이 5천만원 이상인 경우
	  ④ 공익법인등(사회복지법인, 어린이집, 유치원, 학교, 기능대학, 평생교육시설, 의료법인) 이 다음에 해당하는 사실이 2회 이상 확인되는 경우
	    (가) 공익법인 지정기간 동안 법인세법에서 규정한 의무를 위반한 사실
	    (나) 주무관청의 요구에도 불구하고 의무이행 여부를 보고하지 아니한 사실
	2) 조세포탈범 : 「조세범 처벌법」에 따른 범죄로 유죄판결이 확정된 자로서 포탈세액 등이 연간 2억원 이상인 자
	3) 해외금융계좌신고의무위반자 : 계좌신고의무자로서 신고기한 내에 신고하지 아니한 금액이나 과소 신고한 금액이 50억원을 초과하는 자
	4) 세금계산서발급의무등위반자 : 범죄 (가공세금계산서발급·수취 등)로 유죄판결이 확정된 사람의 인적사항, 부정 기재한 공급가액등의 합계액 등
	
	* 명단 공개기간 : 다음의 기간이 만료되는 날까지로 하되, 납부되지 않았거나 형의 집행이 완료되지 않는 경우 계속해서 공개한다.
	  ① 불성실기부금 수령단체 : 3년
	  ② 상습포탈범을 제외한 조세포탈범(유죄판결 확정) : 5년
	  ③ 상습포탈범인 조세포탈범(유죄판결 확정), 면세유 범죄로 유죄판결 확정인 자 : 10년
	  ④ 해외금융계좌신고의무위반자 : 5년
	  ⑤ 세금계산서발급의무등위반자 : 5년

	다음의 경우에는 명단을 공개하지 아니한다.
	1) 불성실기부금수령단체 명단공개 제외대상
	  ① 이의신청, 심사청구, 심판청구, 감사원법에 따른 심사청구 또는 행정소송법에 따른 소송 중에 있는 경우
	  ② 국세정보위원회가 공개할 실익이 없거나 공개하는 것이 부적절하다고 인정하는 경우
	2) 조세포탈범 및 세금계산서 발급의무등위반자 명단공개 제외대상 : 국세 정보위원회가 공개할 실익이 없거나 공개하는 것이 부적절하다고 인정하는 경우
	3) 해외금융계좌 신고의무 위반자 명단공개 제외대상
	  ① 국세정보위원회가 신고의무 위반에 정당한 사유가 있다고 인정하는 경우
	  ② 법에 따라 수정신고 및 기한 후 신고를 한 경우(해당 해외금융 계좌와 관련하여 세무공무원이 조사에 착수한 것을 알았거나 과세자료 해명 통지를 받고 수정신고 및 기한 후 신고를 한 경우는 제외한다)

2024 손진호 ◆ 세법 요약서

P·A·R·T

02

국세징수법

I 국세징수법 기본

구분	내용
목적	국세의 징수에 필요한 사항을 규정함으로써 국민의 납세의무의 적정한 이행을 통해 국세수입을 확보하는 것을 목적으로 한다.
성격	① 총칙법 : 국세징수에 필요한 사항을 규정하여 국세수입의 확보를 목적으로 하는 국세의 징수절차에 관한 일반세법 ② 절차법 : 국세징수에 관한 절차를 규정 ③ 하위법 : 국세의 징수에 관하여 「국세기본법」이나 다른 세법에 특별한 규정이 있는 경우를 제외하고는 이 법에서 정하는 바에 따른다.
정의	① 납부기한 : 납세의무가 확정된 국세(가산세 포함)를 납부하여야 할 기한으로서 다음의 구분에 따른 기한을 말한다. 　㉠ 법정납부기한 : 국세의 종목과 세율을 정하고 있는 법률(개별세법), 「국세기본법」, 「조세특례제한법」 및 「국제조세조정에 관한 법률」에서 정한 기한 　㉡ 지정납부기한[1] : 관할 세무서장이 납부고지를 하면서 지정한 기한 ② 체납 : 국세를 지정납부기한까지 납부하지 아니하는 것. 다만, 지정납부기한 후에 납세의무가 성립·확정되는 납부지연가산세 및 원천징수 등 납부지연가산세의 경우 납세의무가 확정된 후 즉시 납부하지 아니하는 것을 말한다. ③ 체납자 : 국세를 체납한 자 ④ 체납액 : 체납된 국세와 강제징수비
징수 순위	(1순위) 강제징수비 → (2순위) 국세(가산세 제외)* → (3순위) 가산세 * 국세는 교육세, 농어촌특별세, 교통·에너지·환경세, 기타의 국세 순(목적세→보통세)으로 징수한다.
징수절차	① 임의적징수절차 : 납부고지→독촉　② 강제적징수절차 : 압류→매각→청산

[1] 지정납부기한의 범위 : 납부기한의 구분에 있어 다음의 기한은 지정납부기한으로 본다.

① 세무서장이 「소득세법」에 따라 중간예납세액을 징수하여야 하는 기한(소득세 중간예납고지에 따른 납부기한)

② 세무서장이 「부가가치세법」에 따라 부가가치세액을 징수하여야 하는 기한(개인사업자 부가가치세 예정고지·간이과세자 예정부과고지에 따른 납부기한)

③ 관할세무서장이 「종합부동산세법」에 따라 종합부동산세액을 징수하여야 하는 기한(종합부동산세의 부과·징수를 위한 납부고지에 따른 납부기한)

* 단, 납부고지에도 불구하고 납세자가 자진신고방식을 선택하여 해당 세액의 결정이 없었던 것으로 보는 경우는 제외

Ⅱ 간접적 징수제도(보칙)

(1) 납세 증명서의 제출

구분	내용
납세증명서	납세증명서란 발급일 현재 다음의 금액을 제외하고는 다른 체납액이 없다는 사실을 증명하는 문서를 말하며, 지정납부기한이 연장된 경우에는 그 사실도 기재되어야 한다. ① 납부고지의 유예액 ② 독촉장에서 정하는 기한의 연장에 관계된 금액 ③ 압류·매각의 유예액 ④ 「채무자 회생 및 파산에 관한 법률」에 따른 징수유예액 또는 강제징수에 따라 압류된 재산의 환가유예에 관련된 체납액 ⑤ 「국세기본법」에 따라 물적납세의무를 부담하는 양도담보권자, 「부가가치세법」·「종합부동산세법」에 따라 물적납세의무를 부담하는 수탁자가 그 물적납세의무와 관련한 체납한 부가가치세·종합부동산세 등
제출사유	납세자(미과세된 자 포함)는 다음에 해당하는 경우 납세증명서를 제출하여야 함 ① 국가, 지방자치단체 및 일정한 정부관리기관 등으로부터 대금을 지급받을 경우 ② 외국인등록 또는 체류 관련 허가를 법무부장관에게 신청하는 경우 ③ 내국인이 해외이주 목적으로 외교부장관에게 해외이주신고를 하는 경우 * 납세자가 납세증명서를 제출하여야 하는 경우에 해당 주무관서 등이 국세청장 또는 관할세무서장에게 조회하거나 납세자의 동의를 받아 행정정보의 공동이용을 통하여 그 체납사실 여부를 확인하는 경우에는 납세증명서를 제출받은 것으로 볼 수 있다.
제출의무 면제	국가 등으로부터 대금을 지급받는 경우에도 납세증명서를 제출하지 않아도 되는 경우 ① 수의계약과 관련하여 대금을 지급받는 경우 ② 국가·지방자치단체가 대금을 지급받아 국고·지방자치단체금고에 귀속되는 경우 ③ 국세 강제징수에 따른 채권 압류로 세무서장이 그 대금을 지급받는 경우 ④ 파산관재인이 납세증명서를 발급받지 못하여 관할법원이 파산절차를 원활하게 진행하기 곤란하다고 인정하는 경우로 세무서장에게 납세증명서 제출 예외를 요청하는 경우 ⑤ 납세자가 계약대금 전액을 체납세액으로 납부하거나 계약대금 중 일부 금액으로 체납세액 전액을 납부하려는 경우
제출대상자 특례	국가 등으로부터 대금을 지급받는 자가 원래의 계약자 외의 자인 경우 ① 채권양도로 인한 경우 : 양도인과 양수인의 납세증명서 ② 법원의 전부명령에 따르는 경우 : 압류채권자의 납세증명서 ③ 건설공사의 하도급대금을 직접 지급받는 경우 : 수급사업자의 납세증명서
납세증명서 유효기간	① 원칙 : 납세증명서를 발급한 날로부터 30일간 ② 예외 : 발급일 현재 납부고지된 국세가 있는 경우 해당 지정납부기한까지로 할 수 있다.

(2) 미납국세 등의 열람

구분	내용
열람 신청	임차인은 해당 건물에 대한 임대차계약을 하기 전(또는 계약체결 후 임대차 시작하는 날까지)에 건물 소유자(임대인)의 동의를 받아 임대인이 납부하지 아니한 국세 · 체납액의 열람을 임차할 건물 소재지의 관할 세무서장에게 신청할 수 있다. 이 경우 세무서장은 열람 신청에 따라야 한다. * 임대차계약을 체결한 임차인은 보증금이 1천만원 초과하는 경우 임대차 기간이 시작하는 날까지 임대인 동의 없이 열람신청이 가능하다. 신청 받은 세무서장은 열람 내역을 지체 없이 임대인에게 통지해야 한다.
열람대상 국세	① 세법에 따른 과세표준 및 세액의 신고기한까지 신고한 국세 중 납부하지 아니한 국세 ② 납부고지서를 발급한 후 지정납부기한이 도래하지 아니한 국세 ③ 체납액

* 열람신청을 받은 관할 세무서장은 각 세법에 따른 과세표준 및 세액의 신고기한까지 임매인이 신고한 국세 중 납부하지 아니한 국세에 대해서는 신고기한부터 30일(종합소득세 60일)이 지났을 때부터 열람신청에 응하여야 한다.

(3) 체납자료의 제공

구분	내용
제공사유	국세징수 · 공익 목적을 위해 필요한 경우로 신용정보회사 등이 체납자 인적사항 · 체납자료 등 요구
정보제공 대상자	① 체납발생일로부터 1년이 지나고 체납액이 500만원 이상인 자 ② 1년에 3회 이상 체납하고 체납액이 500만원 이상인 자
정보제공 제외대상	① 체납된 국세와 관련하여 심판청구등이 계속 중인 경우 ② 납세자가 재난 또는 도난으로 재산에 심한 손실을 입은 경우 ③ 납세자가 경영하는 사업에 현저한 손실이 발생하거나 부도 또는 도산의 우려가 있는 경우 ④ 압류 또는 매각이 유예된 경우 ⑤ 「국세기본법」에 따라 물적납세의무를 부담하는 양도담보권자, 「부가가치세법」 · 「종합부동산세법」에 따라 물적납세의무를 부담하는 수탁자가 그 물적납세의무와 관련한 부가가치세 · 종합부동산세 등을 체납한 경우
체납 해지통지	관할 세무서장은 제공한 체납자료가 체납액의 납부 등으로 체납자료에 해당되지 아니하게 되는 경우 그 사실을 사유 발생일부터 15일 이내에 요구자에게 통지하여야 한다.

(4) 재산조회 및 강제징수를 위한 지급명세서 등의 사용

국세청장 · 지방국세청장 · 세무서장은 「금융실명거래 및 비밀보장에 관한 법률」에도 불구하고 이자소득 · 배당소득에 대한 지급명세서 등 금융거래에 관한 정보를 체납자의 재산조회와 강제징수를 위하여 사용할 수 있다.

(5) 사업에 관한 허가 등의 제한

구분	내용
사업관련 허가 등의 제한유형	① 사전적 제한 : 관할 세무서장은 허가등을 받은 사업과 관련된 소득세, 법인세 및 부가가치세를 체납한 경우 주무관청에 허가등의 갱신과 신규 허가등을 하지 아니할 것을 요구할 수 있다. ② 사후적 제한 : 관할 세무서장은 허가등을 받아 사업을 경영하는 자가 해당 사업과 관련된 소득세, 법인세 및 부가가치세를 3회 이상 체납*하고 그 체납된 금액의 합계액이 500만원 이상인 경우 해당 주무관청에 사업의 정지 또는 허가등의 취소를 요구할 수 있다. * 3회의 체납횟수는 납부고지서 1통을 1회로 보아 계산한다.
사업관련 허가 등의 제한금지	다음 중 하나에 해당하는 경우 위의 체납액이 있는 경우에도 관허사업을 제한 할 수 없다. ① 공시송달의 방법으로 납부고지된 경우 ② 납세자가 재난 또는 도난으로 재산에 심한 손실을 입은 경우 ③ 납세자가 경영하는 사업에 현저한 손실이 발생하거나 부도 또는 도산의 우려가 있는 경우 ④ 납세자 또는 그 동거가족이 질병이나 중상해로 6개월 이상의 치료가 필요한 경우 또는 사망하여 상중인 경우 ⑤ 법에 따라 강제집행 및 담보권 실행 등을 위한 경매가 시작되거나 파산선고를 받은 경우 ⑥ 「어음법」 및 「수표법」에 따른 어음교환소에서 거래정지처분을 받은 경우 ⑦ 납세자의 재산이 총 재산의 추산가액이 강제징수비를 징수하면 남을 여지가 없어 강제징수를 종료할 필요가 있는 경우에 해당하는 경우 ⑧ 위 ①부터 ⑦까지의 규정에 준하는 사유가 있는 경우 ⑨ 「국세기본법」에 따라 물적납세의무를 부담하는 양도담보권자, 「부가가치세법」·「종합부동산세법」에 따라 물적납세의무를 부담하는 수탁자가 그 물적납세의무와 관련한 부가가치세·종합부동산세 등을 체납한 경우 ⑩ 관할 세무서장이 납세자에게 납부가 곤란한 사정이 있다고 인정하는 경우(단, 이 경우는 사후적제한에 대하여만 제한금지사유로 인정된다)
제한요구 및 철회	주무관서는 정당한 사유가 없는 한 요구에 따라야 하며, 세무서장은 관허사업의 제한을 요구한 후 해당 국세를 징수하였을 때에는 지체 없이 그 요구를 철회하여야 한다.

(6) 출국금지요청

구분	내용
개요	① 국세청장은 정당한 사유 없이 5천만원 이상의 국세를 체납한 자 중 대통령령으로 정하는 자에 대하여 법무부장관에게 출입국관리법에 따라 출국금지를 요청하여야 한다. ② 법무부장관은 위 ①의 요청에 따라 출금금지를 한 경우 국세청장에게 그 결과를 정보통신망 등을 통하여 통보하여야 한다.
대상자 요건	다음의 요건을 모두 갖춘 자를 출국금지 대상자로 한다. ① 정당한 사유 없이 5천만원 이상의 국세를 체납한 자로서, ② 다음 중 어느 하나에 해당하는 사람으로서 관할 세무서장이 압류·공매, 담보 제공, 보증인의 납세보증서 등으로 조세채권을 확보할 수 없고, 강제징수를 회피할 우려가 있다고 인정되는 사람을 말한다. 　㉠ 배우자 또는 직계존비속이 국외로 이주(국외에 3년 이상 장기체류 중인 경우 포함)한 자 　㉡ 출국금지 요청일 현재 최근 2년간 미화 5만달러 상당액 이상을 국외로 송금한 자 　㉢ 미화 5만달러 상당액 이상의 국외자산이 발견된 자 　㉣ 「국세징수법」에 따라 명단이 공개된 고액·상습체납자 　㉤ 출국금지 요청일을 기준으로 최근 1년간 국세 체납액이 5천만원 이상인 상태에서 사업 목적, 질병 치료, 직계존비속의 사망 등 정당한 사유 없이 국외 출입 횟수가 3회 이상이거나 국외 체류 일수가 6개월 이상인 사람 　㉥ 사해행위취소소송 중이거나 「국세기본법」에 따라 제3자와 짜고 한 거짓계약에 대한 취소소송 중인 사람
출국금지 요건확인	국세청장은 법무부장관에게 체납자에 대한 출국금지를 요청하는 경우 해당 체납자가 출국금지대상자의 요건 중 어느 항목에 해당하는지와 조세채권을 확보할 수 없고 강제징수를 회피할 우려가 있다고 인정하는 사유를 구체적으로 밝혀야 한다.
출국금지 해제요청	① 출국금지의 해제를 요청하여야 하는 사유(강제사항) 　㉠ 체납액의 납부·부과결정의 취소 등에 따라 체납된 국세가 5천만원 미만으로 된 경우 　㉡ 위 대상자요건의 중 '②에 해당하는 출국금지 요청의 요건이 해소된 경우 ② 출국금지의 해제를 요청할 수 있는 사유(임의사항) 　㉠ 국외건설계약 체결, 수출신용장 개설 등 구체적인 사업계획을 사지고 출국하려는 경우 　㉡ 국외에 거주하는 직계존비속이 사망하여 출국하려는 경우 　㉢ 본인의 신병치료 등 불가피한 사유로 출국금지를 해제할 필요가 있다고 인정되는 경우

(7) 고액·상습체납자의 명단 공개

구분	내용
공개대상자	체납발생일부터 1년이 지난 국세의 합계액이 2억원 이상인 경우
명단공개 제외대상	다음 중 어느 하나에 해당하는 경우에는 명단공개 대상자의 요건에 해당되는 경우에도 그 명단을 공개할 수 없다. ① 체납된 국세와 관련하여 심판청구 등이 계속 중인 경우 ② 최근 2년 간의 체납액 납부비율이 100분의 50 이상인 경우 ③ 「채무자 회생 및 파산에 관한 법률」에 따른 회생계획인가의 결정에 따라 체납된 국세의 징수를 유예받고 그 유예기간 중에 있거나 체납된 국세를 회생계획의 납부일정에 따라 납부하고 있는 경우 ④ 재산상황, 미성년자 해당 여부 및 그 밖의 사정 등을 고려할 때 「국세기본법」에 따른 국세정보위원회가 공개할 실익이 없거나 공개하는 것이 부적절하다고 인정하는 경우 ⑤ 「국세기본법」에 따라 물적납세의무를 부담하는 양도담보권자, 「부가가치세법」·「종합부동산세법」에 따라 물적납세의무를 부담하는 수탁자가 그 물적납세의무와 관련한 부가가치세·종합부동산세 등을 체납한 경우
명단공개 대상자 선정절차	① 국세청장은 국세정보위원회의 심의를 거친 공개 대상자에게 명단공재 대상자임을 통지 ② 소명기회 부여 ③ 통지일부터 6개월이 지난 후 체납액의 납부 이행 등을 고려하여 체납자 명단 공개 여부를 재심의하게 한 후 공개대상자 선정
명단공개 방법	① 원칙 : 관보에 게재하거나 국세정보통신망 또는 관할세무서 게시판에 게시 ② 공개대상자가 법인인 경우 해당 법인의 대표자도 함께 공개함

(8) 고액·상습체납자의 감치

구분	내용
적용대상	체납자가 다음의 사유에 모두 해당하는 경우 ① 국세를 3회 이상 체납하고 있고, 체납발생일부터 각 1년이 경과하였으며, 체납금액의 합계가 2억원 이상인 경우 ② 체납된 국세의 납부능력이 있음에도 불구하고 정당한 사유 없이 체납한 경우 ③ 「국세기본법」에 따른 국세정보위원회의 의결에 따라 해당 체납자에 대한 감치 필요성이 인정되는 경우
감치기간	법원은 검사의 청구에 따른 결정으로 <u>30일의 범위</u>에서 체납된 국세가 납부될 때까지 그 체납자를 감치에 처할 수 있다.
감치신청	국세청장은 체납자가 감치대상자 사유에 모두 해당하는 경우에는 체납자의 주소 또는 거소를 관할하는 지방검찰청 또는 지청의 검사에게 체납자의 감치를 신청할 수 있다.
기타규정	① 국세청장은 체납자의 감치를 신청하기 전에 30일 이상의 기간을 정하여 체납자에게 소명자료를 제출하거나 의견을 진술할 수 있는 기회를 주어야 한다. ② 감치 결정에 대하여는 즉시항고를 할 수 있다. ③ 감치에 처하여진 체납자는 동일한 체납사실로 인하여 다시 감치되지 아니한다. ④ 감치에 처하는 재판을 받은 체납자가 그 감치의 집행 중에 체납된 국세를 납부한 경우에는 감치집행을 종료하여야 한다.

02 임의적 징수절차

I 납부고지

(1) 납세자에 대한 납부고지 등

구분	내용
필요적 기재사항	① 과세기간, ② 세목, ③ 세액, ④ 산출근거, ⑤ 납부기한, ⑥ 납부장소 * 이 중 하나라도 기재가 누락된 경우에는 고지의 효력이 인정되지 아니함(강행규정)
발급시기	① 원칙 : 징수결정 즉시 ② 납부고지를 유예한 경우 : 유예기간이 끝난 날의 다음 날 * 발부시기 이후에 발부된 고지서도 그 효력에는 영향이 없음(훈시규정)
발급제외	「국세기본법」에 따른 납부지연가산세 및 원천징수 등 납부지연가산세 중 지정납부기한이 지난 후의 가산세를 징수하는 경우에는 납부고지서를 발급하지 아니할 수 있다.
납부기한 지정	납부기한에 관한 세법의 규정이 있는 경우 외에는 국세의 납부기한을 납부고지를 하는 날부터 <u>30일 이내의 범위</u>로 정한다.
효력	① 미확정 국세의 납세의무 확정효력 ② 확정 국세의 국세징수권 소멸시효의 중단
강제 징수비 고지서	납세자가 체납액 중 국세만 완납하여 강제징수비를 징수하려는 경우 강제징수비의 징수와 관계되는 국세의 과세기간, 세목, 강제징수비의 금액, 산출 근거, 납부 기한(강제징수비 고지일부터 30일 이내 범위) 및 납부장소를 적은 강제징수비고지서를 납세자에게 발급하여야 한다.

(2) 보충적 납세의무자에 대한 납부고지

구분	내용
보충적 납세의무자	① 제2차 납세의무자, ② 보증인, ③ 물적납세의무자
필요적 기재사항	(징수 체납액에 대한) ① 과세기간, ② 세목, ③ 세액, ④ 산출근거, ⑤ 납부기한, ⑥ 납부장소 (보충적 납세의무자로부터 징수할) ⑦ 금액, ⑧ 그 산출근거, ⑨ 그 밖에 필요한 사항 * 이 중 하나라도 기재가 누락된 경우에는 고지의 효력이 인정되지 아니함(강행규정)
발급시기	① 원칙 : 징수결정 즉시 ② 납부고지를 유예한 경우 : 유예기간이 끝난 날의 다음 날 * 발부시기 이후에 발부된 고지서도 그 효력에는 영향이 없음(훈시규정)
납부기한지정	납부고지를 하는 날부터 30일 이내의 범위로 정한다.

(3) 납부기한 전 징수

구분	내용
대상국세 (확정국세)	① 납부의 고지를 한 국세 ② 과세표준결정의 통지를 한 국세 ③ 원천징수한 국세 ④ 납세조합이 징수한 국세 ⑤ 중간예납하는 법인세
사유	① 국세, 지방세 또는 공과금의 체납으로 강제징수 또는 체납처분이 시작된 경우 ② 강제집행 및 담보권 실행 등을 위한 경매가 시작되거나 파산선고를 받은 경우 ③ 「어음법」 및 「수표법」에 따른 어음교환소에서 거래정지처분을 받은 경우 ④ 법인이 해산한 경우 ⑤ 국세를 포탈하려는 행위가 있다고 인정되는 경우 ⑥ 납세관리인을 정하지 아니하고 국내에 주소 또는 거소를 두지 아니하게 된 경우 * 위 사유 중 ①, ②, ④의 사유는 교부청구사유에도 해당됨

절차	① 세무서장은 납부기한 전 징수의 사유가 발생하여 납부기한 전에 국세를 징수하려는 경우 당초의 납부
	   기한보다 단축된 기한을 정하여 납세자에게 납부고지를 해야 한다.
	② 관할 세무서장은 위 ①의 납부고지를 하는 경우 납부고지서에 당초의 납부기한, 납부기한 전 징수사유
	   및 납부기한 전에 징수한다는 뜻을 부기하여야 한다.

효력	① 독촉절차의 생략(독촉절차 없이 압류집행) ② 송달지연으로 인한 납부기한의 연장 배제 ③ 납부기한연장 및 납부고지유예 취소사유 ④ 국세환급금 직권충당사유 ⑤ 과세전적부심사 청구배제사유

Ⅱ 독촉

구분	내용
발급시기	지정납부기한이 지난 후 10일 이내에 체납된 국세에 대한 독촉장 발급
납부기한	독촉을 하는 날부터 20일 이내의 범위에서 기한을 정하여 발급
발급제외	① 국세를 납부기한 전에 징수하는 경우 ② 체납된 국세가 1만원 미만인 경우 ③ 「국세기본법」 및 세법에 따라 물적납세의무를 부담하는 경우
효력	① 국세징수권 소멸시효의 중단 ② 압류의 선행절차

Ⅲ 납부의 방법

구분	내용
납부방법	국세 또는 강제징수비는 다음의 방법으로 납부한다. ① 현금(계좌이체하는 경우 포함) ②「증권에 의한 세입납부에 관한 법률」에 따른 증권 ③ 지정된 국세납부대행기관을 통해 처리되는 다음의 어느 하나에 해당하는 결제수단 　㉠ 법에 따른 신용카드 또는 직불카드 　㉡ 법에 따른 통신과금서비스 　㉢ 그 밖에 위 ㉠ 또는 ㉡과 유사한 것으로서 대통령령으로 정하는 것
납부일의제	신용카드, 직불카드 및 통신과금서비스 등으로 국세를 납부하는 경우에는 국세납부대행기관의 승인일을 납부일로 본다.
기타사항	① 자동이체납부 : 납세자는 납부고지받은 국세 중 기획재정부령으로 정하는 국세(부가가치세 예정고지세액)는 금융회사등에 개설된 예금계좌로부터 자동이체하는 방법으로 납부할 수 있다. 다만, 지정납부기한이 지난 국세는 자동이체방법으로 납부할 수 없다. ② 납부대행수수료 : 국세납부대행기관은 납세자로부터 신용카드등에 의한 국세납부 대행용역의 대가로 해당 납부세액의 1% 이내에서 기획재정부령으로 정하는 바에 따라 납부대행수수료를 받을 수 있다(현행 0.8% 적용). ③ 제3자 납부 　㉠ 제3자는 납세자를 위하여 납세자의 명의로 국세 및 강제징수비를 납부할 수 있다. 　㉡ 위 ㉠에 따라 국세 및 강제징수비를 납부한 제3자는 국가에 대하여 그 납부한 금액의 반환을 청구할 수 없다.

Ⅳ 납부기한의 연장 및 납부고지의 유예

구분	내용
재난 등으로 인한 납부기한 등의 연장	관할 세무서장은 납세자가 부득이한 사유로 국세를 납부기한 또는 독촉장에서 정하는 기한까지 납부할 수 없다고 인정되는 경우 납부기한등을 연장(분할납부 포함)할 수 있다.
납부고지의 유예	관할 세무서장은 납세자가 부득이한 사유로 국세를 납부할 수 없다고 인정되는 경우 납부고지를 유예(분할납부고지 포함)할 수 있다.
연장 및 유예사유	① 납세자가 재난 또는 도난으로 재산에 심한 손실을 입은 경우 ② 납세자가 경영하는 사업에 현저한 손실이 발생하거나 부도 또는 도산의 우려가 있는 경우

구분	내용
연장 및 유예사유	③ 납세자 또는 그 동거가족이 질병이나 중상해로 6개월 이상의 치료가 필요한 경우 또는 사망하여 상중인 경우 ④ 정전, 프로그램의 오류, 그 밖의 부득이한 사유로 한국은행(그 대리점 포함) 및 체신관서의 정보처리장치와 시스템을 정상적으로 가동시킬 수 없는 경우 ⑤ 금융회사 등 또는 체신관서의 휴무, 그 밖의 부득이한 사유로 정상적인 국세 납부가 곤란하다고 국세청장이 인정하는 경우 ⑥ 권한 있는 기관에 장부나 서류 또는 그 밖의 물건이 압수 또는 영치된 경우 및 이에 준하는 경우 ⑦ 납세지의 장부 작성을 대행하는 세무사(세무법인 포함) 또는 공인회계사(회계법인 포함)가 화재, 전화, 그 밖의 재해를 입거나 해당 납세자의 장부(장부작성에 필요한 자료 포함)를 도난당한 경우 ⑧ 위의 사유에 준하는 경우로서 국세청장이 정하는 경우
연장 및 유예기한	① 연장 또는 유예한 날의 다음 날부터 9개월 이내 ② 위기지역 소재기업 특례에 해당하는 경우에는 최대 2년 이내
연장 및 유예방법	납세자의 신청에 의한 연장 및 유예, 관할세무서장의 직권연장 및 유예 모두 가능
연장 및 유예절차	① 직권연장 및 유예 　㉠ 원칙 : 문서로 즉시 납세자에게 그 연장 및 유예사실 등을 통지하여야 함 　㉡ 예외 : 관할세무서장은 다음의 어느 하나에 해당하는 경우에는 위 ㉠의 규정에도 불구하고 관보, 일간신문 또는 정보통신망을 통하여 공고하는 방법으로 통지가능 　　ⓐ 정전, 프로그램의 오류, 그 밖의 부득이한 사유로 정보통신망의 정상적인 가동이 불가능한 경우가 전국적으로 일시에 발생하는 경우 　　ⓑ 연장 또는 유예의 통지 대상자가 불특정 다수인 경우 　　ⓒ 연장 또는 유예사실을 대상자에게 개별적으로 통지할 시간적여유가 없는 경우 ② 신청에 의한 연장 및 유예 　㉠ 신청 : 기한만료일 3일 전까지 신청서를 제출하여야 함. 다만, 기한 만료일 3일 전까지 신청서를 제출할 수 없다고 인정하는 경우에는 기한 만료일까지 제출가능 　㉡ 승인여부통지 　　ⓐ 원칙 : 납부기한 등의 만료일까지 승인여부를 통지하여야 함 　　ⓑ 예외 : 납부기한 만료일 10일 전에 납세자의 연장 또는 유예 신청에 대하여 신청일로부터 10일 이내에 승인여부를 통지하지 아니한 때에는 신청일부터 10일이 되는 날에 해당 신청을 승인한 것으로 의제
분납	관할세무서장은 연장 또는 유예 기간이 6개월을 초과하는 경우에는 가능한 한 연장 또는 유예 기간 시작 후 6개월이 지난 날부터 3개월 이내에 균등액을 분납할 수 있도록 정하여야 함
담보제공	① 원칙 : 그 연장 또는 유예와 관계되는 금액에 상당하는 납세담보의 제공을 요구할 수 있음(요구하여야 한다 ×). ② 예외 : 다음 중 어느 하나에 해당하는 경우에는 납세담보를 요구할 수 없음

구분	내용
담보제공	㉠ 납세자가 사업에서 심각한 손해를 입거나 그 사업이 중대한 위기에 처한 경우로서 관할 세무서장이 납부하여야 할 금액, 연장 또는 유예기간 및 납세자의 과거 국세 납부내역 등을 고려하여 납세자가 그 연장 또는 유예 기간 내에 해당 국세를 납부할 수 있다고 인정하는 경우 ㉡ 납세자가 재난 또는 도난으로 재산에 심한 손실을 입은 경우 ㉢ 정전, 프로그램의 오류, 그 밖의 부득이한 사유로 한국은행 및 체신관서의 정보처리장치나 시스템을 정상적으로 가동시킬 수 없는 경우 ㉣ 금융회사 등 또는 체신관서의 휴무, 그 밖의 부득이한 사유로 정상적인 국세 납부가 곤란하다고 국세청장이 인정하는 경우 ㉤ 위 ㉠ ~ ㉣과 유사한 사유에 해당하는 경우
납부지연 가산세 미부과	① 연장 또는 유예 기간 동안 「국세기본법」에 따른 납부지연가산세 및 원천징수 등 납부지연가산세를 부과하지 아니함 ② 납세자가 납부고지 또는 독촉을 받은 후에 「채무자 회생 및 파산에 관한 법률」에 따른 징수의 유예를 받은 경우에도 납부지연가산세를 부과하지 아니함
연장 및 유예취소	① 취소사유 ㉠ 국세를 분할납부하여야 하는 각 기한까지 분할납부하여야 할 금액을 납부하지 아니한 경우 ㉡ 관할세무서장의 납세담보물 추가제공 또는 보증인 변경요구에 따르지 아니한 경우 ㉢ 재산 상황의 변동 등 일정한 사유로 납부기한등의 연장 또는 납부고지의 유예를 할 필요가 없다고 인정되는 경우 ㉣ '납부기한 전 징수'의 사유 중 어느 하나에 해당되어 그 연장 또는 유예한 기한까지 연장 또는 유예와 관계되는 국세의 전액을 징수할 수 없다고 인정되는 경우 ② 관할 세무서장은 위 ①의 취소사유 중 ㉠, ㉡, ㉣에 따라 지정납부기한 또는 독촉장에서 정한 기한의 연장을 취소한 경우 그 국세에 대하여 다시 지정납부기한등의 연장을 할 수 없음(㉢의 사유로 취소된 경우에는 재연장 가능).

*송달 지연으로 인한 지정납부기한 등의 연장

구분	내용
일반적인 고지의 경우	납부고지서 또는 독촉장의 송달이 지연되어 다음의 어느 하나에 해당하는 경우에는 도달한 날부터 14일이 지난 날을 지정납부기한등으로 한다. ① 도달한 날에 이미 지정납부기한등이 지난 경우 ② 도달한 날부터 14일 이내에 지정납부기한등이 도래하는 경우
납부기한 전 징수에 따른 고지의 경우	납부기한 전에 납부고지를 하는 경우에는 다음의 구분에 따른 날을 납부하여야 할 기한으로 한다(기한의 이익 박탈). → Late[도달한 날, 단축된 기한] ① 단축된 기한 전에 도달한 경우 : 단축된 기한 ② 단축된 기한이 지난 후에 도달한 경우 : 도달한 날

V 납세담보

구분	내용
제공사유	① 납부기한 연장, 납부고지의 유예, 압류 · 매각의 유예, 연부연납 등 ② 개별소비세법 및 주세법에 따라 필요하다고 인정되는 경우
담보의 종류	① 금전 ② 국채증권 등 대통령령으로 정하는 유가증권 ③ 납세보증보험증권 ④ 토지 ⑤ 화재보험에 가입한 건물 · 공장재단 · 광업재단 · 선박 · 항공기 · 건설기계 ⑥ 납세보증인의 납세보증서 * 열거되지 아니한 재산은 금전적 가치가 있는 경우에도 납세담보로 제공될 수 없음(ex 귀금속, 자동차, 골프회원권 등)
제공방법	① 금전 · 미등록 유가증권(국채증권 등) : 공탁하고 공탁수령증 제출 ② 등록 유가증권(국채증권 등) : 담보등록하고 등록확인증 제출 ③ 토지 : 등기 · 등록필증 or 등기완료통지서 제출 → 세무서장 저당권 설정 ④ 건물 · 공장재간 · 광업재단 · 선박 · 항공기 · 건설기계 : 등기 · 등록필증 or 등기완료통지서 + 화재보험증권 제출 → 세무서장 저당권 설정 ⑤ 납세보증보험증권 · 납세보증인 : 보증보험증권 및 보증서 제출
평가방법	① 금전→평가 × ② 유가증권 · 토지 · 건물 → 「상속세 및 증여세법 시행령」을 준용하여 평가한 가액 ③ 납세보증보험증권 및 납세보증서 → 보험금액 및 보증금액 ④ 기타의 자산 → 감정가액 또는 시가표준액
기타사항	① 금전 · 납세보증보험증권 및 은행의 납세보증서 → 담보할 국세의 110% 이상 ② 이외 → 담보할 국세의 120% 이상 ③ 토지를 제외한 등기자산은 등기필증과 함께 화재보험증권을 제출하여야 함 ④ 납세보증보험증권 및 화재보험증권의 보험기간 : 납세담보를 필요로 하는 기간에 30일 이상을 더한 것이어야 함 ⑤ 담보의 변경 : 납세자의 신청에 대해 세무서장의 승인을 거쳐 변경가능 ⑥ 담보의 보충 : 담보가액의 감소 등에 대하여 세무서장이 보충요구 ⑦ 담보에 의한 납부 : 금전담보만 가능 ⑧ 담보에 의한 징수 : 모든 종류의 담보재산 가능 ⑨ 담보의 해제 : 납세담보 관련 국세의 납부시 지체없이 담보해제

03 강제적 징수절차

I 통칙

구분	내용
강제징수	① 요건 : 납세자가 독촉 또는 납부기한 전 징수의 고지를 받고 지정된 기한까지 국세 또는 체납액을 완납하지 아니한 경우 ② 강제징수권자(압류권자) 　㉠ 원칙 : 관할세무서장 　㉡ 예외 : 체납발생 후 1개월 경과 + 체납액 5천만원 이상 → 지방국세청장
사해행위취소 및 원상회복	① 요건 　㉠ 체납자가 재산권을 목적으로 한 법률행위(양도, 증여, 사해신탁)를 하여야 한다. 　㉡ 체납자가 해당 재산 이외의 변제자력 × 　㉢ 체납자·수익자·전득자의 악의 ○ ② 절차 : 세무공무원→수익자·전득자를 상대로 민사소송제기 ③ 효과 : 사해행위취소소송에서 국가가 승소하면 재산권을 목적으로 한 법률행위는 취소되므로 과세관청은 해당 재산에 대해서 강제징수를 집행할 수 있게 된다.
가압류 및 가처분에 대한 효력	관할 세무서장은 재판상의 가압류 또는 가처분 재산이 강제징수 대상인 경우에도 이 법에 따른 강제징수를 한다(가압류·가처분은 강제징수집행에 영향을 미치지 아니함).
상속·합병시 승계의 효력	① 체납자의 재산에 대하여 강제징수를 시작한 후 체납자가 사망하였거나 체납자인 법인이 합병으로 소멸된 경우에도 그 재산에 대한 강제징수는 계속 진행하여야 한다. ② 위 ①을 적용할 때 체납자가 사망한 후 체납자 명의의 재산에 대하여 한 압류는 그 재산을 상속한 상속인에 대하여 한 것으로 본다.
제3자 소유권주장	① 압류재산에 대하여 제3자가 매각 5일 전까지 소유권주장 ② 세무공무원은 그 재산에 대한 강제징수의 집행을 정지 ③ 제3자 소유권주장의 이유가 정당→압류해제, 부당→그 뜻을 청구인에게 통지 ④ 청구인이 통지받은 날부터 15일 이내에 체납자를 상대로 그 재산에 대하여 소송을 제기한 사실을 증명하지 아니하면 지체 없이 강제징수집행 ⑤ 청구인이 소송을 제기한 경우에는 강제징수의 집행정지 　: 청구인이 승소→압류해제, 청구인이 패소→강제징수집행

구분	내용
인지세 및 등록면허세 면제	① 압류재산을 보관하는 과정에서 작성하는 문서에 관하여는 인지세 면제 ② 압류 또는 말소 등의 등기 또는 등록에 관하여는 등록면허세 면제
수입물품에 대한 강제징수위탁	명단공개 대상인 고액·상습체납자의 체납액의 수입물품에 대한 강제징수 권한(수입하는 물품에 대한 강제징수에 한정)을 세관장에게 위탁할 수 있다.
강제징수의 인계	① 관할 세무서장은 체납자가 관할구역 밖에 거주하거나 압류할 재산이 관할구역 밖에 있는 경우 체납자의 거구지 또는 압류할 재산의 소재지를 관할하는 세무서장에게 강제징수를 인계할 수 있다. ② 다만, 압류할 재산이 채권이거나 체납자의 거주지 또는 압류할 재산의 소재지가 둘 이상의 세무서가 관할하는 구역인 경우에는 강제징수를 인계할 수 없다. ③ 위 ①에 따라 강제징수를 인계받은 세무서장은 압류할 재산이 그 관할구역에 없는 경우 강제징수의 인수를 거절할 수 있다. 이 경우 체납자가 그 관할구역에 거주하고 있는 경우에는 수색조서를 강제징수를 인계한 세무서장에게 보내야 한다.

Ⅱ 압류

(1) 압류의 요건 및 절차

구분	내용
압류의 요건	① 독촉장 납부기한까지 납부 × ② 양도담보권자가 납부고지서 납부기한까지 납부 × ③ 납부기한 전 징수고지의 지정납부기한까지 납부 × ④ 납세의무 확정전에 납부기한 전 징수사유 발생시(확정전 보전압류)
확정전 보전압류	해당 국세의 확정전에 납부기한 전 징수사유 발생시 지방국세청장의 승인을 받아, 국세로 확정되리라고 추정되는 금액의 한도 안에서 납세자의 재산 압류 * 압류에 따라 징수하려는 국세를 확정한 경우 압류재산이 '금전·납부기한 내 추심 가능한 예금 ·유가증권'에 해당하면서 납세자 신청이 있는 경우→해당 재산의 한도에서 확정된 국세를 징수한 것으로 봄 ① 국세의 확정 전에는 압류재산을 공매할 수 없음 ② 해제사유 ㉠ 압류를 받은 자가 납세담보를 제공하고 압류해제 요구시 ㉡ 압류일부터 3개월 내에 국세를 확정하지 아니한 경우
초과압류 금지원칙	① 관할 세무서장은 국세를 징수하기 위하여 필요한 재산 외의 재산을 압류할 수 없음 ② 다만, 불가분물 등 부득이한 경우에는 압류할 수 있음
제3자 권리보호	압류재산을 선택하는 경우 강제징수에 지장이 없는 범위에서 전세권·질권·저당권 등 체납자의 재산과 관련하여 제3자가 가진 권리를 침해하지 아니하도록 하여야 함

구분	내용
압류조서	① 세무공무원은 체납자의 재산을 압류하는 경우 압류조서를 작성하여야 함 ② 다만, 참가압류에 압류의 효력이 생긴 경우에는 압류조서를 작성하지 아니할 수 있음

수색	① 세무공무원은 재산압류를 위하여 체납자의 주거·창고·사무실 등을 수색할 수 있고, 폐쇄된 문·금고 도는 기구를 열게 하거나 직접 열 수 있음(자력집행권에 의한 강제성)
	 ② 세무공무원은 다음의 어느 하나에 해당하는 경우 제3자의 주거등을 수색할 수 있고, 해당 주거등의 폐쇄된 문·금고 또는 기구를 열게 하거나 직접 열 수 있음
	    ㉠ 체납자의 재산을 감춘 혐의가 있다고 인정되는 경우
	    ㉡ 체납자의 재산을 점유하는 제3자가 재산의 인도를 거부하는 경우
	 ③ 위 ① 또는 ②에 따른 수색은 해가 뜰 때부터 해가 질 때까지만 할 수 있음. 다만, 해가 지기 전에 시작한 수색은 해가 진 후에도 계속할 수 있음
	 ④ 주로 야간에 영업을 하는 장소(유흥주점, 무도장 등)에 대해서는 위 ③에도 불구하고 해가 진 후에도 영업 중에는 수색을 시작할 수 있음
	 ⑤ 세무공무원은 ① 또는 ②에 따라 수색을 하였으나 압류할 재산이 없는 경우 수색조서를 작성하고 수색조서에 참여자와 함께 서명날인하여야 한다.
	 ⑥ 수색을 하였으나, 압류할 재산이 없어 수색조서를 작성한 경우에도 소멸시효는 중단된다.

질문·검사	강제징수를 하면서 압류할 재산의 소재 또는 수량을 알아내기 위해 체납자 또는 체납자와 일정한 관계에 있는 자에게 구두 또는 문서로 질문하거나 장부, 서류 등을 검사할 수 있음
참여자	① 세무공무원은 압류를 위한 수색 또는 검사를 하는 경우 그 수색 또는 검사를 받는 사람, 그 가족·동거인이나 사무원 또는 그 밖의 종업원을 참여시켜야 함 ② 위 ①을 적용할 때 참여시켜야 할 자가 없거나 참여 요청에 따르지 아니하는 경우 성인 2명 이상 또는 공무원이나 경찰공무원 1명 이상을 증인으로 참여시켜야 함
증표 등의 제시	세무공무원은 압류, 수색 또는 질문·검사를 하는 경우 그 신분을 나타내는 증표 및 압류·수색 등 통지서를 지니고 이를 관계자에게 보여 주어야 함
출입제한	강제징수를 위하여 필요하다고 인정하는 경우 체납자 및 참여자 등 관계자를 제외한 사람에 대하여 해당 장소에서 나갈 것을 요구하거나 출입하는 것을 제한할 수 있음
저당권자 등에 대한 압류통지	① 관할 세무서장은 재산을 압류한 경우 전세권, 질권, 저당권 또는 그 밖에 압류재산 위의 등기 또는 등록된 권리자(이하 "저당권자등")에게 그 사실을 통지하여야 함 ② 국세 우선권을 가진 저당권자등이 위 ①에 따라 통지를 받고 그 권리를 행사하려는 경우 통지를 받은 날부터 10일 이내에 그 사실을 관할 세무서장에게 신고하여야 함

(2) 압류대상자산 및 압류제한

구분	내용
압류대상 자산	압류 당시에 체납자가 소유하는 국내소재재산 중, 금전적 가치가 있고 양도가 가능한 재산으로서 '압류금지재산 또는 압류제한급여채권' 이 외의 자산
압류금지 재산	다음 중 어느 하나에 해당하는 재산은 압류할 수 없다. ① 체납자 또는 동거가족의 생활에 없어서는 아니 될 의복, 침구, 가구 등 생활필수품 ② 체납자 또는 그 동거가족에게 필요한 3개월간의 식료품 또는 연료 ③ 인감도장 등이나 그 밖에 직업에 필요한 도장 ④ 제사 또는 예배에 필요한 물건, 비석 또는 묘지 ⑤ 체납자 또는 그 동거가족의 장례에 필요한 물건 ⑥ 족보·일기 등 체납자 또는 그 동거가족에게 필요한 장부 또는 서류 ⑦ 직무 수행에 필요한 제복 ⑧ 훈장이나 그 밖의 명예의 증표 ⑨ 체납자 또는 그 동거가족의 학업에 필요한 서적과 기구 ⑩ 발명 또는 저작에 관한 것으로서 공표되지 아니한 것 ⑪ 주로 자기의 노동력으로 농업을 하는 사람에게 없어서는 아니 될 기구, 가축, 사료, 종자, 비료, 그 밖에 이에 준하는 물건* ⑫ 주로 자기의 노동력으로 어업을 하는 사람에게 없어서는 아니 될 어망, 기구, 미끼, 새끼 물고기, 그 밖에 이에 준하는 물건* ⑬ 전문직 종사자·기술자·노무자, 그 밖에 주로 자기의 육체적 또는 정신적 노동으로 직업 또는 사업에 종사하는 사람에게 없어서는 아니 될 기구, 비품, 그 밖에 이에 준하는 물건* * 다만, 농업·어업·직업 또는 사업에 관련된 재산이라 할지라도 부동산과 상품·제품 등은 압류금지재산에 해당되지 아니한다. 즉, 압류의 제한을 받지 아니한다. ⑭ 체납자 또는 그 동거가족의 일상생활에 필요한 안경·보청기·의치·의수족·지팡이·장애보조용 바퀴의자, 그 밖에 이에 준하는 신체보조기구 및 법에 따른 경형자동차 ⑮ 재해의 방지 또는 보안을 위하여 법령에 따라 설치하여야 하는 소방설비, 경보기구 등 ⑯ 법령에 따라 지급되는 사망급여금 또는 상이급여금 ⑰ 「주택임대차보호법」에 따라 우선변제를 받을 수 있는 금액(소액임차보증금) ⑱ 체납자의 생계 유지에 필요한 소액금융재산[참고]

급여 채권의 압류제한

① 급여금 등의 압류제한

월급여총액*	압류금지금액
370만원 이하	185만원
370만원 초과 600만원 이하	급여총액의 $\frac{1}{2}$
600만원 초과	300만원 + (총급여액의 $\frac{1}{2}$ − 300만원) × $\frac{1}{2}$

② 퇴직금 등의 압류제한 : 그 총액*의 2분의 1에 해당하는 금액 압류금지

* 압류제한 대상이 되는 급여금과 퇴직금 총액은 근로소득금액의 합계액(비과세소득은 제외) 또는 퇴직소득금액의 합계액(비과세소득은 제외)에서 그 근로소득 또는 퇴직소득에 대한 소득세 및 소득세분 지방소득세를 뺀 금액으로 한다(세후소득 기준).

(3) 압류의 효력

구분	내용
처분의 제한	① 세무공무원이 재산을 압류한 경우 체납자는 압류한 재산에 관하여 양도, 제한물권의 설정, 채권의 영수, 그 밖의 처분을 할 수 없음 ② 세무공무원이 채권 또는 그 밖의 재산권을 압류한 경우 해당 채권의 채무자 등은 체납자에 대한 지급을 할 수 없음
과실에 대한 압류의 효력	① 압류의 효력은 압류재산으로부터 생기는 천연과실 또는 법정과실에도 미친다. ② 위 ①에도 불구하고 체납자 또는 제3자가 압류재산의 사용 또는 수익을 하는 경우 그 재산의 매각으로 인하여 권리를 이전하기 전까지 이미 거두어들인 천연과실에 대해서는 압류의 효력이 미치지 아니한다. * 천연과실 중 성숙한 것은 토지 또는 입목과 분리하여 동산으로 볼 수 있다.
부동산 등의 압류	① 압류절차(압류등기 · 등록 촉탁) 　㉠ 세무서장은 '부동산, 공장재단, 관업재단, 선박, 자동차 항공기 및 건설기계'를 압류하려는 경우 관할 등기소 등에게 압류등기 · 등록을 촉탁하여야 함 　㉡ 위 ㉠에 따라 압류한 자동차, 선박, 항공기 또는 건설기계가 은닉 또는 훼손될 우려가 있다고 인정되는 경우 체납자에게 인도를 명하여 이를 점유할 수 있음 　㉢ 관할 세무서장은 압류를 한 경우 그 사실을 체납자에게 통지하여야 함 ② 부동산 등의 압류의 효력 　㉠ 부동산 등에 대한 압류의 효력은 압류등기 · 등록이 완료된 때에 발생한다. 　㉡ 부동산 등에 대한 압류의 효력은 해당 압류재산의 소유권이 이전되기 전에 법정기일이 도래한 국세의 체납액에 대해서도 미친다. ③ 부동산 등의 사용 · 수익의 제한 　㉠ 체납자 또는 제3자는 압류된 부동산등을 사용하거나 수익할 수 있음. 다만, 그 가치가 현저하게 줄어들 우려가 있다고 인정할 경우에는 그 사용 · 수익을 제한할 수 있음 　㉡ 자동차, 선박, 항공기 또는 건설기계에 대하여 강제징수를 위하여 필요한 기간 동안 정박 또는 정류를 하게 할 수 있음 다만, 출항준비를 마친 선박 또는 항공기에 대해서는 정박 또는 정류를 하게 할 수 없음

구분	내용
동산과 유가증권의 압류	① 압류절차(점유) 　㉠ 동산·유가증권의 압류는 점유함으로써 하고, 압류의 효력은 점유한 때에 발생함 　㉡ 제3자가 점유하고 있는 체납자 소유의 동산·유가증권의 압류 　　→ 그 제3자에게 문서로 해당 동산·유가증권의 인도를 요구하여야 함 　㉢ ㉡에 따라 인도를 요구받은 제3자가 해당 동산·유가증권을 인도하지 아니하는 경우 　　→ 제3자의 주거등에 대한 수색을 통하여 이를 압류함 　㉣ 세무공무원은 체납자와 그 배우자의 공유재산으로서 체납자가 단독 점유하거나 배우자와 공동점유하고 있는 동산·유가증권을 ㉠에 따라 압류할 수 있음 ② 압류동산의 사용·수익의 제한 　㉠ 운반이 곤란한 동산은 체납자 또는 제3자에게 보관하게 할 수 있음(점유의 예외) 　㉡ ㉠에 따라 압류한 동산을 체납자 또는 제3자에게 보관하게 한 경우 강제징수에 지장이 없다고 인정되면 그 동산의 사용 또는 수익을 허가할 수 있음 ③ 금전압류 및 유가증권에 관한 채권추심 　㉠ 금전 압류 : 그 금전 액수만큼 체납자의 체납액을 징수할 것으로 봄 　㉡ 유가증권 압류 : 그 유가증권에 따른 채권 추심 → 추심 채권의 한도에서 체납액을 징수한 것으로 봄
채권의 압류	① 압류절차(채권압류통지) 　㉠ 세무서장은 채권을 압류하려는 경우 그 뜻을 제3채무자에게 통지하여야 함 　㉡ 세무서장은 채권압류통지를 한 경우 체납액을 한도로 체납자인 채권자를 대위함 　㉢ 세무서장은 ㉡에 따라 채권자를 대위하는 경우 압류 후 1년 이내에 제3채무자에 대한 이행의 촉구(최고)와 채무 이행의 소송(채권자대위소송)을 제기하여야 한다. 　㉣ ㉠에 따라 채권을 압류한 경우 그 사실을 체납자에게 통지하여야 함 ② 채권압류의 효력 : 채권 압류 통지서가 제3채무자에게 송달된 때에 발생 ③ 채권압류의 범위 : 채권을 압류하는 경우 체납액을 한도로 하여야 함. 다만, 압류하려는 채권에 국세보다 우선하는 질권이 설정되어 있어 압류에 관계된 체납액의 징수가 확실하지 아니한 경우 등 필요하다고 인정되는 경우 채권 전액을 압류할 수 있음 ④ 계속적 발생채권의 압류 : 급료, 임금, 퇴직연금 등 계속적 거래관계에서 발생하는 채권에 대한 압류의 효력은 체납액을 한도로 하여 압류 후에 발생할 채권에도 미침 ⑤ 조건부채권의 압류 : 세무서장은 신원보증금, 계약보증금 등의 조건부채권을 그 조건 성립 전에도 압류할 수 있다. 이 경우 압류한 후에 채권이 성립되지 아니할 것이 확정된 때에는 그 압류를 지체없이 해제하여야 한다.
무체재산권의 압류	① 권리변동에 등기·등록이 필요한 그 밖의 재산권의 압류 → 등기·등록 촉탁 ② 필요하지 않은 그 밖의 재산권의 압류 → 그 뜻을 체납자 또는 제3채무자에게 통지
국·공유재산 권리 압류	관할세무서장은 체납자가 국가·지방자치단체의 재산을 매수한 경우 소유권 이전 전이라도 그 재산에 관한 체납자의 국가·지방자치단체에 대한 권리를 압류한다.
공유물 체납처분	압류할 재산이 공유물인 경우 각자의 지분이 정해져 있지 아니하면 그 지분이 균등한 것으로 보아 강제징수를 집행한다.

구분	내용
체납자의 파산선고	세무서장은 체납자가 파산선고를 받은 경우에도 이미 압류한 재산이 있을 때에는 강제징수를 계속 진행하여야 한다.

압류대상재산	압류의 효력발생시점
① 부동산 등	그 압류등기 또는 압류의 등록이 완료된 때
② 동산 · 유가증권	세무공무원이 그 재산을 점유한 때
③ 채권	채권압류통지서가 제3채무자에게 송달된 때
④ 무체재산권	㉠ 등기 · 등록 대상 ○ : 그 압류등기 또는 압류의 등록이 완료된 때 ㉡ 등기 · 등록 대상 × : 체납자 또는 제3채무자에게 압류통지서가 송달된 때

(4) 압류해제

구분	내용

필요적 해제요건	다음의 하나에 해당하는 경우에는 그 압류를 즉시 해제하여야 한다.
	① 압류와 관계되는 체납액의 전부가 납부 또는 충당된 경우 ② 국세 부과의 전부를 취소한 경우
	③ 여러 재산을 한꺼번에 공매하는 경우로 일부 재산 공매대금으로 체납액 전부를 징수시
	④ 총 재산의 추산가액이 강제징수비(압류에 관계되는 국세에 우선하는 채권금액이 있는 경우 포함)를 징수하면 남을 여지가 없어 강제징수를 종료할 필요가 있는 경우
	  * 다만, 교부청구 또는 참가압류가 있는 경우로서 교부청구 또는 참가압류와 관계된 체납액을 기준으로 할 경우 남을 여지가 있는 경우 제외(압류 해제×, 강제징수 집행).
	  * ④의 사유로 압류를 해제하려는 경우 국세체납정리위원회의 심의를 거쳐야 한다.
	⑤ 그 밖에 위 ①~④의 규정에 준하는 다음의 사유로 압류할 필요가 없게 된 경우
	  ㉠ 확정전보전압류를 한 후 납세자가 납세담보를 제공하고 압류해제를 요구
	  ㉡ 확정전보전압류를 한 날부터 3개월이 지날 때까지 해당 국세를 확정하지 않은 경우
	  ㉢ 제3자 소유권주장 및 반환청구가 정당하다고 인정되는 경우
	  ㉣ 제3자가 체납자를 상대로 소유권에 관한 소송에 승소판결을 받고 증명한 경우
	  ㉤ 신원보증금, 등의 조건부채권을 압류 후 채권이 성립되지 아니할 것이 확정된 경우

임의적 해제요건	다음의 하나에 해당하는 경우 압류재산의 전부 · 일부에 대해 압류를 해제할 수 있다. ① 압류 후 재산가격이 변동하여 체납액 전액을 현저히 초과한 경우 ② 압류와 관계되는 체납액의 일부가 납부 또는 충당된 경우 ③ 국세 부과의 일부를 취소한 경우 ④ 체납자가 압류할 수 있는 다른 재산을 제공하여 그 재산을 압류한 경우 ⑤ 세무서장이 압류 · 매각의 유예를 하는 경우로서 압류의 해제가 필요하다고 인정하는 경우
해제 절차	압류 해제한 경우 그 사실을 압류 통지를 한 체납자, 제3채무자 및 저당권자등에게 통지하여야 함

(5) 교부청구와 참가압류

구분	내용

교부청구	체납자의 재산에 대하여 이미 다른 징세기관의 공매절차·강제환가절차 등이 개시되어 있는 경우 집행기관에 대하여 환가대금에서 체납세액에 상당하는 금액의 배당을 구하는 행위
	② 사유
	  ㉠ 국세, 지방세 또는 공과금의 체납으로 체납자 강제징수·체납처분이 시작된 경우
	  ㉡ 체납자에 대하여 강제집행 및 담보권 실행 등을 위한 경매가 시작되거나 체납자가 파산선고를 받은 경우
	  ㉢ 체납자인 법인이 해산한 경우
	③ 대상국세 : 확정된 국세 등에 대하여만 교부청구를 할 수 있으며, 납부고지의 유예기간 중이라도 교부청구는 가능함
	④ 절차 : 강제환가절차를 집행하는 기관에 교부청구서를 송달
	⑤ 효력
	  ㉠ 강제환가절차에 따른 매각대금의 배분요구권
	  ㉡ 국세징수권의 소멸시효 중단
	  ㉢ 교부청구를 받은 집행기관의 강제환가절차가 해제되거나 취소되는 경우 교부청구의 효력도 함께 상실
	  ㉣ 기집행기관이 장기간 매각하지 않는 경우에도 매각촉구를 할 수 없음
	⑥ 해제 : 세무서장은 납부, 충당, 부과의 취소나 그 밖의 사유로 교부를 청구한 체납액의 납부의무가 소멸되었을 때에는 교부청구를 받은 기관에 교부청구해제통지서를 송달함으로써 그 교부청구를 해제하여야 함

참가압류	관할 세무서장은 압류하려는 재산이 이미 다른 기관에 압류되어 있는 경우 참가압류 통지서를 그 재산을 이미 압류한 기관(선행압류기관)에 송달함으로써 교부청구를 갈음하고 그 압류에 참가할 수 있다.
	① 사유 : 압류의 요건이 충족된 경우로서 압류하고자 하는 재산이 이미 다른 기관에 의해 압류가 집행되고 있는 경우
	② 절차
	  ㉠ 기압류기관에 참가압류통지서 송달
	  ㉡ 압류의 뜻을 체납자, 제3채무자 및 저당권자 등에게 통지
	  ㉢ 등기·등록이 필요한 재산일 때에는 참가압류의 등기·등록을 관할등기소등에 촉탁
	③ 효력
	  ㉠ 강제환가절차에 따른 매각대금의 배분요구권
	  ㉡ 국세징수권의 소멸시효 중단
	  ㉢ 기압류기관의 압류해제시 참가압류통지서가 기압류기관에 송달된 때(참가압류의 등기·등록을 한 경우에는 등기·등록이 완료된 때)로 소급하여 압류의 효력발생
	  ㉣ 기압류기관이 장기간 매각하지 않는 경우 매각촉구를 할 수 있음
	④ 해제 : 압류의 해제규정을 준용

III 압류재산의 매각

(1) 통칙

구분	내용
매각의 착수 시기	관할 세무서장은 압류 후 1년 이내에 매각을 위한 다음의 하나에 해당하는 행위를 하여야 한다. ㉠ 수의계약으로 매각하려는 사실의 체납자 등에 대한 통지 ㉡ 공매공고 ㉢ 공매 또는 수의계약을 대행하게 하는 의뢰서의 송부 * 체납국세와 관련하여 심판청구등이 계속 중인 경우, 압류재산의 매각을 유예한 경우, 압류재산의 감정평가가 곤란한 경우, 그 밖에 법률상 · 사실상 매각이 불가능한 경우에는 그러하지 아니하다.
매각방법	압류재산은 공매 또는 수의계약으로 매각
공매	① 공매방법 ㉠ 경쟁입찰 : 공매예정가격 이상의 신청가격 중 최고가격을 신청한 자(최고가 매수신청인)를 매수인으로 정하는 방법 ㉡ 경매 : 신청가격을 순차로 올려 최고가 매수신청인을 매수인으로 정하는 방법 ② 압류한 재산이 증권시장에 상장된 증권인 경우 해당 시장에서 직접 매각할 수 있음 ③ 관할 세무서장은 ②에 따라 압류재산을 직접 매각하려는 경우 매각 전에 그 사실을 체납자 납세담보물소유자 및 압류재산의 질권 등 권리자 등에게 통지하여야 한다. ④ 확정전보전압류 재산은 압류 관련 국세의 납세의무가 확정되기 전에는 공매할 수 없음 ⑤ 심판청구등이 계속 중인 국세의 체납으로 압류한 재산은 그 신청 또는 청구에 대한 결정이나 판결이 확정되기 전에는 공매할 수 없음. 다만, 그 재산이 부패·변질 또는 감량되기 쉬운 재산으로서 속히 매각하지 아니하면 그 재산가액이 줄어들 우려가 있는 경우에는 그러하지 아니함(불복청구 계류시 매각가능 예외)
개별공매 및 일괄공매	① 관할 세무서장은 여러 개의 재산을 공매에 부치는 경우 이를 각각 공매하여야 한다. ② 다만, 관할 세무서장이 해당 재산의 위치 · 형태 · 이용관계 등을 고려하여 일괄하여 공매하는 것이 알맞다고 인정하는 경우 직권 또는 이해관계인의 신청에 따라 일괄 공매할 수 있다.
수의계약	압류재산이 다음의 어느 하나에 해당하는 경우 수의계약으로 매각할 수 있다. ① 수의계약으로 매각하지 않으면 매각대금이 강제징수비 금액 이하가 될 것으로 예상 ② 부패·변질 또는 감량되기 쉬운 재산으로서 속히 매각하지 아니하면 그 재산가액이 줄어들 우려가 있는 경우 ③ 압류한 재산의 추산가격이 1천만원 미만인 경우 ④ 법령으로 소지 또는 매매가 금지 및 제한된 재산인 경우 ⑤ 제1회 공매 후 1년간 5회 이상 공매하여도 매각되지 아니한 경우 ⑥ 공매가 공익을 위하여 적절하지 아니한 경우

구분	내용
제2차 납세의무자 등의 재산매 각제한	① 제2차 납세의무자, 납세보증인 또는 물적납세의무자의 재산은 주된 납세자의 재산을 매각한 후에 매각 한다. ② 다만, 주된 납세자의 재산의 매각이 현저히 곤란한 사정이 있거나 제2차 납세의무자 등의 재산의 가액 이 현저히 감소할 우려가 있는 경우 세무서장이 부득이하다고 판단하는 경우에는 그러하지 아니하다.
공매대행	① 한국자산관리공사의 공매대행 : 관할 세무서장은 공매 및 수의계약 등의 업무에 전문지식이 필요하거나 직접 공매등을 하기에 적당하지 않다고 인정되는 경우 한국자산관리공사에 공매등을 대행하게 할 수 있 다. 이 경우 공매등은 관할 세무서장이 한 것으로 본다. ② 전문매각기관의 매각관련 사실행위 대행 압류한 재산이 예술적·역사적 가치가 있어 매각에 전문적인 식견이 필요하여 직접 매각을 하기에 적당하 지 아니한 물품(예술품 등)인 경우 직권이나 납세자의 신청에 따라 전문매각기관을 선정하여 감정 등 매각 관련 사실행위를 대행하게 할 수 있음

(2) 공매의 준비

구분	내용
공매예정 가격의 결정	① 관할세무서장은 압류재산을 공매하려면 그 공매예정가격을 결정하여야 함 ② 공매가격을 결정하기 어려운 경우 감정인에게 평가를 의뢰하여 가액을 참고할 수 있음
공매재산에 현황조사	관할 세무서장은 공매예정가격을 결정하기 위하여 공매재산의 현 상태, 점유관계, 임차료 또는 보증금의 액수, 그 밖의 현황을 조사하여야 함
공매장소	공매는 지방국세청, 세무서, 세관 또는 공매재산이 있는 시·군·구 등에서 한다. 다만, 관할 세무서장이 필요하다고 인정하는 경우에는 다른 장소에서 공매할 수 있음
공매보증	① 관할 세무서장은 압류재산을 공매하는 경우 필요하다고 인정하면 공매에 참여하려는 자에게 공매보증 을 받을 수 있음 ② 공매보증금액은 공매예정가격의 10% 이상으로 함 ③ 공매보증은 금전 뿐 아니라, 국공채, 상장증권 및 보증보험증권으로도 가능함 ④ 관할 세무서장은 다음의 어느 하나에 해당하는 경우 공매보증을 강제징수비, 압류와 관계되는 국세의 순으로 충당한 후 남은 금액은 체납자에게 지급함 　㉠ 최고가 매수신청인이 개찰 수 매수계약을 체결하지 아니한 경우 　㉡ 매수인이 매수대금을 지정된 기한까지 납부하지 않아 매각결정이 취소된 경우
공매공고	① 관할 세무서장은 공매를 하려는 경우 대금납부기한, 공매재산의 명칭, 소재, 공매장소와 일시, 배분요 구의 종기 등의 필요한 사항을 공고하여야 함 ② 매각결정기일은 개찰일부터 7일(토요일, 일요일, 공휴일, 대체공휴일은 제외) 이내로 정하여야 함 ③ 경매의 방법으로 재산을 공매하는 경우 경매인을 선정하여 이를 취급하게 할 수 있음

구분	내용
공매 공고기간	공매공고 기간은 10일 이상으로 한다. 다만, 그 재산을 보관하는 데에 많은 비용이 들거나 재산의 가액이 현저히 줄어들 우려가 있으면 이를 단축할 수 있다.
배분요구 등	공매공고의 등기·등록 전까지 등기·등록되지 아니한 일정한 채권을 가진 자가 배분을 받으려는 경우 배분요구의 종기까지 관할 세무서장에게 배분을 요구하여야 한다.
공유자 ·배우자 우선 매수권	① 공유자는 공매재산이 공유물의 지분인 경우 매각결정기일 전까지 공매보증을 제공하고 다음의 구분에 따른 가격으로 공매재산을 우선매수하겠다는 신청을 할 수 있다. 　㉠ 최고가 매수신청인이 있는 경우 : 최고가 매수신청가격 　㉡ 최고가 매수신청인이 없는 경우 : 공매예정가격 ② 체납자의 배우자는 공매재산이 압류한 부부공유의 동산 또는 유가증권인 경우 위 ①의 규정을 준용하여 공매재산을 우선매수하겠다는 신청을 할 수 있다. ③ 관할 세무서장은 위 ① 또는 ②에 따른 우선매수 신청이 있는 경우 그 공유자 또는 체납자의 배우자에게 매각결정을 하여야 한다. ④ 여러 사람의 공유자가 우선매수 신청을 하고 위 ③의 절차를 마친 경우 공유자간의 특별한 협의가 없으면 공유지분의 비율에 따라 공매재산을 매수하게 한다. ⑤ 관할 세무서장은 위 ③에 따른 매각결정 후 매수인이 매수대금을 납부하지 아니한 경우 최고가 매수 신청인에게 다시 매각결정을 할 수 있다.
매수인의 제한	다음 하나에 해당하는 자는 자기 또는 제3자의 명의나 계산으로 압류재산을 매수하지 못한다. ① 체납자 ② 세무공무원 ③ 매각 부동산을 평가한 감정평가법인 등(소속 감정평가사 포함)
공매참가의 제한	관할 세무서장은 다음의 하나에 해당한다고 인정되는 사실이 있는 자에 대해서 그 사실이 있은 후 2년간 공매장소 출입을 제한하거나 입찰에 참가시키지 아니할 수 있다. ① 입찰을 하려는 자의 공매참가, 최고가 매수신청인의 결정 또는 매수인의 매수대금 납부를 방해한 사실 ② 공매에서 부당하게 가격을 낮출 목적으로 담합한 사실 ③ 거짓 명의로 매수신청을 한 사실

(3) 공매의 실시

구분	내용
입찰서 제출과 개찰	① 공매를 입찰의 방법으로 하는 경우 매수신청인은 성명 · 주소 등 필요한 사항을 입찰서에 적어 개찰이 시작되기 전에 공매를 집행하는 공무원에게 제출하여야 한다. ② 공매를 집행하는 공무원은 최고가 매수신청인을 정한다. 이 경우 최고가 매수신청가격이 둘 이상이면 즉시 추첨으로 최고가 매수신청인을 정한다. ③ 공매예정가격 이상으로 매수신청한 자가 없는 경우 즉시 그 장소에서 재입찰을 실시할 수 있다.

차순위 매수신청	① 최고가 매수신청인이 결정된 후 해당 매수인이 매수대금을 지정된 기한까지 납부하지 아니한 사유로 매각결정이 취소되는 경우 최고가 매수신청가격에서 공매보증을 뺀 금액 이상의 가격으로 공매재산을 매수하겠다는 신청(차순위 매수신청)을 할 수 있다.
	② 차순위 매수신청을 한 자가 둘 이상인 경우 최고액의 매수신청인을 차순위 매수신청인으로 정하고, 최고액의 매수신청인이 둘 이상인 경우 추첨으로 차순위 매수신청인을 정한다.
	③ 차순위 매수신청이 있는 경우 매각결정을 취소한 날부터 3일(토요일 · 일요일 · 공휴일 · 대체공휴일 제외) 이내에 차순위 매수신청인을 매수인으로 정하여 매각결정 여부를 결정하여야 한다.
	④ 다만, 매각결정불가사유가 있는 경우 차순위 매수신청인에게 매각결정을 할 수 없다.
	  ㉠ 공유자 · 배우자의 우선매수 신청이 있는 경우
	  ㉡ 차순위 매수신고자가 매수인 제한 또는 공매참가 제한을 받는 자에 해당하는 경우
	  ㉢ 매각결정 전에 공매의 취소 · 정지 사유가 있는 경우
	  ㉣ 그 밖에 매각결정을 할 수 없는 중대한 사실이 있다고 세무서장이 인정하는 경우

매각결정 및 대금 납부기한	① 매각결정불가사유가 없으면 매각결정기일 최고가 신청인을 매수인으로 매각결정을 하여야 한다. ② 매각결정의 효력은 매각결정기일에 매각결정을 한 때에 발생한다. ③ 매각결정 후 매수인에게 대금납부기한을 정하여 매각결정 통지서를 발급해야 한다. 다만, 권리 이전에 등기 · 등록이 필요 없는 재산의 매수대금을 즉시 납부시킬 경우 구두로 통지할 수 있다. ④ ③의 대금납부기한은 매각결정을 한 날부터 7일 이내로 한다. 다만, 관할 세무서장이 필요하다고 인정하는 경우에는 그 대금납부기한을 30일의 범위에서 연장할 수 있다.
매수대금 납부촉구	① 대금납부기한까지 납부하지 않은 경우 다시 납부기한을 지정하여 납부를 촉구해야 한다. ② 위 ①에 따른 촉구시 대급납부기한을 납부 촉구일부터 10일 이내로 정한다.
매각결정 취소	다음에 해당하는 경우 압류재산의 매각결정을 취소하고 매수인에게 통지하여야 한다. ① 매각결정 후 매수대금을 납부하기 전에 매수인의 동의를 받아, 체납자가 압류 관련 체납액을 납부하고 매각결정 취소를 신청하는 경우 ② 매수인이 매수대금을 지정된 기한까지 납부하지 아니한 경우

재공매	① 관할 세무서장은 다음의 어느 하나에 해당하는 경우 재공매를 한다.
	  ㉠ 재산을 공매하여도 매수신청인이 없거나 매수신청가격이 공매예정가격 미만인 경우
	  ㉡ 매수대금을 지정된 기한까지 납부하지 아니한 사유로 매각결정을 취소한 경우
	② 최초의 공매예정가격의 10%에 해당하는 금액을 차례로 줄여 공매하며, 최초 가격의 50%에 해당하는 금액까지 공매하여도 매각되지 않을 때에는 새로 공매예정가격을 정해 재공매를 할 수 있다. 다만, 매각예정가격 이상으로 입찰한 자가 없어 즉시 재입찰을 실시한 경우 최초의 공매예정가격을 줄이지 아니한다.
	③ 재공매의 경우 관할 세무서장은 공매공고 기간을 5일까지 단축할 수 있다.

구분	내용
공매의 취소 및 정지	① 관할 세무서장은 다음의 어느 하나에 해당하는 경우 공매를 취소하여야 한다. 　㉠ 해당 재산의 압류를 해제한 경우 　㉡ 직권 또는 한국자산관리공사의 요구에 따라 대행 의뢰를 해제하여 공매 진행이 곤란한 경우 ② 관할 세무서장은 다음의 어느 하나에 해당하는 경우 공매를 정지하여야 한다. 　㉠ 압류 또는 매각을 유예한 경우 ㉡ 강제징수에 대한 집행정지의 결정이 있는 경우 ③ 매각결정기일 전에 공매를 취소한 경우 공매취소 사실을 공고하여야 한다. ④ 관할 세무서장은 위 ②에 따라 공매를 정지한 후 그 사유가 소멸되어 공매를 계속할 필요가 있다고 인정하는 경우 즉시 공매를 속행하여야 한다.

(4) 매수대금의 납부와 권리의 이전

구분	내용
공매보증과 매수대금 납부	① 매수인이 공매보증으로 금전을 제공한 경우 금전은 매수대금으로서 납부된 것으로 본다. ② 매수인이 공매보증으로 국공채등을 제공한 경우 그 국공채등을 현금화하여야 한다.(현금화에 사용된 비용을 뺀 금액은 공매보증 금액을 한도로 매수대금 납부로 봄)
매수대금 납부의 효과	① 매수인은 매수대금을 완납한 때에 공매재산을 취득한다. ② 관할 세무서장이 매수대금을 수령한 때에는 체납자로부터 매수대금만큼의 체납액을 징수한 것으로 본다.

Ⅳ 압류 · 매각의 유예

구분	내용
개요	관할 세무서장은 체납자가 일정한 요건에 해당하는 경우 체납자의 신청·직권으로 그 체납액에 대하여 강제징수에 따른 재산의 압류 또는 압류재산의 매각을 유예할 수 있다.
요건	다음 중 하나에 해당하는 경우 ① 체납자가 국세청장이 성실납세자로 인정하는 기준에 해당하는 경우 ② 재산의 압류나 압류재산의 매각을 유예함으로써 체납자가 사업을 정상적으로 운영할 수 있게 되어 체납액의 징수가 가능하게 될 것이라고 관할세무서장이 인정하는 경우
유예기간 및 분할징수	① 압류·매각의 유예기간은 그 유예한 날의 다음날로부터 1년 이내로 하며, 세무서장은 그 기간 내 유예된 체납세액을 분할하여 징수할 수 있음 ② 위기지역 중소기업 특례규정이 적용되는 경우는 2년 이내로 유예할 수 있음
담보제공 요구	① 원칙 : 담보제공을 요구할 수 있음 ② 예외 : 성실납세자가 체납세액 납부계획서를 제출하고 국세체납정리위원회가 체납세액 납부계획의 타당성을 인정하는 경우 → 담보제공을 요구하지 아니함
압류의 해제	세무서장은 압류·매각의 유예를 하는 경우에 필요하다고 인정하면 이미 압류한 재산의 압류를 해제할 수 있음(임의적 해제요건)
효력	① 압류·매각 유예 ② 소멸시효 정지 ③ 납세증명서 발급가능 ④ 체납 자료제공 대상제외
기타	압류·매각의 유예취소와 체납액의 일시징수에 관하여는 납부고지의 유예 규정을 준용

P·A·R·T

03

부가가치세법

01 총칙

구분	내용
I. vat 특징	일반소비세, 간접세, 소비형부가가치세, 전단계세액공제법, 소비지국과세원칙, 다단계거래세 * 소비지국과세원칙 적용례 : 수출재화 등의 영세율적용, 수입재과세, 대리납부제도
II. −1 납세 의무자	① 사업자* : 사업목적(영리, 비영리) 관계없이 사업상 독립적으로 재화 또는 용역을 공급하는 자 → 사업자 등록 여부 ×, 부가가치세의 거래징수 여부 × ② 재화를 수입하는 자 : 사업자 여부 ×, 용도·목적 여부 × * 부가가치를 창출해 낼 수 있는 정도의 사업형태를 갖추고 계속적이고 반복적인 의사로 재화 또는 용역을 공급하는 자 는 사업자로 본다. * 개인·법인(국가·지방자치단체등 포함)과 법인격이 없는 사단·재단·단체를 포함한다. * 부가가치세 납세의무 있음(○), 없음(×) ① 농어가부업 – 민박, 음식물판매, 특산물제조, 전통차제조 등 :(○)(독립 사업) ② 국외거래에 대한 납세의무 :(×)(우리나라 주권이 미치지 아니함/영세율거래는○) ③ 새마을금고가 사업상 독립적으로 과세 재화를 공급하는 경우 :(○) ④ 청산 중의 내국법인이 계속등기 여부에 관계없이 사실상 사업을 계속하는 경우 :(○) ⑤ 농민이 자기농지 확장·농지개량작업에서 생긴 토사석을 일시적으로 판매우 :(×) ⑥ 비사업자인 개인 또는 면세사업자가 일시적·우발적으로 재화·용역을 공급하는 경우 :(×) ⑦ 부동산의 매매·중개를 사업목적으로 나타내지 않은 경우에도 사업상 목적으로 1과세기간 중에 1회 이상 부동산을 취득하고 2회 이상 판매하는 사업 → 재화를 공급하는 사업(부동산 매매업)으로 봄 : (○) ⑧ 사실상 귀속되는 자가 따로 있는 경우 사실상 귀속되는 자에게 부가가치세법을 적용

구분		내용
II. −2 신탁 관련 부가가치세 납세의무	원칙 (수탁자)	신탁재산(관리·처분·운용등의 소득·재산 포함) 관련 재화·용역을 공급시 수탁자가 신탁 재산별로 각각 별도의 납세의무자로 부가가치세를 납부할 의무가 있다.
	예외 (위탁자)	1) 다음 중 하나에 해당하는 경우 위탁자가 부가가치세를 납부할 의무가 있다. 　① 신탁재산과 관련된 재화·용역을 위탁자 명의로 공급하는 경우 　② 위탁자가 신탁재산을 실질적으로 지배·통제하는 다음의 경우 　　㉠ 위탁자로부터 부동산·부동산 권리를 수탁받아 부동산개발사업 목적의 신탁계약 　　　시 사업비 조달의무를 수탁자가 부담하지 않는 경우 (수탁자가 재개발사업·재건 　　　축사업 등의 사업시행자인 경우 제외) 　　㉡ 수탁자가 재개발사업·재건축사업 등의 사업대행자인 경우 　　㉢ 위탁자 지시로 위탁자 특수관계인에게 신탁재산 관련 재화·용역을 공급 　　㉣ 자본시장과 금융투자법에 관한 법률에 따른 투자신탁의 경우 2) 위탁자의 지위 이전을 신탁재산의 공급으로 보는 경우* 기존 위탁자가 해당 공급에 대 한 부가가치세의 납세의무자가 된다. * 신탁법에 따라 위탁자의 지위가 이전되는 경우 기존 위탁자가 새로운 위탁자에게 신탁재산을 공급 한 것으로 본다.

구분		내용
Ⅱ.-2 신탁 관련 부가가치세 납세의무	공동수탁 연대납세 의무	수탁자가 납세의무자가 되는 신탁재산에 공동수탁자가 있는 경우 부가가치세를 연대하여 납부할 의무가 있다. 이 경우 공동수탁자 중 신탁사무를 주로 처리하는 수탁자(대표수탁자)가 부가가치세를 신고·납부하여야 한다.
	신탁수익자의 제2차 납세의무	수탁자가 납부하여야 하는 부가가치세등*을 신탁재산으로 충당하여도 부족한 경우 신탁의 수익자(신탁 종료로 신탁재산이 귀속되는 자 포함)는 지급받은 수익과 귀속된 재산의 가액을 한도로 부족한 금액에 대해 납부할 의무를 진다. * 신탁 설정일 이후 법정기일이 도래하는 신탁재산관련 부가가치세·강제징수비
	수탁자의 물적 납세의무	위탁자가 부가가치세등을 체납한 경우로 위탁자의 다른 재산에 강제징수를 하여도 징수할 금액에 미치지 못할 때에는 수탁자가 신탁재산으로 납부할 의무가 있다.
	강제징수 특례	수탁자가 납부하여야 하는 부가가치세가 체납된 경우에는 국세징수법에도 불구하고 해당 신탁재산에 대해서만 강제징수를 할 수 있다.
Ⅲ. 과세대상		① 사업자가 행하는 재화의 공급 ┐ ② 사업자가 행하는 용역의 공급 ┘ 비사업자의 공급 ×, 면세 재화·용역× ③ 재화의 수입 : 사업자 여부×, 면세 재화×

구분		과세기간
계속사업자	간이과세자	1.1.~12.31.
	일반과세자	1기(1.1.~6.30.), 2기(7.1.~12.31.)
신규사업자의 최초 과세기간	일반적인 경우	사업 개시일*1)~그 날이 속하는 과세기간 종료일
	사업개시일 이전에 사업자등록을 신청	그 신청한 날~그 신청일이 속하는 과세기간의 종료일
폐업자의 최종 과세기간		과세기간 개시일~폐업일*2)
과세유형 변경시 그 변경되는 해의 간이과세자 과세기간 특례		• 일반과세자 → 간이과세자 : 변경 이후 7.1.~12.31. • 간이과세자 → 일반과세자 : 변경 이전 1.1.~6.30.
간이과세자가 간이과세를 포기함으로써 일반과세자가 되는 경우		• 간이과세자의 과세기간 : 간이과세 적용 포기신고일이 속하는 과세기간 개시일~신고일이 속하는 달의 마지막 날 • 일반과세자의 과세기간 : 신고일이 속하는 달의 다음 달 1일~그 날이 속하는 과세기간의 종료일

(이 모든 표는 IV. 과세기간에 속함)

*1) 사업 개시일 : 다음에 따름(단, 법령 개정 등으로 면세→과세 전환시 : 과세 전환일)
　① 제조업 : 재화의 제조를 시작하는 날 ② 광업 : 광물의 채취·채광을 시작하는 날
　③ 위 외의 사업 : 재화나 용역의 공급을 시작하는 날
*2) 폐업일
　① 일반 : 사업장별로 사업을 실질적으로 폐업하는 날(폐업일 불분명 : 폐업신고서의 접수일)
　② 합병으로 인한 소멸법인(피합병법인)의 경우 : 합병법인의 변경등기 일 또는 설립등기일
　③ 분할로 사업 폐업 : 분할법인의 분할변경등기일(분할법인 소멸시 분할신설법인의 설립등기일)

V.-1 신고· 납세지	(1) 사업장단위과세(원칙) : 각 사업장의 소재지(사업장마다 신고·납부) (2) 주사업장 총괄 납부 　① 사업장이 둘 이상인 사업자(사업장이 하나이나 추가 개설하려는 사업자 포함)가 주사업장 총괄 납부를 신청한 경우 납부할 세액을 주된 사업장에서 총괄하여 납부할 수 있다.

구분	내용
V.-1 신고· 납세지	② 주된 사업장 : 법인 : 본점(주사무소)·지점(분사무소) 또는 개인의 주사무소(분사무소 ×) ③ 신청(→ 승인 ×) * 주된 사업장에서 총괄하여 납부하려는 경우 다음의 구분에 따른 기한까지 신청서를 세무서장에게 제출(국세정보 통신망에 의한 제출 포함)하여야 한다. (가) 계속사업자 : 납부하려는 과세기간 개시 20일 전 (나) 신규사업자 : 주된 사업장의 사업자등록증을 받은 날부터 20일 (다) 사업장 추가 개설 : 추가 사업장의 사업 개시일부터 20일(추가 사업장의 사업 개시일이 속하는 　　　 과세기간 이내로 한정) * (나),(다)에 따라 주사업장 총괄납부를 신청 : 신청일이 속하는 과세기간부터 총괄 납부 ④ 포기 : 과세기간 개시 20일 전에 포기신고서를 세무서장에게 제출(국세정보통신망 포함) (3) 사업자 단위 과세(특례) ① 사업자 단위 과세 사업자는 사업자의 본점 또는 주사무소의 소재지를 부가가치세 납세지로 한다. (법 인의 지점(분사무소) ×, 개인의 분사무소 ×) ② 신청 → 승인 × (가) 계속사업자 : 사업자단위과세사업자로 적용받으려는 과세기간 개시 20일 전까지 세무서장에게 　　　 변경등록을 신청하여야 한다. (나) 신규사업자 : 사업자등록시 사업자 단위 과세 사업자로 등록을 신청할 수 있다. (다) 추가 사업장 개설 : 추가 사업장의 사업 개시일부터 20일 이내에 사업자의 본점 또는 주사무소 　　　 관할 세무서장에게 변경등록을 신청하여야 한다.
V.-2 사업장	* 사업장 : 사업자가 사업을 하기 위하여 거래의 전부 또는 일부를 하는 고정된 장소

구분	사업장	
① 광업	광업사무소 소재지	
② 제조업	최종 제품 완성장소(단, 따로 제품 포장만을 하거나 용기에 충전만을 하는 장소와 개별소비세법에 따른 저유소는 제외)	
③ 건설업·운수업 ·부동산매매업	법인의 경우	법인의 등기부상 소재지(지점 포함)
	개인의 경우	사업에 관한 업무를 총괄하는 장소
④ 부동산임대업	부동산의 등기부상 소재지(부동산상 권리만 대여=업무 총괄 장소)	
⑤ 다단계판매원 공급 사업	다단계판매원이 등록한 다단계판매업자의 주된 사업장의 소재지. 다만, 다 단계판매원이 상시 주재하여 거래의 전부 또는 일부를 하는 별도의 장소가 있는 경우에는 그 장소	
⑥ 무인 자동판매기	업무 총괄 장소	
⑦ 국가·지방자치단체· 조합 공급	업무 총괄 장소. 다만, 위임·위탁 또는 대리에 의하여 공급하는 경우에는 수 임자·수탁자 또는 대리인의 업무 총괄 장소	
⑧ 신청	위의 사업장 외의 장소도 사업자의 신청에 따라 추가로 사업장으로 등록할 수 있다(단, ⑥의 무인자동판매기에 의한 사업은 제외).	

구분	내용

V.-2
사업장
	* 사업자가 사업장을 두지 아니하면 사업자의 주소 또는 거소를 사업장으로 한다.
	* 재화를 수입하는 자의 부가가치세 납세지는 수입을 신고하는 세관의 소재지로 한다.
	* 사업자가 비거주자 · 외국법인인 경우 소득세 · 법인세법에 따른 국내사업장을 사업장으로 한다.
	* 직매장, 하치장, 임시사업장
	  ① 직매장(생산 · 취득재화를 직접 판매하기 위한 장소) → 사업장임
	  ② 하치장(재화를 보관하고 관리할 수 있는 시설만 갖춘 장소) → 사업장 아님
	  ③ 임시사업장 → 기존 사업장에 포함.(10일 이내에 개설 신고)

V.-3 과세관할	① 사업자에 대한 부가가치세는 납세지 관할 세무서장 · 지방국세청장이 과세 ② 재화를 수입하는 자에 대한 부가가치세는 수입을 신고하는 세관의 소재지 관할세관장이 과세

VI. 사업자 등록		
	등록 신청	① 사업 개시일 20일 이내 사업자등록을 신청하여야 한다.(사업 개시일 이전에도 가능) ② 다른 서무서장에게 사업자등록 신청 가능(관할 세무서장에게 신청한 것으로 봄) ③ 사업장이 둘 이상인 사업자는 사업자 단위 과세 사업자 신청 가능 ④ 수탁자가 납세의무자가 되는 경우 수탁자(공동수탁자=대표수탁자)는 해당 신탁재산을 사업장으로 보아 사업자등록을 신청해야 한다. * 수탁자가 위탁자로부터 신탁재산(부동산 및 부동산에 관한 권리)을 위탁자의 채무이행을 담보하기 위하여 수탁으로 운용하는 내용으로 신탁계약을 체결한 경우 다수의 부동산 담보신탁계약의 신탁재산을 대표하여 하나의 사업자등록을 할 수 있다.
	발급	신청일부터 2일이내 발급하여야 함.(현황파악 필요시 5일이내 연장 가능)
	직권 등록	사업자가 사업자등록을 하지 아니하는 경우에는 사업장 관할 세무서장이 조사하여 등록할 수 있다.
	등록 거부	사업 개시일 전 신청을 받은 경우 사업을 사실상 시작하지 않을 것으로 인정될 때에는 등록을 거부할 수 있다. → 이미 시작한 경우에는 등록 거부불가
	등록 말소	다음의 경우 지체 없이 사업자등록을 말소 ① 폐업한 경우 ② 사업 개시일 전 등록신청을 하고 사실상 사업을 시작×
	제재	① 미등록 · 타인명의등록 가산세 부과 ② 사업자등록을 신청하기 전의 매입세액 불공제 * 단, 공급시기가 속하는 과세기간이 끝난 후 20일 이내에 등록을 신청한 경우 등록신청일부터 공급시기가 속하는 과세기간 기산일까지 역산한 기간 내의 것은 공제함

02 과세거래

Ⅰ 재화의 공급

1. 재화의 범위

구 분		내 용
재화의 범위 (재산적 가치가 있는 물건·권리)	물건	① 상품, 제품, 원료, 기계, 건물 등 모든 유체물 ② 전기, 가스, 열 등 관리할 수 있는 자연력
	권리	광업권, 특허권, 저작권 등 물건 외에 재산적 가치가 있는 모든 것 (창고증권·선하증권·화물상환증 등의 물품증권)
재화에 포함×		① 재산적 가치가 없는 물·공기(용기 등에 담아 판매하는 경우에는 재화임) ② 현금, 수표·어음 등의 화폐대용증권, 주식·채권 등의 유가증권, 금전채권(매출채권·대여금)

2. 공급의 범위

(1) 실질공급

재화의 공급 : 계약상 또는 법률상의 모든 원인에 따라 재화를 인도하거나 양도하는 것

(예) 매매계약, 가공계약*, 교환계약, 경매, 수용, 현물출자, 소비대차, 기부채납, 증여)

* 자기가 주요자재의 전부·일부를 부담하고 인도받은 재화를 가공하여 새로운 재화를 만드는 가공계약에 따라 재화를 인도하는 것 → 재화의 공급

* 재화의 공급(사례)

과세거래로 보는 경우	과세거래로 보지 않는 경우
① 재화의 소비대차시 차용거래 및 반환거래 ② 출자지분의 반납대가로 재화를 공급하는 경우 ③ 국가 등 기부채납의 대가로 일정기간 재산권에 대한 무상사용·수익권을 얻은 경우	① 재고자산의 폐품처리 ② 수재·화재·도난·감모손실 ③ 출자지분을 양도하거나 반납하고 그 대가로 금전을 받는 경우

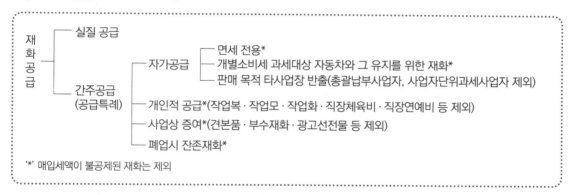

* 기타 재화 공급의 특례

구 분	내 용
위탁매매 · 대리인에 의한 매매	위탁자 또는 본인이 직접 재화를 공급하거나 공급받은 것으로 본다. 다만, 위탁매매 또는 대리인에 의한 매매를 하는 해당 거래 또는 재화의 특성상 또는 보관 · 관리상 위탁자 또는 본인을 알 수 없는 경우에는 수탁자 또는 대리인에게 재화를 공급하거나 수탁자 또는 대리인으로부터 재화를 공급받은 것으로 본다.
신탁법상 위탁자의 지위 이전	법에 따라 위탁자의 지위가 이전되는 경우에는 기존 위탁자가 새로운 위탁자에게 신탁재산을 공급한 것으로 본다. 다만, 신탁재산에 대한 실질적인 소유권의 변동이 있다고 보기 어려운 경우로서 다음 중 어느 하나에 해당하는 경우에는 신탁재산의 공급으로 보지 아니한다. ① 집합투자기구의 집합투자업자가 다른 집합투자업자에게 위탁자의 지위를 이전하는 경우 ② 신탁재산의 실질적인 소유권이 위탁자가 아닌 제3자에게 있는 경우 등 위탁자의 지위 이전에도 불구하고 신탁재산에 대한 실질적인 소유권의 변동이 있다고 보기 어려운 경우

(2) 간주공급(재화공급의 특례)

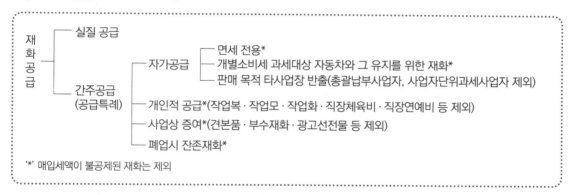

```
재          ── 실질 공급          ┌── 면세 전용*
화                                ├── 개별소비세 과세대상 자동차와 그 유지를 위한 재화*
공          ── 자가공급 ──────────┤
급          ── 간주공급           └── 판매 목적 타사업장 반출(총괄납부사업자, 사업자단위과세사업자 제외)
               (공급특례)  ── 개인적 공급*(작업복 · 작업모 · 작업화 · 직장체육비 · 직장연예비 등 제외)
                          ── 사업상 증여*(견본품 · 부수재화 · 광고선전물 등 제외)
                          ── 폐업시 잔존재화*
```

'*' 매입세액이 불공제된 재화는 제외

구분	내용
자가 공급	(1) 면세전용: 사업자가 자기생산 · 취득재화*를 자기의 면세사업을 위하여 직접사용 · 소비하는 것 (2) 개별소비세 과세대상 자동차와 그 유지를 위한 재화 　① 사업자가 자기생산 · 취득재화*를 매입세액 불공제대상인 개별소비세 과세대상 자동차로 사용 · 소비하거나 그 자동차의 유지를 위하여 사용 · 소비하는 것 　② 운수업, 자동차 판매업등의 업종을 경영하는 사업자가 자기생산 · 취득재화* 중 개별소비세 과세대상 자동차 유지를 위한 재화를 업종에 직접 영업으로 사용하지 않고 다른 용도로 사용 (3) 판매목적 타사업장 반출 : 사업장이 둘 이상인 사업자가 자기의 사업과 관련하여 생산 · 취득한 재화를 판매할 목적으로 자기의 다른 사업장에 반출하는 것 → 매입세액 공제여부와 관계없음

구 분	내 용		
자가 공급		구 분	판매목적 타사업장 반출
		사업장 단위 과세사업자	재화의 공급으로 봄(세금계산서 발급의무 있음)
		주사업장 총괄납부사업자	재화의 공급으로 보지 아니함(세금계산서 발급의무 없음). 단, 세금계산서를 발급하고 예정신고 · 확정신고시 재화의 공급으로 봄
		사업자 단위 과세사업자	재화의 공급으로 보지 아니함(세금계산서 발급의무 없음)
	* 자가공급에 해당되지 않는 사례 ① 자기의 다른 사업장에서 원료 · 자재 등으로 사용 · 소비하기 위한 반출 ② 자기 사업상의 기술개발을 위하여 시험용으로 사용 · 소비 ③ 수선비 등에 대체하여 사용 · 소비 ④ 사후무료서비스를 제공하기 위하여 사용 · 소비 ⑤ 불량품 교환 · 광고선전을 위한 상품진열 등의 목적으로 자기의 다른 사업장으로 반출 ⑥ 하치장으로 반출(하치장은 재화의 보관 관리시설만 갖춘 장소)		
개인적 공급	사업자가 자기생산 · 취득재화*를 사업과 직접적인 관계없이 자기의 개인적인 목적이나 다른 목적을 위해 사용 · 소비하거나 사용인등이 사용 · 소비하는 것으로 사업자가 그 대가를 받지 아니하거나 시가보다 낮은 대가를 받는 경우는 재화의 공급으로 본다. * 개인적 공급으로 보지 않는 것 사업자가 실비변상적이거나 복리후생적인 목적으로 제공하는 것으로서 다음 중 하나에 해당하는 경우 ① 사업을 위해 착용하는 작업복, 작업모 및 작업화를 제공 ② 직장 연예 및 직장 문화와 관련된 재화를 제공 ③ 경조사와 관련된 재화, 설날 · 추석 · 생일 등과 관련된 재화를 제공시 사용인 1명당 연간 10만 한도		
사업상 증여	사업자가 자기생산 · 취득재화*를 자기의 고객이나 불특정 다수에게 증여하는 경우(증여하는 재화의 대가가 주된 거래인 재화의 공급에 포함되는 경우 제외)는 재화의 공급으로 본다. * 사업상 증여로 보지 않는 것 ① 견본품 ② 특별재난지역에 무상공급하는 물품 ③ 광고선전물(광고선전 목적, 불특정 다수인 무상배포) ④ 부수재화인 기증품(할증품) : 사업자가 고객에게 구입 당시 그 구입액의 비율에 따라 증여하는 기증품 등은 주된 재화의 　　공급에 포함(＝재화의 공급으로 보지 아니함.) ⑤ 자기적립마일리지등으로만 전부를 결제받고 공급하는 재화		
폐업시 잔존 재화	사업자가 폐업할 때 자기생산 · 취득재화* 중 남아 있는 재화는 자기에게 공급하는 것으로 본다. (사업 개시일 이전에 사업자등록을 신청한 자가 사실상 사업을 시작하지 않은 경우에도 적용) * 폐업할 때 남아 있는 재화로서 과세하지 아니하는 사례 ① 사업 종류 변경시 변경 전 사업과 관련된 재고재화 ② 동일 사업장 내 겸영 사업자의 일부 사업 폐지 ③ 폐업일 현재 수입신고(통관)되지 아니한 재화 ④ 직매장을 폐지 후 다른 사업장 이전시 직매장 재고재화		

* 판매목적 타사업장 반출을 제외한 간주공급은 자기생산 · 취득재화가 매입세액이 불공제된 경우 적용되지 않는다.

* 자기생산 · 취득재화 : 사업자가 자기의 과세사업과 관련하여 생산 · 취득한 재화로서 다음 중 어느 하나에 해당하는 재화
　① 매입세액이 공제된 재화 ② 사업의 포괄적 양도로 취득한 재화로서 사업양도자가 매입세액을 공제받은 재화
　③ 수출(수출에 포함되는 국내거래등)에 해당하여 영세율을 적용받은 재화(내국신용장 등, 한국국제협력단 등, 수탁가공무역에 사용할 재화)

3. 재화의 공급으로 보지 않는 거래

구 분	내 용
(1) 담보제공	질권 · 저당권 · 양도담보의 목적으로 동산 · 부동산 및 부동산상의 권리를 제공하는 것. * 채무불이행 등의 사유로 사업용 자산인 담보물이 채무변제에 충당된 경우 재화의 공급으로 봄
(2) 사업포괄양도	사업장별로 사업에 관한 모든 권리와 의무(미수금 · 미지급금과 업무무관자산은 제외 가능)를 포괄적으로 승계시키는 것 * 사업양수자가 부가가치세를 대리납부하는 경우에는 재화의 공급으로 봄
(3) 물납	상속세 및 증여세법(상속세) · 지방세법(재산세)에 따른 사업용 자산의 물납
(4) 특정 창고증권 양도	보세구역의 조달청창고(or 런던금속거래소 지정창고)에 보관된 물품에 대하여 조달청장등이 발행하는 창고증권의 양도로서 임치물의 반환이 수반되지 아니하는 것 * 사업자가 국내로부터 보세구역에 있는 조달청 창고 · 런던금속거래소 지정창고에 임치한 임치물을 국내로 다시 반입하는 것은 재화의 공급으로 봄
(5) 무환반출	사업자가 위탁가공을 위하여해 원자재를 국외의 수탁가공사업자에게 대가 없이 반출 * 영세율이 적용되는 것은 제외(가공된 재화를 양도하는 경우)
(6) 비축석유 소비대차	한국석유공사가 비축석유를 수입 통관하지 않고 보세구역에 보관하면서 국내사업장이 없는 비거주자 · 외국법인과 무위험차익거래 방식으로 소비대차하는 것
(7) 공매와 경매	공매(수의계약 포함) 및 민사집행법의 규정에 따른 경매(강제경매, 담보권실행을 위한 경매, 민법 · 상법 등 법률에 따른 경매 포함)에 따라 재화를 인도 · 양도하는 것
(8) 수용대가	수용절차에서 수용대상 재화의 소유자가 수용된 재화에 대한 대가를 받는 경우
(9) 매도청구	법에 따른 사업시행자의 매도청구에 따라 재화를 인도하거나 양도하는 것
(10) 신탁재산 소유권 이전	① 위탁자로부터 수탁자에게 신탁재산을 이전하는 경우 ② 신탁의 종료로 인하여 수탁자로부터 위탁자에게 신탁재산을 이전하는 경우 ③ 수탁자가 변경되어 새로운 수탁자에게 신탁재산을 이전하는 경우

* 사업의 포괄 양도시 사업양수자의 부가가치세 대리납부 특례

구 분	내 용
사업양수자의 대리납부	사업의 포괄양도(해당 여부가 분명하지 아니한 경우를 포함)에 따라 사업을 양수받는 자는 대가를 지급하는 때에 대가를 받은 자(사업양도인)로부터 부가가치세를 징수하여 그 대가를 지급하는 날이 속하는 달의 다음 달 25일까지 사업장 관할 세무서장에게 납부할 수 있다. → 이 경우 재화의 공급으로 봄

Ⅱ 용역의 공급

구 분	내 용
1. 용역의 개념	용역 : 재화 외에 재산 가치가 있는 모든 역무와 그 밖의 행위
2. 용역의 공급	계약상 · 법률상 모든 원인에 따라 역무 제공 · 시설물, 권리 등 재화를 사용하게 하는 것
3. 과세대상	• 용역의 유상공급 : 과세대상임 • 용역의 무상공급 : 과세대상이 아님 　(단, 사업자가 특수관계인에게 사업용 부동산의 임대용역을 무상으로 공급하는 경우* 과세대상임)

* 다음 중 어느 하나에 해당하는 것은 제외한다. → 과세대상 아님
  ① 산학협력단과 대학 간 사업용 부동산의 임대용역
  ② 공공주택사업자와 부동산투자회사간 사업용 부동산의 임대용역
* 근로의 제공 : 고용관계에 따라 근로를 제공하는 것은 용역의 공급으로 보지 아니한다.

용역공급의 주요 사례

① 건설업과 부동산업(용역 사업) 중 다음의 사업은 재화를 공급하는 사업으로 본다.(→ 부동산매매업)
　(가) 부동산 매매 또는 중개를 사업목적으로 나타내어 부동산을 판매하는 사업
　(나) 사업상 목적으로 1과세기간 중에 1회 이상 부동산을 취득하고 2회 이상 판매하는 사업
② 다음에 해당하는 사업은 용역에서 제외하며, 부가가치세를 과세하지 아니한다.
　(가) 전 · 답 · 과수원 · 목장용지 · 임야 또는 염전 임대업
　(나) 공익사업과 관련해 지역권 · 지상권을 설정하거나 대여하는 사업
③ 건설업 · 음식점업 : 용역의 공급으로 봄(자재 · 원료의 전부 · 일부를 부담하는 경우 포함)
④ 수탁가공업 : 주요자재를 부담하지 아니하는 경우에 한하여 용역의 공급으로 본다. 주요자재를 일부라도 부담하는 경우에는 재화의 공급(제조업)으로 본다.
⑤ 노하우 제공 : 산업상 · 상업상 또는 과학상의 지식 · 경험 · 숙련 정보를 제공하는 것은 용역의 공급으로 봄

III 재화의 수입

다음의 물품을 국내에 반입하는 것(보세구역을 거치는 것은 보세구역에서 반입하는 것)을 재화의 수입으로 한다.

① 외국으로부터 국내에 도착한 물품(외국 선박에 의하여 공해에서 채집되거나 잡힌 수산물 포함)으로서 수입신고가 수리되기 전의 것

② 수출신고가 수리된 것으로서 선적이 완료된 물품(수출신고가 수리된 물품으로서 선적되지 아니한 물품을 보세구역에서 반입하는 경우는 제외)

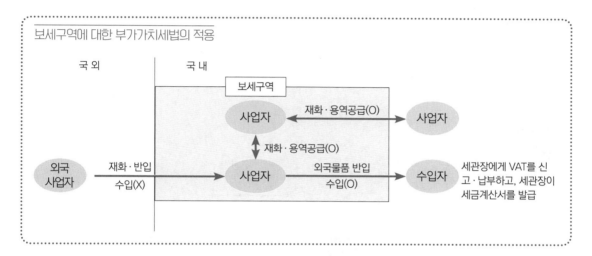

IV 부수재화 또는 용역

구 분	과세·면세의 판단	비 고
주된거래에 부수 ① 대가가 포함된 경우 ② 거래 관행상 부수된 경우	별도의 독립거래로 보지 아니하고 주된 거래인 재화·용역의 공급에 포함하여 함께 과세·면세 판단 (예 배달용역, 보증수리, 기내식 무상공급)	① 별도의 대가 미수령시도 사업상 증여가 아님 ② 별도의 세금계산서 등 발급 대상 거래가 아님
주된사업에 부수 ① 우연히 또는 일시적 공급* ② 필연적으로 생기는 재화	별도의 독립거래로 파악하나 그 과세·면세의 판단은 주된 사업에 따라 판단(토지는 제외) (예 사업용 유형자산 매각) (예 복숭아씨앗 등 부산물 매각)	① 별도의 과세표준이 계산되며 대가 미수령시는 사업상 증여 등에 해당할 수 있음 ② 별도의 세금계산서 등 발급 대상 거래임

* 우연히 또는 일시적으로 공급되는 재화·용역이 면세대상인 경우에는 주된 사업에 관계없이 무조건 면세하나, 과세대상인 경우에는 주된 사업에 따라 과세 여부를 판단함.

참고

손해배상금 등: 과세대상 아님(∵재화·용역의 공급과 대가관계가 없음)

① 소유재화의 파손, 훼손, 도난 등으로 인하여 가해자로부터 받는 손해배상금

② 도급공사 및 납품계약서상 납품기일의 지연으로 인하여 발주자가 받는 지체상금

③ 공급받을 자의 해약으로 인하여 공급자가 재화·용역의 공급 없이 받는 위약금 또는 이와 유사한 손해배상금

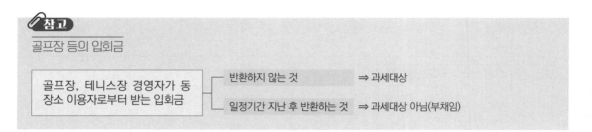

참고

골프장 등의 입회금

| 골프장, 테니스장 경영자가 동 장소 이용자로부터 받는 입회금 | ─ 반환하지 않는 것 ⇒ 과세대상 |
| | ─ 일정기간 지난 후 반환하는 것 ⇒ 과세대상 아님(부채임) |

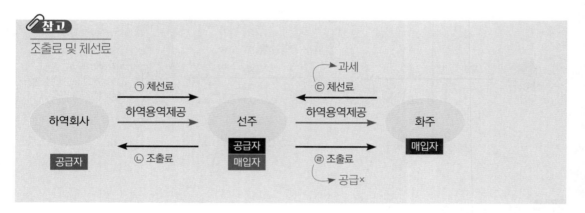

참고

조출료 및 체선료

Ⅴ 공급시기

1. 일반적인 경우

구 분	내 용
(1) 재화의 공급시기	① 재화의 이동이 필요한 경우 : 재화가 인도되는 때 ② 재화의 이동이 필요하지 아니한 경우: 재화가 이용 가능하게 되는 때 ③ 위 규정을 적용할 수 없는 경우 : 재화의 공급이 확정되는 때
(2) 용역의 공급시기	역무의 제공이 완료되는 때 또는 시설물, 권리 등 재화가 사용되는 때
(3) 재화의 수입시기	「관세법」에 따른 수입신고가 수리된 때

2. 거래형태별공급시기

(1) 재화

구분		공급시기
① 현금판매 · 외상판매 · 할부판매		재화가 인도되거나 이용가능하게 되는 때
② 상품권 등을 현금 또는 외상으로 판매하고 그 후 그 상품권 등이 현물과 교환되는 경우		재화가 실제로 인도되는 때
③ 장기할부판매[1] · 중간지급조건부공급[2] · 완성도기준지급조건부 공급 · 전력 등 공급단위를 구획할 수 없는 계속적 공급		대가의 각 부분을 받기로 한 때[3]
④ 반환조건부판매 · 동의조건부판매 · 기타 조건부 및 기한부 판매 (예 시용판매, 검수조건부판매)		조건이 성취되거나 기한이 지나 판매가 확정되는 때
⑤ 재화의 공급으로 보는 가공		가공된 재화를 인도하는 때
⑥ 간주공급	자가공급 · 개인적 공급	재화를 사용하거나 소비하는 때 (판매목적의 타사업장 반출=반출하는 때)
	사업상 증여	재화를 증여하는 때
	폐업시 잔존재화	폐업일
⑦ 무인판매기에 의한 재화공급		무인판매기에서 현금을 꺼내는 때
⑧ 수출재화	직수출 · 중계무역방식수출 · 보세구역 내 수입신고 수리 전 물품의 외국 반출	수출재화의 선(기)적일[4]
	원양어업 · 위탁판매수출	수출재화의 공급가액이 확정되는 때
	위탁가공무역수출 · 외국인도수출 · 국외 위탁가공 원료의 반출[5]	외국에서 해당 재화가 인도되는 때
⑨ 보세구역 안에서 보세구역 밖의 국내에 재화를 공급		수입재화에 해당= 수입신고수리일
⑩ 위탁판매 · 대리인에 의한 판매		수탁자 또는 대리인의 공급시기를 기준으로 공급시기 판정 * 위탁자 또는 본인을 알 수 없는 경우 위탁자와 수탁자 또는 본인과 대리인 사이에도 공급이 이루어진 것으로 보아 공급시기 판정
⑪ 시설대여회사로부터의 임차시설을 공급자 또는 세관장으로부터 직접 인도받는 경우		직접 공급받거나 수입하는 것으로 보아 거래 형태별 공급시기 적용
⑫ 폐업 전에 공급한 재화의 공급시기가 폐업일 이후 도래		폐업일

┗━━━▶ 재화 인도의 원인이 되는 행위(예 폐업 전 계약 등 법률상 원인)가 폐업 전에 발생한 것 포함

*1) 장기할부판매 : 대가를 월부·연부 그 밖의 할부방법에 따라 2회 이상 분할하고 재화의 인도일의 다음 날부터 최종 할부금 지급기일까지의 기간이 1년 이상인 경우

*2) 중간지급조건부 공급 : 계약금을 받기로 한 날의 다음 날부터 재화를 인도하는 날 또는 재화를 이용 가능하게 하는 날까지의 기간이 6개월 이상인 경우로서 그 기간 이내에 계약금 외의 대가를 분할하여 받는 경우

*3) 중간지급조건부공급과 완성도기준지급조건부공급의 경우 재화가 인도되거나 이용 가능하게 되는 날 이후에 받기로한 대가의 부분에 대해서는 재화가 인도되거나 이용 가능하게 되는 날을 그 재화의 공급시기로 본다.

*4) 수출재화 : 장기할부조건이나 중간지급조건부 또는 검수조건부인 경우에도 선적일을 공급시기로 한다. 그러나 내국신용장에 의하여 공급하는 재화는 국내에서의 재화공급이므로 인도하는 때를 공급시기로 한다.

*5) 사업자가 원료를 대가 없이 국외의 수탁가공 사업자에게 반출하여 가공한 재화를 양도하는 경우에 그 원료의 반출은 영세율을 적용한다.

참고

창고증권의 임치물 양도시 공급시기

① 창고증권을 소지한 사업자가 조달청 창고 또는 런던금속거래소 지정창고에서 실물을 넘겨받은 후 보세구역의 다른 사업자에게 인도한 경우 : 해당 재화를 인도하는 때

② 실물을 넘겨받은 것이 재화의 수입에 해당하는 경우 : 수입신고 수리일

③ 국내로부터 조달청 창고 또는 런던금속거래소의 지정창고에 임치된 임치물이 국내로 반입되는 경우 : 반입 신고 수리

(2) 용역

구분	공급시기
① 장기할부, 완성도기준지급, 중간지급 또는 기타 조건부로 용역을 공급하거나 그 공급단위를 구획할 수 없는 용역의 계속적 공급*1)	대가의 각 부분을 받기로 한 때*2)
② 둘 이상의 과세기간에 걸쳐 부동산 임대용역을 공급하고 그 대가를 선불 또는 후불로 받는 경우(월수로 나눈 임대료)	예정신고기간 또는 과세기간 종료일
③ 스포츠센터 연회비, 상표권 사용 등 용역을 둘 이상의 과세기간에 걸쳐 계속적으로 제공하고 대가를 선불로 받는 경우(월수로 나눈 대가)	
④ 사업자가 「사회기반시설에 대한 민간투자법」을 준용하여 설치한 시설에 대하여 둘 이상의 과세기간에 걸쳐 계속적으로 시설을 이용하게 하고 대가를 받는 경우	
⑤ 간주임대료	
⑥ 폐업 전에 공급한 용역의 공급시기가 폐업일 이후에 도래하는 경우	폐업일
⑦ 역무 제공이 완료되는 때 또는 대가를 받기로 한 때를 공급시기로 볼 수 없는 경우	역무의 제공이 완료되고 공급가액이 확정되는 때

*1) 용역의 계속적 공급 : 일정기간 동안 계속적으로 부동산 임대용역 등의 용역을 제공하는 것. 계속적 공급은 그 기간에 관계없이 대가의 각 부분을 받기로 한 때를 공급시기로 한다.

*2) 완성도기준지급조건부와 중간지급조건부의 경우 역무의 제공이 완료되는 날 이후 받기로 한 대가의 부분에 대해서는 역무의 제공이 완료되는 날을 그 용역의 공급시기로 본다.

3. 선발급세금계산서 특례

본래의 공급시기가 되기 전에 세금계산서 또는 영수증(①, ④, ⑤만 해당)을 발급하는 경우로서 다음 중 어느 하나에 해당하는 경우에는 그 발급하는 때를 그 재화·용역의 공급시기로 본다.

구분	내 용
대가수반	① 사업자가 공급시기가 되기 전에 재화·용역 대가의 전부나 일부를 받고, 그 받은 대가에 대하여 세금계산서 또는 영수증을 발급하는 경우 (대가를 먼저 받고 공급시기가 되기 전의 다른 과세기간에 세금계산서를 발급하는 경우 포함) ② 공급시기 전에 세금계산서를 발급하고 발급일로부터 7일 이내에 대가를 받는 경우 ③ ②에서 정하는 날이 지난 후 대가를 받더라도 다음 중 하나에 해당하는 경우 　　(가) 거래 당사자 간의 계약서·약정서 등에 대금청구시기(세금계산서 발급일)와 지급시기를 따로 적고, 대금 청구시기와 지급시기 사이의 기간이 30일 이내 　　(나) 재화·용역의 공급시기가 세금계산서 발급일이 속하는 과세기간 내(공급받는 자가 조기환급을 받은 경우 세금계산서 발급일부터 30일 이내)에 도래
선사용·소비	④ 재화·용역의 장기할부의 경우 ⑤ 재화·용역의 계속적 공급의 경우(**예** 부동산임대용역)

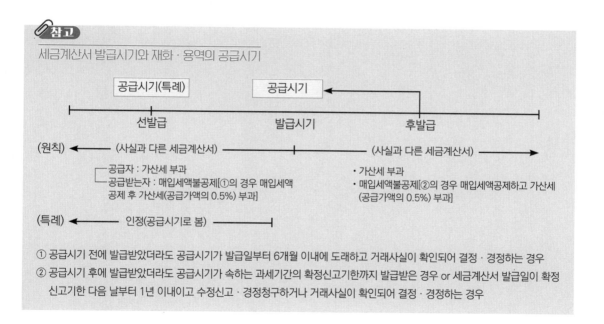

참고

세금계산서 발급시기와 재화·용역의 공급시기

① 공급시기 전에 발급받았더라도 공급시기가 발급일부터 6개월 이내에 도래하고 거래사실이 확인되어 결정·경정하는 경우
② 공급시기 후에 발급받았더라도 공급시기가 속하는 과세기간의 확정신고기한까지 발급받은 경우 or 세금계산서 발급일이 확정신고기한 다음 날부터 1년 이내이고 수정신고·경정청구하거나 거래사실이 확인되어 결정·경정하는 경우

Ⅵ 공급장소

과세권의 귀속 국가를 판단하는 기준

구 분	공 급 장 소
재화의 공급	① 재화의 이동이 필요한 경우 : 재화의 이동이 시작되는 장소 ② 재화의 이동이 필요하지 아니한 경우 : 재화가 공급되는 시기에 재화가 있는 장소
용역의 공급	③ 역무가 제공되거나 시설물, 권리 등 재화가 사용되는 장소 ④ 국내·외에 걸쳐 용역이 제공되는 국제운송인 경우 : 사업자가 비거주자 또는 외국법인이면 여객이 탑승하거나 화물이 적재되는 장소 ⑤ 국외사업자로부터 공급받는 전자적 용역 : 용역을 공급받는 자의 사업장 소재지, 주소지 또는 거소지

CHAPTER 03 영세율과 면세

I 영세율과면세의 비교(요약)

구분	영 세 율	면 세
(1) 의의	부가가치세 과세대상(0% 세율 적용)	부가가치세 과세대상에서 제외하는 것
(2) 목적	・국제적 이중과세 방지(소비지국 과세원칙) ・수출촉진	・부가가치세의 역진성 완화 ・부가가치 구성요소 이중과세 방지 등
(3) 대상	수출 등 외화획득 재화・용역	생활필수품・요소용역 등
(4) 면세정도	완전면세(전단계 매입세액 환급)	불완전면세(전단계 매입세액 환급×)
(5) 사업자여부	부가가치세법상 사업자임	부가가치세법상 사업자가 아님
(6) 의무이행	부가가치세법상 제반의무를 이행	부가가치세법상 의무를 이행할 필요 없음 * 단, 다음의 의무는 있음 ① 매입처별 세금계산서합계표 제출 ② 대리납부

II 영세율 → 상호주의 적용

사업자가 비거주자・외국법인이면 해당 국가에서 대한민국의 거주자 또는 내국법인에 대하여 동일하게 면세하는 경우(없거나 면세)에만 영세율을 적용한다.

1. 재화의 수출

구분	내 용
(1) 내국물품의 국외 반출	① 직수출 : 자기의 명의와 계산으로 내국물품(대한민국 선박에서 채집되거나 잡힌 수산물 포함)을 외국으로 반출하는 것 ② 대행위탁수출 : 수출품생산업자가 자기의 계산하에 수출업자(무역업자)와 수출대행계약에 따라 수출업자의 명의로 내국물품을 외국으로 반출하는 것 * 무상수출 : 수출은 대가수령 여부에 관계없이 영세율을 적용 * 견본품의 무상반출 : 재화의 공급이 아니므로 영세율대상이 아님

구분	내 용
(2) 특정 무역방식 수출	국내 사업장에서 계약과 대가 수령 등 거래가 이루어지는 다음의 것 ① 중계무역 방식의 수출, 위탁판매수출, 외국인도수출, 위탁가공무역 방식의 수출 ② 원료를 대가 없이 국외의 수탁가공 사업자에게 반출하여 가공한 재화를 양도하는 경우에 그 원료의 반출 → **TI** 발급대상 ③ 수입신고 수리 전의 물품으로서 보세구역에 보관하는 물품의 외국으로의 반출 ※ 국외 사업장에서 계약과 대가 수령 등 거래가 이루어지는 것은 과세권이 없음
(3) 내국신용장·구매확인서에 의하여 공급하는 재화(금지금 제외)	• 공급시기 전에 내국신용장 또는 구매확인서가 개설·발급 ·················영세율(**TI** 발급대상) • 공급시기 후 공급일이 속한 과세기간 끝난 후 25일 이내 개설·발급 ···영세율(**TI** 발급대상) * 내국신용장·구매확인서에 의하여 공급하는 재화는 공급된 이후 해당 재화를 수출용도에 사용하였는지의 여부에 관계없이 영세율이 적용된다. 또한 내국신용장에 포함하지 않고 대가를 별도로 받는 경우에도 내국신용장 등에 의한 공급대가로 확인되면 영세율을 적용한다.
(4) 한국국제 협력단 등에 공급	사업자가 한국국제협력단, 한국국제 보건의료재단 또는 대한적십자사에 공급하는 재화 (한국국제협력단 등이 해당 사업을 위하여 외국에 무상 반출하는 재화로 한정) → **TI** 발급대상
(5) 수탁가공무역에 사용할 재화 공급	사업자가 국외의 비거주자·외국법인과 직접계약에 의하여 비거주자 등이 지정하는 국내의 사업자에게 재화를 인도하고, 인도받은 사업자가 비거주자 등과 계약에 의하여 인도받은 재화를 그대로(or제조·가공 후) 반출하는 것으로 대금을 외국환 은행에서 원화로 받을 것

2. 용역의 국외공급

　국내에 사업장을 가지고 있는 사업자가 국외에서 용역을 제공하는 경우* 용역을 제공받는 자·대금결제 수단에 관계없이 영세율이 적용 → 용역을 제공받는 자가 국내사업장이 있는 경우 TI 발급대상

*해당 용역을 제공하는 사업의 사업장(납세지)이 국내에 소재하는 경우를 말한다. 용역과 관련하여 국내에서 부담한 매입세액을 환급하기 위하여 영세율 적용대상으로 규정한 것

*국외공급의 취급 : 재화나 용역이 국외에서 공급되는 경우에는 원칙적으로 납세의무가 없다.

예 국외공급으로 과세되지 않는 것
　① 내국법인의 해외지점에서 재화를 판매하는 경우(재화의 공급장소가 국외임)
　② 국외소재 부동산의 임대용역(부동산 사용장소가 국외임)
　③ 국내사업자가 외국의 광고매체에 광고를 게재하고 지급받는 광고료(광고매체 사용장소가 국외임)

3. 외국항행용역의 공급(국내 → 국내만 10%, 나머지 0%)

　① 외국항행사업자가 자기의 사업에 부수하여 공급하는 다음의 재화 또는 용역
　　(가) 다른 외국항행사업자가 운용하는 선박·항공기 탑승권을 판매하거나 화물운송계약을 체결하는 것
　　(나) 외국을 항행하는 선박 또는 항공기 내에서 승객에게 공급하는 것

(다) 자기의 승객만이 전용하는 버스(호텔)를 탑승(투숙)하게 하는 것

② 다음 중 어느 하나에 해당하는 용역

(가) 운송주선업자가 국제복합운송계약에 의하여 화물을 운송하고 화주로부터 운임을 받는 국제운송용역

(나) 「항공사업법」에 따른 상업서류 송달용역

4. 외화 획득 재화 · 용역의 공급 등

(1) 국내에서 비거주자[1] 또는 외국법인에게 공급되는 다음의 재화 · 용역(대금결제요건[2] 충족시)

① 비거주자 · 외국법인이 지정하는 국내사업자에게 인도되는 재화로서 해당 사업자의 과세사업에 사용되는 재화

② 일정한 사업의 용역

[1] 비거주자에는 국내에 거소를 둔 개인, 외교공관 등의 소속 직원, 우리나라에 상주하는 국제연합군 또는 미합중국군대의 군인 또는 군무원은 제외한다.

[2] 대금결제 요건 : 외국환은행에서 원화로 받을 것 or 외화를 직접 송금받아 외국환은행에 매각

(2) 수출재화임가공용역(TI 발급대상)

수출업자와 직접 도급계약에 의하여 수출재화의 부분품, 반제품 및 포장재를 임가공하는 용역은 직접 도급계약을 체결한 사업자 자신이 임가공하였는지의 여부에 불구하고 수출재화 임가공용역으로 본다.

(3) 외국을 항행하는 선박 및 항공기 또는 원양어선에 공급하는 재화 또는 용역

다만, 사업자가 부가가치세를 별 도로 적은 세금계산서를 발급한 경우는 제외한다.

→ 공급받는자가 국내사업장이 있는 경우 TI 발급대상

(4) 주한 외국공관등과 주한 국제연합군 · 미군에 공급 → 대금결제수단에 관계없이 영세율 적용

① 우리나라에 상주하는 외교공관, 영사기관(명예영사관원을 장으로 하는 영사기관 제외), 국제연합과 이에 준하는 국제기구(우리나라가 당사국인 조약과 그 밖의 국내법령에 따라 특권과 면제를 부여받을 수 있는 경우만 해당한다) 등에 재화 또는 용역을 공급하는 경우

② 우리나라에 상주하는 국제연합군 또는 미합중국군대에 공급하는 재화 · 용역

Ⅲ 면세

1. 재화 · 용역의 공급에 대한 면세

구 분	내 용
(1) 기초생활 필수품 · 용역	① 미가공 식료품(국내산 · 외국산 불문) * 농 · 축 · 수 · 임산물 · 소금(천일염, 재제소금) : 본래의 성질 변화 시 과세 * 단순가공식료품 : 거래단위로서 포장 시 과세 ② 국내생산 비식용 미가공 농 · 축 · 수 · 임산물(외국산은 과세) * 본래의 성상(성질과 상태 · 모양)이 변하면 과세 ③ 수돗물 ④ 연탄과 무연탄(유연탄 · 갈탄 · 착화탄 · 숯 · 톱밥은 과세) ⑤ 주택과 부수토지의 임대용역 ⑥ 여객운송 용역. 단, 다음에 의한 여객운송 용역은 과세 * 항공기, 시외우등고속버스(일반시외고속버스는 면세), 전세버스, 택시(일반택시 · 개인택시), 자동차대여사업, 특종선박 또는 고속철도 * 관광 또는 유흥 목적의 운송수단 : 삭도, 관광유람선, 관광순환버스, 관광궤도운송수단, 관광 사업을 목적으로 운영하는 일반철도(신고 요금 초과 대가) ⑦ 여성용생리처리 위생용품 ⑧ 주택법 관리주체 및 입주자대표회의가 제공하는 공동주택 어린이집의 임대용역
(2) 국민후생관련 재화 · 용역	① 의료보건용역과 혈액 　(가) 의사, 치과의사, 한의사, 조산사 또는 간호사가 제공하는 용역. 　* 요양급여 대상에서 제외되는 쌍꺼풀 수술 등 법소정의 진료용역은 과세 　(나) 수의사가 제공하는 용역(가축, 수산동물, 장애인보조견, 기초생활수급자가 기르는 동물, 질병 예방 목적의 동물 진료용역으로 한정하여 면세함) 　(다) 약사가 제공하는 의약품의 조제용역(단, 의약품의 단순판매는 과세) 　(라) 산후조리원에서 분만 직후의 임산부나 영유아에게 제공하는 급식 · 요양 등의 용역 ② 교육용역 * 무인가 · 무허가교육용역, 무도학원, 자동차운전학원은 과세 ③ 우표(수집용 우표는 과세), 인지, 증지, 복권과 공중전화 ④ 제조담배로서 200원 이하(20개비)의 것과 특수제조담배
(3) 문화관련 재화 · 용역	① 도서(도서대여 · 실내도서열람용역 포함), 신문 및 인터넷 신문, 잡지, 관보, 뉴스통신 * 광고는 과세 ② 예술창작품(100년 초과 골동품과 모조품은 과세), 비영리 예술행사, 비영리 문화행사, 아마추어운동경기 ③ 도서관 · 과학관 · 박물관 · 동물원 · 식물원에의 입장
(4) 부가가치 구성요소	① 토지의 공급(토지의 임대는 과세) ② 저술가 · 작곡가 등의 인적용역 (변호사 등의 전문인적용역은 과세) ③ 금융 · 보험용역(주된 사업에 부수하여 금융 · 보험용역을 제공한 경우에도 면세)

구 분	내 용
(5) 공적단체의 거래	① 국가 · 지방자치단체 · 지방자치단체조합이 공급하는 재화 · 용역 * 국가 등이 공급하는 다음의 재화 · 용역은 과세 　(가) 고속철도에 의한 여객운송용역 　(나) 우정사업조직 소포우편물 배달 용역과 우편주문 판매대행 용역 　(다) 부동산임대업, 도매 및 소매업, 음식점업 · 숙박업, 골프장 · 스키장운영업, 기타스포츠 시설 운영업(군인 등 　　에게 공급하는 소매업 · 음식점업 · 숙박업 · 골프연습장을 제외하 스포츠시설 운영업은 면세) 　(라) 부가가치세 과세대상인 진료용역과 동물의 진료용역 ② 국가 · 지방자치단체(동 조합 포함) · 공익단체에 무상으로 공급하는 재화 · 용역(국가 등에 유상으로 　공급하는 재화 · 용역은 과세) ③ 공익단체가 공급하는 법 소정 재화 · 용역

2. 재화의 수입에 대한 면세

구 분	내 용
(1) 기초생활필수품과 문화관련 등	① 미가공 식료품(식용으로 제공되는 농산물, 축산물, 수산물 및 임산물 포함) * 커피두 · 코코아두 등의 수입에 대하여는 과세함. 다만, 부가가치세를 과세한 커피두 등 이 미가공의 상태 　로 국내에서 공급되는 때에는 면세함. ② 서적, 신문, 잡지나 그 밖의 정기간행물, 수제문서 및 타자문서와 전자출판물 ③ 학술연구단체, 교육기관, 한국교육방송공사 또는 문화단체가 과학용 · 교육용 · 문화용으로 　수입하는 재화로서 대통령령으로 정하는 것 ④ 종교의식, 자선, 구호, 그 밖의 공익을 목적으로 외국으로부터 종교단체 · 자선단체 또는 구호 　단체에 기증되는 재화로서 대통령령으로 정하는 것 ⑤ 외국으로부터 국가, 지방자치단체 또는 지방자치단체조합에 기증되는 재화
(2) 관세가 면세되거나 감면된 재화	① 거주자가 받는 소액물품으로서 관세가 면제되는 재화 ② 이사, 이민 또는 상속으로 인하여 수입하는 재화로서 관세가 면제되거나 관세법에 따른 간이 　세율이 적용되는 재화 ③ 여행자의 휴대품, 별송물품 및 우송물품으로서 관세가 면제되거나 관세법에 따른 간이세율 　이 적용되는 재화 ④ 수입하는 상품의 견본과 광고용 물품으로서 관세가 면제되는 재화 ⑤ 국내에서 열리는 박람회, 전시회, 품평회, 영화제 또는 이와 유사한 행사에 출품하기 위하여 　무상으로 수입하는 물품으로서 관세가 면제되는 재화 ⑥ 수출된 후 다시 수입하는 재화로서 관세가 감면되는 것(단, 관세가 경감되는 경우에는 경감되 　는 비율만큼만 면제함) ⑦ 다시 수출하는 조건으로 일시 수입하는 재화로서 관세가 감면되는 것(단, 관세가 경감되는 경 　우에는 경감되는 비율만큼만 면제함)

3. 면세 포기

구 분	내 용
(1) 면세포기대상	① 영세율 적용대상인 재화·용역 ② 학술 등 연구단체가 그 연구와 관련하여 실비 또는 무상으로 공급하는 재화 또는 용역
(2) 면세포기절차 (승인 ×)	면세 포기를 하고자 하는 사업자는 면세 포기신고를 하고 지체 없이 사업자등록을 하여야 한다. → 세무서장의 승인 ×, 면세 포기신고 기한의 규정 ×
(3) 면세적용신고	면세의 포기를 신고한 사업자는 신고한 날부터 3년간 부가가치세를 면제받지 못한다. 면세포기신고를 한 날부터 3년이 지난 뒤 부가가치세를 면제받으려면 면세적용신고서와 함께 발급받은 사업자등록증을 제출하여야 하며, 면세적용신고서를 제출하지 아니하면 계속하여 면세를 포기한 것으로 본다.
(4) 효력 발생시기	면세사업자가 면세 포기신고를 한 때에는 사업자등록을 한 이후 거래분부터 면세 포기의 효력이 발생한다.
(5) 면세포기범위	면세되는 2 이상의 사업 또는 종목을 영위하는 사업자는 면세 포기하고자 하는 재화·용역의 공급만을 구분하여 면세 포기할 수 있다. 영세율이 적용되는 것만을 면세 포기한 경우에는 국내에 공급하는 재화·용역에 대하여는 면세 포기의 효력이 없다.

과세표준

Ⅰ 재화와 용역의 과세표준

1. 일반적인 경우

공급에 대한 과세표준은 해당 과세기간에 공급한 재화·용역의 공급가액을 합한 금액으로 한다.

구 분	공급가액*
(1) 금전 대가	그 대가
(2) 금전 외의 대가	① → ② → ③ 순서로 적용함. ① 공급한 재화 또는 용역의 시가 ② 공급받은 재화 또는 용역의 시가 ③ 법인세법·소득세법상 부당행위계산의 부인시 적용가격 (감정가액 → 상증법상 보충적 평가액 → 자산의 임대·용역의 제공특례)

* 공급가액에는 명목과 상관없이 공급받는 자로부터 받는 금전적 가치 있는 모든 것을 포함(부가가치세는 포함×)

2. 부당행위계산의 부인

특수관계인(소득세법·법인세법상 특수관계인을 말함)에 대한 재화·용역(수탁자가 위탁자의 특수관계인에게 공급하는 신탁재산과 관련된 재화 또는 용역을 포함)의 공급이 부당하게 낮은 대가를 받거나 대가를 받지 않은 경우에는 공급한 재화 또는 용역의 시가를 공급가액으로 본다.

구 분	저가공급*1)	무상공급
재화의 공급	시가	시가
용역의 공급	시가	사업용부동산임대용역*2): 시가(이 외=과세대상×)

*1) 특수관계인 이외의 자에게 시가보다 저가로 공급한 경우에는 실제 공급가액을 과세표준으로 한다.
*2) 산학협력단과 대학 간, 공공주택사업자와 부동산투자회사 간 사업용 부동산의 무상임대용역은 제외한다.

3. 공급가액과 과세표준 관련 항목의 처리

구 분	내 용
(1) 공급가액에 포함하는 금액	① 할부판매 및 장기할부판매의 이자상당액 ② 대가의 일부로 받는 운송보험료 · 산재보험료 · 운송비 · 포장비 · 하역비 ③ 개별소비세 · 주세 · 교통 · 에너지 · 환경세 · 교육세 · 농어촌특별세
(2) 공급가액에 포함하 지 않는 금액	① 부가가치세(다만, 부가가치세가 포함되어 있는지가 분명하지 아니한 경우에는 그 대가로 받은 금액에 110분의 100을 곱한 금액을 공급가액으로 함) ② 매출에누리 · 매출환입 및 매출할인(매출환입과 매출할인은 환입일 또는 감액사유발생일이 속하는 예정신고기간 또는 과세기간의 과세표준에서 공제함) ③ 공급받는 자에게 도달하기 전에 공급자 귀책사유로 파손 · 훼손 또는 멸실된 재화의 가액 ④ 재화 또는 용역의 공급과 직접 관련되지 아니한 국고보조금과 공공보조금 ⑤ 통상적으로 용기 또는 포장을 해당 사업자에게 반환할 것을 조건으로 그 용기대금과 포장비용을 공제한 금액으로 공급하는 경우의 용기대금과 포장비용 ⑥ 사업자가 음식 · 숙박 용역이나 개인서비스 용역을 공급하고 그 대가와 함께 받는 종업원의 봉사료를 세금계산서, 영수증 등에 그 대가와 구분하여 적은 경우로 봉사료를 종업원에게 지급한 사실이 확인되는 경우의 봉사료(단, 사업자가 자기의 수입금액에 계상하는 경우 공급가액에 포함) ⑦ 거래상대방으로부터 인도받은 원자재 등을 사용하여 제조 · 가공한 재화를 공급하거나 용역을 제공하는 경우에 해당 원자재 등의 가액(다만, 재화 또는 용역을 공급하고 그 대가로 원자재 등을 받는 경우에는 공급가액에 포함) ⑧ 공급대가의 지급이 지연되어 지급받는 연체이자(소비대차 전환 여부 무관)
(3) 과세표준에서 공제하지 않는 금액	① 대손금 ② 거래상대방에게 지급한 장려금(현물로 지급시 현물의 시가를 과세표준에 포함) ③ 하자보증금

*마일리지 등으로 대금의 전부 또는 일부를 결제받은 경우

구 분		공급가액
자기적립마일리지 등으로 결제받은 금액		공급가액에서 제외
자기적립마일리지등 외의 마일리지등(제3자 적립마일리지등)으로 결제받은 부분	재화 또는 용역을 공급받는 자 외의 자로부터 보전받았거나 보전받을 금액	공급가액에 포함
	보전받지 아니하고 간주공급에서 규정한 자기생산 · 취득재화를 공급한 경우(사업상 증여)	공급한 재화 · 용역의 시가
	특수관계인으로부터 부당하게 낮은 금액을 보전받거나 금액을 받지 아니하여 조세의 부담을 부당하게 감소시킬 것으로 인정되는 경우(부당행위)	

4. 거래형태별 공급가액

(1) 일반거래의 공급가액

구 분	공급가액
① 외상판매 · 할부판매	공급한 재화의 총가액
② 장기할부판매 · 완성도기준지급 및 중간지급 조건부 공급 · 계속적 공급	계약에 따라 받기로 한 대가의 각 부분
③ 기부채납	기부채납된 가액(부가가치세가 포함된 경우 이를 제외함)
④ 공유수면 매립용역	매립공사에 든 총사업비
⑤ 위탁가공무역 방식에 의한 수출	완성된 제품의 인도가액

(2) 재화 수입

구 분	공급가액
① 수입재화의 과세표준	관세의 과세가격 +관세 · 개별소비세 · 주세 · 「교통 · 에너지 · 환경세」 + 교육세 +농어촌특별세
② 사업자가 보세구역 내에 보관된 재화를 공급하고, 공급받는 자가 그 재화를 보세구역으로부터 반입하는 경우	공급가액*= 재화의 공급가액 − 수입세금계산서에 적힌 공급가액 (= 수입재화의 과세표준)

* 다만, 세관장이 부가가치세를 징수하기 전에 같은 재화에 대한 선하증권이 양도되는 경우에는 선하증권의 양수인으로부터 받은 대가를 공급가액으로 할 수 있다.(→ 선택 규정)

(3) 외국통화로 대가를 받는 경우

구 분	공급가액
① 공급시기가 되기 전에 원화로 환가한 경우	환가한 금액
② 공급시기 이후 외국통화로 보유 · 지급받는 경우	공급시기의 기준환율 · 재정환율에 따라 계산한 금액

5. 부동산임대용역의 경우

(1) 일반적인 경우

구 분	내 용
임대료	원칙 공급가액 : 과세기간에 수입할 임대료(계약에 따라 받기로 한 대가의 각 부분)
	특례 공급가액 : 둘 이상 과세기간에 걸쳐 부동산임대용역을 공급하고 대가를 선불·후불로 받는 경우 해당 금액을 계약기간의 개월 수로 나눈 금액의 각 과세대상기간의 합계액
관리비 · 공공요금	관리비 : 공급가액에 포함
	임차인 부담 보험료·수도료·공공요금을 별도로 구분 징수하여 납입 대행 : 공급가액에 포함하지 아니함
간주 임대료	사업자가 부동산임대용역을 공급하고 「전세금·임대보증금」을 받는 경우에는 금전 이외의 대가를 받은 것으로 보아 (간주임대료)을 공급가액으로 한다.

(2) 주택을 임대한 경우

1) 주택임대용역의 범위: 주택의 임대용역은 면세한다.

2) 겸용주택의 임대 : 과세대상 사업용 건물과 면세대상 주택을 함께 임대(겸용주택)

구 분	주택면 적 >사업용 건물면적	주택면적 ≤ 사업용 건물면적
건물분 면세범위	주택면적 +사업용 건물면적	주택면적

6. 부동산(토지와 건물 등) 공급의 경우

(1) 공급가액의 구분이 분명한 경우 : 실지거래가액(부가가치세 제외) → 토지는 면세, 건물 등은 과세

(2) (1) 외의 경우 : 다음 중 하나에 해당하는 경우 아래와 같이 안분계산한 금액을 공급가액으로 한다.

 ① 실지거래가액 중 토지의 가액과 건물 또는 구축물 등의 가액의 구분이 불분명한 경우

 ② 사업자가 실지거래가액으로 구분한 토지와 건물 등의 가액이 안분기준에 따라 안분계산한 금액과 30% 이상 차이가 있는 경우. 다만, 다음 중 하나에 해당하는 경우 건물등의 실지거래가액을 공급 가액으로 한다.

 (가) 다른 법령에서 정하는 바에 따라 토지와 건물등의 가액을 구분한 경우

 (나) 토지와 건물등을 함께 공급받은 후 건물등을 철거하고 토지만 사용하는 경우

구 분		내 용
감정가액이 있는 경우		〈1순위〉 감정평가법인 등의 감정가액[*1]
감정가액 ×	기준시가가 모두 있는 경우	〈2순위〉 공급계약일의 기준시가
	기준시가가 모두(일부)가 없는 경우	〈3순위〉 장부가액
위 규정을 적용할 수 없거나 곤란한 경우		국세청장이 정하는 바에 따라 안분계산

* 토지에 대한 부가가치세법상 취급

구 분		취 급
토지의 공급		면 세(실질공급 · 간주공급 · 부수재화)
토지의 임대	전 · 답 등	과세제외(전 · 답 · 과수원 · 목장용지 · 임야 · 염전)
	주택부수토지	면 세
	나머지	과 세

7. 간주공급(재화공급의 특례)

자가공급 · 개인적공급 · 사업상증여 · 폐업시 잔존재화

(1) 완전전용의 경우

구 분		공급가액
비상각 자산	일반적인 경우	시가
	판매목적 타사업장 반출의 경우	① 일반적인 경우 : 법인세법 · 소득세법상 취득가액 ② 취득가액에 일정액을 더하여 공급하는 경우 : 취득가액 + 일정액 ③ 개별소비세 · 주세 · 「교통 · 에너지 · 환경세」가 부과되는 재화의 경우 : 개별소비세 등의 과세표준 +개별소비세 · 주세 · 「교통 · 에너지 · 환경세」 · 교육세 · 농어촌특별세
감가상각 자산	건물과 구축물	취득가액 × (1-5% × 경과된 과세기간의 수[*1])
	그 밖의 상각자산	취득가액 × (1-25% × 경과된 과세기간의 수[*1])

[*1] 취득일부터 공급일까지의 경과된 과세기간 수 : 과세기간의 개시일 후에 감가상각자산을 취득하거나 해당 재화가 공급된 것으로 보게 되는 경우에는 그 과세기간의 개시일에 해당 재화를 취득하거나 해당 재화가 공급된 것으로 본다.

(2) 감가상각자산의 일부전용의 경우

과세사업에 사용하던 감가상각자산을 면세사업에 일부 사용하는 경우 공급가액은 다음과 같이 계산한다. 다만, 총공급가액 중 면세공급가액의 비율이 5% 미만인 경우에는 공급가액이 없는 것으로 본다.

$$취득가액 × (1-상각률 × 경과된 과세기간의 수) × \frac{일부전용한\ 과세기간의\ 면세공급가액}{일부전용한\ 과세기간의\ 총공급가액}$$

1. 매출세액

> 매출세액 = 과세표준 × 세율(10%, 영세율은 0%)

2. 대손세액공제

구분	내 용
대손요건	① 소득세법 등 대손사유(채권·채무 재조정에 의한 장부가액과 현재가치의 차액은 제외) ② 법원의 회생계획인가 결정에 따라 채무를 출자전환하는 경우(대손되어 회수할 수 없는 금액은 출자전환 시점의 매출채권 장부가액과 취득한 주식·출자지분 시가 차액으로 함) * 대손세액공제 범위 : 공급일부터 10년이 지난 날이 속하는 과세기간에 대한 확정신고 기한까지 대손사유로 확정되는 대손세액(결정 또는 경정으로 증가된 과세표준에 대하여 부가가치세액을 납부한 경우 해당 대손세액 포함)
공제시기	대손사유가 발생한 과세기간의 확정신고시 공제(주의 : 예정신고시 공제받을 수 없음)
대손세액	대손세액 = 대손금액(부가가치세 포함) × 10 /110
대응조정	
공제절차	대손세액공제 사업자는 확정신고시 확정신고서에 대손세액공제(변제)신고서와 그 사실을 증명하는 서류를 제출하여야 한다.(증명서류는 확정신고 이후에 제출해도 공제함)

대응조정란 내 표:

구분	공급자	공급받는 자
대손확정시	매출세액에서 뺄 수 있다	매입세액에서 뺀다*
대손금회수 또는 변제시	매출세액에 더한다	매입세액에 더한다

* 공급하는 자가 대손세액공제를 받은 경우에는 공급받은 사업자는 대손 세액을 대손이 확정된 날이 속하는 과세기간에 자신의 매입세액에서 뺀다.
* 공급의 관할 세무서장은 대손세액 공제사실을 공급받는 자의 관할 세무서장에게 통지해야하며, 공급받은 자가 관련 대손세액을 매입세액에서 차감하여 신고하지 아니한 경우에는 세액을 결정·경정하여야 한다. 이 경우 매입세액에서 대손세액을 빼지 않은 경우에도 신고불성실가산세·납부지연가산세를 부과하지 아니한다.

C·H·A·P·T·E·R

05 세금계산서

Ⅰ 세금계산서

(1) 세금계산서

구분	내 용
기능	부가가치세의 전가, 매입세액공제, 거래의 상호대사, 송장·영수증·청구서 기능, 기장의무 이행 기능 * 영수증 발급 적용기간의 간이과세자가 발급받았거나 발급한 세금계산서 또는 영수증을 보관한 때에는 기장의무를 이행한 것으로 봄
발급 대상	① 사업자가 재화 또는 용역을 공급(부가가치세 면제 재화·용역의 공급은 제외)하는 경우에는 세금계산서를 공급을 받는 자에게 발급하여야 한다(공급받는 자가 사업자 또는 등록한 사업자가 아닌 경우 고유번호 또는 공급받는 자의 주민등록번호를 적어서 발급) ② 세관장은 수입되는 재화에 대하여 부가가치세를 징수할 때(부가가치세의 납부유예 포함)에는 수입세금계산서를 수입하는 자에게 발급하여야 한다.
필요적 기재사항	① 공급하는 사업자의 등록번호와 성명 또는 명칭 ② 공급받는 자의 등록번호 ③ 작성 연월일(☞ 공급연월일은 임의적 기재사항) ④ 공급가액과 부가가치세액
발급	사업자는 세금계산서 2매를 작성하여 1매를 공급받는 자에게 발급하고 1매를 보관한다. 세금계산서를 발급한 경우 예정·확정신고시 매출처별 세금계산서합계표를 제출해야 한다.
전자 세금 계산서	① 의무발급사업자 : 법인사업자와 직전 연도 사업장별 재화·용역의 공급가액(면세공급가액 포함)의 합계액이 <u>8천만원 이상인 개인사업자</u>(전자세금계산서 의무발급 개인사업자)는 반드시 전자세금계산서를 발급하여야 한다. 전자세금계산서 의무발급 대상이 아닌 개인사업자는 선택에 의해 전자세금계산서를 발급할 수 있다. ② 발급명세 전송 : 전자세금계산서를 발급하였을 때에는 발급일의 다음 날까지 전자세금계산서 발급명세를 국세청장에게 전송하여야 한다(미전송시 가산세 부과). ③ 보존의무 면제 : 국세청장에게 전자세금계산서 발급명세를 전송한 경우에는 세금계산서를 확정 신고 기한 후 5년간 보존하여야 하는 의무는 면제된다. ④ 의무발급기간 : 전자세금계산서 의무발급 개인사업자가 전자세금계산서를 발급하여야 하는 기간은 사업장별 공급가액의 합계액이 <u>8천만원 이상인 해의 다음 해 제2기 과세기간부터로</u> 한다. ⑤ 통지의무 : 전자세금계산서를 발급하여야 하는 <u>의무가 발생하기</u> 1개월 전까지 그 사실을 해당 개인 사업자에게 통지하여야 한다. 1개월 전까지 통지를 받지 못한 경우에는 통지서를 수령한 날이 속하는 달의 다음 다음 달 1일부터 전자세금계산서를 발급하여야 한다. ⑥ 합계표 제출의무 면제 : 전자세금계산서를 발급하거나 발급받고 전자세금계산서 발급명세를 해당 재화 또는 용역의 공급시기가 속하는 과세기간(예정신고의 경우에는 예정신고기간) 마지막 날의 다음 달 11일까지 국세청장에게 전송한 경우에는 해당 예정신고 또는 확정신고시 매출·매입처별 세금계산서합계표를 제출하지 아니할 수 있다.

구 분	내 용
발급 시기	(1) 원칙 : 재화·용역 공급시기에 세금계산서 발급 (2) 선발급세금계산서 특례 : 재화·용역의 공급시기 전에 세금계산서를 발급한 경우로서 법소정 요건에 해당하는 경우에는 그 발급일을 재화·용역 공급시기로 봄. (3) 월합계세금계산서 등 특례 : 다음의 경우 공급일이 속하는 달의 다음 달 10일(그 날이 공휴일 또는 토요일인 경우에는 바로 다음 영업일)까지 세금계산서 발급할 수 있음. 　① 거래처별로 1역월의 공급가액을 합하여 달의 말일을 작성 연월일로 발급하는 경우 　② 거래처별로 1역월 이내에서 사업자가 임의로 정한 기간의 공급가액을 합하여 그 기간의 종료일을 작성 연월일로 하여 세금계산서를 발급하는 경우 　③ 증명서류 등에 따라 실제 거래사실이 확인 & 해당 거래일을 작성 연월일로 발급

(2) 수정세금계산서 또는 수정전자세금계산서

수정(전자)세금계산서 발급사유	발급절차
① 재화의 환입	환입된 날을 작성일로 적고 비고란에 처음 세금계산서 작성일을 덧붙여 적은 후 붉은색 글씨로 쓰거나 음의 표시를 하여 발급
② 계약의 해제	계약이 해제된 때에 그 작성일은 계약해제일로 적고 비고란에 처음 세금계산서 작성일을 덧붙여 적은 후 붉은색 글씨로 쓰거나 음의 표시를 하여 발급
③ 계약의 해지	증감 사유가 발생한 날을 작성일로 적고 추가되는 금액은 검은색 글씨로 쓰고, 차감되는 금액은 붉은색 글씨로 쓰거나 음의 표시를 하여 발급
④ 공급시기가 속하는 과세기간 종료 후 25일 (그 날이 토요일, 일요일, 공휴일, 대체공휴일, 근로자의 날인 경우 바로 다음 영업일) 이내에 내국신용장 등이 개설된 경우	내국신용장 등이 개설된 때에 그 작성일은 처음 세금계산서 작성일을 적고 비고란에 내국신용장 개설일 등을 덧붙여 적어 영세율 적용분은 검은색 글씨로 세금계산서의 내용대로 세금계산서를 붉은색 글씨로 또는 음의 표시를 하여 작성하고 발급
⑤ 필요적 기재사항 등의 착오(경정할 것을 미리 알고 있는 경우* 제외)	처음에 발급한 세금계산서의 내용대로 세금계산서를 붉은색 글씨로 쓰거나 음의 표시를 하여 발급하고, 수정하여 발급하는 세금계산서는 검은색 글씨로 작성하여 발급
⑥ 필요적 기재사항 등의 착오 외(경정할 것을 미리 알고 있는 경우* 제외)	재화나 용역의 공급일이 속하는 과세기간에 대한 확정신고기한의 다음 날부터 1년 이내에 세금계산서를 작성하되, 처음에 발급한 세금계산서의 내용대로 세금계산서를 붉은색 글씨로 쓰거나 음의 표시를 하여 발급하고, 수정하여 발급하는 세금계산서는 검은색 글씨로 작성하여 발급
⑦ 착오로 이중 발급	처음에 발급한 세금계산서의 내용대로 음의 표시를 하여 발급
⑧ 면세 등 발급대상이 아닌 거래 등에 발급	처음에 발급한 세금계산서의 내용대로 붉은색 글씨로 쓰거나 음의 표시를 하여 발급
⑨ 세율을 잘못 적용(경정할 것을 미리 알고 있는 경우* 제외)	처음에 발급한 세금계산서의 내용대로 세금계산서를 붉은색 글씨로 쓰거나 음의 표시를 하여 발급하고, 수정하여 발급하는 세금계산서는 검은색 글씨로 작성하여 발급

* 경정할 것을 미리 알고 있는 경우

① 세무조사의 통지를 받은 경우

② 세무공무원이 과세자료의 수집 또는 민원 등을 처리하기 위하여 현지출장이나 확인업무에 착수한 경우

③ 세무서장으로부터 과세자료 해명안내 통지를 받은 경우

④ 그 밖에 ①부터 ③까지의 규정에 따른 사항과 유사한 경우

(3) 수입세금계산서 및 수정수입세금계산서

구 분	내 용
수입 세금계산서	세관장이 발급하는 수입세금계산서는 세금계산서 발급 규정을 준용하여 발급한다. * 수입 재화에 부가가치세의 납부가 유예되는 경우 수입세금계산서에 납부유예 표시
수정 수입 세금계산서	1) 사유: 세관장이 과세표준·세액을 결정·경정하기 전 수입하는 자가 수정신고등을 하는 경우 2) 발급신청 : 수입하는 자는 세관장이 수정수입세금계산서를 발급하지 아니하는 경우 부과제척기간내에 세관장에게 수정수입세금계산서의 발급을 신청할 수 있다. 3) 세관장의 합계표 제출 : 수정수입세금계산서를 발급한 세관장은 수정된 매출처별 세금계산서합계표를 해당 세관 소재지를 관할하는 세무서장에게 제출하여야 한다. 4) 발급방법: 부가가치세를 납부받거나 징수·환급한 날을 작성일로 적고 비고란에 최초 수입세금계산서 발급일 등을 덧붙여 적은 후 추가되는 금액은 검은색 글씨로 쓰고, 차감되는 금액은 붉은색 글씨로 쓰거나 음의 표시를 하여 발급한다.

(4) 세금계산서 발급 특례

구 분	내 용
위탁 판매	수탁자 또는 대리인이 재화를 인도하는 경우: 수탁자 또는 대리인이 위탁자 또는 본인의 명의로 세금계산서를 발급한다(수탁자 또는 대리인의 등록번호를 덧붙여 적어야 함). 위탁자 또는 본인이 재화를 인도하는 경우: 위탁자 또는 본인이 세금계산서를 발급할 수 있다(수탁자 또는 대리인의 등록번호를 덧붙여 적어야 함). * 위탁자 또는 본인을 알 수 없는 경우에는 수탁자 또는 대리인에게 재화를 공급하거나 수탁자 또는 대리인으로부터 재화를 공급받은 것으로 본다. 따라서 위탁자(본인)는 수탁자(대리인)에게, 수탁자(대리인)는 거래상대방에게 세금계산서를 발급한다.
위탁 매입	위탁매입 또는 대리인에 의한 매입의 경우에는 공급자가 위탁자 또는 본인을 공급받는 자로 하여 세금계산서를 발급한다(수탁자 또는 대리인의 등록번호를 덧붙여 적어야 함).
리스	납세의무가 있는 사업자가 시설대여업자로부터 시설 등을 임차하고, 그 시설 등을 공급자 또는 세관장으로부터 직접 인도받는 경우 공급자·세관장이 사업자에게 직접 세금계산서를 발급할 수 있다.
합병	합병에 따라 소멸하는 법인이 합병계약서에 기재된 합병을 할 날부터 합병등기 일까지의 기간에 재화 또는 용역을 공급하거나 공급받는 경우 합병 이후 존속하는 법인 또는 합병으로 신설되는 법인이 세금계산서를 발급하거나 발급받을 수 있다.

Ⅱ 영수증

구 분	내 용

발급대상	다음 중 어느 하나에 해당하는 자는 세금계산서를 발급하는 대신 영수증을 발급하여야 함.
	1) 주로 사업자가 아닌 자에게 재화·용역을 공급하는 다음의 사업자
	    ① 소매업, 음식점업, 숙박업
	    ② 간이과세가 배제되는 전문직사업자와 행정사업(단, 사업자에게 공급하는 경우 제외)
	    ③ 우정사업조직이 소포우편물을 방문접수하여 배달하는 용역
	    ④ 공인인증서 발급사업(단, 공급받는 사업자가 세금계산서 발급을 요구하는 경우 제외)
	┌─────────────────────────────────┐
	    ⑤ 미용·욕탕 및 유사 서비스업
	    ⑥ 여객운송업
	    ⑦ 입장권을 발행하여 영위하는 사업 세금계산서
	    ⑧ 부가가치세가 과세되는 진료용역 발급금지업종
	    ⑨ 부가가치세가 과세되는 수의사가 제공하는 동물의 진료용역 (전세버스운송
	    ⑩ 무도학원과 자동차운전학원 사업 제외)
	    ⑪ 간편사업자등록을 한 국외사업자가 국내에 전자적 용역을 공급
	       하는 사업
	└─────────────────────────────────┘
	    ⑫ 주로 소비자에게 재화 또는 용역을 공급하는 법 소정 사업
	2) 간이과세자 중 다음의 어느 하나에 해당하는 자(영수증 발급 적용기간의 간이과세자)
	    ① 직전 연도의 공급대가의 합계액(직전 과세기간에 신규로 사업을 시작한 개인사업자의 경우 12개
	       월로 환산한 금액)이 4천800만원 미만인 자
	    ② 신규로 사업을 시작하는 개인사업자로서 간이과세자로 하는 최초의 과세기간 중에 있는 자

세금 계산서
발급을
요구하는 경우
	원칙 : 공급받는 사업자가 사업자등록증을 제시하고 세금계산서 발급을 요구하는 경우에는 세금계산서
	        를 발급해야 함
	예외 : 세금계산서 발급금지 업종(전세버스운송사업 제외)의 사업을 영위하는 사업자와 영수증 발급 적
	        용기간의 간이과세자는 세금계산서를 발급할 수 없으나, 영수증 발급대상 1)의 사업자(간편사업
	        자등록을 한 국외사업자는 제외)는 감가상각자산 또는 해당 역무 이외의 역무를 공급하는 경우에
	        는 세금계산서를 발급해야 함

Ⅲ 세금 계산서 발급의무의 면제

└─▶ 세금계산서를 발급하기 어렵거나 세금계산서의 발급이 불필요한 경우

발급의무면제	발급대상
1. 최종소비자 대상 업종 　① 택시운송 사업자, 노점 또는 행상을 하는 사람, 무인자동판매기 사업 　　자가 공급하는 재화 · 용역 　② 전력 · 도시가스를 실제로 소비하는 자(사업자가 아닌 자)를 위하여 　　전기사업자 · 도시가스사업자로부터 전력 · 도시가스를 공급받는 명 　　의자가 공급하는 재화 · 용역	
③ 도로 및 관련시설 운영용역을 공급하는 자	· 세금계산서 발급 요구시
④ 소매업 또는 미용, 욕탕 및 유사 서비스업을 경영하는 자가 공급하는 　　재화 또는 용역	· 소매업의 경우 세금계산서 발급 요구시
⑤ 공인인증기관이 공인인증서를 발급하는 용역	· 세금계산서 발급 요구시
⑥ 간편사업자등록을 한 국외사업자가 국내에 공급하는 전자적 용역	
⑦ 여객운송업	· 전세버스운송사업의 경우에는 세금계산서 　발급 요구시
2. 간주공급재화(자가공급 · 개인적공급 · 사업상증여 · 폐업시 잔존재화)	· 판매목적 타사업장 반출
3. 부동산임대용역 중 간주임대료	
4. 영세율대상 　(1) 재화의 수출	· 국외위탁가공 원료의 반출 · 내국신용장 또는 구매확인서에 의한 공급 · 한국국제협력단 · 한국국제보건의료재단 · 　대한적십자사에 대한 공급
(2) 용역의 국외공급(공급받는 자가 국내사업장이 없는 비거주자 · 외국 　　법인인 경우로 한정함)	· 국외에서 용역을 공급받는 자가 국내사업 　장이 있는 경우
(3) 외국항행용역의 공급 　　① 선박의 외국항행용역(공급받는 자가 국내사업장이 없는 비거주 　　　자 · 외국법인인 경우로 한정함)	· 공급받는 자가 국내사업장이 있는 경우
② 항공기의 외국항행용역, 상업서류송달용역	
(4) 기타 외회획득사업	· 수출재화 임가공용역
① 국내에서 국내사업장이 없거나 이와 관련이 없는 외국법인 · 비거 　　　주자에게 공급하는 재화 · 용역	

발급의무면제	발급대상
② 외국을 항행하는 선박, 항공기, 원양어선에 공급하는 재화 또는 용역(공급받는 자가 국내사업장이 없는 비거주자·외국법인인 경우로 한정함)	• 공급받는 자가 국내사업장이 있는 경우
③ 국내 주재 외국정부기관·국제연합군 또는 미국군에게 공급하는 재화 또는 용역 ④ 종합여행업자가 외국인관광객에게 공급하는 관광알선용역 ⑤ 외국인전용 관광기념품 판매업자가 외국인 관광객에게 공급하는 관광기념품	
⑥ 그 밖에 국내사업장이 없는 비거주자·외국법인에게 공급하는 재화 또는 용역	• 외국사업자임을 증명하는 서류를 제시하고 세금계산서를 요구하는 경우 • 외국법인연락사무소에 재화 또는 용역을 공급하는 경우

* 세금계산서 발급금지 : 세금계산서 발급금지업종 외의 사업을 경영하는 사업자가 신용카드매출전표등을 발급한 경우에는 세금계산서를 발급하지 아니한다.

06 매입세액과 차가감납부세액

I 매입세액 공제

1. 세금계산서 수취분 매입세액

구 분	내 용
공제요건	사업자가 자기의 사업을 위하여 사용하였거나 사용할 목적으로 재화 또는 용역을 공급받거나 재화를 수입할 때 세금계산서를 발급받은 매입세액(사업양수자의 대리납부규정에 따라 납부한 부가가치세액 포함)은 매출세액에서 공제한다. → 재고자산으로 보유하고 있는 것, 외상매입 등 거래형태나 공급자의 신고에 관계없이 공제 가능
매입세액 공제시기	매입세액은 재화·용역을 공급받는 시기 또는 재화의 수입시기가 속하는 예정신고기간 또는 과세기간의 매출세액에서 공제한다. 다만, 예정신고기간에 공제받아야 할 매입세액을 예정신고시 공제하지 못한 경우에는 확정신고시 공제할 수 있고, 확정신고시에 공제하지 못한 경우에는 수정신고·경정청구·기한 후 신고시 공제할수 있으며, 미공제분은 경정시 경정기관의 확인을 거쳐 매입세액을 공제할 수 있다(단, 경정시 매입세액공제를 받는 경우에는 가산세 0.5%가 과세됨).

2. 매입자발행세금계산서에 의한 매입세액

구 분	내 용
매입자 발행 세금계산서	납세의무자로 등록한 사업자가 재화 또는 용역을 공급하고 세금계산서 발급 시기에 세금계산서를 발급하지 아니한 경우(사업자의 부도·폐업, 공급 계약의 해제·변경 또는 그 밖에 대통령령으로 정하는 사유가 발생한 경우로서 사업자가 수정세금계산서 또는 수정전자세금계산서를 발급하지 아니한 경우 포함) 그 재화 또는 용역을 공급받은 자는 공급시기가 속하는 과세기간의 종료일부터 6개월 이내에 거래사실의 확인신청을 하고 관할 세무서장의 확인을 받아 세금계산서를 발행할 수 있다.
공급자	납세의무자로 등록한 사업자로서 세금계산서 발급의무가 있는 사업자(영수증발급사업자 중 세금계산서 발급의무가 있는 사업자 포함) → 미등록사업자, 면세사업자 및 영수증 발급 적용기간의 간이과세자는 제외함
공급받은자	모든 사업자(일반과세자·간이과세자·면세사업자 포함)
발행대상	거래사실의 확인신청 대상이 되는 거래는 거래 건당 공급대가가 <u>5만원</u> 이상인 경우

3. 신용카드매출전표 등 수취분 매입세액

구 분	내 용
의의	신용카드매출전표 등은 영수증으로 본다. 영수증은 매입세액 공제대상이 아니나, 신용카드매출전표 등은 매입세액 공제를 허용한다.
공제할 수 있는 매입세액	사업자가 일반과세자 또는 간이과세자로부터 재화·용역을 공급받고 부가가치세액이 별도로 구분 되는 신용카드매출전표 등을 발급받은 경우(다음의 요건을 모두 충족 시 공제) ① 세금계산서 발급 금지 업종을 경영하는 사업자로부터 발급받은 것이 아닐 것 ② 접대비 등 매입세액 불공제대상이 아닐 것 ③ 신용카드매출전표 등 수령명세서를 제출하고, 거래사실이 속하는 과세기간에 대한 확정신고 기한 후 5년간 보존할 것(소득세법·법인세법에 따라 보관하는 경우 포함) ④ 간이과세자가 영수증을 발급하여야 하는 기간에 발급한 신용카드매출전표 등이 아닐 것

4. 면세농산물등 의제매입세액 공제 특례

구 분	내 용
취지	중간단계에 면세를 적용하고 그 후의 거래단계에서 과세함으로 인한 환수효과와 누적효과를 제거·완화함으로써 최종소비자의 조세부담 경감
적용요건	① 공급받은 면세대상인 농산물·축산물·임산물·수산물과 소금을 원재료로 하여 제조·가공한 재화 또는 창출한 용역의 공급이 과세될 것(본래 면세대상에 대하여 면세를 포기함으로써 영세율이 적용되는 경우에는 의제매입세액공제를 받을 수 없음) ② 의제매입세액 공제를 적용받으려는 사업자는 예정신고 또는 확정신고시 매입처별 계산서합계표, 신용카드매출전표 등 수령명세서, 매입자발행계산서 합계표를 제출하여야 한다(확정신고 이후에 증명서류를 제출한 경우에도 적용) 다만, 제조업을 경영하는 사업자가 농어민으로부터 면세농산물 등을 직접 공급받는 경우에는 의제매입세액 공제신고서만 제출 → 음식점 ×
의제매입세액 계산	① 매입가액 : 면세농산물 등의 매입가액

<table>
<tr><th colspan="2">구분</th><th>매입가액</th></tr>
<tr><td rowspan="2">매입</td><td>국내매입분</td><td>순수한 매입가액(운임 등 부대비용 제외*)</td></tr>
<tr><td>수입분</td><td>관세의 과세가격 → 관세 불포함</td></tr>
<tr><td colspan="2">자가제조, 채취 등에 의한 취득분</td><td>법인세법 또는 소득세법에 따른 취득가액</td></tr>
</table>

* ┌ 운송업자에게 운임 지급시 : 세금계산서를 발급받아 매입세액 공제가 가능함.
   └ 면세사업자에게 농산물가액에 포함하여 운임 지급시 : 의제매입세액 공제대상(농산물 판매에 대한 부수용역)

구 분	내 용
의제매입 세액 계산	② 공제율

② 공제율

구분			의제매입세액 공제율
음식업점	과세유흥장소의 경영자		2/102
	위 외의 음식점	개인사업자	8/108(과세표준 2억원 이하 9/109)
		법인사업자	6/106
제조업	과자점업 · 도정업 · 제분업 · 떡방앗간 개인사업자		6/106
	조세특례제한법상 중소기업 및 개인사업자		4/104
	위 외의 사업자		2/102
위 외의 사업			2/102

③ 과세표준 : 해당 과세기간의 면세농산물 등 관련 과세표준(이하 동일함)

④ 한도율 : 예정신고 · 조기환급신고시는 공제한도를 적용하지 않고, 확정신고시만 적용함

구분		한도율	
		2023.12.31.까지	
법인		50%	
개인	해당 과세기간의 과세표준	음식점업	그 밖의 업종
	2억원 초과	60%	55%
	1억원 초과 2억원 이하	70%	65%
	1억원 이하	75%	

공제시기	면세농산물 등을 구입한 예정신고기간이나 확정신고기간에 공제 → 사용시 공제 × * 의제매입세액을 예정신고시 등에 공제받지 못한 경우의 공제방법은 매입세액과 동일함
의제매입 세액의 추징	다음의 경우 이미 공제한 의제매입세액을 납부세액에 가산하거나 환급세액에서 뺀다. ① 면세농산물 등을 그대로 양도하는 경우 ② 면세사업을 위하여 사용 · 소비하는 경우(↔ 구입시기 이후 과세사업 추가사용시 추가공제×) ③ 그 밖의 목적을 위하여 사용 · 소비하는 경우(예 개인적 공급 · 사업상 증여)

5. 과세사업 전환매입세액

구 분	내 용
공제요건 (모두충족)	① 면세사업(비과세사업 포함)분으로서 매입세액이 공제되지 아니한 감가상각자산을 과세사업에 사용·소비하는 경우 → 원재료 등의 비상각자산 × ② 과세사업에 전환한 확정신고시 신고할 것 → 예정신고시 공제 ×
과세사업 전환 매입세액공제액	(아래 내용)

$$\text{해당 재화의 매입세액} \times (1-\text{상각률}^{*1}) \times \text{경과된 과세기간의 수} \times \frac{\text{과세공급가액}^{*2}}{\text{총공급가액}}$$

*1) 건물과 구축물 5%, 그 밖의 감가상각자산 25%
*2) 일부전용한 과세기간의 과세공급가액비율이 5% 미만인 경우에는 공제세액이 없는 것으로 본다.

공급가액이 없는 경우 매입세액 공제액의 계산	매입세액 공제액의 정산
해당 과세기간 중 과세사업과 면세사업의 공급가액이 없거나 어느 한 사업의 공급가액이 없는 경우 다음 순서에 따라 안분계산	확정되는 과세기간에 정산
① 매입가액비율 : $\dfrac{\text{과세사업 관련 매입가액}}{\text{총매입가액(공통매입가액 제외)}}$ ② 예정공급가액비율 : $\dfrac{\text{과세사업 관련 예정공급가액}}{\text{총예정공급가액}}$	공급가액 확정시 정산
③ 예정사용면적비율* : $\dfrac{\text{과세사업 관련 예정사용면적}}{\text{총예정사용면적}}$	사용면적 확정시 정산

* 다만, 건물은 과세사업과 면세사업에 제공할 예정면적을 구분할 수 있는 경우에는 ③ 예정사용면적비율을 ① 매입가액비율이나 ② 예정공급가액비율보다 우선 적용한다.

II 매입세액 불공제

불공제 사유	비고
(1) 사업 무관지출 관련 매입세액	① 법인세법 또는 소득세법의 업무무관비용 ② 법인세법의 공동경비 과다부담액
(2) 사업자등록 신청 전 매입세액	공급시기가 속하는 과세기간이 끝난 후 20일 이내에 등록신청한 경우 등록신청일부터 공급시기가 속하는 과세기간 기산일(1.1 또는 7.1)까지 역산한 기간 내의 것은 공제
(3) 세금계산서의 미수취·부실기재*1) 및 합계표의 미제출·부실기재분*2)	–
(4) 개별소비세 과세대상 자동차의 구입과 임차 및 유지에 관한 매입세액	운수업, 자동차판매업 등의 업종에 직접 영업으로 사용되는 것은 공제함
(5) 토지 관련 매입세액*3)	

불공제 사유	비고
(6) 면세사업(비과세사업) 관련 매입세액	면세사업을 위한 투자 관련 매입세액 포함
(7) 접대비(기밀업무추진비) 관련 매입세액	

[*1)] 세금계산서 또는 수입세금계산서를 발급받지 아니한 경우 또는 필요적 기재사항의 전부 또는 일부가 적히지 아니하였거나 사실과 다르게 적힌 경우의 매입세액. 다만, 다음 경우의 매입세액은 공제한다(③, ⑦, ⑧은 가산세 0.5% 적용).

① 사업자등록을 신청한 사업자가 사업자등록증 발급일까지의 거래에 대하여 주민등록번호를 적어 발급받은 경우

② 발급받은 세금계산서의 필요적 기재사항 중 일부가 착오로 사실과 다르게 적혔으나 그 세금계산서에 적힌 나머지 필요적 기재사항 또는 임의적 기재사항으로 보아 거래사실이 확인되는 경우

③ 공급시기 이후에 발급받은 세금계산서로서 해당 공급시기가 속하는 과세기간에 대한 확정신고기한까지 발급받은 경우

④ 발급받은 전자세금계산서로서 국세청장에게 전송되지 아니하였으나 발급한 사실이 확인되는 경우

⑤ 전자세금계산서 외의 세금계산서로서 재화나 용역의 공급시기가 속하는 과세기간에 대한 확정신고기한까지 발급 받았고, 그 거래사실도 확인되는 경우

⑥ 실제로 재화 또는 용역을 공급하거나 공급받은 사업장이 아닌 사업장을 적은 세금계산서를 발급받았더라도 그 사업장이 총괄하여 납부하거나 사업자 단위 과세 사업자에 해당하는 사업장인 경우로서 그 재화 또는 용역을 실제로 공급한 사업자가 예정·확정신고납부 규정에 따라 납세지 관할 세무서장에게 해당 과세기간에 대한 납부세액을 신고하고 납부한 경우

⑦ 재화 또는 용역의 공급시기가 속하는 과세기간에 대한 확정신고기한이 지난 후 세금계산서를 발급받았더라도 그 세금계산서의 발급일이 확정신고기한 다음 날부터 1년 이내이고 다음 중 어느 하나에 해당하는 경우

(가) 과세표준수정신고서와 경정 청구서를 세금계산서와 함께 제출하는 경우

(나) 해당 거래사실이 확인되어 납세지 관할 세무서장, 납세지 관할 지방국세청장 또는 국세청장(이하 "납세지 관할 세무서장등")이 결정 또는 경정하는 경우

⑧ 재화 또는 용역의 공급시기 전에 세금계산서를 발급받았더라도 재화 또는 용역의 공급시기가 그 세금계산서의 발급 일부터 6개월 이내에 도래하고 해당 거래사실이 확인되어 납세지 관할 세무서장등이 결정 또는 경정하는 경우

⑨ 거래의 실질을 착오한 경우 : 다음 중 어느 하나에 해당하는 경우로서 그 거래사실이 확인되고 거래 당사자가 납세지 관할 세무서장에게 해당 납부세액을 신고하고 납부한 경우

(가) 거래의 실질이 위탁매매 또는 대리인에 의한 매매에 해당함에도(or 해당하지 않음에도) 불구하고 거래 당사자 간 계약에 따라 위탁매매 또는 대리인에 의한 매매가 아닌 거래로 하여(or 위탁매매 또는 대리인에 의한 매매로 하여) 세금계산서를 발급받은 경우

(나) 부가가치세를 납부해야 하는 수탁자가(or 위탁자가) 위탁자를(or 수탁자를) 재화·용역을 공급받는 자로 하여 발급된 세금계산서의 부가가치세액을 매출세액에서 공제받으려는 경우

(다) 거래의 실질이 용역의 공급에 대한 주선·중개에 해당함에도(or 해당하지 않음에도) 불구하고 거래 당사자 간 계약에 따라 용역의 공급에 대한 주선·중개가 아닌 거래로 하여(주선·중개로 하여) 세금계산서를 발급받은 경우

(라) 다른 사업자로부터 사업(용역 공급 사업으로 한정)을 위탁받아 수행하는 사업자가 위탁 받은 사업의 수행에 필요한 비용을 사업을 위탁한 사업자로부터 지급받아 지출한 경우로서 해당 비용을 공급가액에 포함해야 함에도 불구하고(or 제외해야 함에도 불구하고) 거래 당사자 간 계약에 따라 이를 공급가액에서 제외하여 세금계산서를 발급받은 경우(or 포함하여 세금계산서를 발급받은 경우)

(마) 매출에누리에 해당하는 금액을 공급가액에서 제외해야 함에도 불구하고 거래 당사자 간 계약에 따라 이를 공급가액에 포함하여 세금계산서를 발급받은 경우(공급하는 자가 해당 금액을 공급가액에서 제외하는 수정세금계산서를 발행하지 아니한 경우에 한함)

[*2)] 다만, 매입처별 세금계산서합계표의 거래처별 등록번호 또는 공급가액이 착오로 사실과 다르게 적힌 경우로서 발급받은 세금계산서에 의하여 거래사실이 확인되는 경우, 수정신고·경정청구·기한후신고의 경우 및 발급받은 세금계산서 등을 경정기관의 확인을 거쳐 해당 경정기관에 제출하는 경우(가산세 적용)에는 매입세액을 공제한다.

[*3)] 토지의 조성 등을 위한 자본적 지출에 관련된 매입세액으로서 다음 중 어느 하나에 해당하는 경우를 말한다.

① 토지의 취득 및 형질변경, 공장부지 및 택지의 조성 등에 관련된 매입세액

② 건축물이 있는 토지를 취득하여 그 건축물을 철거하고 토지만을 사용하는 경우에는 철거한 건축물의 취득 및 철거 비용과 관련된 매입세액 → 건축물을 신축하기 위하여 건축물이 있는 토지를 취득하고 그 건축물을 철거하는 경우 철거한 건축물의 취득 및 철거비용

과 관련된 매입세액도 불공제함.

③ 토지의 가치를 현실적으로 증가시켜 토지의 취득원가를 구성하는 비용에 관련된 매입세액

* 국가·지방자치단체 등에 무상으로 공급한 재화의 매입세액 → 무상공급 : 면세대상○, 면세사업×

① 사업자가 자기의 과세사업과 관련하여 생산·취득한 재화를 국가 등에 무상으로 공급하는 경우 : 매입세액 공제

② 사업자가 자기의 사업과 관련 없이 취득한 재화를 국가 등에 무상으로 공급하는 경우 : 매입세액 불공제

Ⅲ 안분계산

1. 공통사용재화의 공급가액 안분계산 :

과세사업과 면세사업(비과세사업 포함)에 공통으로 사용된 재화를 공급

구 분	내 용		
안분계산시기	공통사용 재화를 공급한 시점		
안분계산 방법	구분	과세표준에 포함되는 공급가액	
	일반적인 경우	$공급가액 \times \dfrac{직전\ 과세기간의\ 과세공급가액}{직전\ 과세기간의\ 총공급가액}$	
	사용면적비율로 안분계산	$공급가액 \times \dfrac{직전\ 과세기간의\ 과세사용면적}{직전\ 과세기간의\ 총사용면적}$	
	* 휴업 등으로 직전 과세기간의 공급가액비율 또는 사용면적비율이 없는 경우에는 해당 재화의 공급 일에 가장 가까운 과세기간의 공급가액비율 또는 사용면적비율로 계산한다.		
안분계산 생략	다음의 경우에는 안분계산 생략 → 공급가액 전부를 과세표준으로 함.		
	① 직전 과세기간의 총공급가액 중 면세공급가액이 5% 미만인 경우*. 다만, 해당 재화의 공급가액이 5천만원 이상인 경우는 제외한다.		
	② 재화의 공급가액이 50만원 미만인 경우		
	③ 재화공급일이 속하는 과세기간에 신규로 사업을 시작하여 직전 과세기간이 없는 경우		
	* 면세사용면적이 5% 미만인 경우에는 안분계산함		

2. 공통매입세액의 안분계산

구 분	내 용
대상	과세사업과 면세사업등의 공통매입세액(접대비등 매입세액불공제대상은 안분계산×,불공제)
시기	공통매입세액이 발생한 과세기간의 예정신고 및 확정신고시 * 예정신고를 할 때에는 예정신고기간의 공급가액으로 안분계산하고, 확정신고를 할 때에 정산한다.

구 분	내 용
방법	① 원칙 : 실지귀속에 따라 구분함(예 건물 취득시 사용면적이 구분되는 경우) ② 실지귀속이 불분명한경우 <table><tr><th>구분</th><th>면세사업등 관련 매입세액</th></tr><tr><td>원칙</td><td>공통매입세액 × (해당 과세기간의 면세공급가액 / 해당 과세기간의 총공급가액)</td></tr><tr><td>재화를 구입한 과세기간에 공급하여 공급가액을 안분계산한 경우*</td><td>공통매입세액 × (직전 과세기간의 면세공급가액 / 직전 과세기간의 총공급가액)</td></tr></table> * 공급시 공급가액의 안분계산을 생략한 재화는 공통매입세액의 안분계산도 생략함
생략	다음의 경우에는 안분계산을 생략 → 공통매입세액을 전액 공제함. ① 해당 과세기간의 총공급가액 중 면세공급가액이 5% 미만인 경우*. 다만, 공통매입세액이 5백만원 이상인 경우는 제외한다. ② 해당 과세기간 중의 공통매입세액이 5만원 미만인 경우 ③ 신규사업자가 사업을 시작한 과세기간에 구입한 재화를 공급한 경우 그 재화에 대한 매입세액 → 공급가액의 안분계산을 생략하고 전액을 과세표준으로 한 재화임. * 면세사용면적이 5% 미만인 경우에는 안분계산함
공급가액 없는 경우	<table><tr><th>(1) 공통매입세액의 안분계산</th><th>(2) 공통매입세액의 정산</th></tr><tr><td>해당 과세기간의 과세사업과 면세사업의 공급가액[1]이 모두 없거나 한 쪽의 공급가액이 없는 경우 다음 순서로 안분계산함.</td><td>확정되는 과세기간에 정산함.</td></tr><tr><td>① 매입가액비율 : (면세사업의 매입가액 / 총매입가액(공통매입가액 제외)) ② 예정공급가액비율 : (면세사업의 예정공급가액 / 총예정공급가액)</td><td>공급가액 확정시 정산</td></tr><tr><td>③ 예정사용면적비율[2] : (면세사업의 예정사용면적 / 총예정사용면적)</td><td>사용면적 확정시 정산</td></tr></table>

[1] 면세공급가액이란 면세사업 등에 대한 공급가액과 사업자가 해당 면세사업 등과 관련하여 받았으나 과세표준에 포함되지 않는 국고보조금 등 금액의 합계액을 말한다.

[2] 건물을 신축 또는 취득하여 과세사업과 면세사업에 제공할 예정면적을 구분할 수 있는 경우에는 ③을 ①, ②에 우선하여 적용한다.

3. 의제매입세액의 안분계산

구 분	내 용
대상	과세사업과 면세사업을 겸영하는 사업자가 의제매입세액공제대상인 농산물 등을 구입한 경우
방법	과세기간 종료일까지 실지귀속에 따라 의제매입세액공제대상인지 구분하고, 실지귀속이 불분명한 것과 차기 이월분은 공통매입세액의 안분계산규정을 준용한다(예정신고기간의 공급가액의 비율로 안분계산하고, 확정신고시 과세기간의 공급가액의 비율로 정산). * 과세공급가액에는 면세포기로 영세율이 적용되는 금액은 제외한다.

4. 납부 · 환급세액의 재계산

구분	내 용
요건	다음의 요건을 모두 갖춘 경우에 납부 · 환급세액을 재계산한다. ① 과세사업과 면세사업등에 공통으로 사용되는 감가상각자산에 대하여 매입세액공제 · 공통매입세액 안분계산 · 공통매입세액 정산 · 과세사업 전환 매입세액공제를 한 경우일 것 ② 면세비율이 5%이상 증감된 경우일 것 : 면세공급가액비율(면세사용면적비율)이 해당 감가상각자산의 취득일이 속하는 과세기간(그 후의 과세기간에 재계산한 때에는 그 재계산 한 기간)에 적용하였던 비율과 5%이상 차이가 발생한 경우일 것
시기	확정신고시에만 재계산함.
배제	감가상각자산을 공급(실질공급 및 간주공급)한 경우에는 재계산 배제

Ⅳ 차가감납부세액

구분		내 용
1. 신용카드 매출전표 등 발행세액 공제	대상	영수증 발급대상 사업을 하는 개인사업자(각 사업장의 직전 연도의 재화 또는 용역의 공급가액의 합계액이 10억원을 초과하는 개인사업자 제외)가 재화 또는 용역을 공급하고 세금계산서의 발급시기에 신용카드매출전표 등을 발급하거나 전자적 결제수단에 의하여 대금을 결제받는 경우 → 법인사업자는 공제대상이 아님.
	금액	신용카드매출전표 등 발행세액공제 : Min[①,②] ① (신용카드매출전표 등 발급금액 + 전자적 수단 결제금액)*1) × 1.3%*2) ② 연간 공제한도 : 1천만원(2024.1.1. 부터는 500만원) *1) 부가가치세를 포함한 발급금액과 결제금액 *2) 2023.12.31.까지 1.3%, 2024.1.1.부터는 1%
	방식	납부할 세액[= 납부세액 – 공제할 세액 + 가산할 세액(가산세 제외)]을 한도로 공제
	시기	예정신고 또는 확정신고시 공제
2. 전자 세금계산서 발급전송 세액공제	대상	직전 연도의 사업장별 재화 및 용역의 공급가액(면세공급가액 포함)의 합계액이 3억 원 미만인 개인사업자가 전자세금계산서를 2024.12.31.까지 발급(전자세금계산서 발급명세를 발급일의 다음 날까지 국세청장에게 전송한 경우로 한정)한 경우
	금액	전자세금계산서 발급 건수 × 200원 = 세액공제액(연간 한도 : 100만원)
	방식	납부할 세액 [납부세액 – 공제할 세액 + 가산할 세액(가산세 제외)] 을 한도로 공제(납부할 세액을 초과하는 금액은 없는 것으로 봄)
3. 전자신고세액공제		납세자가 직접 전자신고방법에 의하여 부가가치세 확정신고를 하는 경우에는 해당 납부세액에서 1만원을 공제하거나 환급세액에 가산한다.

07 신고와 납부절차

I 신고와 납부

(1) 예정신고와 납부

구 분	내 용
예정신고기간	• 제1기 예정신고기간 : 1.1.~3.31.　　　• 제2기 예정신고기간 : 7.1.~9.30.
법인사업자	법인(영세법인사업자 제외)은 예정신고기간이 끝난 후 25일 이내에 신고·납부해야 함
일반과세자인 개인사업자 및 영세 법인사업자*	(1) 고지납부(원칙) : 관할 세무서장이 직전 과세기간 납부세액에 50%(1천원 미만 절사)로 결정하여 납부고지서를 발부하여 해당 예정신고기간이 끝난 후 25일까지 징수한다. 　　다만, 다음 중 어느 하나에 해당하는 경우에는 징수하지 아니한다. 　　① 징수하여야 할 금액이 50만원 미만인 경우 　　② 간이과세자에서 해당 과세기간 개시일 현재 일반과세자로 변경된 경우 　　③ 납부기한 등의 연장사유로 징수 금액을 사업자가 납부할 수 없다고 인정되는 경우 (2) 예정신고(선택) → 예정신고 시 예정고지세액의 결정은 없었던 것으로 봄. 　　① 휴업·사업부진 등으로 각 예정신고기간의 공급가액 또는 납부세액이 직전 과세기간의 공급가액 또는 납부세액의 1/3에 미달하는 자 　　② 각 예정신고기간분에 대하여 조기환급을 받으려는 자

*영세법인사업자 : 직전 과세기간 공급가액의 합계액이 1억5천만원 미만인 법인사업자

*예정신고시 적용× : 대손세액공제, 과세사업 전환 매입세액, 가산세, 납부·환급세액 재계산, 전자신고세액공제, 의제매입세액 공제한도

(2) 확정신고와 납부

사업자는 과세기간이 끝난 후 25일(폐업하는 경우에는 폐업일이 속한 달의 다음 달 25일) 이내에 납세지 관할 세무서장에게 신고하고 납부하여야 한다.

* 개인사업자 및 영세법인사업자도 반드시 확정신고하여야 한다.

* 예정신고 및 조기환급신고시 이미 신고한 내용은 확정신고대상에서 제외한다.

(3) 재화의 수입에 대한 신고 · 납부

1) 관세를 신고 · 납부하는 경우 : 납세의무자가 재화의 수입에 대하여 관세를 세관장에게 신고하고 납부하는 경우에는 재화의 수입에 대한 부가가치세를 함께 신고하고 납부하여야 한다.

2) 재화의 수입에 대한 부가가치세 납부의 유예

구 분	내 용
납부유예 요건	세관장은 요건을 모두 충족하는 중소 · 중견사업자가 물품을 제조 · 가공하기 위하여 자기의 과세사업에 사용하기 위한 원재료 등 재화(매입세액 불공제 재화 제외)의 수입에 대하여 부가가치세의 납부유예를 미리 신청하는 경우 수입할 때 부가가치세의 납부를 유예할 수 있다. ① 직전 사업연도에 중소기업 · 중견기업 법인(제조업 주업 한정)일 것 ② 직전 사업연도에 영세율 적용 재화의 공급가액 합계액(수출액)이 다음 중 하나에 해당할 것 　(가) 직전 사업연도 중소기업 : 수출액 차지 비율 30% 이상 또는 수출액 50억원 이상 　(나) 직전 사업연도 중견기업 : 수출액 차지 비율 30% 이상 ③ 납부유예요건 확인 요청일 현재 최근 3년간 계속 경영하였고, 2년간 체납 · 수입 납부유예 취소, 3년간 조세범 · 관세범 처벌받은 사실이 없을 것
납부유예 신청절차	1) 관할 세무서장에게 납부유예요건 충족 여부의 확인 요청 직전 사업연도 법인세 신고기한과 부가가치세 확정신고기한의 만료일 중 늦은 날부터 3개월 이내에 납부유예 요건의 충족 여부의 확인을 요청할 수 있다.(1개월 이내 확인서 발급) 2) 세관장에게 납부유예 적용 신청 및 승인 통지 확인서를 첨부하여 신청서를 관할 세관장에게 제출하여야 한다.(1개월 이내 승인여부 결정하여 통지) 3) 납부유예기간 : 세관장이 납부유예를 승인하는 경우 그 유예기간은 1년으로 한다.
납부유예 세액 정산	유예받은 사업자는 예정신고, 확정신고 또는 조기환급신고를 할 때 (공제)매입세액과 납부유예세액을 정산하여 납부하여야 한다.(납세지 관할 세무서장에게 납부한 세액은 세관장에게 납부한 것으로 본다.)
납부유예 취소	세관장은 납부유예 승인받은 후 다음 중 어느 하나에 해당하는 경우에는 그 납부의 유예를 취소할 수 있다. 이 경우 세관장은 그 취소 사실을 통지하여야 한다. ① 국세를 체납한 경우 ② 「조세범처벌법」, 「관세법」위반으로 고발된 경우 ③ 납부유예요건을 충족하지 아니한 사업자에게 승인한 사실을 세관장이 알게 된 경우

(4) 신탁 관련 제2차 납세의무 및 물적납세의무에 대한 납부 특례

구 분	내 용
제2차 납세의무자에 대한 납부고지	부가가치세를 납부하여야 하는 수탁자의 관할 세무서장은 제2차 납세의무자로부터 수탁자의 부가가치세등을 징수하려면 납부고지서를 제2차 납세의무자에게 발급하여야 한다. 이 경우 수탁자의 관할 세무서장은 제2차 납세의무자의 관할 세무서장과 수탁자에게 그 사실을 통지하여야 한다.
물적납세의무자에 대한 납부고지	① 부가가치세를 납부하여야 하는 위탁자의 관할 세무서장은 수탁자의 물적납세의무에 따라 수탁자로부터 위탁자의 부가가치세 등을 징수하려면 납부고지서를 수탁자에게 발급하여야 한다. 이 경우 수탁자의 관할 세무서장과 위탁자에게 그 사실을 통지하여야 한다. ② ①에 따른 고지 후 납세의무자인 위탁자가 신탁의 이익을 받을 권리를 포기·이전하거나 신탁재산을 양도하는 등의 경우에도 고지된 부분의 납세의무에 영향을 미치지 아니한다. ③ 신탁재산의 수탁자가 변경되는 경우에 새로운 수탁자는 이전의 수탁자에게 고지된 납세의무를 승계한다. ④ 납세의무자인 위탁자의 관할 세무서장은 최초의 수탁자에 대한 신탁 설정일을 기준으로 수탁자의 물적납세의무에 따라 그 신탁재산에 대한 현재 수탁자에게 위탁자의 부가가치세 등을 징수할 수 있다.
국세우선권의 제한	신탁재산에 대하여 「국세징수법」에 따라 강제징수를 하는 경우 수탁자는 신탁재산의 보존 및 개량을 위하여 지출한 필요비 또는 유익비의 우선변제를 받을 권리가 있다.

(5) 국외사업자로부터 용역 등을 공급받는 자의 대리납부 제도

구 분	내 용
취지	국외사업자가 용역 등을 공급하는 경우에 공급자가 부가가치세를 신고·납부하지 않아도 현실적으로 징수할 수 없으므로, 공급받는 자가 국외사업자를 대신하여 부가가치세를 직접 납부하는 제도
요건	다음 요건을 모두 갖춘 경우에 대리납부하여야 한다. ① 공급자: 국외사업자 [국내사업장이 없는 비거주자 또는 외국법인, 국내사업장이 있는 비거주자 또는 외국법인(국내사업장과 관련 없이 용역 등을 공급하는 경우에 한함)] ② 공급대상 : 부가가치세 과세대상 용역 또는 권리의 공급* * 국내에 반입하는 것으로 관세와 부가가치세를 신고·납부해야 하는 재화의 수입에 해당하지 않는 경우 포함. ③ 공급받은 자 : 과세사업자(매입세액 불공제대상인 경우), 면세사업자, 비사업자
징수시기	대가를 지급하는 때 대리납부세액을 징수함(나누어 지급시 지급하는 때마다 징수함) * 제공받는 용역 등의 공급시기에 관계없이 그 대가를 지급하는 때에 징수한다.
세액	대리납부세액 = 용역 등의 공급가액 × 10%
대리납부 방법	대리납부세액을 징수한 자는 부가가치세 예정·확정신고기한까지 대리납부신고서를 제출하고 납부하여야 한다.

구분	내 용
외화환산	대가를 외화로 지급하는 경우의 원화금액은 다음의 환율로 환산한 금액으로 한다. ① 원화로 외화를 매입하여 지급하는 경우 : 지급일 현재의 대고객외국환매도율 ② 보유 중인 외화로 지급하는 경우 : 지급일 현재의 기준환율 또는 재정환율
과다납부 환급	과다하게 납부한 대리납부세액에 대하여 사업자가 국세기본법에 따른 환급청구나 경정청구를 한 경우 관할 세무서장은 이를 확인하여 과다납부한 세액을 환급하여야 한다.

* 참고 : 신용카드등 결제금액에 대한 부가가치세 대리납부

구분	내 용
요건	일반유흥 주점업(단란주점영업 포함) 및 무도유흥 주점업을 영위하는 사업자(간이과세자 제외)가 VAT 과세거래인 재화·용역을 공급(신용카드 등의 거래)하고 신용카드업자로부터 공급대가를 받는 경우
대리납부자	신용카드업자
대리징수시기	신용카드업자가 해당 공급대가를 일반유흥 주점업 등 사업자에게 지급하는 때에 징수함
대리납부금액	공급대가 × 4/110
대리납부기한	분기가 끝나는 날의 다음 달 25일까지 신고서와 함께 신용카드업자 관할 세무서장에게 납부
세액공제	세액공제액 = 신용카드업자가 대리 납부한 부가가치세액 × 1%

(6) 국외사업자의 용역 등 공급에 관한 특례

구분	내 용
국외사업자의 용역 등의 위탁판매특례	국외사업자가 사업자등록의 대상인 위탁매매인 등*을 통하여 국내에서 용역 등을 공급하는 경우에는 위탁매매인 등*이 해당 용역 등을 공급한 것으로 본다. 이 경우 권리의 공급에 대해서는 재화의 위탁매매 규정의 적용을 배제한다. * 위탁매매인 등 : 위탁매매인, 준위탁매매인, 대리인, 특정 중개인
공급장소 특례	국외사업자로부터 권리를 공급받는 경우 공급장소 규정(이동개시지)에도 불구하고 공급받는 자의 국내에 있는 사업장의 소재지·주소지를 해당 권리가 공급되는 장소로 본다.

(7) 전자적 용역을 공급하는 국외사업자의 사업자등록 및 납부 등에 관한 특례

구 분	내 용
국외사업자의 간편사업자등록	국외사업자가 전자적 용역을 국내에 제공하는 경우(등록사업자의 과세·면세사업에 대하여 용역을 공급하는 경우 제외)에는 사업 개시일부터 20일 이내에 간편사업자등록을 하여야 한다.
제3자를 통해 공급하는 경우의 간편사업자등록	국외사업자가 다음 중 어느 하나에 해당하는 제3자(대리납부규정의 공급자 해당 비거주자·외국법인 포함)를 통하여 국내에 전자적 용역을 공급하는 경우(등록사업자의 과세·면세사업에 대하여 용역을 공급하는 경우나 국외사업자의 용역 등 공급 특례가 적용되는 경우는 제외)에는 그 제3자가 해당 전자적 용역을 공급한 것으로 보며, 그 제3자는 사업의 개시일부터 20일 이내에 간편사업자등록을 하여야 한다. ① 정보통신망 등을 이용하여 전자적 용역의 거래가 가능하도록 오픈마켓이나 그와 유사한 것을 운영하고 관련 서비스를 제공하는 자 ② 전자적 용역의 거래에서 중개에 관한 행위 등을 하는 자로서 구매자로부터 거래대금을 수취하여 판매자에게 지급하는 자 ③ 그 밖에 위와 유사하게 전자적 용역의 거래에 관여하는 자로서 일정한 자
공급시기	국내로 공급되는 전자적 용역의 공급시기는 다음의 시기 중 빠른 때로 한다. ① 전자적 용역을 제공받은 날 ② 대금의 결제를 완료한 날
공급장소	전자적 용역을 공급받는 자의 사업장 소재지, 주소지 또는 거소지
과세표준의 외화환산 및 매입세액공제	① 외국통화나 그 밖의 외국환으로 받은 경우에는 과세기간 종료일의 기준환율을 적용하여 환가한 금액을 과세표준으로 할 수 있다. ② 해당 전자적 용역의 공급과 관련하여 공제되는 매입세액 외에는 매출세액 또는 납부세액에서 공제하지 아니한다.
거래명세 보관의무	전자적 용역의 공급에 대한 거래명세를 그 거래사실이 속하는 과세기간에 대한 확정신고 기한이 지난 후 5년간 보관하여야 한다.
거래명세제출	국세청장은 전자적 용역 거래명세서를 제출할 것을 요구할 수 있다. 간편사업자등록을 한 자는 요구를 받은 날부터 60일 이내에 제출하여야 한다.
부가가치세 신고·납부	간편사업자등록을 한 자는 국세정보통신망에 접속하여 다음의 사항을 입력하는 방식으로 부가가치세 예정신고 및 확정신고를 하여야 하며, 납부는 국세청장이 정하는 바에 따라 외국환은행의 계좌에 납입하는 방식으로 한다. ① 사업자이름 및 간편사업자등록번호 ② 신고기간 동안 국내에 공급한 전자적 용역의 총 공급가액, 공제받을 매입세액 및 납부할 세액 등
납 세 지	사업자의 신고·납부의 효율과 편의를 고려하여 국세청장이 지정한다.
직권말소	국세청장은 간편사업자등록을 한 자가 국내에서 폐업한 경우(사실상 폐업한 경우 포함) 간편사업자등록을 말소할 수 있다.
가산세 부과	전자적 용역을 공급하는 국외사업자가 부가가치세를 무신고, 과소신고 및 납부지연하는 경우에는 국세기본법에 따른 무신고가산세, 과소신고가산세 및 납부지연가산세를 부과한다.

Ⅱ 결정 · 경정

구 분	내 용
결정사유	예정신고 또는 확정신고를 하지 아니한 경우
경정사유	① 예정신고 또는 확정신고를 한 내용에 오류가 있거나 내용이 누락된 경우 ② 확정신고시 매출처별(매입처별) 세금계산서합계표를 제출하지 아니하거나 제출한 합계표의 기재사항의 전부·일부가 적혀 있지 아니하거나 사실과 다르게 적혀 있는 경우 ③ 다음 사유로 인하여 부가가치세를 포탈할 우려가 있는 경우 　(가) 사업장의 이동이 빈번한 경우 　(나) 사업장의 이동이 빈번하다고 인정되는 지역에 사업장이 있을 경우 　(다) 휴업 또는 폐업 상태에 있을 경우 　(라) 가입 대상 사업자가 정당한 사유 없이 신용카드·현금영수증가맹점으로 가입하지 않은 경우로서 신고 내용이 불성실하다고 판단되는 경우 　(마) 영세율 등 조기환급 신고의 내용에 오류가 있거나 내용이 누락된 경우
결정·경정 방법	원칙 : 실지조사 / 예외 : 추계조사(실지조사할 수 없는 경우에 한함) 납세지 관할 세무서장등은 과세표준과 납부세액 또는 환급세액을 조사하여 결정 또는 경정하는 경우에는 세금계산서, 수입세금계산서, 장부 또는 그 밖의 증명 자료를 근거로 하여야 한다. 다만, 다음 중 어느 하나에 해당하면 추계할 수 있다. ① 과세표준을 계산할 때 세금계산서 등의 증명 자료가 없거나 중요한 부분이 갖추어지지 아니한 경우 ② 세금계산서 등의 내용이 시설규모, 종업원 수 등에 비추어 거짓임이 명백한 경우 ③ 세금계산서 등의 내용이 원자재 사용량 등 상황에 비추어 거짓임이 명백한 경우
매입세액 공제	사업자가 경정시 경정기관의 확인을 거쳐 세금계산서를 제출하는 경우에도 매입세액을 공제하나, 이 경우에는 매입처별 세금계산서합계표 제출 불성실가산세가 적용된다.
결정·경정 기관	결정·경정은 각 납세지 관할 세무서장이 한다. 다만, 국세청장이 특히 중요하다고 인정하는 경우에는 납세지 관할 지방국세청장 또는 국세청장이 결정하거나 경정할 수 있다.

Ⅲ 징수와 환급

구 분	내 용		
의의	부가가치세 신고시 납부세액이 환급세액인 경우 그 금액을 납세자에게 돌려주는 것		
일반환급	환급세액을 확정신고한 사업자에게 그 확정신고 기한이 지난 후 30일 이내에 환급하여야 한다. → 예정신고기간의 환급세액은 환급하지 않고 확정신고시 납부할 세액에서 차감함.		
조기환급	대상	① 영세율을 적용받는 경우 ② 사업 설비(감가상각자산)를 신설·취득·확장 또는 증축하는 경우 ③ 사업자가 조기환급기간, 예정신고기간 또는 과세기간의 종료일 현재 다음의 재무구조개선계획을 이행 중인 경우 (가) 주채권은행·금융채권자협의회가 기업과 체결한 기업개선계획 이행을 위한 약정 (나) 재무구조개선 대상기업과 체결한 기업개선계획의 이행을 위한 특별약정 (다) 회생계획으로 법원이 인가 결정을 선고한 것	
	방법	① 예정·확정신고기간별 조기환급 : 예정·확정신고 기한이 지난 후 15일 이내에 환급 ② 조기환급기간에 대한 조기환급 : 조기환급신고 기한이 지난 후 15일 이내 환급	
	세액 계산	조기환급세액은 영세율이 적용되는 공급분에 관련된 매입세액·시설투자에 관련된 매입세액이 있는 경우 그 이외의 매입세액을 구분하지 아니하고 사업장별로 해당 매출세액에서 매입세액을 공제하여 계산한다.	
결정·경정 환급	관할 세무서장은 결정·경정에 의하여 추가로 발생한 환급세액이 있는 경우에는 지체 없이 사업자에게 환급하여야 한다.		

* 조기환급기간이란 예정신고기간이나 과세기간 최종 3개월 중 매월 또는 매 2개월을 말한다. 매월 또는 매 2개월마다 조기환급받고자 하는 사업자는 조기환급기간이 끝난 날부터 25일 이내에 영세율 등 조기환급신고를 하여야 한다.

*가산세

구 분	요 건	가 산 세
(1) 미등록가산세	사업 개시일부터 20일 이내에 사업자등록신청×	공급가액 × 1%
(2) 타인명의등록 가산세	타인 명의로 사업자등록을 하거나 그 타인 명의의 사업자등록을 이용하여 사업을 하는 것으로 확인되는 경우	공급가액 × 1%
(3) 세금계산서 불성실가산세	① 세금계산서 미발급 : 세금계산서의 발급시기(특례 포함)가 지난 후 공급시기가 속하는 과세기간에 대한 확정신고 기한까지 세금계산서를 발급× ② 타인명의 세금계산서·신용카드 등 발급 또는 수취	공급가액 × 2%
	③ 세금계산서 등의 가공발급 또는 가공 수취	세금계산서 등의 공급가액 × 3%
	④ 세금계산서 등의 공급가액의 과다기재 발급 및 수취	과다 기재 공급가액 × 2%

구 분	요 건	가 산 세
(3) 세금계산서 불성실가산세	⑤ 지연발급 : 세금계산서 발급시기(특례 포함)가 지난 후 공급시기가 속하는 과세기간 확정신고 기한까지 발급 ⑥ 부실기재(필요적 기재사항 부실기재). 단, 그 밖의 기재사항으로 보아 거래사실이 확인되는 경우 제외 ⑦ 전자세금계산서 발급의무자가 종이세금계산서를 발급 ⑧ 다른 사업장 명의 발급	공급가액 × 1%
(4) 전자세금계산서 발급명세전송 불성실가산세	① 지연전송 : 전자세금계산서 의무발급대상자가 발급명세를 발급일의 다음 날이 지난 후 공급시기가 속하는 과세기간에 대한 확정신고기한까지 전송	공급가액 × 0.3%
	② 미전송 : 위 ①의 기한까지 전송하지 않은 경우	공급가액 × 0.5%
(5) 매출처별 세금계산서 합계표 제출 불성실가산세	① 미제출 ② 부실기재(거래처별 등록번호·공급가액)*착오기재 제외	공급가액 × 0.5%
	③ 지연제출 : 예정분을 확정신고기한까지 제출	공급가액 × 0.3%
(6) 매입처별 세금계산서 합계표제출 불성실가산세	① 합계표의 공급가액 과대기재 ② 매입세액 공제를 받는 다음의 경우 　(가) 공급시기 이후에 발급받은 세금계산서로서 공급시기가 속하는 과세기간에 대한 확정신고기한까지 발급받은 경우 　(나) 공급시기가 속하는 과세기간에 대한 확정신고기한이 지난 후 세금계산서를 발급받았더라도 그 세금계산서의 발급일이 확정신고기한 다음 날부터 1년 이내 수정신고·경정청구(세금계산서와 함께 제출)하거나 납세지 관할 세무서장등이 결정 또는 경정하는 경우 　(다) 공급시기 전에 세금계산서를 발급받았더라도 공급시기가 그 세금계산서의 발급일부터 6개월 이내에 도래하고 해당 거래사실이 확인되어 납세지 관할 세무서장등이 결정 또는 경정하는 경우 ③ 경정시 경정기관의 확인을 거쳐 세금계산서를 제출하여 공제받는 경우	과다기재 공급가액 또는 공제받는 매입세액에 대한 공급가액 × 0.5%
(7) 현금매출·부동산임대 공급가액명세서 제출 불성실 가산세	현금매출명세서 또는 부동산임대공급가액명세서를 제출하지 아니하거나 제출한 수입금액 사실과 다르게 적힌 경우	미제출한 수입금액 또는 제출한 수입금액과 실제 수입금액과의 차액 × 1%
(8) 자료상 수수 세금계산서 가산세	사업자가 아닌 자가 가공세금계산서를 발급·수취하는 경우(자료상에게 사업자등록증을 발급한 세무서장이 징수함)	세금계산서에 적힌 공급가액 × 3%

08 간이과세

I 적용 범위

구분	내 용
기준	직전 연도의 공급대가(부가가치세 포함)의 합계액이 8천만원 미만인 개인사업자
배제대상	① 간이과세가 적용되지 아니하는 다른 사업장을 보유하고 있는 사업자 ② 부동산임대업 · 과세유흥장소 = 직전 연도의 공급대가의 합계액이 4천800만원 이상 ③ 둘 이상의 사업장이 있는 사업자 = 공급대가의 합계액이 8천만원 이상 * 부동산임대업 · 과세유흥장소를 둘 이상 경영 = 둘 이상의 사업장의 직전 연도의 공급대가의 합계액이 4천800만원 이상인 사업자로 한다. ④ 광업 ⑤ 제조업(과자점업 · 도정업 등 제외) ⑥ 도매업(소매업 겸영 포함, 재생용 재료수집 · 판매업 제외) 및 상품중개업 ⑦ 부동산매매업 ⑧ 법정 부동산임대업 ⑨ 법정 과세유흥장소를 경영 ⑩ 전문직사업자 ⑪ 일반과세자로부터 포괄적으로 양수한 사업(다만, 사업을 양수한 이후 공급대가의 합계액이 8천만원 미만인 경우는 제외) ⑫ 소득세법에 따른 전전 연도 기준 복식부기의무자가 경영하는 사업 ⑬ 전기 · 가스 · 증기 및 수도 사업 ⑭ 건설업(주로 최종소비자에게 직접 재화 또는 용역을 공급하는 사업인 도배 등 제외) ⑮ 전문, 과학 및 기술서비스업과 사업시설 관리 · 사업지원 및 임대 서비스업(주로 최종소비자에게 직접 용역을 공급하는 사업인 개인 및 가정용품 임대업 등 제외)
신규사업자	신규로 사업을 시작하는 개인사업자는 사업자등록 신청시 일반과세자와 간이과세자 중 유형을 선택하여 사업자등록을 신청할 수 있다(단, 간이과세 배제대상인 경우는 제외).

* 사업자등록을 하지 아니한 개인사업자로서 사업을 시작한 날이 속하는 연도의 공급대가의 합계액이 8천만원에 미달하면 최초의 과세기간에는 간이과세자로 한다(간이과세 배제대상인 경우 제외).

* 직전 연도의 사업기간이 1년 미만인 경우 공급대가의 산정
  직전 1역년 중 휴업 · 신규 사업 시작 · 사업 양수 사업자인 경우에는 휴업기간 · 사업 개시 전의 기간 등을 제외한 나머지 기간에 대한 공급대가의 합계액을 12개월로 환산한 금액을 기준으로 한다. (1개월 미만은 1개월로 함)

Ⅱ 과세유형의 전환

(1) 과세유형 변경

구분	과세유형의 적용기간
신규사업자	최초로 사업을 개시한 해의 다음 해의 7월 1일부터 그 다음 해의 6월 30일까지로 한다.
계속사업자	1역년의 공급대가의 합계액이 8천만원에 미달하거나 그 이상이 되는 해의 다음 해의 7월 1일부터 그 다음 해의 6월 30일까지로 한다.
경정에 의한 공급대가 증가	간이과세자에 대한 결정 또는 경정한 공급대가의 합계액이 8천만원 이상인 개인사업자는 그 결정 또는 경정한 날이 속하는 과세기간까지 간이과세자로 본다.
간이과세 포기신고	간이과세 포기신고시 일반과세자에 관한 규정을 적용받으려는 달이 속하는 과세기간의 다음 과세기간부터 해당 사업장 외의 사업장에 간이과세자에 관한 규정을 적용하지 아니한다.
간이과세 배제사업 겸영 및 폐지	간이과세 배제사업을 신규로 겸영하는 경우에는 해당 사업의 개시일이 속하는 과세기간의 다음 과세기간부터 간이과세자에 관한 규정을 적용하지 아니한다. * 일반과세자로 전환된 사업자로 해당 연도 공급대가의 합계액이 8천만원 미만인 사업자가 배제사업을 폐지 = 폐지일이 속하는 연도의 다음 연도 7월 1일부터 간이과세자 규정을 적용
일반과세자의 신규 개설	간이과세자가 일반과세자 사업장을 신규로 개설하는 경우 해당 사업개시일이 속하는 과세기간의 다음 과세기간부터 간이과세자에 관한 규정을 적용하지 아니한다.

(2) 과세유형 전환통지

변경되는 과세기간 개시 20일 전까지 변경 사실을 통지하여야 하며, 사업자등록증을 정정하여 과세기간 개시 당일까지 발급해야 한다.

① 간이 → 일반	통지를 받은 날이 속하는 과세기간까지는 간이과세자 규정 적용 → 통지요건
② 일반 → 간이	통지에 관계없이 전환시기에 간이과세자 규정 적용 * 부동산임대업은 통지를 받은 날이 속하는 과세기간까지는 일반과세자 규정 적용

Ⅲ 계산구조

1. 납부세액(또는 매출세액)

구 분	내 용
(1) 과세표준	해당 과세기간(예정부과기간에 신고·납부하는 경우에는 예정부과기간)의 공급대가(부가가치세 포함)의 합계액(과세표준의 계산은 일반과세자 규정 준용)
(2) 부가가치율	직전 3년간 신고된 업종별 평균 부가가치율을 고려하여 정한 부가가치율
(3) 공통사용 재화의 공급시 부가가치율	간이과세자가 둘 이상의 업종에 공통으로 사용하던 재화를 공급하여 업종별 실지귀속을 구분할 수 없는 경우 : 가중평균 부가가치율 적용 * 휴업 등으로 인하여 해당 과세기간의 공급대가가 없을 때에는 그 재화를 공급한 날에 가장 가까운 과세기간의 공급대가에 따라 계산한다.

2. 공제세액

구 분	내 용
(1) 매입세금계산서 등 수취세액공제	과세사업과 관련하여 매입처별 세금계산서합계표·신용카드매출전표 등 수령명세서를 제출하거나, 경정시 경정기관의 확인을 거쳐 제출한 경우(매입세액 불공제대상인 경우 제외) 세금계산서 등을 발급받은 재화와 용역의 공급대가 × 0.5% = 매입세액 공제액
(2) 전자세금계산서 발급 전송 세액공제	① 공제대상 : 세금계산서 발급의무가 있는 간이과세자가 전자세금계산서를 발급하는 경우 ② 세액공제액 : 연간 100만원을 한도로 전자세금계산서 발급 건수 × 200원 ③ 한도 : 세액공제액이 그 금액을 차감하기 전의 납부할 세액을 초과시 그 초과하는 부분은 없는 것으로 본다.
(3) 신용카드매출전표 등 발행세액공제	① 공제대상 : 주로 사업자가 아닌 자에게 재화 또는 용역을 공급하는 사업으로서 영수증 발급 대상 사업을 하는 간이과세자와 영수증 발급 적용기간의 간이과세자 ② 공제율 : 일반과세자와 동일함[공제율 1.3%(2024.1.1.이후는 1%). 공제한도 연간 1천만원(2024.1.1. 이후는 500만원)].
(4) 전자신고세액공제	간이과세자가 직접 전자신고방식으로 확정신고시 1만원 세액공제

3. 재고매입세액과 재고납부세액

구 분	내 용	
취지	과세유형이 변경된 경우 변경일 현재 보유하고 있는 재고품등은 과세유형이 변경된 후에 부가가치 창출에 기여하므로 과세유형 변경 전의 매입세액공제액과 변경 후의 매출세액이 대응되지 않는다. 이에 따라 과세유형 변경시 보유하고 있는 재고품등에 대한 매입세액공제율의 차이를 조정하기 위함이다.	
적용방법	간이과세자가 일반과세자로 변경된 경우 : 재고매입세액 일반과세자가 간이과세자로 변경된 경우 : 재고납부세액	
계산대상	(대상 자산) 과세유형이 변경되는 날 현재에 있는 다음의 자산 [단, 재고매입세액은 매입세액 공제대상인 것, 재고납부세액은 매입세액 공제를 받은 것(사업양수자가 양수한 자산으로서 사업양도자가 매입세액 공제를 받은 것 포함)에 한정함] → 저장품 계상대상 ×	
	재고품	① 상품 ② 제품(반제품 및 재공품 포함) ③ 재료(부재료 포함)
	건설 중인 자산	건설 중인 자산
	감가상각자산	① 건물·구축물 : 취득·건설·신축 후 10년 이내의 것 ② 기타의 감가상각자산 : 취득·제작 후 2년 이내의 것

(1) 재고매입세액(간이과세자 → 일반과세자)

구 분		재 고 매 입 세 액
재고품		취득가액[*1] $\times \dfrac{10}{110}$[*2] $\times (1-5.5\%$[*3]$)$
건설 중인 자산		건설 중인 자산과 관련된 공제대상 매입세액 $\times (1-5.5\%$[*3]$)$
감가 상각 자산	매입한 자산	취득가액[*1] $\times \dfrac{10}{110} \times (1-$상각률[*4] $\times$ 경과된 과세기간 수$) \times (1-5.5\%$[*3]$)$
	자가건설·제작	공제대상 매입세액 $\times (1-$상각률[*4] $\times$ 경과된 과세기간 수$) \times (1-5.5\%$[*3]$)$

[*1] 취득가액은 장부나 세금계산서로 확인되는 취득가액(부가가치세 포함)으로 한다. 장부 또는 세금계산서가 없거나 기장누락된 경우 해당 재고품등에 대해서는 재고매입세액공제를 받을 수 없다.

[*2] 취득가액에 부가가치세가 포함되었으므로 10/110을 곱해서 매입세액을 계산하는 것이다.

[*3] 2021.6.30. 이전 공급받은 분은 업종별 부가가치율(일반과세자로 변경되기 직전일, 감가상각자산은 취득일에 적용된 부가가치율)을 적용하고, 2021.7.1. 이후 공급받은 분은 '0.5% × 110/10'(=5.5%)을 적용한다.

[*4] 상각률 : 건물 및 구축물은 10%, 그 밖의 감가상각자산은 50%이다.

(2) 재고납부세액(일반과세자 → 간이과세자)

구분		재 고 납 부 세 액
재고품		취득가액[1] $\times \dfrac{10}{110}$[2] $\times (1-5.5\%$[3]$)$
건설 중인 자산		건설 중인 자산과 관련된 공제대상 매입세액.$\times (1-5.5\%$[3]$)$
감가 상각 자산	매입한 자산	취득가액[1] $\times \dfrac{10}{110} \times (1-$상각률[4] $\times$ 경과된 과세기간 수$) \times (1-5.5\%$[3]$)$
	자가건설·제작	공제받은 매입세액 $\times (1-$상각률[4] $\times$ 경과된 과세기간 수$) \times (1-5.5\%$[3]$)$

[1] 취득가액은 장부나 세금계산서에 의하여 확인되는 금액(부가가치세 포함)으로 한다. 다만, 장부 또는 세금계산서가 없거나 장부에 기록이 누락된 경우 해당 재고품등의 가액은 시가에 따른다.

[2] 취득가액에 부가가치세가 제외되었으므로 10/110을 곱해서 매입세액을 계산하는 것이다.

[3] 2021.7.1. 이후에 일반과세자에서 간이과세자로 변경된 사업자에 대해서는 '0.5% × 110/10'(=5.5%)을 적용한다.

[4] 상각률 : 건물 및 구축물은 10%, 그 밖의 감가상각자산은 25%이다.

(3) 절차규정

구분	내 용
재고매입세액의 공제	① 관할 세무서장이 승인한 재고매입세액은 승인일이 속하는 예정신고기간 또는 과세기간의 매출세액에서 공제하고 미공제분은 환급한다. ② 일반과세자가 간이과세자로 변경된 후에 다시 일반과세자로 변경되는 경우에는 간이과세자로 변경된 때에 재고납부세액의 납부를 적용받지 않는 재고품등에 대해서는 재고매입세액의 규정을 적용하지 않는다.
재고납부세액의 납부	재고납부세액은 간이과세자로 변경된 날이 속하는 과세기간에 대한 확정신고를 할 때 납부할 세액에 더하여 납부한다.
재고품등의 신고	과세유형이 변경된 경우에는 재고품, 건설 중인 자산 및 감가상각자산을 그 변경되는 날의 직전 과세기간에 대한 확정신고와 함께 각 납세지 관할 세무서장에게 신고(국세정보통신망에 의한 신고 포함)하여야 한다.
재고품의 조사· 승인 및 통지	① 재고매입세액 : 재고품 등의 신고를 받은 관할 세무서장은 재고매입세액으로서 공제할 수 있는 재고금액을 조사하여 승인하고 일반과세자로 변경되는 날의 직전 과세기간에 대한 확정신고기한이 지난 후 1개월 이내에 해당 사업자에게 공제될 재고매입세액을 통지하여야 한다. 이 경우 그 기한 이내에 통지하지 아니하면 해당 사업자가 신고한 재고금액을 승인한 것으로 본다. ② 재고납부세액 : 재고품 등의 신고를 받은 관할 세무서장은 재고금액을 조사·승인하고 간이과세자로 변경된 날부터 90일 이내에 해당 사업자에게 재고납부세액을 통지하여야 한다. 이 경우 그 기한 이내에 통지하지 아니할 때에는 해당 사업자가 신고한 재고금액을 승인한 것으로 본다.

Ⅳ 신고와 납부

구 분	내 용
1. 예정부과와 납부	(1) 예정부과(원칙) : 직전 과세기간에 대한 납부세액의 50%*(1천만 미만은 버림)를 1월 1일부터 6월 30일(예정부과기간)까지의 납부세액으로 결정하여 7월 1일부터 7월 10일까지 예정부과세액 납부고지서를 발부하여 예정부과기간이 끝난 후 25일 이내(예정부과기한)까지 징수한다. 다만, 다음의 경우에는 징수하지 아니한다. ① 징수하여야 할 금액이 50만원 미만인 경우 ② 간이과세자에서 일반과세자로 변경되어 그 변경 이전 1월 1일부터 6월 30일까지의 과세기간이 적용되는 간이과세자의 경우 ③ 납부기한등의 연장사유로 징수 금액을 간이과세자가 납부할 수 없다고 인정되는 경우 * 직전 과세기간이 일반과세자에서 간이과세자로 변경되어 그 변경 이후 7월 1일부터 12월 31일까지의 과세기간에 해당하는 경우 : 직전 과세기간에 대한 납부세액의 전액 (2) 예정부과기간에 대한 신고(선택) : 휴업 또는 사업부진 등으로 인하여 예정부과기간의 공급대가 또는 납부세액이 직전 과세기간의 공급대가 또는 납부세액의 1/3에 미달하는 간이과세자는 예정부과기간의 과세표준과 납부세액을 예정부과기한(7월 25일)까지 신고·납부할 수 있다. (3) 예정부과기간에 대한 신고(강제) : 예정부과기간에 세금계산서를 발급한 간이과세자는 예정부과기간의 과세표준과 납부세액을 예정부과기한까지 사업장 관할 세무서장에게 신고·납부하여야 한다.
2. 확정신고와 납부	과세기간의 과세표준과 납부세액을 그 과세기간이 끝난 후 25일(폐업하는 경우 폐업일이 속한 달의 다음 달 25일) 이내에 납세지 관할 세무서장에게 확정신고 및 납부하여야 한다. * 예정부과기간에 대한 납부한 세액은 공제하고 납부함.
3. 세금계산서 및 영수증 발급	(원칙) 세금계산서 발급 (예외) 영수증 발급(①②③) ① 영수증 발급대상 사업자 ② 직전연도 공급대가의 합계액이 4,800만원 미만인 사업자 ③ 신규사업자
4. 간이과세의 포기	① 간이과세자 또는 간이과세자에 관한 규정을 적용받게 되는 일반과세자가 간이과세를 포기하고자 하는 경우에는 일반과세자에 관한 규정을 적용받으려는 달의 전달의 마지막 날까지 간이과세 포기신고서를 제출하여야 한다. ② 신규로 사업을 시작하는 개인사업자가 사업자등록을 신청할 때 납세지 관할 세무서장에게 간이과세자에 관한 규정의 적용을 포기하고 일반과세자에 관한 규정을 적용받으려고 신고한 경우에는 일반과세자의 규정을 적용받을 수 있다. ③ 간이과세 포기신고를 한 개인사업자는 다음의 구분에 따른 날부터 3년이 되는 날이 속하는 과세기간까지는 간이과세자에 관한 규정을 적용받지 못한다. (가) 기존사업자가 포기신고한 경우 : 일반과세자 규정을 적용받으려는 달의 1일 (나) 신규사업자가 포기신고한 경우 : 사업개시일이 속하는 달의 1일 ④ 간이과세 포기 사업자가 3년이 지난 후 다시 간이과세를 적용받으려면 그 적용받으려는 과세기간 개시 10일 전까지 간이과세적용신고서를 관할 세무서장에게 제출하여야 한다.

*납부의무면제

구 분	내 용
(1) 면제대상	간이과세자의 해당 과세기간에 대한 공급대가의 합계액이 4천800만원 미만이면 세액과 가산세액의 납부의무를 면제한다. 다만, 재고납부세액과 미등록가산세는 면제하지 않는다. * 해당 과세기간이 12개월 미만인 경우(신규, 휴업, 폐업, 과세기간 중 과세유형 전환, 6개월 과세기간특례 적용) : 공급대가의 합계액을 12개월로 환산한 금액을 기준으로 함(1개월 미만의 끝수는 1개월로 함)
(2) 미등록가산세	납부의무 면제대상자가 사업자등록신청기한 내에 사업자등록을 하지 아니한 경우(고정된 물적 시설을 갖추지 않고 등록된 사업장 소재지가 없는 경우 제외)에는 미등록가산세를 부과한다. Max[공급대가 × 0.5%, 5만원]
(3) 자진납부시	납부의무가 면제되는 사업자가 자진 납부한 사실이 확인되면 납부한 금액을 환급하여야 한다.

* 일반과세자와 간이과세자의 비교

구 분	일반과세자	간이과세자
(1) 적용대상	간이과세자 이외의 사업자	직전 연도의 공급대가 8천만원 미만 개인사업자
(2) 배제업종	없음	광업·제조업 등 간이과세 배제대상이 있음
(3) 과세기간	제1기(1.1.~6.30.), 제2기(7.1.~ 12.31.)	1.1.~12.31. (과세유형 전환시 1.1.~6.30. 또는 7.1.~12.31.)
(4) 과세표준	공급가액(부가가치세 제외)의 합계액	공급대가(부가가치세 포함)의 합계액
(5) 납부세액	과세표준 × 세율 − 매입세액	과세표준 × 부가가치율 × 세율
(6) 대손세액공제	규정 있음	규정 없음
(7) 매입세액공제	매입세액 전액공제(매출세액 초과시 환급됨)	공급대가×0.5%(한도 : 납부세액)
(8) 의제매입세액 공제	① 업종제한이 없음 ② 제조업은 농어민 직접구입 공제가능 (음식점업 ×) ③ 공제한도 있음	폐지
(9) 재활용폐자원 등 매입세액	적용가능	적용 불가
(10) 신용카드매출 전표 등 발행 세액공제	신용카드매출전표 등 발행금액의 1.3%(법인과 직전 연도의 공급가액이 10억원을 초과하는 개인사업자는 제외)	신용카드매출전표 등 발행금액의 1.3%
(11) 전자세금계산서 발급 전송 세액공제	① 직전연도 공급가액의 합계액이 3억원 미만인 개인사업자 ② 전자세금계산서 발급 건수 × 200원 (연간한도: 100만원)	규정 없음

구 분	일반과세자	간이과세자
(12) 세금계산서발급	(원칙) 세금계산서 발급 (예외) 영수증 발급 : 주로 사업자가 아닌 자에게 　　　재화 또는 용역을 공급하는 사업자	(원칙) 세금계산서 발급 (예외) 영수증 발급 : 영수증 발급대상 사업자, 직 　　　전연도 공급대가의 합계액이 4,800만원 　　　미만인 사업자 및 신규사업자
(13) 예정신고	예정신고기간(1.1.~3.31.과 7.1.~9.30.)의 예정고 지 및 예정신고제도 있음	예정부과기간(1.1.~6.30.)의 예정고지 및 예정신 고제도 있음
(14) 가산세	① 세금계산서 관련 가산세 있음 ② 등록 관련 가산세 : 공급가액의 1%	① 세금계산서 관련 가산세 있음 ② 등록 관련 가산세 : 공급대가의 0.5% 　　(납부의무면제자 : 공급대가의 0.5%와 5만원 　　중 큰 금액)
(15) 납부의무면제	없음	있음
(16) 포기제도	없음	있음

* 간이과세자에 대한 과세표준의 계산은 일반과세자 규정을 준용한다. "공급가액"은 "공급대가"로 본다.

03

2024 손진호 ◆ 세법 요약서

P · A · R · T

04

소득세법

01 총칙

구 분	내 용
I 소득세의 특징	소득세 : 개인의 소득을 과세대상으로 하는 조세 1. 과세단위 : 개인단위과세(조세회피목적 공동사업장의 소득은 세대단위로 합산과세) 2. 과세방법 : 종합과세(이자소득, 배당소득, 사업소득, 근로소득, 연금소득, 기타소득) 　　　　　　／ 분류과세(퇴직소득, 양도소득) / 분리과세 3. 소득개념 : 소득원천설 근간, 순자산증가설 일부 채택(기타소득, 퇴직소득, 양도소득) 4. 세율 : 누진세율(8단계 초과누진세율) 5. 인적공제 : 인적사정에 담세력 고려(종합소득공제, 퇴직소득공제, 양도소득기본공제) 6. 신고납세제도 : 다음연도 5월에 확정신고(납세의무 확정) 7. 원천징수제도 : 완납적원천징수(분리과세), 예납적원천징수(기납부세액)
II-1 납세 의무자	1. 거주자 또는 비거주자

구분	구별기준	납세의무
거주자	국내에 주소 또는 183일 이상 거소를 둔 개인	국내+국외 소득(무제한납세의무자)*
비거주자	거주자가 아닌 개인	국내원천소득(제한납세의무자)

* 외국인 단기거주자(과세기간 종료일 10년 전부터 국내에 주소나 거소를 둔 기간의 합계가 5년 이하인 외국 인거주자)
의 국외원천소득은 국내에서 지급받거나 국내로 송금된 것만 과세한다.

2. 법인 아닌 단체

법인으로 보는 단체 외의 법인 아닌 단체는 국내에 주사무소 또는 사업의 실질적 관리장소를 둔 경우에는 1거주자로, 그 밖의 경우에는 1비거주자로 보아 소득세법을 적용한다.

구분		납세의무
① 구성원 간 이익의 분배비율이 정해져 있고 구성원별로 이익의 분배비율이 확인되는 경우 ② 구성원 간 이익의 분배비율이 정해져 있지 않으나 사실상 구성원별로 이익이 분배되는 것으로 확인되는 경우		단체의 각 구성원별로 소득세법(법인세법)에 따라 소득에 대한 소득세(법인세)*를 납부할 의무를 진다. → 공동사업의제 * 구성원이 법인세법에 따른 법인(법인으로 보는 단체 포함)인 경우로 한정(이하 동일)
단체의 전체 구성원 중 일부 구성원의 분배비율만 확인되거나 일부 구성원에게만 이익이 분배되는 것으로 확인되는 경우	확인○	해당 구성원별로 소득세 또는 법인세에 대한 납세의무 부담 → 공동사업의제
	확인×	해당 단체를 1거주자·1비거주자로 보아 소득세에 대한 납세의무 부담 → 대표자 소득과 합산×

구분	내용
II-2 납세 의무특례	1. 공동사업합산특례 : 특수관계인은 손익분배비율에 해당하는 소득금액한도로 주된 공동사업자와 연대납세의무를 진다. 2. 상속 : 피상속인의 납세의무는 상속인에게 승계된다. 이때 상속인과 피상속인의 소득금액은 각각 구분계산하며, 상속인은 피상속인의 소득금액에 대한 소득세 납세의무를 진다. 　* 연금계좌의 가입자가 사망하였으나 배우자가 연금외수령 없이 연금계좌 상속 승계시 소득구분 규정에도 불구하고 연금계좌의 피상속인 소득금액은 상속인 소득금액으로 보아 소득세 계산함 3. 분리과세소득 : 원천징수되는 소득으로서 종합소득에 합산되지 아니하는 소득이 있는 자는 원천징수되는 소득에 대해서 납세의무를 진다. 4. 우회양도 부당행위계산부인 : 증여자와 증여받은 자가 연대하여 납세의무를 진다. 5. 공동소유자산 양도소득 : 해당 자산을 공동으로 소유하는 각 거주자가 납세의무를 진다. 6. 신탁재산 귀속 소득 : 신탁의 이익을 받을 수익자(사망시 상속인)에게 귀속되는 것으로 본다. 다만, 수익자가 특별히 정하여지지 않거나 존재하지 않는 신탁 또는 위탁자 <u>신탁재산을 실질적으로 통제하는 등 다음 중 하나의 요건을 갖춘 신탁</u>의 경우 위탁자에게 귀속되는 것으로 본다. 　① 위탁자의 신탁 해지 권리, 수익자 지정·변경 권리, 신탁 종료 후 잔여재산 귀속 권리를 보유하는 등 신탁재산을 실질적으로 지배·통제할 것 　② 신탁재산 원본을 받을 권리에 대한 수익자는 위탁자로, 수익을 받을 권리에 대한 수익자는 배우자 또는 같은 주소·거소에서 생계를 같이 하는 직계존비속(배우자 직계존비속 포함)으로 설정했을 것
III 과세기간	(원칙) 1.1.~12.31. (예외) ① 사망시 : 1.1.~사망일 ② 출국시 : 1.1.~출국일

IV 납세지	거주자	① 주소지(→ 둘 이상인 경우 주민등록법에 의하여 등록된 곳) ② 주소지가 없는 경우 : 거소지(→ 둘 이상인 경우 생활관계가 보다 밀접한 곳) * 거주자가 취학, 질병의 요양, 근무상 또는 사업상의 형편 등으로 본래의 주소 또는 거소지를 일시퇴거한 경우 : 본래의 주소지 또는 거소지 ③ 국내에 주소가 없는 공무원·해외파견 임직원(거주자로 보는 경우) : 그 가족의 생활 근거지 또는 소속기관의 소재지
	비 거주자	① 국내사업장 소재지(→ 둘 이상인 경우 주된 국내사업장 소재지) * 국내에 2 이상의 사업장이 있는 비거주자의 경우 그 주된 사업장을 판단하기가 곤란한 때에는 해당 비거주자가 납세지로 신고한 장소를 납세지로 한다. ② 국내사업장이 없는 경우 : 국내원천소득이 발생하는 장소 ③ 납세관리인을 둔 경우 : 국내사업장의 소재지 또는 그 납세관리인의 주소지나 거소지 중 납세관리인이 관할 세무서장에게 납세지로서 신고하는 장소
	피 상속인	피상속인·상속인 또는 납세관리인의 주소지나 거소지 중 상속인 또는 납세관리인이 관할 세무서장에게 납세지로서 신고하는 장소
	납세지 지정	① 신청에 의한 납세지 지정 : 국세청장 또는 관할 지방국세청장은 사업소득이 있는 거주자가 사업장 소재지를 납세지로 신청한 경우 사업장을 납세지로 지정할 수 있다. 납세지 지정신청을 하려는 자는 해당 과세기간의 10월 1일부터 12월 31일까지 신청서를 사업장 관할 세무서장에게 제출(국세정보통신망 포함)하여야 한다.

구 분		내 용
Ⅳ 납세지	납세지 지 정	② 직권에 의한 납세지 지정 : 국세청장 또는 관할 지방국세청장은 납세지가 부적당하거나 납세 의무를 이행하기에 불편하다고 인정되는 경우 납세지를 지정할 수 있다. ③ 납세지의 지정 사유가 소멸한 경우 국세청장 또는 관할 지방국세청장은 납세지의 지정을 취 소하여야 한다. 지정이 취소된 경우 취소 전에 한 소득세에 관한 신고, 신청, 청구, 납부 등의 행위의 효력에는 영향을 미치지 아니한다.
	원천 징수한 소득세 납세지	① 원천징수의무자가 거주자인 경우 　• 주된 사업장 소재지 　• 주된 사업장 외의 사업장에서 원천징수하는 경우 : 그 사업장의 소재지 　• 사업장이 없는 경우 : 그 거주자의 주소지 또는 거소지
		② 원천징수의무자가 비거주자인 경우 　• 주된 국내사업장 소재지 　• 주된 국내사업장 외의 국내사업장에서 원천징수하는 경우 : 그 국내사업장 소재지 　• 국내사업장이 없는 경우 : 그 비거주자의 거류지 또는 체류지
		③ 원천징수의무자가 법인인 경우 　• 본점 · 주사무소 소재지 　• 법인의 지점 · 영업소 등 사업장이 독립채산제로 회계사무를 처리하는 경우 : 그 사업장의 　　소재지(국외사업장 제외). 다만, 다음 중 하나에 해당하는 경우 법인의 본점 또는 주사무소 　　의 소재지를 소득세 원천징수세액의 납세지로 할 수 있음 　(가) 법인이 지점, 영업소 또는 그 밖의 사업장에서 지급하는 소득에 대한 원천징수 세액을 본 　　　점 또는 주사무소에서 전자적 방법 등을 통해 일괄계산하는 경우로서 본점 또는 주사무 　　　소의 관할 세무서장에게 신고한 경우 　(나) 부가가치세법에 따라 사업자단위과세사업자로 등록한 경우
		④ 원천징수의무자가 납세조합인 경우 : 납세조합의 소재지
	납세지 변 경	① 납세지가 변경된 경우 변경된 날부터 15일 이내에 납세지 변경신고서를 변경 후의 납세지 관 할 세무서장에게 제출(국세정보통신망 제출 포함)하여야 한다. * 개인이 주소를 이전하고 납세지 변경신고를 하지 않아도 납세지는 자동 변경됨 ② 부가가치세법에 따라 사업자등록정정을 한 경우 납세지의 변경신고를 한 것으로 본다.

*주소 의제

구분	국내에 주소를 가진 것으로 보는 경우	국내에 주소가 없는 것으로 보는 경우
직업관계	계속하여 183일 이상 국내에 거주할 것을 통상 필요로 하는 직업을 가진 때	–
생활관계	국내에 생계를 같이하는 가족이 있고, 그 직업 및 자산상태에 비추어 계속하여 183일 이상 국내에 거주할 것으로 인정되는 때	국외에 거주 또는 근무하는 자가 외국국적을 가졌거나 외국의 영주권을 얻은 자로서 국내에 생계를 같이하는 가족이 없고 그 직업 및 자산상태에 비추어 다시 입국하여 주로 국내에 거주하리라고 인정되지 아니하는 때
외항선박. 항공기 승무원	외항선박 또는 항공기의 승무원의 경우 생계를 같이하는 가족이 거주하는 장소 또는 그 승무원이 근무기간 외의 기간 중 통상 체재하는 장소가 국내에 있는 때는 주소가 국내에 있는 것으로 보고, 그 장소가 국외에 있는 때에는 주소가 국외에 있는 것으로 봄	

📎 **참고**

해외 파견 임직원과 주한외교관 등의 거주자 판정기준

① 국외에서 근무하는 공무원 : 거주자 의제
② 거주자나 내국법인의 국외사업장 또는 해외현지법인(내국법인이 발행주식총수 또는 출자지분의 100%를 직접 또는 간접출자한 경우에 한정함) 등에 파견된 임직원 : 거주자 의제
③ 주한외교관과 그들의 가족: 비거주자 의제(다만, 대한민국 국민 제외)
④ 주한미군·군 원 및 그들의 가족 : 비거주자 의제(다만, 미국의 소득세를 회피할 목적으로 국내에 주소가 있다고 신고한 경우 제외)

*거주자 또는 비거주자가 되는 시기

구분	비거주자가 거주자로 되는 시기	거주자가 비거주자로 되는 시기
주 소	국내에 주소를 둔 날	거주자가 주소 또는 거소의 국외이전을 위하여 출국하는 날의 다음 날
거 소	국내에 거소를 둔 기간이 183일이 되는 날	
주소의제	국내에 주소가 있는 것으로 보는 사유가 발생한 날	국내에 주소가 없는 것으로 보는 사유가 발생한 날의 다음 날

CHAPTER 02

금융소득(이자소득과 배당소득)

I 이자소득

기본 : 예금의 이자(국내 · 외 예금의 이자)

(1) 채권 · 증권의 이자와 할인액 → 발행주체와 무관하게 이자소득 과세
(2) 환매조건부 채권 · 증권의 매매차익
(3) 저축성보험의 보험차익 → 장기저축성보험의 보험차익 과세 제외
(4) 직장공제회 초과반환금 (5) 비영업대금의 이익 (6) 소기업 · 소상공인 공제부금에서 발생하는 소득
(7) 유형별 포괄주의 이자((1)~(7)의 소득과 유사한 소득) → 예 채권소비대차 이자상당액
(8) 파생금융상품의 이자(이자소득이 발생하는 상품과 결합된 파생상품의 이익)

(1) 채권 · 증권 관련 소득

① 채권 이자 · 할인액
② 물가연동국고채 원금증가분
③ 채권 · 증권 매매차익(일반:비열거 / 환매조건부:이자소득)

(2) 보험차익의 과세 구분

구분	내용		소득(× : 과세 제외)
저축성 보험[1]의 보험차익	① 보험기간 10년 이상 + 납입보험료 합계액 1억원 이하 ② 보험기간 10년 이상 + 매월 납입보험료 합계액 150만원 이하 ③ 종신형 연금보험		×
	위 이외의 보험		이자소득
보장성 보험[1]의 보험차익	피보험자의 사망 · 질병 · 부상 · 그 밖의 신체상 상해		×
	자산의 멸실 · 손괴	사업 무관	×
		사업 관련	사업소득

[1] 보장성 보험 :만기에 환급되는 금액이 납입보험료를 초과하지 않는 보험 / 저축성 보험 : 그 이외의 보험

(3) 비영업대금의 이익

금전의 대여행위	사업적인 것이 아닌 경우 ··· 이자소득(비영업대금의 이익) : 필요경비 불공제
	사업적인 것인 경우 ········· 사업소득(금융업) : 필요경비 공제

* 금융업을 경영하는 사업자 외의 자가 어음을 할인하고 할인료를 받는 경우 해당 할인료는 비영업대금의 이익임

* 비영업대금 이익의 계산특례 (원칙적인 수입시기 : 약정일과 실제지급일 중 빠른 날)

내 용	처리방법
① 해당 과세기간에 발생한 비영업대금의 이익에 대하여 과세표준 확정신고 전에 채무자의 파산, 강제집행 등으로 회수할 수 없는 채권에 해당하여 원금 및 이자의 전부·일부를 회수할 수 없는 경우	회수한 금액에서 원금을 먼저 차감하여 총수입금액 계산 * 회수 금액이 원금 미달시 총수입금액=0
② 회수불능으로 총수입금액에서 제외되었던 이자를 받는 경우	실제 이자지급일 귀속

* 이자소득으로 보지 아니하는 소득

구 분			소득구분(× : 과세제외)
할부이자 등	외상판매·할부판매 추가금, 매입에누리, 매입할인		사업소득
채권의 연체이자	채권을 소비대차로 전환한 경우		이자소득(비영업대금의 이익)
	위 외의 경우	사업과 관련	사업소득
		사업과 무관(예 토지의 양도대금)	기타소득
손해배상금과 법정이자	재산권에 관한 계약의 위약·해약이 원인		기타소득
	위 외의 경우(물리적·신체적·정신적 피해가 원인)		×

(4) 수입시기

구분	수입시기
① 예금의 이자[1] ② 무기명채권의 이자와 할인액 ③ 소기업 · 소상공인 공제부금 발생소득	실제 지급일
④ 저축성보험의 보험차익	실제 지급일(단, 기일 전 해지시 그 해지일)
⑤ 기명채권의 이자와 할인액 ⑥ 직장공제회 초과반환금[2]	약정에 따른 지급일
⑦ 환매조건부 채권 · 증권의 매매차익	약정에 의한 환매수일(환매도일)과 실제 환매수일(환매도일) 중 빠른 날
⑧ 비영업대금의 이익	① 약정에 의한 지급일과 실제 지급일 중 빠른 날 ② 약정이 없거나 회수불능으로 총수입금액에서 제외되었던 이자를 받는 경우 : 이자지급일
⑨ 채권보유기간의 이자상당액	채권의 매도일 또는 이자지급일
⑩ 유사이자소득 · 파생금융상품의 이자	약정에 의한 상환일과 실제 상환일 중 빠른 날
⑪ 이자소득이 발생하는 재산의 상속 · 증여	상속개시일 · 증여일

[1] 원본전입특약이 있는 경우 원본전입일, 해약하는 경우 해약일, 계약기간을 연장하는 경우 계약기간 연장일, 정기예금 연결정기적금의 정기예금이자의 경우 정기예금 · 정기적금 해약일 또는 정기예금 저축기간 만료일, 통지예금 이자의 경우 인출일
[2] 반환금을 분할지급하는 경우 원본전입하는 뜻의 특약이 있는 납입금 초과이익 : 특약에 따른 원본전입일

Ⅱ 배당소득

(1) 실지배당 →내국법인, 외국법인 등으로부터 받는 이익이나 잉여금의 배당 또는 분배금
(2) 의제배당 (3) 인정배당(배당소득처분) (4) 배당간주금액(특정외국법인 유보소득 배당 간주)
(5) 집합투자기구로부터의 이익 → 국내 · 국외에서 받는 집합투자기구로부터의 이익
(6) 국내 · 국외에서 받는 파생결합증권 또는 파생결합사채로부터의 이익 → 예 주가연계증권 등
(7) 유형별 포괄주의 배당 [(1) ~ (6)의 소득과 유사한 소득] → 예 주식대차거래 보상액
(8) 출자공동사업자의 배당 → 공동사업 소득금액 중 출자공동사업자의 손익분배비율 상당액
(9) 파생금융상품의 배당

(1) 집합투자기구로부터의 이익

구분	과 세 구 분(× : 과세제외)	
집합투자기구 로부터의 이익	상장주식(관련 장내파생상품 포함)과 벤처기업주식의 매매차익(평가차익 포함)	×
	위 외의 이익(보수·수수료를 뺀 금액)	배당소득
집합투자기구 외 신탁 이익	• 법인과세 신탁재산으로부터의 이익 : 배당소득 • 일반신탁의 이익 : 내용별로 소득 구분(예 토지신탁의 이익 : 사업소득)	

(2) 출자공동사업자의 배당소득

구분	공동사업에서 발생한 소득[1]	
	사업소득 분배액	그 외의 소득 분배액
업무집행공동사업자	사업소득	실제 발생된 소득별로 구분
출자공동사업자[2]	배당소득	실제 발생된 소득별로 구분

[1] 약정된 손익분배비율(약정된 손익분배비율이 없으면 지분비율)에 따라 공동사업자에게 분배함
[2] 출자공동사업자 : 다음 중 하나에 해당하지 아니하는 자로서 공동사업의 경영에 참여하지 않고 출자만 하는 자
　① 공동사업에 성명 또는 상호를 사용하게 한 자
　② 공동사업에서 발생한 채무에 대해서 무한책임을 부담하기로 약정한 자

(3) 배당소득의 수입시기

구분	수입시기
① 실지배당	• 잉여금처분에 의한 배당 : 잉여금 처분결의일 • 무기명주식의 이익배당 : 실제 지급일
② 의제배당	① 잉여금의 자본전입 : 자본전입결의일 ② 감자, 퇴사·탈퇴 : 주식소각결정일, 감자결의일, 퇴사일·탈퇴일 ③ 해산 : 잔여재산가액 확정일 ④ 합병·분할 : 합병등기일·분할등기일
③ 인정배당(법인세법상 소득처분)	해당 법인의 해당 사업 연도의 결산 확정일
④ 간주배당	특정외국법인의 해당 사업연도 종료일의 다음 날부터 60일이 되는 날
⑤ 집합투자기구로부터의 이익, 파생결합증권· 파생결합사채로부터의 이익	이익을 받는 날, 특약에 의한 원본전입일
⑥ 출자공동사업자의 배당	과세기간 종료일
⑦ 유사배당·파생금융상품의 배당	실제 지급일

* 비과세 금융소득 : 법에 따른 공익신탁의 이익

Ⅲ 과세방법

1. 이자소득금액=총수입금액(비과세소득, 분리과세소득 제외)
2. 배당소득금액=배당소득 총수입금액(비과세소득, 분리과세소득 제외)+배당가산액

(1) 금융소득의 원천징수

구분	원천징수세율
① 일반이자소득·배당소득(Gross-up 하기 전의 금액)	14%
② 비실명이자·배당소득	45%(금융실명제 대상 90%)
③ 직장공제회 초과반환금	기본세율
④ 비영업대금의 이익	25%(적격P2P금융은 14%)[1]
⑤ 출자공동사업자의 배당	25%
⑥ 법원보증금 및 경락대금의 이자(비실명의 경우 포함)	14%

[1] 온라인투자연계금융업자를 통하여 지급받는 비영업대금의 이익(적격P2P금융) : 14%

(2) 금융소득의 과세방법

1) 분리과세 금융소득(무조건)

구분	원천징수세율
① 비실명금융소득	45%(금융실명제 대상[1] 90%)
② 직장공제회 초과반환금	기본세율
③ 법원에 납부한 보증금 및 경락대금에서 발생하는 이자소득	14%(비실명 포함)
④ 법인 아닌 단체[2]의 금융소득(예 아파트자치관리기구, 동창회)	14%

[1] 비실명금융자산에서 발생한 이자 및 배당
[2] 법인으로 보는 단체 외의 법인 아닌 단체 중 수익을 구성원에게 배분하지 않는 단체로 단체명을 표기하여 금융 거래를 하는 단체

2) 종합과세 금융소득(무조건)

구분	내용	원천징수세율
① 원천징수되지 않은 금융소득	국외금융소득(국내 지급대리인 원천징수=조건부과세)	-
	국내금융소득 중 원천징수되지 않은 금융소득	-
② 출자공동사업자의 배당	출자공동사업자에 대한 공동사업장의 사업소득 분배액	25%

* 국내에서 지급하는 이자·배당소득 : 비과세를 제외하고 전부 원천징수대상임

3) 조건부과세 금융소득

분리과세와 종합과세 금융소득을 제외한 금융소득(조건부과세와 원천징수되지 않은 금융소득의 합계액이 2천만원을 초과하면 종합소득에 합산하여 과세하고, 2천만원 이하인 경우에는 분리과세함)

기준금융소득 ┌ 2천만원 초과 … 조건부도 종합과세
　　　　　　 └ 2천만원 이하 … 조건부는 분리과세

Gross-up 제외 배당

구 분	내 용
분리과세분	같은 금융소득인 이자소득과의 과세형평을 유지하기 위함
법인세가 과세되지 아니한 원천으로 부터의 배당소득	① 외국법인으로부터 받는 배당소득(국조법에 따른 배당간주금액 포함) ② 다음의 무상주 의제배당 　(가) 자기주식소각이 익을 자본전입함으로 인한 의제배당 　(나) 토지의 재평가적립금(재평가세율 1% 적용분)의 자본전입으로 인한 의제배당 　(다) 법인이 자기주식을 보유한 상태에서 의제배당 원천이 아닌 자본잉여금을 자본전입함에 따라 그 법인 외의 주주의 지분비율이 증가한 경우 증가한 지분비율에 상당하는 주식의 가액에 의한 의제배당 ③ 집합투자기구로부터의 이익 ④ 법인과세 신탁재산으로부터 받는 배당 ⑤ 배당소득공제 적용 법인(유동화전문회사등, 프로젝트금융투자회사)으로부터의 배당 ⑥ 동업기업 과세특례를 적용받는 법인으로부터의 배당(수동적동업자의 소득 포함) ⑦ 파생결합증권 또는 파생결합사채로부터의 이익 ⑧ 출자공동사업자의 배당 ⑨ 유사배당소득 ⑩ 파생금융상품의 배당
원천징수세율 적용 배당소득	일반산출세액 계산시 원천징수세율이 적용되는 배당소득은 종합과세하되 그 세부담액을 분리과세하는 경우와 동일하게 하기 위함

* Gross-up 대상 배당소득 : 국내에서 법인세가 과세된 잉여금을 재원으로 하는 배당소득이 종합과세 되는 경우
　예) 내국법인(상장, 비상장)으로부터의 배당, 법인으로 보는 단체로부터 받는 배당, 인정배당, 무상주 의제배당

03 사업소득

I 사업소득의 범위

(1) 범위

구 분	내 용
(1) 개념	개인이 영리 목적으로 자기의 계산과 책임 하에 계속적 · 반복적으로 행하는 활동을 통해 얻는 소득
(2) 비열거소득 (과세대상 제외)	① 작물재배업 중 곡물 및 기타 식량작물재배업 ② 연구개발업(계약 등에 따라 대가를 받는 경우 과세) ③ 유치원 · 학교 · 직업능력개발훈련시설 · 노인학교 ④ 사회복지사업 · 장기요양사업 ⑤ 협회 및 단체(특정사업을 경영하는 경우에는 그 사업의 내용에 따라 분류함)

* 복식부기의무자가 사업용 유형자산(토지 · 건물 제외*)을 양도함으로써 발생하는 소득 : 사업소득
 * 토지 · 건물 양도시 양도소득으로 구분한다. 사업용 유형자산은 차량 · 운반구, 비품, 기계장치 등의 감가상각자산을 말한다.
* 부동산임대업 : 부동산임대업(주거용 건물 임대업 제외)의 결손금은 부동산임대업에서 발생한 소득에서만 공제함

부동산임대업의 범위	비 고
① 부동산과 부동산권리의 대여	• 공익사업 관련 지상권과 지역권의 설정 · 대여 → 기타소득 • 위 외의 경우 지상권과 지역권의 설정 · 대여 → 사업소득(부동산임대업)
② 공장재단과 광업재단의 대여	기계 등의 시설을 분리하여 대여 → 일반사업(임대업)
③ 채굴권의 대여	광업권자 등이 자본적 지출이나 수익적 지출을 부담하는 조건으로 대여하고 받는 분철료 → 일반사업(광업)

* 통신판매중개를 하는 자를 통하여 물품 또는 장소를 대여하고 연간 수입금액 500만원 이하의 사용료로서 받은 금품 : 영리 목적으로 계속적 · 반복적 대여로 발생하는 소득이면 사업소득으로 구분하나, 기타소득으로 원천징수하거나 과세표준확정신고를 한 경우에는 기타소득으로 구분함

(2) 비과세 사업소득

(1) 논 · 밭의 대여소득(작물 생산에 이용)

(2) 1개의 주택을 소유하는 자의 주택임대소득(고가주택, 국외주택 제외)

　* 고가주택 : 과세기간 종료일(또는 주택양도일)의 기준시가가 <u>12억원</u>을 초과하는 주택

(3) 농어가부업소득 : 다음의 소득

　① 비과세 농어가부업규모의 축산에서 발생하는 소득

　② ① 외의 소득 : 소득금액의 합계액이 연 3천만원 이하인 소득(연 3천만원 초과시 3천만원까지 비과세)

(4) 전통주 제조소득 : 수도권 밖의 읍 · 면지역에서 전통주를 제조함으로써 발생하는 소득으로서 소득금액의 합계액이 연 1,200만원 이하인 것(☞ 소득금액이 연 1,200만원 초과시 전액 과세)

(5) 조림기간이 5년 이상인 임목의 벌채 · 양도소득 : 소득금액 연 600만원 한도(600만원 초과 시 600만원까지 비과세)

(6) 작물재배업(곡물 및 기타 식량작물 재배업 제외)에서 발생하는 소득으로서 해당 과세기간의 수입금액의 합계액이 10억원 이하인 것(☞ 수입금액 10억원 초과시 수입금액 10억원분에 해당하는 소득금액까지 비과세)

(7) 어로어업에서 발생하는 소득 : 연근해어업과 내수면어업에서 발생하는 소득으로서 해당 과세기간의 소득금액의 합계액이 5천만원 이하인 소득(연 5천만원 초과시 5천만원까지 비과세)

Ⅱ 사업소득금액의 계산구조

1. 총수입금액과 총수입금액불산입

총수입금액	총수입금액불산입
① 매출액(매출환입 · 매출에누리 · 매출할인 제외)	① 소득세 · 개인지방소득세 환급액 또는 다른 세액 충당액
② 거래상대방으로부터 받는 장려금 등	② 자산수증이익 (복식부기의무자의 국고보조금등 제외[2]) 또는 채무면제이익 중 이월결손금 보전 충당액
③ 필요경비에 산입된 금액의 환입액	③ 이월된 소득금액
④ 사업과 관련된 자산수증이익과 채무면제이익	④ 생산한 제품 등을 원재료 등으로 사용한 금액
⑤ 가사용 재고자산[1]	⑤ 국세 · 지방세 기타 과오납금의 환급금 이자
⑥ 확정급여형 퇴직연금제도의 보험차익	⑥ 부가가치세 매출세액 · 개별소비세 · 주세 및「교통 · 에너지 · 환경세」
⑦ 해당 사업용 자산의 손실로 취득하는 보험차익	
⑧ 기타 위와 유사한 수입금액	

[1] 재고자산을 가사용으로 소비하거나 종업원 · 타인에게 지급하는 경우 판매가액(시가)을 총수입금액, 장부가액을 필요경비에 산입한다.

[2] 복식부기의무자가 국고보조금 등 국가, 지방자치단체 또는 공공기관으로부터 무상으로 지급받은 금액은 제외

* 총수입금액의 계산 … 금전 외의 것을 수입할 때 그 거래 당시의 가액에 따라 계산함

구 분	총수입금액
① 제조업자 · 생산업자 · 판매업자로부터 그 제조 · 생산 · 판매하는 물품을 인도받은 때	판매가액
② 제조업자 · 생산업자 또는 판매업자가 아닌 자로부터 물품을 인도받은 때	시 가
③ 주식의 발행법인으로부터 신주인수권을 받은 때(주주로서 받은 경우 제외)	납입한 날 신주가액−신주의 발행가액
④ 위 외의 경우	시 가

2. 총수입금액계산 특례(간주임대료)

*부동산임대업의 총수입금액＝임대료+간주임대료+관리비수입(징수대행공공요금 제외)+기타수익

주택(부수토지 포함)을 임대하는 경우	
요건	3주택(소형주택 제외) 이상 소유하고 보증금 등의 합계액이 3억원을 초과하는 경우

주택 외의 부동산을 임대하는 경우	
요건	무조건 간주임대료 계산 → 주업과 차입금 과다 여부에 관계없음

* 법인세법 · 소득세법 · 부가가치세법의 간주임대료 규정비교

구분	법인세법	소득세법	부가가치세법
적용 대상자	부동산임대업 주업의 차입금과다 내국 영리법인(추계=모든 부동산 임대법인)	모든 부동산임대업자	모든 부동산임대업자
제외 부동산 과 권리	모든 주택 (추계시는 주택 포함)	3주택(소형주택 제외)이상 소유+주택 임대보증금 합계액 3억원 초과시 계산 (추계 포함),그 외는 제외	① 모든 주택 ② 전 · 답 · 과수원 등 ③ 공익사업 관련 지역권 · 지 상권
계산단위	법인 단위	사업장 단위	사업장 단위
금융수익의 범위	소득세법 ① ② ③ 신주인수권처분이익 ④ 유가증권처분이익(손실차감)	① 수입 이자와 할인료 ② 수입배당금	–

3. 필요경비와 필요경비불산입

필요경비

① 판매한 재고자산의 원료의 매입가액과 그 부대비용

② 종업원의 인건비(사업에 근무하는 대표자의 가족인건비는 포함, 대표자 인건비는 제외)

③ 복리후생비

    – 사용자 부담 국민건강 · 노인장기요양 · 국민연금 · 고용보험료(사업자 본인분 포함), 직장어린이집운영비

    – 단체순수보장성보험과 단체환급부보장성보험

④ 거래상대방에게 지급하는 장려금   ⑤ 사업용 자산의 재해손실

⑥ 복식부기의무자의 사업용 유형자산(부동산 제외)의 양도 당시 장부가액(감가상각비 중 업무외 사용액 차감)

⑦ 사업과 관련이 있는 제세공과금(세액공제를 적용하지 않는 경우의 외국소득세액 포함)

⑧ 사업자가 설립한 사내근로복지기금 · 공동근로복지기금에 출연하는 금품   ⑨ 기타필요경비

필요경비불산입

① 대표자급여

② 소득세비용(세액공제 적용 외국소득세액 포함), 부가가치세매입세액, 개별소비세, 주세, 「교통 · 에너지 · 환경세」

③ 임의적부담금과 제재목적으로 부과한 공과금   ④ 벌금 · 과료 · 과태료 · 징수불이행세액 · 가산세 · 강제징수비

⑤ 법정 자산 이외의 자산의 평가손실

⑥ 접대비(기업업무추진비) 필요경비불산입   ⑦ 기부금의 한도초과액과 비지정기부금

⑧ 지급이자 필요경비불산입   ⑨ 감가상각비 한도초과액

⑩ 업무무관비용, 가사 관련 경비, 선급비용, 간편장부대상자의 유형자산처분손실, 고의 · 중과실의 손해배상금

⑪ 업무용승용차 관련비용 등의 필요경비불산입[성실신고확인대상사업자 및 전문직사업자(사업자별 1대 제외, 공동사업장의 경우 1사업자로 보아 1대 제외)는 업무전용자동차보험 미가입 시 업무사용비율금액의 50%만 필요경비 인정]

Ⅲ 사업소득의 수입시기

(1) 일반기준 : 권리 · 의무확정주의

(2) 형태별 수입시기

구 분	수입 시기
① 상품 · 제품 등의 판매	인도한 날
② 시용판매	상대방이 구입의사를 표시한 날. * 일정기간 내 반송하거나 거절 의사 표시×시 판매가 확정되는 경우 기간의 만료일
③ 위탁판매	수탁자가 판매하는 날
④ 장기할부판매	(원칙) 인도기준+명목가치 (특례:결산상 회계처리한 경우) ① 회수기일 도래기준 ② 현재가치할인차금
⑤ 부동산 양도	대금청산일 · 소유권이전등기일 · 사용수익일 중 빠른 날
⑥ 무인판매기에 의한 판매	현금인출일
⑦ 건설 · 제조 기타 용역의 제공 (도급공사 · 예약매출 포함)	① 단기 : (원칙) 용역제공 완료일 (특례) 진행기준 회계처리시 진행기준 ② 장기(계약기간 1년 이상) : 진행기준
⑧ 인적용역의 제공	(원칙) 용역대가를 지급받기로 한 날 또는 용역의 제공을 완료한 날 중 빠른 날 (특례) 연예인 등 계약기간 1년 초과 전속계약금을 일시에 받는 경우 : 계약기간에 따라 균등안분한 금액(초월산입, 말월불산입)을 각 과세기간 종료일에 수입한 것으로 함
⑨ 어음의 할인	만기일. 단, 만기일 이전에 어음을 양도하는 경우에는 양도일
⑩ 금융보험업 이자 및 할인액	실제로 수입된 날
⑪ 자산의 임대와 지역권 · 지상권의 설정대여	(가) 계약 · 관습에 의하여 지급일이 정하여진 것 : 그 정하여진 날(약정일) (나) 지급일이 정하여지지 아니한 것 : 그 지급을 받은 날(실제 지급일) (다) 선세금(미리 받은 임대료와 지역권 · 지상권 설정대가) : 월수안분
⑫ 금전등록기 설치의 경우	영수증 교부대상 사업자와 간이과세자가 금전등록기를 설치시 현금주의 가능

Ⅳ 사업소득의 과세방법

(1) 원천징수

사업소득은 원천징수대상이 아니나, 다음의 사업소득은 원천징수한다.

대상	원천징수 요건	원천징수세율
의료보건용역과 인적용역	① 원천징수의무자 : 사업자, 법인세의 납세의무자, 국가·지방자치단체(조합 포함), 민법 기타 법률에 의하여 설립된 법인, 법인으로 보는 단체 → 비사업자인 개인 × ② 원천징수대상: 부가가치세 면세대상인 의료보건용역과 인적용역의 수입금액. 단, 다음의 소득은 제외함. 　(가) 약사 제공 의약품 조제용역 중 의약품 가격의 비율 　(나) 접대부·댄서와 이와 유사한 용역에서 발생하는 소득	수입금액×3% (외국인 직업운동가가 3년 이하로 프로스포츠구단과 계약=20%)
봉사료	과세유흥장소 등을 운영하는 사업자가 지급하는 봉사료로 세금계산서 등에 공급가액과 구분 기재된 봉사료가 공급가액의 20%를 초과하고, 사업자가 자기의 수입금액으로 계상하지 않은 경우 * 봉사료가 사업활동이면 사업소득, 사업활동이 아니면 기타소득으로 본다.	수입금액×5%
납세조합에 가입한 사업자	납세조합에 가입한 복식부기의무자가 아닌 농·축·수산물 판매업자, 노점상인[납세조합가입자는 산출세액의 5%를 세액공제]	매월분 사업소득에 대한 소득세

(2) 분리과세 주택임대소득

구분	내 용
분리과세 주택임대소득	해당 과세기간의 주거용 건물 임대업에서 발생한 수입금액의 합계액이 2천만원 이하인 자의 주택임대소득 * 사업자가 공동사업자인 경우에는 공동사업장에서 발생한 주택임대수입금액의 합계액을 손익분배 비율에 의해 공동사업자에게 분배한 금액을 각 사업자의 주택임대수입금액에 합산한다.
과세방법	분리과세시 세액(14% 세율)과 종합과세시 세액 중 선택

* 분리과세 주택임대소득은 원천징수대상이 아니며, 분리과세를 선택하여도 확정신고는 하여야 한다.

(3) 연말정산 및 확정신고

구분	내 용
연말정산*	간편장부대상자인 보험모집인, 방문판매인 및 음료품배달원의 사업소득은 연말정산대상이다. 다만, 방문판매인과 음료품배달원의 사업소득에 대한 연말정산은 원천징수의무자가 사업장 관할 세무서장에게 연말정산을 신청한 경우에 한하여 연말정산한다.
확정신고	사업소득은 종합소득이므로 확정신고대상이다. 다만, 연말정산대상 사업소득만 있는 자는 확정신고를 하지 않아도 된다.

* 연말정산 시기 : 다음 연도 2월분의 사업소득을 지급할 때(2월분의 사업소득을 2월 말일까지 지급하지 아니하거나 2월분의 사업소득이 없는 경우 2월 말일) 또는 해당 사업자와의 거래계약을 해지하는 달의 사업소득을 지급할 때

* 각사업연도소득과 사업소득의 차이

구분		사업소득	각 사업연도 소득
(1) 작물재배업의 소득		사업소득에 포함(식량작물 재배업은 과세제외)	각 사업연도 소득에 포함
(2) 이자수익		이자소득에 포함(금융업은 사업소득)	각 사업연도 소득에 포함
(3) 배당금수익		배당소득에 포함(금융업은 사업소득)	각 사업연도 소득에 포함
		배당세액공제(귀속법인세 가산방식)	수입배당금 익금불산입
(4) 유가증권처분손익		사업소득에 포함하지 않음	각 사업연도 소득에 포함
(5) 유형자산처분손익		복식부기의무자의 사업용 유형자산(부동산 제외) 양도손익은 사업소득 포함(간편장부대상자 제외)	각 사업연도 소득에 포함
(6) 생산설비 등의 폐기손실	대상	① 시설개체·기술낙후로 인한 생산설비를 폐기한 경우 ② 사업 폐지·사업장 이전으로 임차 사업장의 임대차계약에 따라 원상 회복 철거	
	폐기시	필요경비불산입	결산조정 손금산입(장부가액−1,000원)
	처분시	(장부가액−처분가액)을 필요경비산입	1,000원을 손금산입
(7) 자산의 평가차익		평가증할 수 없음→평가차익은 총수입금액×	보험업법 등 법률 평가증 허용
(8) 자산수증이익과 채무면제이익		① 사업과 관련된 경우 : 사업소득에 포함, 결손보전에 충당한 경우에는 총수입금액 불산입(복식부기의무자의 국고보조금등 제외) ② 사업과 관련이 없는 경우 : 사업소득에 포함하지 않음, 증여세 과세	사업 관련 여부에 관계없이 익금에 산입, 결손보전에 충당한 경우에는 익금불산입(국고보조금 제외)
(9) 대표자 인건비		대표자인건비는 전액 필요경비불산입. 다만, 대표자 본인의 직장·지역 건강보험료, 노인장기 요양보험료는 필요경비산입(국민 연금보험료 : 필요경비불산입) * 대표자 가족 인건비는 사업에 직접 종사=필요경비 산입	① 대표자 급여 : 손금산입 ② 대표자 상여금 : 손금산입(급여지급 기준 초과지급액=손금불산입) ③ 대표자 퇴직급여 : 한도 내 손금산입
(10) 대표자 퇴직급여		대표자는 퇴직금 지급대상이 아니므로 퇴직급여충당금도 설정할 수 없음	모든 임직원(출자임원 포함)은 퇴직 급여충당금 설정대상이 됨
(11) 접대비 시부인계산		① 종업원 명의의 신용카드매출전표 등 : 적격증명서류 ② 접대비시부인 단위 : 사업자 단위(사업장별로 감면 위해 구분 기장한 경우 사업장 단위) ③ 특정법인 규정 없음	① 임직원 명의의 신용카드 매출전표 등 : 적격증명서류가 아님 ② 접대비시부인 단위 : 법인 단위 ③ 특정법인의 일반접대비 한도액 : (기초금액+수입금액기준금액)× 50%
(12) 기부금	공제방법	필요경비산입	손금산입
	현물기부금 평가	Max[시가, 장부가액]	① 특례·일반지정기부금 : 장부가액 ② 특수관계인 일반·비지정 기부금 : Max[시가, 장부가액]
	한도액	① 정치자금기부금*과 특례기부금 : 100% ② 우리사주조합기부금 : 30% ③ 일반기부금 : 30%(종교단체 10%)	① 특례기부금 : 50% ② 우리사주조합기부금 : 30% ③ 일반기부금 : 10%(사회적기업 20%)
	한도초과액의 이월공제	① 특례기부금·일반기부금 : 법인세법 동일 ② 정치자금기부금 : 이월공제 × ③ 우리사주조합기부금 : 이월공제 ×	① 특례기부금·일반기부금 : 10년 ② 우리사주조합기부금 : 이월공제 ×

구분		사업소득	각 사업연도 소득
(13) 지급이자 손금(필요경비)불산입		① 채권자불분명사채이자 * 개인은 채권·증권을 발행할 수 없음 ② 건설자금이자 – 특정차입금 : 자본화 강제 – 일반차입금 : 필요경비(자본화 불가) ③ 초과인출금 관련 이자	① 채권자불분명사채이자 ② 비실명 채권·증권의 이자 ③ 건설자금이자 – 특정차입금 : 자본화 강제 – 일반차입금 : 자본화 선택 ④ 업무무관자산 등 관련 이자
(14) 손익의 귀속시기	장기할부 판매	결산상 회수기일 도래기준으로 회계처리한 경우에만 회수기일 도래기준 인정 → 신고조정 불가	중소기업은 결산상 회계처리에 관계없이 회수기일 도래기준으로 신고조정 가능
	용역 (예약) 매출	① 단기 : 완성기준(인도기준). 다만, 결산상 진행기준으로 회계처리한 경우 진행기준으로 할 수 있음 ② 장기: 진행기준. 다만, 기장 불비시 완성 기준 (인도기준)	① 원칙 : 진행기준(장·단기 포함) ② 인도기준 선택가능 : 중소기업의 단기용역 및 기업회계기준에 따라 인도기준으로 회계처리한 경우 ③ 인도기준 강제적용 : 기장 불비의 경우와 K—IFRS 적용 배당소득공제 적용 법인의 예약매출의 경우
(15) 외화자산·부채 평가		외화환산 규정 없음 * 사업 관련 외화자산·부채의 외환차손익은 당해 총수입금액·필요경비 산입(신고조정강제)	외화환산 규정 있음
(16) 일시상각·압축기장충당금		① 국고보조금·보험차익 ② 결산조정만 인정	① 공사부담금·국고보조금·보험차익 ② 결산조정과 신고조정 중 선택
(17) 재고자산 가사용 소비		① 총수입금액산입 (가사용소비·종업원이나 타인 지급 재고자산의 시가) ② 필요경비산입(원가상당액)	규정 없음 * 재고자산을 대표이사나 주주가 가사용으로 사용시 부당행위계산 부인적용
(18) 가사관련경비		필요경비불산입	규정 없음
(19) 소득처분		규정 없음 유보(△유보)만 관리함	① 사외유출 : 배당, 상여, 기타소득, 기타사외유출 ② 사내유보 : 유보, △유보 ③ 잉여금 기반영 : 기타
(20) 이월결손금		① 사업소득금액에서 공제하고 남은 금액은 다른 종합소득금액에서 공제 ② 한도 규정 없음	① 과세표준 계산시 각 사업연도 소득금액에서 공제 ② 비중소기업(회생계획 법인 등 제외) : 각 사업연도 소득금액 60% 한도 공제
(21) 보험차익		사업용 자산 멸실·손괴로 인한 보장성 보험차익과 확정급여형퇴직연금제도의 이익분배금 또는 보험차익 : 총수입금액산입 – 일반 보장성보험차익 : 비열거소득 – 저축성보험차익 : 이자소득(단기), 비열거소득 (장기)	모든 보험차익을 익금산입

구분	사업소득	각 사업연도 소득
(22) 소액미술품	규정 없음	장식, 환경미화 목적의 취득가액 1천만원 이하 미술품 비용계상시 손금인정
(23) 감가상각의제	① 소득세 감면·면제 사업자 : 감가상각비를 필요경비로 계상한 것으로 봄(신고조정 ×) ② 추계 사업자: 감가상각비를 필요경비로 계상한 것으로 봄(단, 사업용 유형자산인 건축물은 제외함)(신고조정 ×)	① 법인세 감면·면제 법인 : 상각범위액까지 감가상각비를 신고조정으로 손금산입(강제) ② 추계 법인 : 감가상각비를 비용으로 계상한 것으로 봄(신고조정 ×)

* 기부금 중 법정기부금은 특례기부금으로, 지정기부금은 일반기부금으로 개정되고 고향사랑기부금이 추가되었음.

* 거주자가 정치자금기부금 또는 고향사랑기부금으로 기부한 금액은 10만원 이하인 경우 100/110에 해당하는 금액에 대하여 세액공제가 되고, 10만원 초과분(고향사랑기부금은 500만원 이하)은 비사업자인 경우 15% 또는 30%를 세액에서 공제하고 사업자는 특례기부금으로 보아 필요경비에 산입한다.

CHAPTER 04 근로소득, 연금소득과 기타소득

I 근로소득 범위

1. 범위

: 고용계약 또는 이와 유사한 계약에 의하여 근로를 제공하고 받는 대가(명칭이나 지급방법 불문)

① 근로를 제공함으로써 받는 봉급 · 급료 · 보수 · 세비 · 임금 · 상여 · 수당과 이와 유사한 성질의 급여
② 법인의 주주총회 · 사원총회 또는 이에 준하는 의결기관의 결의에 따라 상여로 받는 소득(잉여금처분상여)
③ 법인세법에 따라 상여로 처분된 금액(인정상여)
④ 퇴직함으로써 받는 소득으로서 퇴직소득에 속하지 아니하는 소득
⑤ 종업원 등 또는 대학의 교직원이 지급받는 직무발명보상금(퇴직한 후에 지급받는 직무발명보상금은 제외)

2. 비과세 근로소득(주요내용)

(1) 실비변상적인 성질의 급여

내 용	비과세 금액
① 일직료와 숙직료로서 실비변상적 성질의 금액 ② 직장에서만 입는 피복 ③ 천재지변 기타 재해로 받는 급여	전 액
④ 자가운전보조금 : 종업원(임원 포함)의 소유차량(부부공동, 임차한 차량 포함)을 종업원이 직접 운전하여 업무수행에 이용하고 출장 등에 소요된 실제여비를 받는 대신 소요경비를 지급규정에 따라 받는 금액*1) ⑤ 벽지수당 ⑥ 학교의 교원과 중소 · 벤처기업의 연구원 등이 받는 연구보조비 · 활동비 ⑦ 선원이 받는 승선수당 ⑧ 기자(논설위원과 만화가 포함)가 받는 취재수당 ⑨ 수도권 외의 지역 이전지원금(공공기관 소속 공무원 또는 직원에게 한시적 지급)	월 20만원 한도

*1) 시외출장비를 받은 경우에도 그 시외출장비는 비과세하며, 자가운전보조금도 월 20만원까지 비과세함

(2) 식사와 식사대

구분	세무상 처리
① 식사	전액 비과세
② 식사대	월 20만원을 한도로 비과세
③ 식사와 식사대를 동시에 제공하는 경우	식사는 비과세, 식사대는 전액 과세

* 제공방법(사내급식, 외부급식)과 제공시기(중식, 야식)에 관계없음

(3) 근로자 본인의 학자금

구분	세무상처리
근로자 본인의 학자금 (납입액 한도 비과세)	① 업무와 관련된 교육 · 훈련일 것 ② 회사의 지급기준에 따라 받을 것 ③ 교육 · 훈련기간이 6개월 이상인 경우 교육 · 훈련 후 교육기간을 초과하여 근무하지 않는 때에는 지급받은 금액을 반납할 것을 조건으로 할 것
근로자 자녀의 학자금	근로소득

(4) 사용자 부담 사회보험료

국민건강보험법 · 노인장기요양보험법 · 고용보험법에 따라 국가 등 · 사용자가 부담하는 보험료＝비과세

*근로자 부담분을 사용자가 대신 부담한 경우에는 근로소득에 포함하고 근로자에게 소득공제함

(5) 보육급여(출산 · 보육수당) → 월 10만원 한도 비과세(자녀수 관계 없이 10만원 한도)

근로자 또는 배우자의 출산이나 6세 이하(과세기간 개시일 기준)의 자녀의 보육과 관련하여 받는 급여

(6) 국외근로소득(북한 근무 포함)

구분	비과세금액
① 국외 등의 지역에서 근무하는 공무원(재외공관 행정 직원 포함) 등	국내 근무시보다 초과하여 받는 금액 중 실비변상적 성격의 급여로 고시된 금액
② 원양어선 · 외항선박 · 국외건설현장 등에서 근로	월급여액에서 300만원 비과세
③ 위 이외의 국외근무자(국외를 항행 항공기 포함)	월급여액에서 100만원 비과세

(7) 직무발명보상금

발명진흥법에 따른 다음의 직무발명보상금	비과세금액
① 발명진흥법에 따른 종업원 등*이 사용자 등으로부터 받는 보상금	연 500만원 한도
② 대학의 교직원 또는 대학과 고용관계가 있는 학생이 소속 대학에 설치된 산학협력단으로부터 받는 보상금	

* 발명진흥법에 따른 종업원 등 : 종업원, 법인의 임원 또는 공무원

(8) 복리후생적 성질의 급여

구분	비과세 내용
1) 사택*1) 제공이익	주주 또는 출자자가 아닌 임원, 소액주주*2)인 임원, 임원이 아닌 종업원, 국가 등으로부터 근로소득을 지급받는 사람이 사택을 제공받음으로써 얻는 이익 * 소액주주가 아닌 출자임원의 사택제공이익은 근로소득임
2) 중소기업 종업원의 주택자금대출이익	법에 따른 중소기업 종업원이 주택(주택 부수 토지포함)의 구입·임차에 소요되는 자금을 저리 또는 무상으로 대여 받음으로써 얻는 이익 * 중소기업 종업원 외의 자의 주택자금대출로 인한 이익은 근로소득임
3) 보험료 대납액	종업원이 계약자이거나 종업원의 배우자·가족을 수익자로 하는 보험·신탁 또는 공제와 관련하여 사용자가 부담하는 보험료·신탁부금 또는 공제부금 중 다음의 보험료 등 ① 단체순수보장성보험과 단체환급부보장성보험*3)의 보험료 중 연 70만원 이하의 금액 ② 임직원의 고의(중과실 포함) 외의 업무상 행위로 인한 손해의 배상청구를 보험금의 지급사유로 하고 임직원을 피보험자로 하는 보험의 보험료 * 위 외의 사용자가 대신 부담하는 보험료는 근로소득임
4) 상금과 부상	공무원이 국가 등으로부터 공무 수행 관련하여 받는 상금과 부상 중 연 240만원 이내

*1) 사택 : 주택을 종업원 및 임원에게 무상·저가로 제공하거나, 임차하여 종업원 및 임원에게 무상으로 제공하는 주택
*2) 소액주주 : 지분율 1% 미만 주주(다만, 법인의 지배주주등과 특수관계인은 소액주주로 보지 않음)
*3) 단체보장성보험 : 종업원의 사망·상해·질병을 보험금의 지급사유로 하고 종업원을 피보험자와 수익자로 하는 보험.

(9) 생산직근로자 등의 연장근로수당 등

구분	내용
대상자	월정액급여 210만원 이하이고, 직전 과세기간의 총급여액이 3천만원 이하인 근로자(일용근로자 포함)로서 다음 중 어느 하나에 해당하는 사람 ① 공장·광산 근무 생산직근로자 ② 어업을 영위하는 자에게 고용되어 어선에 승무하는 선원(선장 제외) ③ 특종업종 종사자
비과세대상	연장근로·휴일근로·야간근로를 하여 받는 급여(선원은 생산수당)
비과세한도	연간 240만원(광산근로자와 일용근로자는 전액 비과세)

월정액급여에 포함하는 것	월정액급여에 포함하지 않는 것
– 식사와 식사대 : 비과세 여부에 관계없음 – 연간 상여금을 매월 분할지급받는 경우	– 자가운전보조금(월 20만원 이내 금액) – 국민·건강·노인장기요양·고용보험료의 사용자부담분

(10) 그 밖의 비과세 근로소득

① 요양급여, 휴업급여, 장해급여, 간병급여, 유족급여 등 또는 근로의 제공으로 인한 부상·질병·사망과 관련하여 근로자나 그 유족이 받는 배상·보상 또는 위자의 성질이 있는 급여
② 실업급여, 육아휴직 급여, 육아기 근로시간 단축 급여, 출산 전후 휴가 급여 등, 전직지원금, 육아휴직수당
③ 반환일시금(사망으로 받는 것만 해당함) 및 사망일시금
④ 외국정부(외국의 지방자치단체와 연방국가인 외국의 지방정부 포함) 또는 국제연합과 소속기구의 기관에서 근무하는 사람 중 대한민국국민이 아닌 사람이 직무수행의 대가로 받는 급여(외국정부가 그 나라에서 근무하는 우리나라 공무원의 급여에 대하여 소득세를 과세하지 않는 경우만 해당)
⑤ 병역복무 중인 사람으로서 병장 이하의 현역병(임용 하사포함), 의무경찰 등의 급여
⑥ 작전임무를 수행하기 위하여 외국에 주둔 중인 군인·군무원이 받는 급여[미리 받은 급여(업무수행기간 후의 기간에 해당하는 급여 포함)를 포함]
⑦ 교육기본법에 따라 대학생이 근로를 대가로 지급받는 장학금(대학에 재학하는 대학생에 한함)

* 근로소득에 대한 사례

구분	내용
(1) 퇴직수당·퇴직위로금	• 근로의 대가로서 현실적 퇴직을 원인으로 지급받는 소득 : 퇴직소득 • 퇴직소득에 속하지 아니하는 소득 : 근로소득
(2) 직무발명 보상금	• 근무기간 중 지급받는 경우 : 근로소득(단, 연 500만원 한도 비과세) • 퇴직 후에 지급받는 경우 : 기타소득(단, 연 500만원 한도 비과세)
(3) 주식매수선택권 행사로 얻은 이익	• 근무기간 중 행사 : 근로소득 · 퇴직 후 행사 : 기타소득 * 주식매수선택권 행사이익=행사당시 시가−행사가격(실제매수가액)
(4) 사내 원고료·강연료	• 업무와 관련된 경우 : 근로소득 · 업무와 무관한 경우 : 기타소득

구 분	내 용
(5) 여비	• 업무에 사용한 경우 : 근로소득× • 업무에 사용하지 않은 경우 또는 연액 · 월액으로 받은 경우 : 근로소득
(6) 경조금	• 사회통념상 타당한 범위 내의 금액 : 근로소득× • 위 이외의 경우 : 근로소득
(7) 강사료	• 근로계약(동일한 학교 3개월 이상 강사료를 지급받은 경우) : 근로소득 • 위 이외의 경우 : 기타소득
(8) 공무원 포상금 등	• 공무원이 국가 · 지방자치단체등으로부터 공무 수행과 관련하여 받는 상금과 부상 : 근로소득(단, 연 240만원 한도 비과세) • 「공무원 제안 규정」에 따라 채택된 제안의 제안자가 받는 부상 : 비과세 기타소득
(9) 그 밖에 근로소득으로 보는 것	① 기밀비(판공비 포함) · 교제비 기타 이와 유사한 명목으로 받는 것으로서 업무를 위하여 사용된 것이 분명하지 아니한 급여 ② 종업원이 받는 공로금 · 위로금 · 개업축하금 · 학자금 · 장학금(종업원의 수학 중인 자녀가 사용자로부터 받는 학자금 · 장학금 포함) ③ 근로수당 · 가족수당 · 전시수당 · 물가수당 · 출납수당 · 직무수당 ④ 보험회사등의 종업원이 받는 집금수당과 보험가입자의 모집, 유사한 성질의 급여 ⑤ 주택을 제공받음으로써 얻은 이익 ⑥ 종업원이 주택(주택 부수 토지 포함)의 구입 · 임차에 소요되는 자금을 저리 또는 무상으로 대여받음으로써 얻는 이익 ⑦ 시간외근무수당 · 통근수당 · 개근수당 · 특별공로금 ⑧ 종업원이 계약자이거나 종업원 또는 그 배우자 및 그 밖의 가족을 수익자로 하는 보험 · 신탁 또는 공제와 관련하여 사용자가 부담하는 보험료 · 신탁부금 또는 공제 부금 ⑨ 계약기간 만료 전 또는 만기에 종업원에게 귀속되는 단체환급부보장성보험의 환급금 ⑩ 공무원에게 지급되는 직급보조비 ⑪ 의료비보조금, 휴가비 그 밖에 이와 유사한 성질의 급여

*[1) 법인세법상 임원의 경우 : 현실적인 퇴직을 원인으로 지급받는 소득이라도 법인세법상 퇴직급여 한도초과액으로 손금불산입되는 금액과 소득세법상 퇴직 소득금액 계산시 퇴직소득 한도초과액은 근로소득으로 본다.

Ⅱ 근로소득금액의 계산

근로소득금액 = 총급여액(비과세 제외) − 근로소득공제

구분	근로소득공제
상용근로자	총급여액에 따라 근로소득공제를 적용하며, 연 2천만원을 한도로 함
일용근로자	1일 15만원 *일용근로자 : 일급 · 시간급 · 성과급으로 급여계산 & 동일한 고용주에게 3개월 미만(건설근로자는 1년 미만, 하역근로자는 기간제한 없음) 고용

III 근로소득의 수입시기

구분	수입시기
(1) 급여	근로를 제공한 날
(2) 잉여금처분에 의한 상여	해당 법인의 잉여금처분 결의일
(3) 인정상여	해당 법인의 사업연도 중 근로를 제공한 날
(4) 임원 퇴직소득 한도초과액	지급받거나 지급받기로 한 날
(5) 주식매수선택권	주식매수선택권을 행사한 날
(6) 도급계약의 급여(확정신고기간 개시일 전 미확정급여)	급여가 확정된 날(다만, 확정된 날 전에 실제로 받은 금액은 그 받은 날)

IV 근로소득의 과세방법

구분	급여지급시 원천징수	연말정산	확정신고
상용근로소득	간이세액표에 따라 원천징수	다음 연도 2월분 급여 지급시 연말정산	다음 연도 5월에 확정신고(단, 근로소득만 있는 경우로서 연말정산한 때에는 확정신고하지 않아도 됨)
일용근로소득	원천징수(분리과세)	–	–

* 일용근로자의 원천징수 : 원천징수 소득세＝(일당-15만원)×6%×(1-55%)
* 퇴직급여 지급을 위하여 적립되는 급여 : 근로소득에 포함하지 아니한다.(퇴직 후 연금소득 또는 퇴직소득 과세)
* 외국인인 임직원(일용직 제외) : 국내 근무 근로소득으로 최초 근로 제공일부터 20년 이내의 근로소득은 총급여액의 19%를 곱한 금액을 세액으로 하여 분리과세할 수 있다.

05 연금·기타소득

I 연금소득의 범위

(1) 공적연금소득

구분	내용
공적연금소득	국민연금법, 공무원연금법, 군인연금법, 사립학교교직원연금법, 별정우체국법 또는 공적연금 관련법에 따라 받는 각종 연금
과세대상	공적연금소득은 2002.1.1. 이후에 납입된 연금기여금, 사용자부담금(국가 또는 지방자치단체의 부담금 포함), 근로제공을 기초로 하여 받는 것부터 과세한다.
과세제외기여금이 있는 경우	공적연금소득=과세기준금액-과세제외기여금등[*] [*] 과세제외기여금등 : 소득공제를 받지 못한 금액

[*] 공적 연금에 대한 지연이자를 받는 경우 : 공적 연금소득을 지급하는 자가 연금소득의 일부 또는 전부를 지연하여 지급하면서 지연지급에 따른 이자를 함께 지급하는 경우 해당 이자는 공적 연금소득으로 본다.

[*] 공적 연금소득의 과세체계

[납입 및 운용 단계]
과세제외기여금(소득공제×)
본인기여금(소득공제○)
사용자부담금(손금·필요경비)
운용수익

[인출단계]	
〈연금수령〉	〈연금외수령〉
과세하지 않음	과세하지 않음
연금소득	퇴직소득

(2) 사적연금소득

구분	내 용
사적 연금소득	다음의 금액을 연금계좌(연금저축계좌 · 퇴직연금계좌)에서 연금수령하는 경우의 그 연금 ① 이연퇴직소득 : 퇴직소득 중 연금계좌에 입금하여 과세되지 아니한 소득 ② 세액공제 받은 납입액 : 거주자가 세액공제를 받은 연금계좌 납입액 ③ 운용수익 : 연금계좌의 운용 실적에 따라 증가된 금액
연금계좌의 인출순서	연금계좌에서 일부 금액을 인출하는 경우 다음 순서에 따라 인출하는 것으로 보며, 연금수령한도를 초과하는 경우 연금수령분이 먼저 인출되고 다음으로 연금외수령분이 인출되는 것으로 본다. ① 과세제외금액 → ② 이연퇴직소득 → ③ 세액공제 받은 연금계좌 납입액 · 운용수익
원금손실이 발생한 연금계좌의 손실순서	연금계좌의 운용에 따라 연금계좌에 있는 금액이 원금에 미달하는 경우 연금계좌에 있는 금액은 원금이 인출 순서와 반대의 순서로 차감된 후의 금액으로 본다. * 원금손실이 발생한 경우 "① 세액공제 받은 납입액 → ② 이연퇴직소득 → ③ 과세제외금액"의 순서로 손실이 반영되고, 손실 회복시 반대 순서로 회복함
연금계좌의 이체	연금계좌에 있는 금액이 연금수령 개시 전에 다른 연금계좌로 이체되는 경우 이를 인출로 보지 아니한다. 일부 금액이 이체되는 경우 연금계좌의 인출 순서에 따라 이체되는 것으로 본다.

* 사적연금의 과세체계

[납입 및 운용 단계]

	인출순서
과세제외금액(세액공제×)	①
이연퇴직소득	②
세액공제 받은 금액 및 운용수익	③

[인출단계]

〈연금수령〉	〈연금외수령〉
과세하지 않음	과세하지 않음
연금소득	퇴직소득
	기타소득

연금수령

연금계좌에서 연금수령 요건을 모두 갖추어 인출하거나 의료 등 부득이한 사유로 인출하는 것을 연금수령이라 하며, 연금수령 외의 인출은 연금외수령이라 한다. 연금수령한도를 초과 인출하는 경우 한도내 금액은 연금수령으로, 초과금액은 연금외수령으로 본다.

연금수령 요건

(1) 55세 이후 연금수령 개시 신청 및 인출 (2) 가입일부터 5년 경과 후 인출(이연퇴직소득의 연금계좌 제외) (3) 연금수령한도내 인출(의료등 제외)

2. 비과세 연금소득

① 공적연금 관련법에 따라 받는 유족연금 · 퇴직유족연금 · 퇴역유족연금 · 장해유족연금 · 상이유족연금 · 순직유족연금 · 직무
상유족연금 · 위험직무순직유족연금, 장애연금, 장해연금 · 비공무상 장해연금 · 비직무상 장해연금, 상이 연금, 연계노령유족
연금 또는 연계퇴직유족연금
② 「산업재해보상보험법」에 따라 받는 각종 연금
③ 「국군포로의 송환 및 대우 등에 관한 법률」에 따른 국군포로가 받는 연금

Ⅱ 연금소득금액의 계산

연금소득금액 = 총연금액(비과세소득, 분리과세연금소득 제외) − 연금소득공제[*]

* 연금소득공제(연 900만원 한도)

총연금액	연금소득공제
350만원 이하	총연금액
350만원 초과 700만원 이하	350만원+(총연금액−350만원)×40%
700만원 초과 1,400만원 이하	490만원+(총연금액−700만원)×20%
1,400만원 초과	630만원+(총연금액−1,400만원)×10%

Ⅲ 연금소득의 수입시기

구분	수입시기
① 공적연금소득	공적연금 관련법에 따라 연금을 지급받기로 한 날
② 사적연금소득(연금계좌에서 받는 연금소득)	연금수령한 날
③ 그 밖의 연금소득	해당 연금을 지급받은 날

Ⅳ 연금소득의 과세방법

구분	내용
무조건 분리과세	① 이연퇴직소득을 연금수령하는 연금소득 ② 세액공제 받은 납입액 및 운용수익을 의료목적이나 부득이한 사유로 인출하는 연금소득
선택적 분리과세	③ 위 외의 사적연금소득의 합계액이 1,200만원 이하인 경우 그 연금소득은 분리과세와 종합과세 선택이 가능함 ④ 사적연금소득의 합계액이 1,200만원 초과인 경우 그 연금소득은 15% 세율을 적용하여 분리과세하거나 종합과세 선택이 가능함

*원천징수, 연말정산 및 확정신고

구분	지급시 원천징수	연말정산	확정신고
공적 연금	연금소득 간이세액 표에 따라 원천징수	1월분 공적연금소득을 지급할 때 연말정산함(해당 과세기간 중 사망한 경우 사망일이 속하는 달의 다음다음 달 말일까지 연말정산함)	종합과세대상으로 확정신고를 하여야 함 (단, 공적연금소득만 있는 경우 확정신고를 하지 아니할 수 있음)
사적 연금	지급금액×원천징수 세율*	연말정산을 하지 않음	종합과세대상으로 확정신고를 하여야 함(단, 분리과세 연금소득은 확정신고 하지 않음)

* 원천징수세율 : 세액공제를 받은 연금계좌 납입액이나 운용실적에 따라 증가된 금액을 연금수령한 연금소득(아래의 (가)와 (나)를 동시에 충족하는 때에는 낮은 세율을 적용함)

구분			원천징수세율
(가) 연금소득자의 나이(연금수령일 현재)		70세 미만	5%
	70세 이상	80세 미만	4%
	80세 이상		3%
(나) 종신연금(사망일까지 연금수령하면서 중도 해지할 수 없는 계약)			4%

V 기타소득

1. 기타소득의 범위

이자 · 배당 · 사업 · 근로 · 연금 · 퇴직 · 양도소득 외의 소득으로 다음에 열거된 것을 말한다.(중복되면 다른 소득으로 우선 구분)

기타소득의 범위

(1) 일시적인 문예창작소득 : 문예 · 학술 · 미술 · 음악 또는 사진에 속하는 창작품에 대한 원작자로서 받는 원고료, 저작권 사용료인 인세, 미술 · 음악 또는 사진에 속하는 창작품에 대하여 받는 대가(최소 60% 필요경비)

(2) 인적용역의 일시제공 : 다음의 인적용역(원작자의 원고료 등, 재산권알선수수료, 사례금 제외)을 일시적으로 제공하고 받는 대가(최소 60% 필요경비)
  ① 고용관계 없이 다수인에게 강연을 하고 강연료 등 대가를 받는 용역
  ② 방송 등을 통하여 해설 · 심사 등을 하고 보수 또는 이와 유사한 성질의 대가를 받는 용역
  ③ 변호사 등이 지식 등을 활용하여 대가를 받고 제공하는 용역(대학 규정 교수 제공 연구용역 포함)
  ④ 그 밖에 고용관계 없이 수당 또는 이와 유사한 성질의 대가를 받고 제공하는 용역

(3) 공익사업과 관련하여 지역권 · 지상권 (지하 또는 공중에 설정된 권리 포함)을 설정 · 대여함으로써 발생하는 소득(최소 60% 필요경비)
  ☞ 전세권, 임차권, 공익사업과 관련없는 지역권 · 지상권의 설정 · 대여 : 사업소득
  ☞ 지상권 · 전세권 · 등기된 부동산임차권의 양도 : 양도소득

(4) 계약의 위약 또는 해약에 의하여 받는 위약금 · 배상금 · 부당이득 반환 시 지급받는 이자(주택입주지체상금은 최소 80% 필요경비)
  ☞ 정신적 · 육체적 · 물질적 피해로 인한 손해배상금과 그 법정이자 : 비열거소득

(5) 무형자산의 양도 및 대여 : 광업권 · 어업권 · 상표권 · 영업권(점포임차권 포함)등의 권리를 양도 · 대여하여 발생하는 소득(최소 60% 필요경비)
  ☞ 사업에 사용하는 토지 · 건물 · 부동산에 관한 권리와 함께 양도하는 영업권 : 양도소득
     위 외의 영업권의 양도 : 기타소득
  ☞ 부동산(토지 · 건물)과 함께 양도하는 이축권 : 양도소득[단, 이축권 감정 가액이 있는 경우 그 가액(감정가액이 2이상인 경우 평균액)을 구분하여 신고하는 경우에는 기타소득]

(6) 거주자가 세액공제 받은 연금계좌 납입액과 운용 실적 증가 금액을 연금외수령한 소득

(7) 법정 사유 외의 사유로 해지된 소기업 · 소상공인 공제부금의 해지일시금

(8) 복권, 경품권, 그 밖의 추첨권에 당첨되어 받는 금품

(9) 사해행위(적법 여부 불문)에 참가하여 얻는 재산상의 이익

(10) 승마투표권, 승자투표권등의 구매자가 받는 환급금(적법 여부 불문)

(11) 슬롯머신(비디오게임 포함) 및 투전기를 이용하는 행위에 참가하여 받는 당첨금품 등

(12) 상금 · 현상금 · 포상금 등의 금품(공익법인, 다수 순위경쟁 대회 상금은 최소 80% 필요경비)

기타소득의 범위

(13) 퇴직 후 또는 고용관계 없이 받은 주식매수선택권을 행사함으로써 얻는 이익

근로자의 주식매수선택권 행사 이익 ┬ 근무기간 중에 행사 …… 근로소득
　　　　　　　　　　　　　　　└ 퇴직 후 행사 ………… 기타소득

(14) 종업원등 또는 대학의 교직원이 퇴직한 후에 지급받는 직무발명보상금

직무발명보상금 ┬ 근무기간 중에 지급받는 경우 ……………… 근로소득
　　　　　　　└ 퇴직한 후에 지급받는 경우 ……………… 기타소득

(15) 저작자 등 외의 자가 저작권 또는 저작인접권의 양도 또는 사용의 대가로 받는 금품

(16) 물품(유가증권 포함) 또는 장소를 일시적으로 대여하고 사용료로서 받는 금품

채권·주식대여 ┬ 지급받는 채권·주식에서 발생한 이자·배당 …… 이자소득·배당소득
　　　　　　　└ 대여수수료 ……………………………… 기타소득

(17) 통신판매중개를 하는 자를 통하여 물품 또는 장소를 대여하고 연간 수입금액 500만원 이하의 사용료로서 받은 금품 (최소 60% 필요경비)

　　☞ 사업성이 있는 경우 : 사업소득(사업성이 있더라도 기타소득으로 원천징수하거나 확정신고를 한 경우에는 기타소득으로 구분함)

(18) 재산의 매매·양도·교환·임대차계약 기타 이와 유사한 계약을 알선하고 받는 수수료

(19) 영화필름, 라디오·텔레비전 방송용 테이프 등의 권리의 양도·대여 또는 사용의 대가로서 받는 금품

(20) 유실물의 습득 또는 매장물의 발견에 따른 보상금 또는 자산

(21) 소유자가 없는 물건의 점유로 소유권을 취득하는 자산

(22) 사례금

(23) 법인세법에 따라 처분된 기타소득(인정기타소득)

(24) 뇌물

(25) 알선수재 및 배임수재에 의하여 받는 금품

(26) 법소정의 특수관계인으로서 받는 경제적이익으로 급여·배당·증여로 보지 않는 금품

　　① 법인세법에 따라 기타로 소득처분된 금액

　　② 노동조합의 전임자가 지급받는 급여

(27) 종교인소득

(28) 가상자산소득(가상자산을 양도하거나 대여함으로써 발생하는 소득)(2025.1.1.부터 과세)

(29) 서화·골동품 양도로 발생하는 소득(최소 80%, 90% 필요경비) (양도일 현재 생존 국내 원작자 작품은 제외)

2. 비과세 기타소득(주요내용)

① 보훈급여금 · 학습보조비 및 북한이탈주민이 정착금 · 보로금과 그 밖의 금품
② 국군포로가 받는 위로지 원금과 그 밖의 금품
③ 국가보안법에 따라 받는 상금과 보로금
④ 상훈법에 따른 훈장과 관련하여 받는 부상 등(국가 또는 지방자치단체로부터 받은 상금과 부상 포함)
* 공무원이 국가 · 지방자치단체로부터 공무 수행과 관련 하여 받는 상금과 부상 제외(연 240만원까지 비과세)
⑤ 종업원 · 교직원 등이 퇴직한 후 지급받거나 학생이 산학협력단으로부터 받는 직무발명보상금으로 연 500만원(해당 과세기간 근로소득에 비과세가 있는 경우 500만원에서 차감한 금액) 이하의 금액
⑥ 국가지정문화재로 지정된 서화 · 골동품의 양도로 발생하는 소득
⑦ 서화 · 골동품을 박물관 또는 미술관에 양도함으로써 발생하는 소득
⑧ 법령 · 조례에 따른 위원회 등의 보수를 받지 아니하는 위원(학술원 및 예술원의 회원 포함)의 수당

VI 기타소득금액의 계산

$$기타소득금액 = 총수입금액(비과세 및 과세최저한 제외) - 필요경비^*$$

* 기타소득의 필요경비는 총수입금액에 대응하는 실제 금액. 단, 다음의 경우 Max[실제필요경비, 의제필요경비]

내 용		의제필요경비
① 일시적인 문예창작소득(원작자의 원고료, 인세 등)		총수입금액의 60%
② 인적용역의 일시제공으로 인한 대가(강연료, 방송출연료 등)		
③ 공익사업 관련 지역권 · 지상권의 설정 · 대여함으로써 발생하는 소득		
④ 무형자산의 양도 및 대여소득		
⑤ 통신판매중개를 통해 물품 등을 대여하고 연간 수입금액 500만원 이하의 사용료		
⑥ 주택입주 지체상금		총수입금액의 80%
⑦ 공익법인이 주무관청의 승인을 얻어 시상하는 상금과 부상 및 다수가 순위 경쟁하는 대회에서 입상자가 받는 상금		
⑧ 서화 · 골동품의 양도소득	총수입금액이 1억원 이하인 경우	총수입금액의 90%
	총수입금액이 1억원을 초과하는 경우	9천만원+(총수입금액−1억원)×80%(보유기간이 10년 이상인 경우는 90%)

* 승마투표권 환급금 등의 필요경비
① 승마투표권, 승자투표권, 소싸움경기투표권, 체육진흥투표권의 환급금 : 구매자가 구입한 적중된 투표권의 단위투표금액
② 슬롯머신 등의 당첨금품 : 당첨 당시에 슬롯머신 등에 투입한 금액

Ⅶ 기타소득의 수입시기

구분		수입시기
(1) 일반적인 기타소득		그 지급을 받은 날(현금주의)
(2) 법인세법에 따라 처분된 기타소득		그 법인의 해당 사업연도의 결산확정일
(3) 연금계좌에서 연금외수령(기타소득)		연금외수령한 날(현금주의)
(4) 계약금이 위약금·배상금으로 대체되는 경우의 기타소득		그 계약의 위약 또는 해약이 확정된 날
(5) 무형자산	대여소득	그 지급을 받은 날(현금주의)
	양도소득	대금청산일, 인도일 또는 사용·수익일 중 가장 빠른 날 * 다만, 대금을 청산하기 전에 자산을 인도 또는 사용·수익하였으나 대금이 확정되지 아니한 경우에는 그 대금 지급일로 함(현금주의)

Ⅷ 기타소득의 과세방법

구분	대상	원천징수	과세방법
(1) 무조건 분리과세	① 복권당첨소득 ② 승마투표권, 승자투표권 등 ③ 슬롯머신 등의 당첨금품 등	소득금액의 20% (3억원 초과 30%)	원천징수로 과세가 종결됨 (신고의무 없음)
	④ 세액공제받은 연금계좌납입액과 운용 수익을 연금외수령	소득금액의 15%	
	⑤ 서화·골동품의 양도소득	소득금액의 20%	
	⑥ 가상자산소득(2025년부터 시행)	×	분리과세하나 확정신고의무 있음
(2) 무조건 종합과세	뇌물·알선수재·배임수재로 인한 금품	×	소득금액에 관계없이 종합과세됨
(3) 조건부 분리과세	① 계약금이 위약금·배상금으로 대체	×	종합과세 원칙 (단, 소득금액의 합계액이 300만원 이하인 경우 분리과세를 선택 가능*)
	② 소기업·소상공인 공제부금의 해지일 시금 (법정 외의 사유)	소득금액의 15%	
	③ 위 외의 기타소득	소득금액의 20%	

* '계약금이 위약금·배상금으로 대체된 경우의 위약금과 배상금'은 분리과세를 선택한 경우에도 과세표준확정신고를 하여야 하며 결정세액은 '기타소득금액의 20%'로 한다. 그 외의 조건부 분리과세 기타소득은 원천징수로 과세가 종결된다.

* 과세최저한

구 분	소득세를 과세하지 않는 금액
① 승마투표권, 승자투표권, 소싸움경기투표권 및 체육진흥투표권의 환급금	건별로 권면에 표시된 금액의 합계액이 10만원 이하이고 다음 중 어느 하나에 해당하는 경우 ① 적중한 개별투표당 환급금이 10만원 이하인 경우 ② 단위투표금액당 환급금이 단위투표금액의 100배 이하이면서 적중한 개별투표 당 환급금이 200만원 이하인 경우
② 복권당첨금[1]슬롯머신 등의 당첨금품	건별로 200만원 이하인 경우
③ 가상자산소득	2025년부터 해당 과세기간의 가상자산소득금액이 250만원 이하인 경우
④ 위 외의 기타소득	건별로 기타소득금액(연금계좌에서 연금외수령한 기타소득금액 제외)이 5만원 이하인 경우

[1] 복권당첨금을 분할하여 지급받는 경우 합계액

CHAPTER 06 소득금액계산의 특례

I 부당행위계산의 부인

구분		내 용
부인효과		다음의 요건에 충족하는 경우 그 거주자의 행위 또는 계산과 관계없이 해당 과세기간의 소득금액을 계산할 수 있다(법률상거래는 유효). → 조세부담의 증가
요건	특수관계인과의 거래	국세기본법에 따른 다음의 특수관계인을 말한다. ① 본인과 친족관계 ② 경제적 연관관계(임원, 직원, 생계유지) ③ 경영지배관계
	대상소득	출자공동사업자의 배당소득 · 사업소득 · 기타소득 · 양도소득일 것 * 이자 · 배당(출자공동사업자의 배당소득 제외) · 근로 · 연금 · 퇴직소득은 부당행위계산의 부인대상이 아님
	부당거래	조세 부담을 부당하게 감소시킨 것으로 인정되는 경우 → 법인세법 규정 준용 예 저가양도, 고가매입, 저율대여, 고율차입, 무수익자산의 매입 등
중요성기준		시가와 거래가액의 차액이 3억원 이상이거나 시가의 5% 이상인 경우만 적용함 * 무수익자산을 매입하여 그 자산에 대한 비용을 부담하는 경우는 제외
적용 배제		직계존비속에게 주택을 무상으로 사용하게 하고 직계존비속이 해당 주택에서 실제로 거주한경우 → 부당행위×, 그 주택 관련비용은 가사 관련비용으로 봄

Ⅱ 결손금과 이월결손금의 공제

1. 사업소득의 결손금

구분	내 용
사업소득의 결손금	부동산임대업 이외의 사업(일반사업) 및 주거용 건물 임대업의 결손금은 그 과세기간의 종합소득과세표준을 계산할 때 근로소득금액·연금소득금액·기타소득금액·이자소득금액·배당소득금액에서 순서대로 공제한다. * 부동산임대업(주거용 제외)에서 발생한 결손금은 종합소득과세표준을 계산할 때 공제하지 않는다.
사업소득의 이월결손금	이월결손금이 발생한 과세기간 종료일부터 15년 이내에 끝나는 과세기간의 소득금액을 계산할 때 먼저 발생한 이월결손금부터 순서대로 다음에 따라 공제한다. 다만, 부과제척기간이 지난 후 부과제척기간 이전 과세기간의 이월결손금이 확인된 경우 그 이월결손금은 공제하지 아니한다. ① 일반사업 및 주거용 건물 임대업에서 발생한 이월결손금은 사업소득금액·근로소득금액·연금소득금액·기타소득금액·이자소득금액·배당소득금액에서 순서로 공제 ② 부동산임대업에서 발생한 이월결손금은 부동산임대업의 소득금액에서 공제한다.
금융소득에 대한 특례	일반사업 및 주거용 건물 임대업에서 발생한 결손금과 이월결손금 공제하는 경우 종합과세 되는 이자소득금액과 배당소득금액이 있으면 다음과 같이 적용 ① 원천징수세율 적용 금융소득 : 공제할 수 없음 ② 기본세율 적용 금융소득 : 금융소득금액의 범위 내에서 공제여부와 금액을 선택
추계시	추계시 이월결손금을 공제×(결손금은 공제가능). 천재지변 등 장부·증명서류가 멸실된 경우 공제가능

2. 중소기업의 결손금소급공제에 따른 환급

구분	내 용
요건 (모두 갖춘 경우)	① 조세특례제한법상 중소기업의 사업소득(부동산임대업 제외)에서 발생한 이월결손금 ② 직전 과세기간의 중소기업의 사업소득에 대한 소득세액이 있을 것 ③ 결손금이 발생한 과세기간과 그 직전 과세기간의 소득세를 기한 내 신고할 것 ④ 과세표준 확정신고기한 내에 소급공제 환급신청(환급신청×= 경청청구 불가)
결손금 감소시 세액의 추징	다음의 경우에는 환급세액(①과 ②는 과다하게 환급된 세액 상당액)과 그에 대한 이자상당액을 그 이월결손금이 발생한 과세기간의 소득세로서 징수한다. ① 결손금이 감소된 경우 ② 결손금 발생 직전 과세기간에 대한 종합소득과세표준과 세액을 경정하여 환급세액이 감소된 경우 ③ 중소기업 요건을 갖추지 않고 환급을 받은 경우

Ⅲ 공동사업에 대한 소득금액 계산의 특례

1. 공동사업의 범위 및 소득금액 계산 일반기준

구분	내 용
공동사업의 범위	공동사업은 사업소득이 발생하는 사업을 공동으로 경영하고 그 손익을 분배하는 사업을 말한다. 이에는 출자공동사업자가 있는 공동사업을 포함한다.
공동사업 소득금액 계산 일반기준	공동사업장(사업을 경영하는 장소)을 1거주자로 보아 공동사업장별로 소득금액을 계산한 후, 소득금액을 공동사업자(출자공동사업자 포함)간에 약정된 손익분배비율(없는 경우 지분비율)에 의하여 분배되었거나 분배될 소득금액에 따라 각 공동사업자별로 분배한다.

2. 공동사업의 합산과세 특례

구분	내 용
(1) 요건 및 효과	거주자 1인과 생계를 같이하는 국세기본법상 특수관계인이 공동사업자에 포함되어 있는 경우로 손익분배비율을 거짓으로 정하는 등의 사유가 있는 경우에는 그 특수관계인의 소득금액은 주된 공동사업자의 소득금액으로 본다.(특수관계여부는 과세기간말을 기준으로 함) * 공동사업장에서 발생한 이자소득과 배당소득은 합산되지 아니한다.
(2) 주된 공동사업자	① 손익분배비율이 가장 큰 공동사업자 ② ①이 동일한 경우는 공동사업소득 외의 종합소득금액이 가장 많은 자 ③ ②가 동일한 경우는 직전연도의 종합소득금액이 가장 많은 자 ④ ③도 동일한 경우에는 해당 사업에 대한 종합소득 과세표준을 신고한 자. * 공동사업자 모두가 종합소득과세표준을 신고하였거나 신고하지 아니한 경우 납세지 관할세무서장이 정하는 자

Ⅳ 출자공동사업자 배당소득

지급금액의 25%를 원천징수하여 다음달 10일까지 납부하여야 한다. (해당연도 배당을 다음연도 3월 31일까지 지급하지 않은 경우 3월 31일에 지급한 것으로 보아 원천징수)

V 그 밖의 소득금액계산의 특례

구분		내 용			
채권 등에 대한 소득금액 계산과 원천징수 특례	소득금액 계산 특례	채권 발생 이자와 할인액은 채권의 상환기간 중에 보유한 개인(거주자 또는 비거주자)에게 보유기간의 이자상당액이 각각 귀속되는 것으로 본다.			
	보유기간 이자상당액 계산방법	개인의 보유기간 이자상당액은 매수일(채권발행일 또는 직전 원천징수일)의 다음날부터 매도일까지의 보유기간에 대하여 약정된 이자계산방식에 따라 계산한 금액을 말한다.			

매도자	매수자	원천징수의무자	원천징수
개인	개인	–	원천징수의무 없음
개인	법인	매수법인	매수법인이 원천징수
법인	개인	매도법인(대리)	매도법인이 원천징수
법인	법인	매도법인(대리)	매도법인이 원천징수

(보유기간 이자상당액 원천징수)

구분	내 용
상속의 경우 소득금액의 구분 계산	상속의 경우 피상속인의 소득과 상속인의 소득을 구분하여 각각 소득세를 계산하여야 한다. 다만, 연금계좌 가입자가 사망하였으나 배우자가 연금외수령 없이 연금계좌를 상속 승계시 연금계좌에 있는 피상속인의 소득금액은 상속인의 소득금액으로 보아 소득세를 계산한다.
중도 해지 이자소득금액 계산의 특례	확정신고 후 중도 해지로 지난 과세기간에 속하는 이자소득금액이 감액된 경우 중도 해지일이 속하는 과세기간의 종합소득금액에 포함된 이자소득금액에서 감액된 이자소득금액을 뺄 수 있다. 다만, 경정을 청구한 경우에는 그러하지 아니하다. 중도해지로 이자소득감액 ── 선택 ── 감액된 과세기간의 이자소득금액에서 차감 / 당초 신고된 과세기간에 대한 경정청구
비거주자 등과의 거래에 대한 소득금액 계산의 특례	조세조약의 상대국과 그 조세조약의 상호 합의 규정에 따라 거주자가 국외에 있는 비거주자 또는 외국법인과 거래한 그 금액에 대하여 권한 있는 당국 간에 합의를 하는 경우에는 그 합의에 따라 납세지 관할 세무서장 또는 지방국세청장은 그 거주자의 각 과세기간의 소득금액을 조정하여 계산할 수 있다.

종합소득 과세표준의 계산

I 기본구조

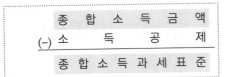

종 합 소 득 금 액	
(-) 소 득 공 제	종합소득공제, 조세특례제한법상 소득공제
종 합 소 득 과 세 표 준	

* 종합소득에서 미공제된 소득공제는 퇴직소득과 양도소득에서 공제할 수 없으며, 다음 연도로 이월되지 않는다. 종합소득공제는 연 단위로 공제하므로 월할계산하지 아니한다.

구 분		내 용
1. 인적공제	기본공제	대상자 1명당 150만원
	추가공제	장애인공제, 경로우대자공제, 부녀자공제, 한부모공제
2. 연금보험료공제		공적연금보험료 납부액 : 전액 공제
3. 주택담보노후연금 이자비용공제		Min[해당 과세기간에 발생한 주택담보노후연금 이자비용, 200만원]
4. 특별소득공제		보험료공제, 주택자금공제

* 인적공제의 합계액이 종합소득금액을 초과하는 경우 그 초과하는 공제액은 없는 것으로 한다.

II 기본공제

기본공제는 다음에 해당하는 사람의 수에 1명당 연 150만원을 곱하여 계산한다.→법인이 아닌 단체 ×

구 분	관 계	나 이	과세기간의 소득금액
(1) 본 인	해당 거주자(소득자 본인)	-	-
(2) 배우자	거주자의 배우자	-	
(3) 부양가족	① 직계존속*1)	60세 이상	100만원 이하 (총급여액 500만원 이하의 근로소득만 있는 경우 포함)
	② 직계비속과 입양자*2)	20세 이하	
	③ 형제자매	20세 이하 또는 60세 이상	
	④ 위탁아동	-	
	⑤ 국민기초생활보장 수급자	-	

*[1] 직계존속이 재혼한 경우에는 그 배우자로서 거주자의 직계존속과 혼인(사실혼 제외) 중임이 증명되는 사람(직계존속 사망시 사망일 전날을 기준으로 함)
*[2] 입양자란 법에 따라 입양한 양자 및 사실상 입양상태에 있는 사람으로서 거주자와 생계를 같이 하는 사람을 말한다.

* 공제대상자 판정기준

나이요건의 특례	① 장애인은 나이의 제한을 받지 아니한다. ② 해당 과세기간 중에 공제대상 나이에 해당되는 날이 있는 경우에는 공제대상자로 본다.
소득금액의 범위	기본공제대상자 판정시의 소득금액은 소득세법상의 소득금액(필요경비 차감후 금액)을 말한다. 따라서 비열거소득 및 비과세소득 · 분리과세소득은 포함하지 아니한다. '연간소득금액 = 종합소득금액 + 퇴직소득금액 + 양도소득금액'
공제대상자의 판정시기	공제대상자 판정은 과세기간 종료일 현재의 상황에 의한다. 다만, 과세기간 종료일 전 사망한 사람 · 장애가 치유된 사람에 대해서는 사망일 전날 · 치유일 전날의 상황에 따른다.
부양가족의 범위	거주자(배우자 포함)와 특정한 관계에 있는 자로서 생계를 같이하는 부양가족에 해당되는 자를 말한다. ① 생계를 같이 하는 부양가족은 주민등록표의 동거가족으로서 거주자의 주소 · 거소에서 현실적으로 생계를 같이 하는 사람으로 한다. 다만, 다음의 사람은 동거하지 아니하여도 생계를 같이하는 사람으로 본다. 　(가) 직계비속 · 입양자 　(나) 직계비속 · 입양자를 제외한 동거가족의 경우에는 취학, 질병의 요양, 근무상 · 사업상 형편 등으로 본래의 주소 · 거소를 일시 퇴거한 경우 　(다) 직계존속(배우자의 직계존속 포함)이 주거의 형편에 따라 별거하고 있는 경우 ② 직계비속 또는 입양자와 그 배우자가 모두 장애인일 경우에는 그 배우자를 포함 ③ 위탁아동이란 해당 과세기간에 6개월 이상 직접 양육한 위탁아동을 말한다. 다만, 직전과세기간에 소득공제를 받지 못한 경우에는 해당 위탁아동에 대한 직전 과세기간의 위탁기간을 포함하여 계산한다. ④ 계부모(의붓아버지와 의붓어머니), 의붓자녀도 직계존속 또는 직계비속에 포함

2. 추가공제

기본공제대상자가 추가공제 사유에 해당하는 경우

구 분	추가공제사유	추가공제액
(1) 장애인	장애인 등으로 근로능력이 없는 사람, 항시 치료를 요하는 중증환자	1명당 연 200만원
(2) 경로우대자	70세 이상인 경우	1명당 연 100만원
(3) 부녀자	소득자 본인(종합소득금액이 3천만원 이하인 거주자로 한정)이 배우자가 있는 여성이거나 배우자가 없는 여성으로서 기본공제대상자인 부양가족이 있는 세대주인 경우	연 50만원
(4) 한부모	배우자가 없는 사람으로 기본공제대상자인 직계비속 또는 입양자가 있는 경우 * 배우자가 해당 연도중 사망하여 기본공제를 적용받는 경우 한부모공제 적용배제	연 100만원

참고

추가공제의 중복적용

동일한 사람이 2 이상의 추가공제사유에 해당하는 경우 또는 하나의 추가공제사유에 2명 이상이 해 당하는 경우 추가공제는 중복하여 적용함. 단, 부녀자공제와 한부모공제에 모두 해당되는 경우 한부모공제를 적용함.

* 공제대상자가 중복되는 경우의 처리 등

구 분	내 용
공제대상자의 결정	거주자의 공제대상가족이 동시에 다른 거주자의 공제대상가족에 해당하는 경우 소득공제신고서에 기재된 바에 따라 그 중 1인의 공제대상가족으로 한다.
추가공제의 적용	기본공제와 추가공제는 다른 거주자가 분리하여 적용받을 수 없다.
신고서에 중복기재하거나 알 수 없는 경우	둘 이상의 거주자가 서로 자기의 공제대상가족으로 하여 신고서에 적은 경우 또는 누구의 공제대상가족으로 할 것인가를 알 수 없는 경우에는 다음에 따른다. ① 거주자의 공제대상배우자가 다른 거주자의 공제대상부양가족에 해당하는 경우 공제대상배우자로 한다. ② 거주자의 공제대상부양가족이 다른 거주자의 공제대상부양가족에 해당하는 때에는 직전 과세기간에 부양가족으로 인적공제를 받은 거주자의 공제대상부양가족으로 한다. 다만, 직전 과세기간에 부양가족으로 인적공제를 받은 사실이 없는 때에는 해당 과세기간의 종합소득금액이 가장 많은 거주자의 공제대상부양가족으로 한다.
거주자가 사망 또는 출국한 경우	① 해당 과세기간의 중도에 사망하였거나 외국에서 영주하기 위하여 출국한 거주자의 공제 대상가족으로서 상속인 등 다른 거주자의 공제대상가족에 해당하는 자에 대하여는 피상속인 또는 출국한 거주자의 공제대상가족으로 한다. ② 피상속인 또는 출국한 거주자에 대한 인적공제액이 소득금액을 초과하는 경우에는 그 초과하는 부분은 상속인 또는 다른 거주자의 소득금액에서 이를 공제할 수 있다.

III 특별소득공제

보험료공제와 주택자금공제를 특별소득공제라 하며, 특별소득공제액은 근로소득금액을 한도로 공제한다.

(1) 보험료공제

근로소득자(일용근로자 제외)가 과세기간에 국민건강보험법, 고용보험법 또는 노인장기요양보험법에 따라 근로자가 부담하는 보험료를 지급한 경우 해당 과세기간의 근로소득금액에서 공제한다. → 사회 보험료는 전액 공제함.

(2) 주택자금공제

주택임차자금 원리금상환액 소득공제 및 장기주택저당차입금 이자상환액공제를 말함.(근로소득금액에서 공제)

1) 공제대상

　① 주택임차자금 원리금상환액 소득공제 : 과세기간 종료일 현재 주택을 소유하지 아니한 세대의 세
　　대주로서 근로소득이 있는 거주자가 **국민주택규모의 주택**을 임차하기 위하여 주택임차자금 차입
　　금의 원리금상환액을 지급하는 경우

　② 장기주택저당 차입금이자 상환액공제 : 근로소득이 있는 거주자로서 주택을 소유하지 아니하거나
　　1주택을 보유한 세대의 세대주가 취득 당시 기준시가 5억원 이하인 주택을 취득하기 위하여 주택
　　에 저당권을 설정하고 금융회사 등으로부터 차입한 장기주택저당 차입금의 이자상환액. 다만, 세
　　대 구성원이 보유한 주택을 포함하여 과세기간 종료일 현재 2주택 이상을 보유한 경우 적용×

2) 공제액

구 분	공제액	공제한도	
① 주택청약종합저축 소득공제	납입액(연 240만원 한도)×40%	(① +②) 연 400만원 한도	(①+②+③) 연 500만원(15년 이상 장기주택저당차입금)
② 주택 임차자금 원리금상환액 소득공제	원리금상환액×40%		
③ 장기주택저당차입금의 이자상환액공제	이자상환액×100%		

Ⅳ 　연금보험료와 주택담보노후연금 이자비용 공제

1. 연금보험료공제

　종합소득이 있는 거주자가 공적연금 관련법에 따른 기여금 또는 개인부담금을 납입한 경우 해당 과세기
간의 종합소득금액에서 납입한 연금보험료를 전액 공제한다.

* 소득공제를 합한 금액이 종합소득금액을 초과하는 경우 초과 금액을 한도로 연금보험료공제를 받지 않은 것으로 본다.(과세제외기여금
　비과세를 위해 연금보험료공제를 다른 소득공제보다 후순위로 공제)

2. 주택담보노후연금 이자비용공제

구 분	내 용
공제 요건	다음의 요건을 모두 갖춘 주택담보노후연금이어야 한다. ① 법에 따라 주택담보노후 연금보증을 받아 지급받거나 금융기관의 주택담보노후연금일 것 ② 주택담보노후연금 가입 당시 담보권의 설정대상이 되는 주택(연금소득이 있는 거주자의 배우자 명의의 주택 포함)의 기준시가가 9억원 이하일 것
공제 금액	연금소득이 있는 거주자가 주택담보노후연금을 받은 경우 다음 금액을 연금소득금액에서 공제한다. 공제액* = Min[해당 연도에 발생한 주택담보노후연금 이자비용, 200만원] * 공제액이 연금소득금액을 초과하는 경우 그 초과금액은 없는 것으로 한다.

V 종합소득공제 등의 배제

구 분	내 용
① 분리과세대상	분리과세 소득만이 있는 자에 대해서는 종합소득공제를 적용하지 아니한다.
② 증명서류 미제출 *나중에 제출한 경우 미적용	과세표준 확정신고를 하여야 할 자가 소득공제를 증명하는 서류를 제출하지 아니한 경우에는 거주자 본인에 대한 기본공제와 표준세액공제만을 공제한다.
③ 수시부과 결정	기본공제 중 거주자 본인에 대한 기본공제만을 공제한다.

08 차감납부할세액 계산

Ⅰ 특례

1. 금융소득에 대한 세액계산 특례 … 비교과세

(1) 금융소득이 2천만원을 초과하는 경우

종합소득 산출세액 : Max[①, ②]
① 일반산출세액 : 2천만원×14%+(과세표준−2천만원)×기본세율
② 비교산출세액(분리과세시 세액) : Max[a, b]

    a. 기준금융소득[1] × 원천징수세율[2] + (출자공동사업자 배당소득+다른 종합소득금액[3] − 소득공제) × 기본세율

    b. 기준금융소득[1] × 원천징수세율[2] + 출자공동사업자 배당소득 × 14% + (다른 종합소득금액[3] − 소득공제) × 기본세율

[1] 기준금융소득 : 배당가산액 가산×, 사업소득 결손금·이월결손금과 종합소득공제를 공제하기 전 금액이다. (금융소득 총수입금액)
[2] 원천징수세율(원천징수되지 않은 금융소득 포함) : 14%[비영업대금의 이익 25%(적격P2P 금융대출은 14%)]
[3] 다른 종합소득금액 : 사업소득의 결손금·이월결손금을 공제한 경우에는 공제한 후의 금액이다.

(2) 기준금융소득이 2천만원 이하인 경우

종합소득 산출세액 = 위 (1)의 ② 비교산출세액

2. 부동산매매업자에 대한 세액계산 특례 … 비교과세

구 분	내 용
부동산 매매업의 범위	부동산매매업 : 비주거용 건물건설업(자영건설하여 판매하는 경우)과 부동산개발 및 공급업을 말한다. 다만, 주거용 건물 개발 및 공급업(구입한 주거용 건물을 재판매하는 경우 제외)은 제외한다.

세액계산 특례 적용 대상	부동산매매 업자의 종합소득금액에 다음에 해당하는 자산의 매매차익이 있는 경우
	① 비사업용 토지 ② 미등기자산 ③ 분양권
	④ 조정대상지역에 있는 주택으로서 다음의 주택
	  (가) 1세대 2주택에 해당하는 주택 또는 1세대 3주택 이상에 해당하는 주택
	  (나) 1세대가 1주택과 조합원입주권or분양권을 1개 보유한 경우(단, 장기임대주택 등은 제외)
	  (다) 1세대가 주택과 조합원입주권or분양권의 합이 3이상인 경우(단, 장기임대주택 등 제외)

구분	내 용
세액계산 방법	종합소득 산출세액 : Max[①, ②] ① 일반산출세액 : 종합소득 과세표준×기본세율 ② 비교산출세액 : (종합소득 과세표준−부동산 매매차익)×기본세율+(부동산 매매차익−장기보유특 별공제−양도소득기본공제[*1])×양도소득세율

[*1] 양도소득기본공제 : 거주자별로 250만원을 공제하며, 해당 과세기간에 여러 가지 자산을 양도 한 경우에는 먼저 양도한 자산부터 먼저 공제한다. 다만, 미등기양도자산은 공제하지 않는다.

3. 주택임대소득에 대한 세액 계산의 특례(비교과세)

구분	내용
분리과세 주택임대소득	주거용 건물 임대업에서 발생한 총수입금액의 합계액[*]이 2천만원 이하인 자의 주택임대소득 * 공동사업자인 경우 공동사업장에서 발생한 주택임대수입금액의 합계액을 손익분배비율에 의하여 공동사업자에게 분배한 수입금액을 합산한 금액을 말한다.
비교과세	종합소득 결정세액 : ①과 ② 중 선택 ① 분리과세 주택임대소득을 종합소득에 포함하여 계산한 종합소득 결정세액 ② 분리과세시 세액 : (a)+(b) (a) 분리과세 주택임대소득 사업소득금액×14%−세액감면 　(b) (a) 외의 종합소득 결정세액 [*1] 주택임대업자가 등록임대주택을 임대하는 경우에는 60% [*2] 공제금액 : 분리과세 주택임대소득을 제외한 해당 과세기간의 종합소득금액이 2천만원 이하인 경우에 200만원(임대주택등록자는 400만원)을 공제함
확정신고 의무	분리과세 주택임대소득만 있는 경우에도 확정신고를 하여야 한다.
사업자등록	분리과세 주택임대소득만 있는 사업자의 경우에도 사업자등록을 하여야 한다.

4. 연금소득세액계산 특례

선택[연금소득 합산과세, 분리과세연금소득외 연금소득×15%+이외의 종합소득결정세액]

Ⅱ 세액공제와 감면

1. 자녀세액공제

구분	내용		
공제대상	종합소득이 있는 거주자의 기본공제대상자에 해당하는 자녀(입양자 및 위탁아동 포함, 이하 '공제대상자녀')가 있는 경우 → 손자·손녀는 공제대상 아님		
자녀세액공제액	**구분(①+②)**		**자녀세액공제액**
	① 공제대상 자녀 수 : <u>8세</u> 이상인 사람만 대상	1명인 경우	연 15만원
		2명인 경우	연 30만원
		3명 이상인 경우	연 30만원+2명 초과 1명당 연 30만원
	② 해당 과세기간에 출산하거나 입양신고한 공제대상자녀	첫째인 경우	연 30만원
		둘째인 경우	연 50만원
		셋째 이상인 경우	연 70만원

2. 연금계좌세액공제

구분	내용
공제대상	종합소득이 있는 거주자가 연금계좌 납입액(이연퇴직소득과 연금계좌에서 다른 연금계좌로 계약을 이전함으로써 납입되는 금액은 제외)이 있는 경우
연금계좌 세액 공제액	연금계좌세액공제액 : {Min[①, (한도) 연 <u>900만원</u>]+②}×12%(또는 15%[*1]) ① Min[연금저축계좌 납입액, 연 <u>600만원</u>(또는 연 300만원)]+퇴직연금계좌 납입액 ② Min[ISA 만기 시 연금계좌 전환금액 ×10%, 300만원] [*1] 15% 적용 : 종합소득금액이 <u>4천5만원</u> 이하(근로소득만 존재시 총급여액 5천5백만원 이하)인 거주자

3. 특별세액공제

보험료세액공제, 의료비세액공제, 교육비세액공제, 기부금세액공제(항목별 세액공제)와 표준세액공제

(1) 보험료세액공제

구분	내 용
1) 공제대상	근로소득자(일용근로자 제외)가 보장성보험료를 지급한 경우(저축성 보험×)
2) 공제대상	① 일반 보장성보험료 : 기본공제대상자를 피보험자로 하는 보장성보험료(② 제외) ② 장애인 전용 보장성보험료 : 기본공제대상자 중 장애인을 피보험자 또는 보험수익자로 하는 보험료
3) 세액 공제액	보험료세액공제액= 일반보장성 보험료 min[보험료지급액, 연100만원]×12% 장애인 보장성 보험료 min[보험료지급액, 연100만원]×15%

(2) 의료비세액공제

근로소득자(일용근로자 제외)가 기본공제대상자(나이·소득 제한×)를 위하여 공제대상 의료비를 근로자가 직접 지급한 경우(실손의료보험금은 제외)

구분	내 용
공제대상 의료비	① 진찰·치료·질병예방을 위하여 의료기관(한의원·조산원 포함)에 지급하는 비용 ② 치료·요양을 위하여 의약품(한약 포함)을 구입하고 지급하는 비용 ③ 장애인 보장구 및 의사등의 처방에 따라 의료기기를 직접 구입하거나 임차하기 위해 지출한 비용 ④ 시력보정용 안경 또는 콘택트렌즈 구입을 위하여 지출한 비용으로서 기본공제대상자(나이 및 소득의 제한을 받지 아니함) 1명당 연 50만원 이내의 금액 ⑤ 보청기를 구입하기 위하여 지출한 비용 ⑥ 장기요양급여에 대한 비용으로서 실제 지출한 본인 일부부담금 ⑦ 해당 과세기간의 총급여액이 7천만원 이하인 근로자가 산후조리원에 산후조리 및 요양의 대가로 지급하는 비용으로서 출산 1회당 200만원 이내의 금액
세액공제액	의료비세액공제액= (난임시술비×30%)+(미숙아등 의료비×20%)+(그외 의료비×15%)

(3) 교육비세액공제

근로소득자(일용근로자 제외)가 본인과 기본공제대상자를 위하여 교육비를 지급한 경우

교육비세액공제=(일반교육비+직업능력개발훈련비+장애인특수교육비)×15%

① 일반교육비

구분	내용		
	교육기관의 범위	피교육자의 범위	공제한도
공제대상 교육기관	① 법에 의한 학교, 고등학교졸업 이하의 학력이 인정되는 평생교육시설, 전공대학, 원격대학, 학위취득과정 및 이와 유사한 국외교육기관(본인 제외 피교육자의 경우 대학원 제외)*1) ② 영유아보육법에 의한 어린이집 ③ 학원 또는 체육시설*2)	거주자(본인) 기본공제대상자(나이 제한 없음)인 배우자, 직계비속, 입양자, 위탁아동, 형제자매	없음 · 대학생 : 1명당 연 900만원 · 초등학교 취학 전 아동과 초 · 중 · 고등학생 : 1명당 연 300만원

*1) 본인의 경우 : 대학(전공대학, 원격대학 및 학위취득과정 포함) 또는 대학원의 1학기 이상에 해당하는 교육과정과 고등교육법에 따른 시간제과정 포함
*2) 초 · 중 · 고등학생 등의 학원비는 공제대상이 아니다.

구분	내용
교육비의 범위	① 수업료 · 입학금 · 입학전형비 · 수능응시료 · 보육비용 · 수강료 및 그 밖의 공납금 ② 법에 따라 급식을 실시하는 학교, 유치원, 어린이집, 학원 및 체육시설(초등학교 취학 전 아동의 경우만 해당함)에 지급한 급식비 ③ 초 · 중등교육법에 따른 학교에서 구입한 교과서대금(초 · 중 · 고등학교의 학생만 해당함) ④ 교복 구입비용(중 · 고등학교의 학생만 해당함. 학생 1명당 연 50만원 한도) ⑤ 초 · 중등교육법, 유아교육법, 영유아보육법에 따른 학교, 유치원, 어린이집, 학원 및 체육시설(초등학교 취학 전 아동의 경우만 해당함)에서 실시하는 방과후 학교나 방과후 과정 등의 수업료 및 특별활동비(학교 등에서 구입한 도서 구입비와 학교 외에서 구입한 초 · 중 · 고등학교의 방과후 학교 수업용 도서의 구입비 포함) ⑥ 초 · 중등교육법에 따른 학교에서 교육과정으로 실시하는 현장체험학습에 지출한 비용(초 · 중 · 고등학교의 학생만 해당함. 학생 1명당 연 30만원 한도) ⑦ 근로소득자가 본인의 학자금 대출(등록금에 대한 대출에 한정함)의 원리금 상환에 지출한 교육비(원리금 상환 연체로 인하여 추가로 지급하는 금액, 원리금 중 감면받거나 면제받은 금액, 지방자치단체 또는 공공기관 등으로부터 학자금을 지원받아 상환한 금액 제외) → 취업 후 상환 학자금 대출, 일반 상환 학자금 대출, 농어촌 출신 대학생의 학자금 대출 등 * 배우자 · 직계비속 · 입양자 · 위탁아동 · 형제자매가 학자금 대출을 받아 지급하는 교육비는 제외한다.
일반교육비 공제대상액	일반교육비 공제대상액 = Min[① 교육비총액−비과세 장학금 · 학자금* , ② 공제한도] * 소득세 또는 증여세가 비과세되는 장학금 또는 학자금 : 근로자 본인의 비과세 학자보조금, 사내 근로복지기금 장학금 등, 재학 중인 학교의 장학금등, 근로자인 학생이 직장으로부터 받은 장학금 등

② 장애인특수교육비

구 분	내 용
공제대상	근로소득자(일용근로자 제외)가 기본공제대상자인 장애인(소득의 제한을 받지 아니함)을 위하여 다음의 기관에 지급하는 장애인특수교육비 ① 사회복지시설, 보건복지부장관이 장애인 재활교육을 실시하는 기관으로 인정한 비영리법인 ② 위 ①의 시설 또는 법인과 유사한 것으로서 외국에 있는 시설 또는 법인 ③ 장애아동복지지원법에 따라 지방자치단체가 지정한 발달재활서비스 제공 기관(과세기간 종료일 현재 18세 미만인 사람만 해당함)

(4) 기부금세액공제

구 분	내 용
공제대상	거주자(사업소득만 있는 자는 제외하되, 연말정산대상 사업소득만 있는 자*는 포함한다)가 지급한 기부금이 있는 경우 * 간편장부대상자인 보험모집인, 방문판매원, 음료품 배달원
기본공제대상자지출 기부금	기본공제대상자(나이의 제한을 받지 아니하며, 다른 거주자의 기본공제를 적용받은 사람은 제외)가 지급한 기부금도 공제대상임
기부금세액공제액의 계산	다음의 금액을 종합소득 산출세액(필요경비에 산입한 기부금이 있는 경우 사업소득에 대한 산출세액*은 제외함)에서 공제한다. 기부금 세액공제액 = 세액공제대상 기부금 × 15%(1천만원 초과분 30%) * 사업소득에 대한 산출세액 = 종합소득 산출세액 × $\dfrac{\text{사업소득금액}}{\text{종합소득금액}}$ * 세액공제대상 기부금 = 한도 내 기부금 − 사업소득 필요경비산입 기부금

(5) 표준세액공제

구 분		표준세액공제
① 근로소득이 있는 거주자로서 특별소득공제나 항목별 세액공제 및 조세특례제한법상 월세세액공제 신청을 하지 아니한 경우		연 13만원
② 종합소득이 있는 거주자(근로소득이 있는 자 제외)로서 조세특례제한법상 의료비세액공제, 교육비세액공제 및 월세세액공제 신청을 하지 아니한 경우	성실사업자의 경우	연 12만원
	위 외의 경우	연 7만원

4. 외국납부세액공제, 배당세액공제 및 근로소득세액공제

구분	대상자	내용
외국납부 세액공제	거주자	외국납부세액공제액 : Min[①, ②] ① 외국납부세액[1)] ② 한도액[2)] : 종합소득 산출세액× [1)] 직접외국납부세액(가산세 제외)+의제외국납부세액 [2)] 한도액은 국별한도방식으로 하며, 한도초과액은 10년간 이월하여 공제받을 수 있다. 다만, 이월공제 기간 내에 공제받지 못한 경우 그 공제받지 못한 외국소득세액은 이월공제기간의 종료일 다음 날이 속하는 과세기간의 소득금액을 계산할 때 필요경비에 산입할 수 있다.
배당세액 공제	거주자	배당세액공제액 : Min[①, ②] ① 배당가산액 ② 한도액 : 종합소득 산출세액−비교산출세액

구분	대상자	근로소득에 대한 종합소득 산출세액*	근로소득세액공제액
근로소득 세액공제	근로 소득자	130만원 이하	산출세액*×55%
		130만원 초과	715,000+(산출세액*−130만원)×30%

5. 기장세액공제와 재해손실세액공제

구분	대상자	내용
기장세액 공제	간편장부 대상사업자	간편장부대상자가 복식부기로 기장한 경우 기장세액공제액 : Min[①, ②] ① 산출세액 × $\dfrac{\text{기장된 사업소득금액}}{\text{종합소득금액}}$ × 20% ② 한도액 : 연간 100만원 * 기장세액공제 배제요건 ① 비치·기록한 장부에 의하여 신고하여야 할 소득금액의 20% 이상을 누락하여 신고한 경우 ② 기장세액공제와 관련된 장부 및 증명서류를 해당 과세표준 확정신고기간 종료일부터 5년간 보관하지 아니한 경우. 다만, 천재지변 등 부득이한 사유에 해당하는 경우에는 그러하지 아니한다.
재해손실 세액공제	재해로 인하여 사업용 자산 총액의 20% 이상을 상실한 사업자	① 재해손실세액공제액 다음 표 참조 ② 한도액 : 상실된 자산의 가액

① 재해손실세액공제액

구분	재해손실세액공제액
재해발생일 현재 미납부 소득세	재해발생일 현재 부과되지 아니한 소득세와 미납된 사업소득에 대한 소득세액(종전 규정의 가산금 포함)×자산상실비율[1]
재해발생일이 속하는 과세기간의 소득세	재해발생일이 속하는 과세기간의 사업소득에 대한 소득세액×자산상실비율[1]

② 한도액 : 상실된 자산의 가액

[1] ① 자산상실비율의 계산은 사업자별(사업장 아님)로 자산총액을 기준으로 하며, 사업용 자산에 토지는 제외한다.

② 상실된 사업용 자산가액 계산시 보험금을 받은 경우에도 보험금을 차감하지 않는다.

📎참고

전자계산서 발급전송 세액공제

직전 과세기간의 사업장별 총수입금액이 3억원 미만인 사업자가 전자계산서를 2022.7.1.부터 2024.12.31.까지 발급(전자계산서 발급명세를 전자계산서 발급일의 다음 날까지 국세청장에게 전송한 경우로 한정함)한 경우

세액공제액(연간 한도 : 100만원)=전자계산서 발급 건수×200원

Ⅲ 기납부세액

1. 원천징수

(1) 원천징수대상과 원천징수세율(☞ 각 소득에서 설명한 내용 참조)

(2) 원천징수 면제

① 비과세소득 또는 면제소득을 지급하는 경우

② 미지급 소득이 이미 종합소득에 합산되어 소득세가 과세된 후 그 미지급 소득을 지급하는 경우

③ 법인이 「채무자 회생 및 파산에 관한 법률」에 따른 회생절차에 따라 특수관계인이 아닌 다른 법인에 합병되는 등 지배주주가 변경(이하 '인수')된 이후 회생절차 개시 전에 발생한 사유로 인수된 법인의 대표자 등에 대하여 법인세법에 따라 상여로 처분되는 소득

(3) 연말정산

구 분	연말정산시기
간편장부대상자인 보험모집인, 방문판매인, 음료품 배달원 사업소득*	• 다음 연도 2월분 사업소득을 지급하는 때(2월분 사업소득을 2월 말까지 지급하지 아니하거나 2월분 사업소득이 없는 경우에는 2월 말) • 거래계약을 해지하는 달의 사업소득을 지급하는 때
근로소득	• 다음 연도 2월분의 근로소득을 지급하는 때 • 퇴직자의 퇴직하는 달의 근로소득을 지급하는 때
공적연금소득	다음 연도 1월분 공적 연금소득을 지급하는 때(공적 연금소득을 받는 자가 해당 과세기간 중에 사망한 경우에는 사망일이 속하는 달의 다음다음 달 말일)

* 방문판매인과 음료품배달원의 사업소득은 연말정산의무자가 연말정산을 신청한 경우에만 해당한다.

* 소득·세액공제신고서를 제출하지 않는 경우 본인에 대한 기본공제와 표준세액공제만 적용한다.

2. 중간예납

구 분		소득세법	법인세법
(1) 중간예납대상자		사업소득이 있는 거주자	사업연도 기간 6개월 초과
(2) 중간예납기간		1.1.~ 6.30.	사업 연도 개시일로부터 6개월이 되는 날
(3) 중간예납세액 계산방법	원칙	직전 과세기간 실적기준	직전 사업연도 실적기준과 중간예납기간 실적기준 중 선택
	예외	• 중간예납기간실적기준 : – 중간예납기준액이 없는 거주자 중 복식부기의무자가 해당 과세기간의 중간 예납기간 중 사업소득이 있는 경우(강제) – 중간예납추계액이 중간예납기준액의 30%에 미달하는 경우(선택)	• 직전 사업연도 실적기준(강제) : 중간예납의 납부기한까지 중간예납세액을 납부하지 아니한 경우 • 중간예납기간 실적기준(강제) : 전기 산출세액이 없는 경우, 중간예납기간 만료일까지 전기 법인세의 미확정 등
(4) 중간예납 세액의 신고·납부		11월 중 고지납부	중간예납기간 종료일로부터 2개월 이내에 자진신고납부
(5) 소액부징수 (납부의무면제)		50만원 미만인 경우 징수하지 않음	직전 사업연도의 중소기업으로서 직전 사업연도의 실적기준이 50만원 미만인 내국법인

사업자 중 중간예납 제외대상

① 신규사업자 ② 사업소득 중 수시부과하는 소득 ③ 사업소득 중 속기·타자 등 사무지원 서비스업
④ 분리과세 주택임대소득 ⑤ 사업소득 중 자영예술업과 기타 스포츠 서비스업 ⑥ 보험모집원
⑦ 방문판매인(직전 과세기간의 사업소득에 대한 소득세를 연말정산한 경우에 한정함)

(1) 원천징수세액의 납부

구 분	내 용
원칙	원천징수한 세액은 다음 달 10일까지 납부
반기별 납부대상자*	[원칙] 징수일이 속하는 반기의 다음 달 10일까지 납부 [예외] 반기별 납부를 할 수 없는 원천징수세액 ① 법인세법에 따라 배당·상여·기타소득으로 처분된 금액 ② 「국제조세조정에 관한 법률」에 따라 소득처분된 금액 ③ 비거주 연예인 등의 용역제공과 관련된 원천징수세액

* 반기별 납부대상자 : 다음의 원천징수의무자로서 원천징수 관할 세무서장으로부터 원천징수대상 소득에 대한 원천징수세액을 매 반기별로 납부할 수 있도록 승인을 받거나 국세청장이 정하는 바에 따라 지정을 받은 자
① 직전 과세기간(신규사업자의 경우에는 신청일이 속하는 반기)의 상시고용인원이 20명 이하인 원천징수의무자(금융 및 보험업을 경영하는 자는 제외) → 금융보험업자는 반기별 납부대상이 아님(∵ 금융보험업자는 원천징수세액이 큰 경우가 많음)
② 종교단체 → 종교단체는 상시고용인원이 20명을 초과하더라도 반기별납부 가능

(2) 원천징수시기 특례

구 분	종 류	원천징수시기
이자소득	금융회사 등이 매출·중개하는 어음과 표지어음	할인매출일과 만기일 중 선택
	위 외의 이자소득	총수입금액의 수입시기
배당소득	의제배당	총수입금액의 수입시기
	위 외의 배당소득	배당소득 수입시기
미지급 소득	연말정산대상 사업소득·근로소득·퇴직소득 미지급분	1월부터 11월까지분 : 12월 31일
		12월분 : 다음 연도 2월 말
	잉여금처분에 의한 배당·상여 미지급분	처분결정일로부터 3개월이 되는 날(11월 1일부터 12월 31일까지의 기간 중 결정된 경우에는 다음 연도 2월 말)
	출자 공동사업자의 배당소득 미지급분	과세기간 종료 후 3개월이 되는 날
	동업기업에서 배분받는 이자·배당소득 미지급분	동업기업의 과세기간 종료 후 3개월이 되는 날
소득처분 소득	인정배당·인정상여·기타소득	경정 : 소득금액변동통지서를 받은 날
		법인이 신고 : 신고일 또는 수정신고일

3. 수시부과

구 분	내 용
수시부과 사유	① 조세포탈우려 : 사업부진 그 밖의 사유로 장기간 휴업 또는 폐업상태에 있는 경우 등 조세를 포탈할 우려가 있다고 인정되는 상당한 이유가 있는 경우 ② 외국군 등 군납 : 주한국제연합군 또는 외국기관으로부터 받을 수입금액을 외국환은행을 통하여 외환증서 또는 원화로 영수하는 경우
수시부과 대상기간	해당 과세기간의 사업개시일~수시부과사유 발생일 * 확정신고기한 이전에 수시부과사유가 발생한 경우로서 납세자가 직전 과세기간에 대하여 과세표준 확정신고를 하지 아니한 경우 : 직전 과세기간을 수시부과기간에 포함
수시부과세액 계산	① 조세포탈우려 : (종합소득금액−본인에 대한 기본공제)×기본세율 ② 외국군 등 군납 : 총수입금액×(1−단순경비율)×기본세율
수시부과세액의 처리	① 수시부과소득을 확정신고하고, 수시부과세액은 기납부세액으로 공제한다. ② 수시부과 후 다른 소득이 없는 경우에는 확정신고를 하지 않아도 된다.

CHAPTER 09

퇴직소득세

구분	내용
(1) 퇴직소득의 범위	① 사용자 부담금을 기초로 하여 현실적인 퇴직을 원인으로 지급받는 소득 ② 공적연금 관련법에 따라 받는 일시금, 지연이자(2002.1.1. 이후 납입분) ③ 종교관련 종사자가 현실적인 퇴직을 원인으로 종교단체로부터 지급받는 소득
(2) 퇴직판정의 특례	퇴직으로 보지 않는 경우 : 다음 중 어느 하나에 해당하는 사유가 발생했으나 퇴직급여를 실제로 받지 않는 경우는 퇴직으로 보지 않을 수 있다. ① 종업원이 임원이 된 경우 ② 합병·분할 등 조직변경, 사업양도, 다른 사업장(동일 경영자)으로 전출이 이루어진 경우 ③ 법인의 상근임원이 비상근임원이 된 경우 ④ 비정규직 근로자가 정규직 근로자로 전환된 경우 퇴직한 것으로 보는 경우 : 계속근로기간 중에 특정사유*로 퇴직급여를 미리 지급받은 경우(임원인 근로소득자 포함) 그 지급받은 날에 퇴직한 것으로 본다. * 법에 따른 퇴직금의 중간정산 사유에 해당하는 경우, 퇴직연금제도가 폐지되는 경우
(3) 임원의 퇴직소득 한도액	법인세법상 임원의 퇴직소득금액(공적연금 관련법에 따라 받는 일시금 제외, 2011.12.31.에 퇴직하였다고 가정할 때 지급받을 퇴직소득금액이 있는 경우에는 그 금액을 뺀 금액) 중 임원퇴직소득 한도액을 초과하는 금액은 근로소득으로 본다.
(4) 비과세 소득	비과세 근로소득에 대한 규정을 준용
(5) 퇴직소득세 계산구조	(퇴직소득금액 − 근속연수공제[*1]) ÷ 근속연수 × 12 = 환　산　급　여 (−) 환　산　급　여　공　제 　　퇴　직　소　득　과　세　표　준 　× 기본세율÷12×근속연수 　　퇴　직　소　득　산　출　세　액 (−) 외　국　납　부　세　액　공　제 　　퇴　직　소　득　결　정　세　액* * 원천납부세액이 있는 경우 차감하여 차감납부세액 계산

[*1] 근속연수공제 : 근속연수는 근로를 제공하기 시작한 날 또는 퇴직소득중간지급일의 다음 날부터 퇴직한 날까지로 한다. (근로기간으로 보지 아니한 기간은 제외한다, 1년 미만은 1년으로 함)

근속연수	5년 이하	5년 초과 10년 이하	10년 초과 20년 이하	20년 초과
근속연수 공제	연 100만원	연 200만원	연 250만원	연 300만원

구분		내용
(6) 퇴직소득의 수입시기		① 일반적인 경우 : 퇴직을 한 날(현실적 퇴직일) ② 국민연금법에 따른 일시금과 법에 따라 지급받는 퇴직 공제금의 경우 : 지급받는 날(분할하여 지급받는 경우에는 최초로 지급받는 날)

(7)
퇴직소득
과세방법
	원천징수	① 원 칙 : 퇴직소득을 지급할 때 퇴직소득 과세표준에 원천징수세율을 적용하여 계산한 소득세를 징수한다.
		② 과세이연 : 거주자가 다음 중 어느 하나에 해당하는 경우 퇴직소득에 대한 소득세를 연금외수령하기 전까지 원천징수하지 아니한다.(기원천징수분은 환급신청 가능)
		  (가) 퇴직일 현재 연금계좌에 있거나 연금계좌로 지급되는 경우
		  (나) 퇴직하여 지급받은 날부터 60일 이내 연금계좌에 입금되는 경우

	퇴직 소득세의 정산	이미 지급받은 퇴직소득 등에 대하여 정산하는 퇴직소득세는 이미 지급된 퇴직소득과 자기가 지급할 퇴직소득을 합계한 금액에 대하여 퇴직 소득세액을 계산한 후 이미 지급된 퇴직소득에 대한 세액을 뺀 금액으로 한다.
	확정신고	해당 과세기간의 퇴직소득 과세표준이 없을 때에도 확정신고를 하여야 한다. * 단, 퇴직소득 원천징수 및 세액정산의 규정에 따라 퇴직소득에 대한 소득세를 납부한 자는 확정신고하지 않아도 된다.

퇴직소득 원천징수시기 특례(공적연금 일시금은 미적용)

① 1월부터 11월까지의 사이에 퇴직한 자의 퇴직소득 미지급 : 12월 31일
② 12월에 퇴직한 자의 퇴직소득을 미지급한 경우 : 다음연도 2월 말일

I 양도소득세의 범위

1. 양도

자산에 대한 등기·등록과 관계없이 매도, 교환, 현물출자, 대물변제, 경매, 수용 등을 통하여 그 자산을 유상으로 사실상 이전하는 것

구분	내용
양도에 해당하지 않는 것	① 환지처분으로 지목 또는 지번이 변경되거나 보류지로 충당되는 경우 ② 토지의 경계를 변경하기 위하여 (가) 법률에 따라 토지를 분할하여 교환하고 (나) 분할된 토지의 전체 면적이 분할 전 토지의 전체 면적의 20%를 초과하지 않는 경우 ③ (신탁 해지) 위탁자와 수탁자 간 신임관계에 기하여 위탁자의 자산에 신탁이 설정되고 그 신탁재산의 소유권이 수탁자에게 이전된 경우로서 위탁자가 신탁 설정을 해지하거나 신탁의 수익자를 변경할 수 있는 등 신탁재산을 실질적으로 지배하고 소유하는 것으로 볼 수 있는 경우 ④ 양도담보(다만, 양도담보계약을 체결한 후 양도담보요건에 위배하거나 채무불이행으로 인하여 해당 자산을 채무변제에 충당한 때에는 그때에 양도한 것으로 봄) ⑤ 법원의 확정판결에 의한 신탁해지를 원인으로 하는 소유권이전등기를 하는 경우 ⑥ 매매원인무효의 소에 의하여 그 매매사실이 원인무효로 판시되어 환원될 경우 ⑦ 공동소유의 토지를 소유지분별로 단순히 분할만 하는 경우(다만, 공유지분이 변경되는 경우에는 변경되는 부분은 양도로 봄) ⑧ 본인 소유자산을 경매 등으로 자기가 재취득하는 경우 ⑨ 혼인 중 형성된 실질적인 부부공동재산을 재산분할 청구권의 행사에 따라 소유권이 이전되는 경우(다만, 이혼위자료로 소유권을 이전하는 부분은 양도로 봄)

2. 과세대상 양도의 범위

구분		내용
과세 대상 자산	1 그룹	(1) 토기, 건물(부속된 시설물과 구축물 포함) (2) 부동산에 관한 권리 　① 지상권과 전세권 : 등기 불문 　② 등기된 부동산임차권 : 등기된 경우에만 양도소득세 과세 　③ 부동산을 취득할 수 있는 권리 (3) 기타자산 　① 부동산과다보유법인의 주식(특정주식 A) 　② 부동산과다보유 특정업종법인의 주식(특정주식 B) 　③ 특정시설물이용권(주주회원권 포함)(例) 골프회원권) 　④ 사업에 사용하는 부동산 및 부동산에 관한 권리와 함께 양도하는 영업권 　⑤ 부동산과 함께 양도하는 이축권[단, 이축권 가액을 별도로 감정평가하여 그 감정가액(둘 이상인 경우 평균액)을 구분하여 신고하는 경우 제외]
	2 그룹	(4) 일반주식(출자지분 및 신주인수권 포함) 　① 비상장주식 　② 상장주식 중 대주주양도분 및 장외양도분 　③ (국외주식) 외국법인이 발행하였거나 외국에 있는 시장에 상장된 주식
	3 그룹	(5) 파생상품(파생금융상품의 이자와 파생금융상품의 배당은 제외) 　① 주가지수 기초 장내파생상품 　② 주식워런트증권 　③ 차액결제거래 　④ 장외파생상품으로서 경제적 실질이 ①에 따른 장내파생상품과 동일한 상품 　⑤ 해외 파생상품시장에서 거래되는 파생상품
	4 그룹	(6) 신탁 수익권(신탁의 이익을 받을 권리)

* 특정주식 A : 법인의 자산총액 중 부동산과 부동산상 권리의 비율주이 50% 이상인 법인의 과점주주*가 주식을 양도하는 날부터 소급하여 3년 이내 그 법인의 주식의 50% 이상을 해당 과점주주 외의 자에게 양도하는 경우(과점주주가 다른 과점주주에게 양도한 후 양수한 과점주주가 과점주주 외의 자에게 다시 양도하는 경우 등 포함)에 해당 주식

* 특정주식 B : 자산총액 중 부동산과 부동산상 권리의 비율이 80% 이상인 특정업종(골프장, 스키장, 휴양콘도사업, 전문휴양시설업)의 법인 주식 → 1주 양도 시에도 과세

* 과점주주 : 법인의 주주 1인 및 기타주주가 소유하고 있는 주식등의 합계액이 해당 법인의 주식등의 합계액의 50% 초과하는 경우 그 주주 1인 및 기타주주(특수관계인 주주)

3. 비과세 양도소득

1. 「1세대 1주택」의 양도로 발생하는 소득
2. 법령으로 정하는 경우에 해당하는 농지의 교환 또는 분합으로 발생하는 소득
3. 조합원입주권을 1개 보유한 1세대가 조합입주권을 양도하여 발생하는 소득
4. 파산선고에 의한 처분으로 발생하는 소득
5. 법에 따른 경계의 확정으로 지적공부상의 면적이 감소되어 지급받는 조정금)

(1) 「1세대 1주택」의 양도로 발생하는 소득

「1세대 1주택」

1세대가 양도일 현재 국내에 1주택(주택부수토지 포함)을 보유하고 있는 경우로서 해당 주택의 보유기간이 2년* 이상인 주택(다만, 2017.8.3. 이후 취득 당시에 조정대상지역에 있는 주택의 경우에는 해당 주택의 보유기간이 2년* 이상이고 그 보유기간 중 거주기간이 2년 이상인 주택)

* 비거주자가 주택을 3년 이상 계속 보유하고 그 주택에서 거주한 상태로 거주자로 전환된 경우 : 3년

1) 1세대 요건

구 분	내 용
1세대	거주자 및 그 배우자(법률상 이혼을 하였으나 생계를 같이 하는 등 사실상 이혼한 것으로 보기 어려운 관계 포함)가 그들과 같은 주소 또는 거소에서 생계를 같이하는 자[거주자 및 그 배우자의 직계존비속(그 배우자 포함) 및 형제자매]와 함께 구성하는 가족단위 * 취학, 질병의 요양, 근무상 또는 사업상의 형편으로 본래의 주소·거소에서 일시 퇴거한 사람 포함
배우자가 없어도 1세대로 보는 경우	① 거주자의 나이가 30세 이상인 경우 ② 배우자가 사망하거나 이혼한 경우 ③ 종합소득·퇴직소득·양도소득이중위소득의 40% 이상으로서 소유하고 있는 주택 또는 토지를 관리·유지하면서 독립된 생계를 유지할 수 있는 경우(단, 미성년자는 소득이 있어도 1세대로 보지 아니하나, 미성년자의 결혼·가족의 사망에 의한 경우 1세대로 봄)

* 조합원입주권 또는 분양권을 상속받아 사업시행 완료 후 취득한 신축주택을 포함하며, 피상속인이 상속개시 당시 2 이상의 주택을 소유한 경우에는 다음의 순위에 따른 1주택을 말한다.
  (가) 피상속인이 소유한 기간이 가장 긴 1주택
  (나) 피상속인이 소유한 기간이 같은 주택이 2 이상일 경우에는 피상속인이 거주한 기간이 가장 긴 1주택
  (다) 피상속인이 소유한 기간 및 거주한 기간이 모두 같은 주택이 2 이상인 경우 피상속인이 상속개시당시 거주한 1주택
  (라) 피상속인이 거주한 사실이 없는 주택으로서 소유한 기간이 같은 주택이 2 이상일 경우에는 기준시가가 가장 높은 1주택(기준시가가 같은 경우에는 상속인이 선택하는 1주택)

* 다만, 상속인과 피상속인이 상속개시 당시 1세대인 경우에는 1주택을 보유하고 1세대를 구성하는 자가 직계존속(배우자의 직계존속을 포함하며, 세대를 합친 날 현재 직계존속 중 어느 한 사람 또는 모두가 60세 이상으로서 1주택을 보유하고 있는 경우만 해당한다)을 동거봉양하기 위하여 세대를 합침에 따라 2주택을 보유하게 되는 경우로서 합치기 이전부터 보유하고 있었던 주택만 상속받은 주택으로 본다.

* 2개 이상의 주택을 같은 날 양도하는 경우 : 1세대 1주택 비과세 규정을 적용함에 있어서 2개 이상의 주택을 같은 날에 양도하는 경우에는 해당 거주자가 선택하는 순서에 따라 주택을 양도한 것으로 본다.

2) 보유기간 및 거주기간 요건

구분	내용
원칙	양도 당시 주택으로 보유기간이 2년(비거주자가 해당 주택을 3년 이상 계속 보유하고 그 주택에서 거주한 상태로 거주자로 전환된 경우에는 3년) 이상이어야 한다. 다만, 2017.8.3. 이후 취득 당시에 조정대상지역에 있는 주택의 경우에는 그 보유기간 중 거주기간이 2년 이상이어야 한다.
보유기간과 거주기간의 제한을 받지 않는 경우	① 민간건설임대주택, 공공건설임대주택 또는 공공매입임대주택을 취득하여 양도하는 경우로서 해당 임대주택의 임차일부터 양도일까지의 기간 중 세대전원이 거주(취학 등의 부득이한 사유로 세대의 구성원 중 일부가 거주하지 못하는 경우 포함)한 기간이 5년 이상인 경우 ② 사업인정 고시일 전에 취득한 주택 및 그 부수토지의 전부 또는 일부가 협의매수·수용되는 경우(5년 이내에 양도하는 그 잔존주택 및 부수토지 포함) ③ 해외이주 또는 1년 이상 국외 거주를 필요로 하는 취학·근무상 형편으로 세대전원이 출국하는 경우(다만, 출국일 현재 1주택을 보유하고 있는 경우로서 출국일부터 2년 이내에 양도하는 경우에 한함) ④ 1년 이상 거주한 주택을 취학등 부득이한 사유로 세대 전원이 다른 시(특별시, 광역시, 특별자치시, 행정시 포함)·군으로 주거를 이전하면서 양도하는 경우
거주기간의 제한을 받지 않는 경우	거주자가 조정대상지역의 공고가 있는 날 이전에 매매계약을 체결하고 계약금을 지급한 사실이 증빙서류에 의하여 확인되는 경우로서 해당 거주자가 속한 1세대가 계약금 지급일 현재 주택을 보유하지 아니하는 경우

* 보유기간 : 그 자산의 취득일부터 양도일까지로 한다(장기보유특별공제 적용시 보유기간 규정 준용). 〈거주요건 재기산 규정 삭제〉

📎 참고

보유기간의 통산

① 거주하거나 보유하는 중에 소실·무너짐·노후 등으로 인하여 멸실되어 재건축한 주택의 경우에는 그 멸실된 주택과 재건축한 주택에 대한 보유기간
② 비거주자가 해당 주택에서 3년 이상 계속 보유하고 그 주택에서 거주한 상태에서 거주자로 전환된 경우에는 그 주택에 대한 보유기간
③ 상속받은 주택으로서 상속인과 피상속인이 상속개시 당시 동일세대인 경우에는 상속개시 전에 상속인과 피상속인이 동일세대로서 거주하고 보유한 기간

상생임대주택에 대한 거주기간 특례

국내에 1주택(일시적으로 2주택에 해당하는 경우 포함)을 소유한 1세대가 법령으로 정하는 요건을 충족한 상생임대주택을 양도하는 경우에는 해당 임대기간에 그 주택에 1년간 실제 거주한 것으로 보아 거주기간을 계산한다.

(2) 농지의 교환 또는 분합으로 발생하는 소득

구분	내용
비과세 대상	다음 중 어느 하나에 해당하는 농지를 교환 또는 분합하는 경우로서 교환 또는 분합하는 쌍방 토지가액의 차액이 가액이 큰 편의 1/4 이하인 경우 ① 국가 또는 지방자치단체가 시행하는 사업으로 인하여 교환 또는 분합하는 농지 ② 국가 또는 지방자치단체가 소유하는 토지와 교환 또는 분합하는 농지 ③ 경작상 필요에 의하여 교환하는 농지. 다만, 교환에 의하여 새로이 취득하는 농지를 3년 이상 농지소재지에 거주하면서 경작하는 경우에 한함. ④ 법에 의하여 교환 또는 분합하는 농지
비과세 제외	① 양도일 현재 특별시·광역시·특별자치시·특별자치도 또는 시지역에 있는 농지 중 주거지역·상업지역 또는 공업지역 안의 농지로서 이들 지역에 편입된 날부터 3년이 지난 농지 ② 당해 농지에 대하여 환지처분 이전에 농지 외의 토지로 환지예정지의 지정이 있는 경우로서 그 환지예정지 지정일부터 3년이 지난 농지

(3) 조합원입주권을 1개 보유한 1세대가 조합원입주권을 양도하여 발생하는 소득

구분	내 용
비과세 대상	조합원입주권을 1개 보유한 1세대(관리처분계획의 인가일 및 사업시행계획인가일 현재 비과세대상 기존주택을 소유하는 세대)가 다음 중 하나의 요건을 충족하여 양도하는 경우 ① 양도일 현재 다른 주택 또는 분양권을 보유하지 아니할 것 ② 양도일 현재 1조합원입주권 외에 1주택을 보유한 경우(분양권을 보유하지 아니하는 경우로 한정한다)로서 해당 1주택을 취득한 날부터 3년 이내에 해당 조합원입주권을 양도할 것(3년 이내에 양도하지 못하는 경우로서 대통령령으로 정하는 사유에 해당하는 경우 포함)
비과세 제외	해당 조합원입주권의 실지양도가액이 12억원을 초과하는 경우(고가조합원입주권)

Ⅱ 취득 및 양도시기

구분	양도시기 및 취득시기
유상승계 취득양도	① 원칙 : 대금청산일 ② 예외 : 불분명·청산전 등기시 등기접수일 / 장기할부조건부 양도시 소유권이전등기·접수일·인도일 또는 사용수익일 중 빠른 날 → 할부는 대금청산 전에 인도가 되므로 대금청산일은 제외
무상승계 취득	① 상속에 따라 취득한 자산의 취득시기 : 상속개시일 ② 증여에 따라 취득한 자산의 취득시기 : 증여를 받은 날
건축물의 원시취득	자가건설한 건축물의 취득시기 : 사용승인서 교부일(fast 임시사용승인일, 사실상의 사용일)
기타 특수한 경우	① 수회에 걸쳐 양도하는 특정주식(A)의 양도시기 : 50% 이상을 양도한 날 ② 점유취득시효에 따른 취득시기 : 점유를 개시한 날 ③ 미완성 자산의 취득시기 : 완성된 날 ④ 환지처분으로 인하여 취득한 토지의 취득시기 : 환지 전 토지의 취득일 ⑤ 양도한 자산의 취득시기 불분명한 경우 : 먼저 취득한 자산을 먼저 양도한 것으로 본다.

04

Ⅲ 과세표준의 계산

1. 양도가액, 취득가액, 필요경비

구분	내 용
실지 양도 가액	① 매수자가 양도소득세를 부담한 경우 : 매도자는 양도소득세를 포함한 가액을 양도가액으로 보고, 매수자는 양도소득세를 취득원가로 필요경비에 산입한다. ② 일괄양도 : 토지와 건물 등을 함께 취득하거나 양도한 경우 전체 실지거래가액은 확인되나 자산별로 구분이 불분명할 때에는 부가가치세법에 따라 안분계산한다. 이 경우 토지와 건물 등을 구분 기장한 가액이 부가가치세법에 따라 안분계산한 가액과 30% 이상 차이가 있는 경우에는 구분이 불분명한 때로 본다.
실지 취득 가액	① 취득가액 : 자산 취득에 실제 소요된 금액+취득부대비용(취득세 등) * 상속 또는 증여(부담부증여의 채무액에 해당하는 부분도 포함)받은 자산 : 상속개시일 또는 증여일 현재「상속세 및 증여세법」에 따라 평가한 가액(상속세 및 증여세법에 따라 세무서장 등이 결정·경정한 가액이 있는 경우 그 결정·경정한 가액으로 한다) * 주식매수선택권을 행사하여 취득한 주식 : 행사 당시의 주식의 시가(시가와 행사가격의 차액은 근로소득 또는 기타소득으로 과세) ② 현재가치할인차금과 감가상각비 : 실제 취득가액 적용시 구분계상한 현재가치할인차금은 취득가액에 포함하나, 사업소득금액 계산시 필요경비에 산입하였거나 산입할 현재가치할인차금상각비와 감가상각비는 취득가액에서 차감함(취득가액을 실지거래가액·매매사례가액·감정가액·환산취득가액·기준시가로 계산하는 경우에도 감가상각비를 차감).
자본적지 출액	자산의 가치를 증가시키거나 내용연수를 연장시키는 지출(자본적 지출액은 적격증명서류를 수취·보관하거나 실제 지출사실이 금융거래 증명서류에 의하여 확인되는 경우에 한정하여 인정함) 예 양도자산의 용도변경·개량 또는 이용편의를 위하여 지출한 비용(재해·노후화 등 부득이한 사유로 인하여 건물을 재건축한 경우 그 철거비용 포함), 개발부담금 등
양도 비용	자산을 양도하기 위하여 직접 지출한 비용(2018.4.1. 이후 양도비용은 적격증명서류를 수취·보관하거나 실제 지출사실이 금융거래 증명서류에 의하여 확인되는 경우에 한정하여 인정함) 예 증권거래세, 양도계약서 작성비용, 공증비용, 인지대, 소개비, 양도소득세 신고서 작성비용, 국민주택채권과 토지개발채권의 매각차손(금융회사 등에 양도함으로써 발생하는 매각차손을 한도로 함), 매매계약에 따른 인도의무를 이행하기 위해 양도자가 지출하는 명도비용

2. 장기보유특별공제

구 분	내 용
(1) 공제대상	① 3년 이상 보유한 토지·건물 ② 조합원입주권(조합원으로부터 취득한 것은 제외하며, 관리처분계획 인가 및 사업시행 계획 인가 전 토지분 또는 건물분의 양도차익으로 한정함)
(2) 적용배제	① 미등기자산 ② 조정대상지역에 있는 주택으로서 다음의 주택 　(가) 1세대 2주택에 해당하는 주택 또는 1세대 3주택 이상에 해당하는 주택 　(나) 1세대가 1주택과 조합원입주권 또는 분양권을 1개 보유한 경우의 해당 주택(장기임대 　　주택 등은 제외) 　(다) 1세대가 주택과 조합원입주권 또는 분양권을 보유한 경우로서 그 수의 합이 3 이상인 경 　　우 해당 주택(장기 임대주택 등은 제외)
(3) 장기보유 특별공제액	① 1세대 1주택 : 양도차익×(보유기간별 공제율*+거주기간별 공제율*) * 보유기간별 공제율(12%~40% ; 매년 4%p), 거주기간별 공제율(8%~40% ; 매년 4%p) ② ① 외의 자산 : 양도차익×보유기간별 공제율(6%~30% ; 매년 2%p) * 1세대 1주택 : 1세대가 양도일 현재 국내에 1주택을 보유하고 보유기간 중 거주기간이 2년이상인 것(예 실지양도가액이 12억원을 초과하는 고가주택 및 고가 조합원입주권)

3. 양도소득 기본공제

[1, 2, 3, 4]그룹별로 각각 연250만원 공제(단, 미등기자산은 적용 제외)

* 양도소득금액에 감면소득금액이 있는 때에는 해당 감면소득금액 외의 양도소득금액에서 먼저 공제(감면소득금액 외의 양도소득금액
중에서는 먼저 양도한 자산의 양도소득금액부터 순차로 공제)

4. 양도소득세의 특수문제

(1) 양도차손의 공제

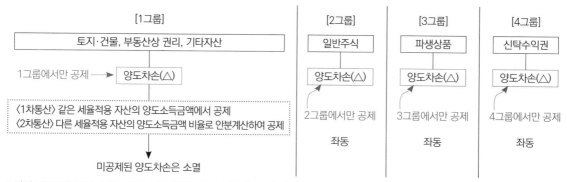

* 감면소득금액이 있는 경우 : 양도소득금액에 감면소득금액이 포함되어 있는 경우에는 과세소득금액(감면소득금액을 제외한 양도소득금
액을 말한다)과 감면소득금액의 비율로 안분하여 각각의 소득금액에서 양도차손을 공제한 것으로 본다.

(2) 가업상속공제가 적용된 자산에 대한 이월과세

가업상속공제가 적용된 자산 부분에 대해서는 피상속인의 취득가액을 적용하여 양도차익을 계산함

① 양도소득세 계산 : 가업상속공제가 적용된 자산의 양도차익을 계산할 경우 피상속인의 취득시기를 기준으로 필요경비, 장기보유특별공제, 세율을 판단한다.

② 취득가액 : 피상속인의 취득가액 × 가업상속공제 적용률* + 상속개시일 현재 해당 자산가액 × (l − 가업상속공제 적용률*)

* 가업상속공제 적용률 = 가업상속 공제액 ÷ 가업상속 재산가액

* 이월과세와 부당행위계산의 부인 비교

구분		증여받은 자산의 이월과세	부당행위계산의 부인
납세의무자		수증자	증여자
요건	조세부담의 부당감소 여부	무관(요건충족 시 무조건 적용)*	조세 부당감소의 경우에만 적용
	증여자와 수증자와의 관계	배우자, 직계존비속	특수관계인
	대상자산	토지, 건물, 특정시설물이용권, 부동산을 취득할 수 있는 권리	양도소득세 과세대상 자산
	적용기간	수증일로부터 10년 이내 양도	수증일로부터 10년 이내 양도
증여세의 처리		필요경비로 공제	부과하지 않음
연대납세의무		없음	있음

* 이월과세 적용 시 양도소득 결정세액 〈 이월과세 미적용 시 양도소득 결정세액 : 이월과세 배제

(3) 배우자 또는 직계존비속 간 증여재산에 대한 이월과세

구분	내용
(1) 요건	양도일로부터 소급하여 <u>10년</u> 이내에 배우자(양도 당시 혼인관계가 소멸된 경우 포함, 사망으로 혼인관계가 소멸된 경우 제외) 또는 직계존비속으로부터 증여받은 토지·건물·특정시설물 이용권·부동산을 취득할 수 있는 권리의 양도에 대한 양도차익을 계산하는 경우
(2) 이월과세 배제	① 사업인정고시일부터 소급하여 2년 이전 증여받아 법에 따라 협의매수 또는 수용된 경우 ② 이월과세 적용으로 비과세되는 1세대 1주택(비과세대상에서 제외되는 고가주택 포함)의 양도에 해당하게 되는 경우 ③ 이월과세를 적용하여 계산한 양도소득 결정세액이 이월과세를 적용하지 아니하고 계산한 양도소득 결정세액보다 적은 경우
(3) 이월과세 효과	① 양도소득세의 납세의무자 : 수증자 ② 양도소득세의 계산 : 취득가액은 당초 증여자의 취득 당시 취득가액으로 하고, 장기보유 특별공제, 세율 적용은 증여자의 취득시기를 기준으로 판단함(단, 자본적지출액과 양도비용은 수증자의 것으로만 계산함) ③ 증여세의 처리 : 필요경비로 공제(양도차익을 한도로 함)

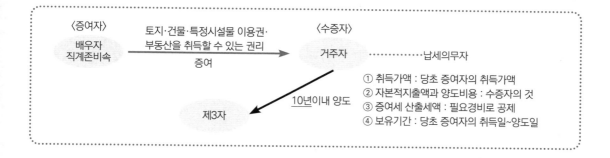

(4) 부당행위계산의 부인(우회양도)

구 분	내 용
(1) **부당행위계산의** **부인요건**	거주자가 특수관계인(증여받은 자산에 대한 이월과세를 적용받는 배우자 및 직계존비속의 경우 제외)에게 자산을 증여한 후 그 자산을 증여받은 자가 그 증여일부터 <u>10년</u> 이내에 다시 타인에게 양도한 경우로서 ①의 세액이 ②의 세액보다 적은 경우에는 증여자가 그 자산을 직접 양도한 것으로 본다. 다만, 양도소득이 해당 수증자에게 실질적으로 귀속된 경우에는 그러하지 아니한다. ① 증여받은 자의 증여세(증여세 산출세액에서 공제·감면세액을 뺀 세액)와 양도소득세(양도소득 산출세액에서 공제·감면세액을 뺀 결정세액)를 합한 세액 ② 증여자가 직접 양도하는 경우로 보아 계산한 양도소득세(양도소득 산출세액에서 공제·감면세액을 뺀 결정세액)
(2) **부당행위계산의** **부인 효과**	① 양도소득세의 납세의무자 : 증여자(양도소득세는 수증자도 증여자와 함께 연대납세의무를 진다) ② 양도소득세의 계산 : 증여자의 취득시기를 기준으로 취득가액, 장기보유특별공제, 세율을 판단함 ③ 증여세의 처리 : 수증자에게 증여세를 부과하지 아니함

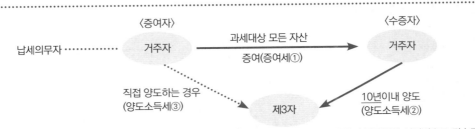

※ 요건 : 증여자의 양도소득세③〉(수증자의 증여세①+양도소득세②)인 경우. 단, 양도소득이 수증자에게 실질적으로 귀속된 경우는 제외한다.

(5) 부담부증여

배우자 간 또는 직계존비속 간의 부담부증여(배우자등에게 양도한 재산의 증여추정 규정에 따라 증여로 추정되는 경우 포함)로서 「상증세법」에 따라 수증자에게 인수되지 아니한 것으로 추정되는 채무액은 채무인수액에서 제외한다. (단, 국가등 채무, 은행차입금등 객관적으로 인정되는 채무는 채무인수액에 포함됨)

* 특수한 경우의 양도가액과 취득가액

구분	내용
부당행위계산의 부인	소득세법상 특수관계인과 거래시 부당행위계산 부인규정이 적용되는 자산의 양도가액 또는 취득가액 (거래차액이 상증법상 시가의 5% 이상이거나 3억원 이상인 경우에 한하여 적용함) : 시가* * 상장주식은 법인세법상 시가로 하며, 중요성기준을 적용하지 않음 ☞ (적용배제) 개인과 법인 간에 재산을 양수 또는 양도하는 경우로서 그 대가가 법인세법에 의한 시가에 해당되어 법인세법에 의한 부당행위계산의 부인규정이 적용되지 않는 경우에는 양도소득에 대한 부당행위계산의 부인도 적용하지 아니한다.
양도가액 이중과세조정	① 법인세법상 특수관계법인(외국법인 포함)에게 자산을 시가보다 고가로 양도한 경우 실지양도가액＝양도가액－배당·상여·기타소득으로 처분된 금액 ② 특수관계법인 외의 자에게 자산을 양도한 경우로서 양도자의 증여재산가액이 있는 경우 실지 양도가액 실지양도가액＝양도가액－증여재산가액
취득가액 이중과세조정	① 자산을 법인세법상 특수관계법인(외국법인 포함)으로부터 시가보다 저가로 취득한 경우 실지양도가액＝취득가액＋배당·상여·기타소득으로 처분된 금액 ② 상속세나 증여세가 과세된 경우 실지취득가액＝취득가액＋상속재산가액이나 증여재산가액(또는 증여의제이익)±증감액

* 보유기간은 자산의 취득일(초일산입)로부터 양도일까지의 기간을 말한다. 아래 자산은 특례가 적용된다.
① 증여받은 자산에 대한 이월과세를 적용받는 자산 : 증여한 배우자 또는 직계존비속의 취득일
② 가업상속공제가 적용된 비율에 해당하는 자산 : 피상속인의 취득일

Ⅳ 양도소득세액의 계산

1. 원칙

구분			양도소득세 과세대상자산		세율[1]
1 그룹	토지, 건물 및 부동산에 관한 권리		① 미등기자산		70%
			② 분양권		60%(70%)[2]
			③ 보유기간이 1년 미만	㉠ 일반	50%
				㉡ 주택[3] 및 조합원입주권	70%
			④ 보유기간이 1년 이상 2년 미만	㉠ 일반	40%
				㉡ 주택[3] 및 조합원입주권	60%
			⑤ 보유기간이 2년 이상인 것		기본세율
			⑥ 비사업용 토지		기본세율+10%
	기타자산		① 일반		기본세율
			② 특정주식(A, B) 중 비사업용 토지 과다보유법인의 주식		기본세율+10%
2 그룹	국내주식	대주주 주식 양도분	① 1년 미만 보유한 중소기업 외의 법인의 주식 등		30%
			② 위 ①외의 주식 중 과세표준 3억 원 초과		25%
			③ 위 ①외의 주식 중 과세표준 3억 원 이하		20%
		대주주 외의 주식 양도분	① 중소기업의 주식 등		10%
			② 중소기업 외의 주식 등		20%
	국외주식		① 중소기업의 주식 등		10%
			② 중소기업 외의 주식 등		20%
3 그룹	파생상품 등		① 중소기업 외의 주식 등		20%[4]
4 그룹	신탁수익권개정		① 양도소득 과세표준 3억 원 이하		20%
			② 양도소득 과세표준 3억 원 초과		25%

[1] 하나의 자산이 둘 이상의 세율에 해당할 때에는 양도소득 산출세액 중 큰 것을 그 세액으로 한다.

[2] 1년 미만 보유한 경우 70%의 세율을 적용하고, 1년 이상 보유한 경우 60%의 세율을 적용한다. 또한, 2년 이상 보유한 경우에도 60%의 세율을 적용한다.

[3] 주택 부수토지 포함[주택면적x5배(10배)]를 한도로 한다.

[4] 75% 탄력세율 적용이 가능하며, 현재의 10%의 세율이 적용되고 있다.

2. 세율적용 시 보유기간 계산 특례

보유기간은 해당 자산의 취득일부터 양도일까지로 하되, 다음 중 어느 하나에 해당하는 경우에는 다음에 규정된 날을 그 자산의 취득일로 본다.

구분	보유기간
원칙	해당 자산의 취득일부터 양도일까지
상속받은 자산	피상속인이 그 자산을 취득한 날부터 양도일까지 * 장기보유특별공제적용 시에는 상속개시일 (실제취득일)부터 양도일까지
이월과세적용시	증여자가 그 자산을 취득한 날부터 양도일까지
합병·분할(물적분할 제외)로 새로 주식을 취득하는 경우	피합병법인, 분할법인 또는 소멸한 분할·합병의 상대방 법인의 주식을 취득한 날부터 양도일까지

3. 미등기양도자산에 대한 불이익

(1) 적용배제 : 비과세 및 감면규정 적용 배제, 공제배제(장기보유특별공제, 양도소득기본공제)

(2) 적용사항

　① 저율의 필요경비개산공제율 적용[토지·건물의 필요경비개산공제 적용 시 기준시가의 0.3%(부동산 권리는 1%) 적용]

　② 미등기 양도자산에 대하여는 70%의 가장 높은 세율을 적용(중과세율)

4. 신고의무

(1) 양도소득과세표준 예정신고

다음의 구분에 따른 기간에 납세지 관할 세무서장에게 신고하여야 한다. * 국외주식과 파생상품은 예정 신고의무가 없음

구분	기간
1그룹(토지건물, 부동산 권리 및 기타자산) 및 4그룹(신탁수익권)	양도일이 속하는 달의 말일부터 2개월 이내
2그룹 중 국내주식	양도일이 속하는 반기의 말일부터 2개월 이내
부담부증여 채무액부분으로 양도로 보는 경우	양도일이 속하는 달의 말일부터 3개월 이내

(2) 확정신고 의무

예정신고를 한 자는 해당 소득에 대한 확정신고를 하지 아니할 수 있다.

예외사유(예전신고를 한 자도 확정신고를 해야하는 사유)

① 당해 연도에 누진세율의 적용대상 자산에 대한 예정신고를 2회 이상 한 자가 이미 신고한 양도소득금액과 합산하여 신고하지 아니한 경우

② 토지, 건물, 부동산에 관한 권리 및 기타자산을 2회 이상 양도한 경우로서 양도소득기본공제의 순차공제 규정을 적용함에 따라 당초 신고한 양도소득산출세액이 달라지는 경우

③ 2그룹 주식 등을 2회 이상 양도한 경우로서 양도소득기본공제의 순차공제 규정을 적용함에 따라 당초 신고한 양도소득산출세액이 달라지는 경우

④ 토지, 건물, 부동산에 관한 권리 및 기타자산을 2회 이상 양도한 경우로서 양도소득세 비교과세방식(종합소득산출세액 계산방식과 자산 호별 산출세액의 합계액 중 큰 금액 과세) 규정에 따른 방식으로 예정신고하지 아니한 경우

(3) 불이행 가산세

양도소득 과세표준의 예정신고는 양도차익이 없거나 양도차손이 발생한 경우에도 적용하며, 양도소득 과세표준 예정신고·납부의무를 이행하지 않은 경우 신고 또는 납부와 관련한 가산세가 부과된다.

(4) 재외국민과 외국인의 부동산 등 양도신고확인서의 제출

법에 따른 재외국민과 법에 따른 외국인이 토지 또는 건물을 양도하고 그 소유권을 이전하기 위하여 등기관서의 장에게 등기를 신청할 때에는 세무서장에게 발급신청절차를 통해 발급받은 부동산 등 양도신고확인서를 제출하여야 한다.

(5) 양도소득세 전자신고 시 건당 2만 원의 세액공제를 적용한다.

V 국외자산에 대한 양도소득세

구 분	내 용
(1) 납세의무자	국외자산에 대한 양도소득세는 거주자(해당 자산의 양도일까지 계속 5년 이상 국내에 주소 또는 거소를 둔 자만 해당한다)에 한하여 납세의무를 진다
(2) 과세대상	국외자산 양도소득은 다음의 자산을 양도함으로써 발생하는 소득으로 한다. 다만, 양도소득이 국외에서 외화를 차입하여 취득한 자산을 양도하여 발생하는 소득으로서 환율변동으로 인하여 외화차입금으로부터 발생하는 환차익을 포함하고 있는 경우에는 해당 환차익을 양도소득의 범위에서 제외한다. 표: 구분 / 내용 ① 토지와 건물 / 국외에 소재한 모든 토지와 건물(부속시설물과 구축물 포함) ② 부동산에 관한 권리 / 국내 양도자산의 부동산에 관한 권리와 동일하나, 부동산 임차권은 등기 여부를 불문한다는 점에서 차이가 있다. ③ 기타자산 / 국내 양도자산의 기타자산과 동일하다. * 해외주식과 국내주식 간에 양도손익을 통산하며, 해외파생상품과 국내파생상품 간에 양도손익도 통산하여 계산한다.
(3) 계산구조	1) 양도가액과 취득가액 ① 실지거래가액 → ② 시가 → ③ 「상속세 및 증여세법」상 보충적 평가방법 2) 양도가액과 필요경비의 외화환산 　양도가액은 수령일, 필요경비는 지출일의 기준환율 또는 재정환율로 환산한다. 　* 장기할부조건의 경우에는 양도시기 또는 취득시기 규정에 의한 양도일 또는 취득일을 양도가액 또는 취득가액을 수령하거나 지출한 날로 본다. 즉, 양도시기에 양도가액을 수령한 것으로 보며, 취득시기에 취득가액을 전액 지출한 것으로 본다. 3) 장기보유 특별공제 → 적용하지 아니함. 4) 양도소득기본공제 　국외자산의 양도에 대한 양도소득이 있는 거주자에 대해서는 해당 과세기간의 양도소득금액에서 연 250만원을 공제한다(공제 순서는 국내 양도자산과 동일). 단, 미등기자산도 기본공제를 적용받음 　* 해외주식은 국내주식의 양도손익과 합산하여 연 250만원을 공제하며, 해외파생상품도 국내파생상품의 양도 손익과 합산하여 연 250만원을 공제한다. 5) 양도소득세 세율 표: 구분 / 세율 토지, 건물, 부동산에 관한 권리, 기타자산 / 기본세율 6) 외국납부세액 : 외국에서 국외양도자산에 대한 양도소득세액을 납부하였거나 납부할 것이 있는 때에는 외국납부세액공제나 외국납부세액의 필요경비산입 중 하나를 선택하여 적용할 수 있다.

VI 거주자의 출국시 국내 주식 등에 대한 과세특례

구분	내용
(1) 취지	비거주자의 국내주식 양도차익은 국내에서 과세권이 없어 조세회피가 가능하다. 이에 따라 역외 조세회피 방지 및 국내재산에 대한 과세권 확보를 위하여 국내 거주자(대주주로 한정)가 이민 등으로 국외전출하는 경우 국외전출일에 국내주식을 양도한 것으로 보아 양도소득세(국외전출세)를 과세한다.
(2) 과세대상	국내 일반주식, 특정주식A, 특정주식B
(3) 납세의무자	다음의 요건을 모두 갖추어 출국하는 거주자(국외전출자)는 출국 당시 소유한 국내일반주식, 특정주식A 및 특정주식B를 출국일에 양도한 것으로 보아 양도소득에 대하여 소득세를 납부 할 의무가 있다. ① 출국일 10년 전부터 출국일까지의 기간 중 국내에 주소나 거소를 둔 기간의 합계가 5년 이상일 것 ② 출국일이 속하는 연도의 직전 연도 종료일 현재 대주주에 해당할 것
(4) 납세의무성립일	국외전출일
(5) 계산구조	다음의 내용을 제외하고 거주자의 양도소득세 계산규정을 준용한다. 1) 양도가액 : 출국일 당시의 해당 주식등의 거래가액으로 한다. 다만, 거래가액을 정하기 어려울 때에는 다음의 방법에 따른다. 　① 주권상장법인의 주식등 : 소득세법상 기준시가 　② 주권비상장법인의 주식등 : 다음의 방법을 순차로 적용하여 계산한 가액 　　(가) 출국일 전후 각 3개월 이내에 해당 주식등의 매매사례가 있는 경우 그 가액 　　(나) 소득세법상 비상장주식의 기준시가 2) 양도소득과세표준 : 종합소득, 퇴직소득 및 거주자의 양도소득 과세표준과 구분하여 계산한다. 3) 세율 : 20%(3억원 초과분 25%) 4) 감면공제세액 : 국외전출자가 출국한 후 국외전출자 국내주식등을 실제 양도한 경우에 조정공제액, 외국납부세액공제, 비거주자의 국내원천소득 세액공제를 적용한다.
(6) 신고 · 납부	1) 국내주식등의 보유현황 신고 국외 전출자는 국외전출자 국내주식등의 양도소득에 대한 납세관리인과 국외전출자 국내주식등의 보유현황을 출국일 전날까지 납세지 관할 세무서장에게 신고하여야 한다. 이 경우 국외전출자 국내주식등의 보유현황은 신고일의 전날을 기준으로 작성한다. 2) 양도소득세의 신고 · 납부 국외전출자는 양도소득 과세표준을 출국일이 속하는 달의 말일부터 3개월 이내(납세관리인을 신고한 경우에는 양도소득과세표준 확정신고 기간 내)에 납세지 관할 세무서장에게 신고하여야 한다. 양도소득 과세표준을 신고할 때에는 산출세액에서 소득세법 또는 다른 조세에 관한 법률에 따른 감면세액과 세액공제액을 공제한 금액을 납세지 관할 세무서, 한국은행 또는 체신관서에 납부하여야 한다.

11 납세절차

Ⅰ 신고와 납부

(1) 사업장황신고

부가가치세 면세사업자가 확정신고 전에 업종별 수입금액 등을 미리 신고하는 제도

* 2 이상의 사업장이 있는 사업자는 각 사업장별로 사업장 현황신고를 하여야 함

구 분	내 용
사업장현황 신고대상자	사업자(해당 과세기간 중 폐업 또는 휴업한 사업자 포함)는 해당 과세기간의 다음 연도 2월 10일까지 사업장 소재지 관할 세무서장에게 사업장 현황을 신고하여야 한다. 다음 중 어느 하나에 해당하는 경우에는 사업장 현황신고를 한 것으로 본다. ① 사업자가 사망하거나 출국함에 따라 과세표준 확정신고의 특례가 적용되는 경우 ② 부가가치세 과세사업자가 부가가치세를 신고한 경우. 다만, 사업자가 부가가치세법상 과세사업과 면세사업등을 겸영하여 면세사업 수입금액 등을 신고하는 경우에는 그 면세사업등에 대하여 사업장 현황신고를 한 것으로 본다.
신고의무 면제사업자	다음 중 어느 하나에 해당하는 사업자는 사업장 현황신고를 하지 아니할 수 있다. ① 납세조합에 가입하여 수입금액을 신고하는 자 ② 보험모집인 ③ 음료품 소매사업자 등

(2) 과세표준의 확정신고와 자진납부

구 분	내 용
(1) 확정신고대상자	해당 과세기간의 종합소득금액, 퇴직소득금액, 양도소득금액이 있는 거주자 * 과세표준이 없거나 결손금액이 있는 경우에도 확정신고를 하여야 한다.
(2) 확정신고의무 면제	다음의 거주자는 해당 소득에 대하여 과세표준확정신고를 하지 아니할 수 있다. ① 연말정산대상 사업소득만 있는 자 ② 근로소득만 있는 자 ③ 공적연금소득만 있는 자 ④ 퇴직소득만 있는 자 ⑤ 원천징수되는 기타소득으로서 종교인소득만 있는 자 ⑥ 연말정산대상 사업소득과 퇴직소득만 있는 자 ⑦ 근로소득과 퇴직소득만 있는 자 ⑧ 공적연금소득과 퇴직소득만 있는 자 ⑨ 원천징수되는 기타소득으로서 종교인소득과 퇴직소득만 있는 자 ⑩ 분리과세대상인 이자 · 배당 · 연금 · 기타소득(원천징수× 소득은 제외)만이 있는 자 ⑪ 위 ①부터 ⑨까지에 해당하는 사람으로서 분리과세대상인 이자소득 · 배당소득 · 연금소득 · 기타소득(원천징수되지 아니하는 소득은 제외)이 있는 자 ⑫ 수시부과한 경우 수시부과 후 추가로 발생한 소득이 없는 자 ⑬ 양도소득이 있는 거주자로서 자산양도차익 예정신고를 한 자
(3) 확정신고기한	[원칙] 해당 과세기간의 다음 연도 5월 1일부터 5월 31일까지 [특례] ① 거주자가 사망한 경우 : 상속 개시일이 속하는 달의 말일부터 6개월이 되는 날(이 기간 중 상속인이 출국하는 경우에는 출국일 전날)까지(단, 상속인인 배우자가 연금외수령 없이 승계한 연금계좌의 소득금액은 제외) ② 확정신고를 하여야 할 거주자가 출국하는 경우 : 출국일 전날까지
(4) 확정신고납부	확정신고기한까지 납세지 관할 세무서, 한국은행 또는 체신관서에 납부하여야 함
(5) 분할납부	중간예납 · 예정신고납부 또는 확정신고납부시 납부할 세액이 각각 1천만원을 초과하는 자는 다음의 세액을 납부기한이 지난 후 2개월 이내에 분할납부할 수 있다. ① 납부할 세액이 2천만원 이하인 경우 : 1천만원 초과액 ② 납부할 세액이 2천만원을 초과하는 경우 : 그 세액의 50% 이하의 금액 * 가산세와 소득처분으로 인한 추가납부세액은 분할납부할 수 없다.

* 신고기한이 지난 후 소득처분에 따라 소득금액의 변동이 발생하여 추가신고하는 경우

배당 · 상여 또는 기타소득 처분으로 소득금액에 변동이 발생함에 따라 소득세를 추가 납부하여야 하는 경우 해당 법인(거주자 받은 경우에는 그 거주자)이 소득금액변동통지서를 받은 날(법인이 신고함으로써 소득금액이 변동된 경우에는 법인의 법인세 신고기일을 말한다)이 속하는 달의 다음다음 달 말일까지 추가신고한 때에는 과세표준 확정신고기한까지 신고한 것으로 본다.

(3) 성실신고확인서 제출제도

구분	내 용
성실신고확인 대상 사업자	성실한 납세를 위하여 필요하다고 인정되어 수입금액(사업용 유형자산을 양도함으로써 발생한 수입금액 제외)이 업종별로 일정 규모 이상의 사업자(이하 "성실신고확인대상사업자")는 종합소득 과세표준 확정신고를 할 때에 비치·기록된 장부와 증명서류에 의하여 계산한 사업소득금액의 적정성을 세무사(세무사법에 따라 등록한 공인회계사 포함), 세무법인 또는 회계법인이 확인하고 작성한 성실신고확인서를 납세지 관할 세무서장에게 제출하여야 한다.
보정요구	납세지 관할 세무서장은 제출된 성실신고확인서에 미비한 사항 또는 오류가 있을 때에는 그 보정을 요구할 수 있다.
자기확인 금지	세무사가 성실신고확인대상사업자에 해당하는 경우에는 자신의 사업 소득금액의 적정성에 대하여 해당 세무사가 성실신고확인서를 작성·제출해서는 아니 된다.
성실신고확인서 제출시 혜택	① 확정신고 기한의 연장 : 성실신고확인대상사업자가 성실신고확인서를 제출하는 경우에는 과세표준 확정신고를 그 과세기간의 다음 연도 5월 1일부터 6월 30일까지 하여야 한다. ② 성실신고 확인비용에 대한 세액공제 : 다음의 금액을 사업소득(부동 산임대업에서 발생하는 소득 포함)에 대한 소득세에서만 공제한다. 세액공제액=Min[성실신고 확인비용×60%, (한도) 연 120만원] ③ 의료비세액공제, 교육비세액공제 및 월세세액공제(월세세액공제는 종합소득금액이 6천 만원 이하인 경우) 적용
성실신고확인서 제출 불성실 가산세	성실신고확인대상사업자가 과세기간의 다음 연도 6월 30일까지 성실신고확인서를 제출× 성실신고확인서 제출 불성실 가산세=Max[①, ②] ① 종합소득 산출세액×5% ② 사업소득의 총수입금액×0.02% * 경정으로 종합소득산출세액이 0보다 크게 된 경우에는 경정된 종합소득산출세액을 기준으로 가산세를 계산함. * 종합소득산출세액이 없는 경우에도 적용

* 소액부징수 : 다음의 경우 소득세를 징수하지 아니함
  ① 원천징수세액 (이자소득 제외)이 1천원 미만인 경우
  ② 납세조합 징수세액이 1천원 미만인 경우
  ③ 중간예납세액이 50만원 미만인 경우 (종전 : 30만원)

Ⅲ 비거주자에 대한 과세

1. 과세방법

국내원천소득[1]	과세방법	
	국내사업장에 귀속되는 소득	국내사업장에 귀속되지 않는 소득
(1) 국내원천 이자소득		} → 분리과세
(2) 국내원천 배당소득		
(3) 국내원천 부동산소득		해당 사항 없음
(4) 국내원천 선박등임대소득		
(5) 국내원천 사업소득	→ 종합과세	
(6) 국내원천 인적용역소득[2]		} → 분리과세
(7) 국내원천 사용료소득		
(8) 국내원천 유가증권 양도소득		
(9) 국내원천 기타소득		
(10) 국내원천 근로소득[3]		거주자와 같은 방법으로 원천징수하고 분리과세
(11) 국내원천 연금소득		
(12) 국내원천 퇴직소득	거주자와 같은 방법으로 분류과세	거주자와 같은 방법으로 분류과세
(13) 국내원천 부동산등양도소득[4]		

[1] 비거주자에 대하여 과세하는 소득세는 해당 국내원천소득을 종합하여 과세하는 경우와 분류하여 과세하는 경우 및 그 국내원천소득을 분리하여 과세하는 경우로 구분하여 계산한다.

[2] 분리과세되는 경우로서 국내원천 인적용역소득이 있는 비거주자가 종합소득 과세표준 확정신고를 하는 경우에는 국내원천소득(국내원천 퇴직소득 및 국내원천 부동산등양도소득은 제외)에 대하여 종합과세할 수 있다.

[3] 국내원천 근로소득은 국내에서 제공하는 근로와 다음의 근로의 대가로서 받는 소득을 말한다.
 ① 거주자 또는 내국법인이 운용하는 외국항행선박·원양어업선박 및 항공기의 승무원이 받는 급여
 ② 내국법인의 임원의 자격으로서 받는 급여
 ③ 법인세법에 따라 상여로 처분된 금액

[4] 국내원천 부동산등양도소득이 있는 비거주자에게 과세할 경우 1세대 1주택 비과세(해외이주 및 1년 이상 국외거주를 필요로 하는 취학 또는 근무상의 형편으로 세대전원이 출국하는 경우의 비과세요건을 충족하는 비거주자는 제외)와 1세대 1주택 및 1세대 1조합원입주권의 장기보유특별공제는 적용하지 아니한다.

2. 세액계산

구분	내용
종합과세시 세액 계산	비거주자의 종합과세시 소득세의 과세표준과 세액의 계산에 관하여는 거주자에 대한 소득세의 과세표준과 세액의 계산에 관한 규정을 준용한다. 다만, 종합소득공제를 하는 경우에 본인에 대한 기본공제와 추가공제만 적용하고, 비거주자 본인 이외의 자에 대한 인적공제와 특별소득공제, 자녀세액공제 및 특별세액공제는 적용되지 않는다.
분리과세시 세액 계산	분리과세하는 경우에는 필요경비는 고려하지 아니하고 소득별 수입금액을 과세표준으로 하여, 그 금액에 법 소정의 세율을 곱하여 세액을 계산한다. 다만, 국내원천 유가증권을 양도한 경우에는 양도가액 기준과 양도차익 기준 중 선택할 수 있으며, 국내원천 기타소득 중 공익법인이 주무관청의 승인을 받아 시상하는 상금 및 부상과 다수가 순위 경쟁하는 대회에서 입상자가 받는 상금 및 부상은 최소 80%의 의제 필요경비를 적용한다.

P·A·R·T

05

법인세법

I 납세의무자

구 분	내 용				
과세대상	각 사업연도 소득 · 청산소득 · 토지등 양도소득 · 미환류소득				
납세의무자	(내국 · 외국, 영리 · 비영리)법인, 법인으로 보는 단체				
과세소득의 범위 (과세 : ○, 비과세 : ×)	법인 유형		각사업연도소득	양도소득	청산소득	미환류소득
	내국 법인	영리 법인	국내외 모든 소득	○	○	○
		비영리 법인	국내외 수익사업 소득	○	×	×
	외국 법인	영리 법인	국내원천소득	○	×	×
		비영리 법인	국내원천 수익사업 소득	○	×	×
	국가 · 지방자치단체(조합)			×		
	외국정부 · 외국지자체			비영리외국법인으로 보아 법인세법 적용		

구 분	내 용
본래의 사업연도	① 법령·정관 등에서 정하는 1회계기간(1년을 초과하지 못함) ② 정관 등에 규정이 없는 경우: 신고한 사업연도 ③ 무신고의 경우 : 매년 1.1.~ 12.31.
신설법인의 최초사업연도	설립등기일~사업연도 종료일(외국법인[*1]) : 국내사업장을 둔 날~사업연도 종료일) [*1] 설립일 전 손익을 법인에게 귀속시킨 경우(조세포탈의 우려가 없을 때) : 손익이 최초로 발생한 날~사업연도 종료 일(1년을 초과하지 못함)

사업연도의 의제	① 해산의 경우(④와 ⑧의 경우 제외)	[사업연도 개시일~해산등기일*] [다음날~사업연도종료일] * 파산의 경우 파산등기일, 법인으로 보는 단체의 경우 해산일
	② 청산 중 잔여재산가액 확정	[사업연도 개시일~잔여재산가액 확정일]
	③ 청산중에 계속 사업시	[사업연도 개시일~계속등기일(또는 사실상 사업계속일)] [다음날~사업연도종료일]
	④ 합병·분할·분할합병으로 소멸	[사업연도 개시일~합병등기일(또는 분할등기일)]
	⑤ 외국법인이 국내사업장을 가지지 아니하게 된 경우	[사업연도 개시일~국내사업장을 가지지 않게 된 날] * 국내에 다른 사업장을 가지고 있는 경우 제외
	⑥ 설립무효판결을 받은 경우	[사업연도 개시일~확정판결일]
	⑦ 사업연도 중에 연결납세방식을 적 용받는 경우	[사업연도 개시일~연결사업연도개시일 전날]
	⑧ 사업연도 중에 조직변경	조직변경을 전 사업연도가 계속되는 것으로 봄

구 분	내 용
사업연도의 변경	직전사업연도 종료일부터 3개월 이내에 납세지관할세무서장에게 변경 신고하여야 한다. ① 신설법인은 최초사업연도가 경과하기 전에는 변경할 수 없다. ② 종전 사업연도 개시일~변경된 사업연도의 개시일 전일까지(1사업연도) → 1개월 미만인 경우 변경된 사업연도에 포함한다(예외적으로 1년 초과 발생 가능함).

* 국내사업장이 없는 외국법인으로서 국내원천 부동산소득 또는 국내원천 부동산등양도소득이 있는 법인 : 따로 사업연도를 정하여 그 소
득이 최초로 발생하게 된 날부터 1개월 이내에 납세지 관할 세무서장에게 사업연도를 신고하여야 한다. 국내사업장이 없는 외국법인이
사업연도 중에 국내원천 부동산소득 또는 국내원천 부동산등양도소득이 발생하지 아니하게 되어 납세지 관할 세무서장에게 그 사실을 신
고한 경우: 그 사업연도 개시일 ~ 신고일

Ⅲ 납세지

구 분		내 용
법인세의 납세지	내국법인	등기부에 따른 본점·주사무소의 소재지(국내에 본점·주사무소가 있지 아니하는 경우에는 사업을 실질적으로 관리하는 장소의 소재지)
	외국법인	• 국내사업장이 있는 경우 : 주된 국내사업장의 소재지 • 국내사업장이 없는 경우 : 국내원천 부동산소득 또는 부동산 등 양도소득이 있는 경우에는 그 자산의 소재지(⇒ 둘 이상의 자산이 있는 경우에는 신고한 장소)
	법인으로 보는 단체	• 사업장이 있는 경우 : 단체의 주된 사업장 소재지(주된 소득이 부동산임대소득인 경우에는 주된 부동산의 소재지) • 사업장이 없는 경우 : 정관 등에 기재된 주사무소의 소재지(정관 등에 주사무소에 관한 규정이 없는 단체의 경우에는 그 대표자 또는 관리인의 주소를 말함)
원천징수한 법인세의 납세지		= 해당 원천징수의무자의 소재지
	법인	• 내국법인 : 등기상 본점·주사무소(또는 사업의 실질적 관리장소) 소재지 • 외국법인과 법인으로 보는 단체 : 주된 국내사업장 소재지
		• 지점·영업소 또는 그 밖의 사업장이 독립채산제에 의해 독자적으로 회계사무를 처리하는 경우 : 그 사업장의 소재지(국외사업장 제외). 단, 본점 등에서 전자계산 조직 등에 의해 일괄 계산하는 경우로서 본점 등의 관할세무서장에게 신고하거나 사업자단위과세사업자로 등록한 경우에는 해당 법인의 본점 등의 소재지로 함.
	개인	• 거주자 : 주된 사업장 소재지(⇒ 없는 경우에는 주소지·거소지) • 비거주자 : 주된 국내사업장 소재지(⇒ 없는 경우에는 거류지·체류지)
납세지 지정·통지		관할지방국세청장이나 국세청장은 납세지가 그 법인의 납세지로 적당하지 아니하다고 인정되는 다음의 경우에는 그 납세지를 지정할 수 있다. ① 내국법인의 본점 등의 소재지가 등기된 주소와 동일하지 아니한 경우 ② 내국법인의 본점 등의 소재지가 자산 또는 사업장과 분리되어 있어 조세포탈의 우려가 있다고 인정되는 경우 ③ 둘 이상의 국내사업장이 있는 외국법인의 주된 사업장 소재지를 판정할 수 없는 경우 ④ 둘 이상의 자산이 있는 외국법인이 납세지 신고를 하지 않은 경우 * 관할지방국세청장이나 국세청장은 납세지를 지정한 경우에는 그 법인의 해당 사업연도종료일부터 45일 이내에 해당 법인에 이를 알려야 한다. 납세지의 지정통지를 기한내에 하지 아니한 경우에는 종전의 납세지를 그 법인의 납세지로 한다.
납세지의 변경신고		① 변경된 날부터 15일 이내에 변경후의 납세지 관할세무서장에게 신고하여야 한다. 　(부가가치세법에 따라 사업자등록정정신고를 한 경우는 납세지 변경신고한 것으로 본다) → 변경신고를 하지 아니한 경우에는 종전의 납세지를 그 법인의 납세지로 한다. ② 변경신고기한이 지난 후 납세지변경신고를 한 경우 : 신고한 날로부터 변경된 등기부에 따른 본점 또는 주사무소의 소재지를 법인의 납세지로 한다.

02 계산구조

I 각사업연도소득

	결산서상 당기순이익		
(+)	익금산입·손금불산입	⎤	소득금액 조정합계표상의 세무조정사항
(−)	손금산입·익금불산입	⎦	
	차 가 감 소 득 금 액		
(+)	기 부 금 한 도 초 과 액		
(−)	기 부 금 손 금 추 인 액	……	10년이내 개시한 사업연도 발생 특례·일반기부금 한도초과액
	각 사업연도 소득금액		
(−)	이 월 결 손 금	……	15년이내 개시한 사업연도 발생 세무상 이월 결손금
(−)	비 과 세 소 득	……	공익신탁재산에서 생긴 소득
(−)	소 득 공 제	……	유동화전문회사 등 소득공제
	과 세 표 준		
(×)	세 율	……	9%(2억원 초과분 19%, 200억원 초과분 21%, 3,000억원 초과분 24%)
	산 출 세 액	……	토지 등 양도소득에 대한 법인세와 투자·상생협력 촉진을 위한 과세특례를 적용하여 계산한 법인세를 가산
(−)	감 면 공 제 세 액		
(+)	가 산 세		
(+)	추 가 납 부 세 액		
	총 부 담 세 액		
(−)	기 납 부 세 액	……	원천징수세액+중간예납세액+수시부과세액
	차 감 납 부 할 세 액		

Ⅱ 세무조정

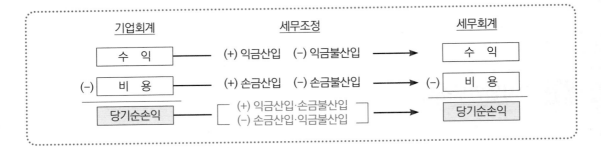

1. 세무조정의 유형

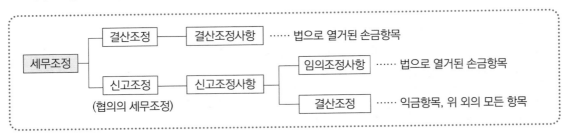

구 분	내 용	비 고
결산조정 사항	① 감가상각비	〈강제조정사항〉 • 감가상각의제액(감면사업 영위 법인) • 특수관계인으로부터 자산 양수시 기업회계기준에 따라 장부에 미달 계상한 자산가액의 감가상각비 • 2016 1.1. 이후 취득 업무용승용차의 감가상각비 〈임의조정사항〉 • K-IFRS 적용 내국법인의 유형자산과 법령으로 정하는 무형자산의 감가상각비 • 설비투자자산의 감가상각비 손금산입 특례 　(2021.12.31.까지 취득분)
	② 퇴직급여충당금 ③ 대손충당금 ④ 구상채권상각충당금	퇴직 연금충당금은 강제조정사항
	⑤ 자산의 법정 평가손실 ⑥ 대손금	소멸시효완성 등은 강제조정사항
	⑦ 법인세법상 준비금	회계감사를 받는 비영리법인의 고유목적사업준비금과 K-IFRS 적용 법인의 비상위험준비금 및 해약환급금은 임의조정사항

구분		내 용	비 고
신고조정 사항	임의 조정 사항	① 일시상각충당금 　(압축기장충당금)	모든 법인
		② 조세특례제한법상 준비금	준비금 설정 대상 법인
		③ 고유목적사업준비금	회계감사를 받는 비영리법인
		④ 유형자산과 법정 무형자산의 　감가상각비 ⑤ 구상채권상각충당금 ⑥ 비상위험준비금	K-IFRS 적용 법인
	강제 조정 사항	① 모든 익금 ② 결산조정사항과 임의조정사항 　을 제외한 모든 손금	

Ⅲ 　소득처분 [세무조정사항의 귀속자를 결정 (취지 : ① 소득세의 적정과세 ② 타소득계산의 적정화)]

구분	유 형		귀속자등 사유
익금산입 및 손금불산입	사외 유출*	배당	출자자(임원·직원 제외)가 귀속자인 경우
		상여	임원·직원이 귀속자인 경우
		기타사외유출	법인·개인사업자의 국내사업장 소득을 구성하는 경우
		기타소득	위 외의 자가 귀속자인 경우
	유보		법인내 유보(세무상 자산증가·부채감소)
	기타		자본잉여금, 이익잉여금 등을 구성하는 경우
손금산입 및 익금불산입	△유보		법인내 부(−)의 유보(세무상 자산감소·부채증가)
	기타		△유보 외

* 익금산입 및 손금불산입액(업무용승용차 관련비용 중 업무외 사용금액 포함)이 사외에 유출된 것이 분명한 경우

　① 배당·상여가 중복되는 경우 : 상여

　② 배당·상여와 기타사외유출이 중복되는 경우 : 기타사외유출

* 소득처분 특례

구 분	내 용
귀속자 불분명	대표자에 대한 상여
회수된 사외 유출 금액	유보(단, 세무조사의 통지를 받거나 세무조사에 착수한 것을 아는 등 경정이 있을 것을 미리 알고 사외유출된 금액을 익금산입하는 경우는 상여 등으로 소득처분함)
추계 결정시	추계과세표준 (−) 법인세비용 차감전 순이일* 소득처분대상금액 ─┬─ ① 일반적인 경우 : 대표자 상여 　　　　　　　　　　└─ ② 천재지변 기타 불가항력 등의 경우 : 기타사외유출 * 법인이 결손신고를 한 때에는 그 결손은 없는 것으로 본다.
무조건 기타사외유출	① 간주임대료(추계시에는 추계결정 특례에 따라 처분함) ② 업무용승용차 임차료 중 감가상각비 상당액 한도초과액과 업무용승용차의 처분손실 한도초과액* * 업무용승용차별 연 800만원(특정법인은 연 400만원) 초과액 → 추후 손금산입됨 ③ 건당 3만원(경조금 20만원) 초과 접대비 중 적격증명서류 미수취분과 접대비 한도초과액 ④ 특례기부금·일반기부금의 한도초과액 ⑤ 채권자불분명 사채이자와 비실명 채권·증권 이자 중 원천징수세액, 업무무관자산 이자 ⑥ 귀속자 불분명한 익금산입액(대표자 상여) 또는 추계시 소득처분특례(대표자 상여)의 소득세 등 대납액 　⇒ 손비로 계상한 금액 or 특수관계가 소멸될 때까지 회수하지 아니함에 따라 익금에 산입한 금액 ⑦ 부당행위계산 부인액의 익금산입액 중 귀속자에게 증여세가 과세되는 금액 ⑧ 외국법인 국내사업장의 각사업연도소득에 대한 법인세의 과세표준을 신고·결정·경정함에 있어서 익금에 산입한 금액이 그 외국법인 본점 등에 귀속되는 소득과「국제조세조정에 관한 법률」에 따른 정상가격에 의한 과세조정 등(에 따라 익금에 산입한 금액이 국외특수관계인으로부터 반환되지 않은 소득 ⑨ 외국법인에 대한 과세표준을 추계결정 또는 추계경정하는 경우에 결정된 과세표준과 당기순이익과의 차액

📎 참고

귀속자불분명 or 추계시 대표자에 대한 상여처분

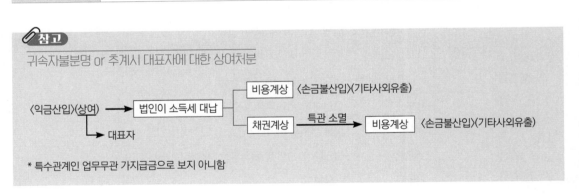

* 특수관계인 업무무관 가지급금으로 보지 아니함

CHAPTER 03 익금과 익금불산입

I 익금

구분		내용
의미		순자산증가액 : 해당 법인의 순자산을 증가시키는 거래로 인하여 발생하는 이익 또는 수입(수익)의 금액(단, ① 자본 또는 출자의 납입, ② 익금불산입항목 제외)
수익의 범위 (예시)	익금	① 사업수입금액: 매출액(매출환입·매출에누리·매출할인 차감) ② 자산의 양도금액 ③ 자기주식(합병법인이 합병에 따라 피합병법인이 보유하던 합병법인의 주식을 취득하게 된 경우 포함)의 양도금액[*1] ④ 자산의 임대료 ⑤ 보험업법이나 그 밖의 법률에 따른 유형자산 및 무형자산 등의 평가차익 ⑥ 자산수증이익 및 채무면제이익(특정 주식발행초과금 포함) ⑦ 손금에 산입한 금액 중 환입된 금액 ⑧ 보험회사의 책임준비금 감소액으로 기준에 따라 수익으로 계상된 금액 ⑨ 특수관계인으로부터 자본거래에 따라 분여받은 이익 ⑩ 그 밖의 수익으로서 그 법인에 귀속되었거나 귀속될 금액
	간주익금	① 특수관계인인 개인으로부터 유가증권 저가매입시 시가와 그 매입가액의 차액 ② 외국납부세액공제의 대상이 되는 간접외국납부세액 ③ 의제배당 ④ 간주임대료 ⑤ 동업기업으로부터 배분받은 소득금액

[*1] 임직원과 약정된 주식매수선택권의 행사에 따라 주식을 양도하는 경우에는 주식매수선택권을 행사하는 당시의 시가

1. 유가증권 저가양수 · 세금의 환급 · 이월익금

구 분	내 용
유가증권의 저가양수액	① 특수관계인인 개인으로부터 유가증권을 시가보다 낮은 가액으로 매입하는 경우 시가와 그 매입가액의 차액은 익금산입(유보)함 ② 위 외의 경우 저가양수액은 익금에 산입하지 아니함
세금의 환급액 · 환급 가산금	① 납부시 손금에 산입한 세금 ⇒ 환급액은 익금항목(재산세 등) ② 납부시 손금불산입한 세금 ⇒ 환급액은 익금불산입항목(법인세 등) ③ 세금의 환급가산금(환급금 이자) ⇒ 익금불산입(for 보상 효과 유지) ④ 납부시 자산계상한 세금 ⇒ 환급액은 해당 자산가액에서 차감(토지의 취득세)
이월익금	각 사업연도의 소득으로 이미 과세된 소득(법인세법과 다른 법률에 따라 비과세되거나 면제되는 소득 포함)을 해당 사업 연도의 수익으로 계상한 금액 → 〈익금불산입〉

2. 자산수증이익 · 채무면제이익 및 채무의 출자전환

구 분	내 용
자산수증이익 (국고보조금 제외) 채무면제이익	〈원칙〉 익금항목 … 수증한 자산은 시가로 평가
	〈특례〉 이월결손금 보전에 충당한 금액 ⇒ 익금불산입(기타) ① 발생연도의 제한이 없는 세무상 이월결손금(적격합병 · 분할시 승계한 이월결손금제외)으로서 미공제된 것 ② 신고한 과세표준에 포함되지 아니하였으나 회생계획인가결정을 받은 법인의 결손금으로서 법원이 확인한 것과 기업개선계획의 이행을 위한 약정이 체결된 법인의 결손금으로서 금융채권자협의회가 의결한 것
채무의 출자전환	주식의 발행가액이 시가(시가가 액면가액에 미달하면 액면가액)를 초과하는 금액은 채무면제이익으로, 시가가 액면가액을 초과하는 금액은 주식발행초과금으로 처리한다.

예 채무의 출자전환(채무 100)

〈Case 1〉			
발행가액	100	30	채무면제이익
시 가	70		
액면가액	50	20	주식발행초과금

〈Case 2〉			
발행가액	100	50	채무면제이익
액면가액	50		
시 가	40		

3. 간주임대료

구 분		내 용
장부기장의 경우 (추계결정 외의 경우)	요건	① 부동산임대업이 주업(해당 사업연도 종료일 현재 자산총액 중 임대업에 사용 자산총액이 50% 이상)인 차입금과다(차입금적수가 자기자본적수의 2배를 초과하는 경우) 내국영리법인일 것 → 외국법인과 비영리법인 제외 ② 부동산(주택 제외) 또는 부동산상 권리를 대여하고 받은 보증금과 전세금이 있을 것 → 기계장치 대여 보증금 ×
	계산단위	여러 개의 부동산을 임대하는 경우에도 법인단위로 간주임대료 계산
	[간주임대료 계산] … (○ : 포함, × : 제외) (보증금 등 적수−건설비적수)×정기예금이자율×$\frac{1}{365(6)}$ −보증금 등에서 발생한 금융수익=간주임대료 [T/A] 〈익금산입〉 간주임대료 ×××(기타사외유출)		
추계결정의 경우	요건	부동산(주택 포함) 또는 부동산상 권리를 대여하고 받은 보증금과 전세금이 있을 것
	[간주임대료 계산] 보증금 등 적수×정기예금이자율×$\frac{1}{365(6)}$ =간주임대료 [T/A] ┌ 일반적인 추계시 ………… 〈익금산입〉 추계소득금액 ×××(상여) └ 천재지변 등 사유 추계시 … 〈익금산입〉 추계소득금액 ×××(기타사외유출)		

* 간주임대료의 규정 비교

구분	장부기장의 경우	추계결정의 경우
① 적용대상 법인	부동산임대업이 주업이고, 차입금 과다 내국영리법인	모든 법인
② 주택임대 제외 여부	제 외	포 함
③ 건설비 차감 여부	차감함	차감하지 않음
④ 금융수익 차감 여부	차감함	차감하지 않음

* 적수 : 초일산입, 말일불산입, 기간·기한 : 초일불산입, 말일산입

Ⅱ 익금불산입 항목

구 분	내 용
자본거래	① 주식발행초과금(무액면주식은 발행가액 중 자본금 계상액의 초과액)
	② 감자차익
	③ 합병차익·분할차익(단, 익금으로 규정한 합병·분할매수차익 등은 제외)
	④ 주식의 포괄적 교환차익·이전차익
	⑤ 자본준비금을 감액하여 받은 배당[*1](단, 의제배당으로 과세되는 자본준비금은 제외)
	예┌ 주식발행초과금 감액 현금배당 : 익금불산입(△유보) ← 자본의 환급성격 └ 이익준비금 감액 현금배당 : 익금 ← 이익의 분배성격
이중과세 방지	⑥ 이월익금 : 각 사업연도의 소득으로 이미 과세된 소득(법인세법과 다른 법률에 따라 비과세되거나 면제되는 소득 포함)
	⑦ 손금불산입한 법인세 등의 환급액과 환급받을 금액을 다른 세액에 충당한 금액
	⑧ 수입배당금액에 대한 익금불산입[*2], 외국자회사 수입배당금액의 익금불산입[*3]
부채성격	⑨ 부가가치세 매출세액 ⑩ 연결모법인이 연결자법인으로부터 지급받았거나 지급받을 법인세비용[*4]
보상성격	⑪ 국세 또는 지방세 과오납금의 환급금이자
미실현손익	⑫ 자산의 평가이익(단, 보험업법이나 그 밖의 법률에 따른 유·무형자산등의 평가이익은 익금)
기타손익	⑬ 자산수증이익(국고보조금은 제외)과 채무면제이익 중 이월결손금 보전분
	⑭ 채무출자전환에 따른 채무면제이익 중 과세이연요건을 갖춘 금액

[*1] 내국법인이 보유한 주식의 장부가액을 한도로 함. 보유주식의 장부가액을 초과하는 금액은 투자금을 초과한 익금에 해당하는 금액으로 결산 계상 배당금 수익은 보유주식 장부가액 한도로 익금불산입해야 함

*2 수입배당금에 대한 익금불산입

구분	내용
요건	내국법인(고유목적사업준비금을 손금에 산입하는 비영리내국법인 제외*)이 다른 내국법인(피출자법인)으로부터 수입배당금액(실지배당과 의제배당)을 받은 경우 * 비영리내국법인에 고유목적사업준비금과 수입배당금액 익금불산입이 동시에 적용되면 이중혜택이 되므로 수입배당금액 익금불산입 규정을 적용을 배제함.
익금불산입액	익금불산입액 = (수입배당금 − 지급이자 × $\dfrac{\text{Tax상 주식적수}}{\text{B/S상 자산총액적수}}$) × 익금불산입률 (1) 수입배당금액 : 내국법인이 피출자법인으로부터 받은 수입배당금액(실지배당과 의제배당).다만, 다음의 수입배당금액은 제외함 　① 배당기준일 전 3개월 이내에 취득한 주식을 보유*함으로써 발생하는 수입배당금액 　* 같은 종목의 주식 중 일부를 양도한 때에는 선입선출법으로 배당기준일 전 3개월 이내 취득 주식을 판정함 　② 소득공제, 비과세, 면제, 감면, 동업기업과세특례가 적용되는 법인으로부터 받은 배당금 (2) 익금불산입률 : 내국법인이 2023. 12. 31.까지 받는 수입배당금액에 대해서 종전 익금불산입률을 선택할 수 있음(지주회사 상장법인의 경우 종전 규정이 유리함) <table><tr><th>지분율</th><th>익금불산입률</th></tr><tr><td>50% 이상</td><td>100%</td></tr><tr><td>20% 이상 50% 미만</td><td>80%</td></tr><tr><td>20% 미만</td><td>30%</td></tr></table>
T/A	〈익금불산입〉 수입배당금 × × × (기타)

*3 외국자회사 수입배당금액의 익금불산입 : 내국법인(외국납부세액공제가 적용되는 간접투자회사 등은 제외)이 해당 법인이 출자한 외국자회사로부터 받은 수입배당금액에 대하여 익금불산입함.

구분	내용
외국자회사	지분율요건*을 충족하고, 지분을 배당기준일 현재 6개월 이상 계속하여 보유하고 있을 것 * 지분율요건 : 내국법인이 의결권 있는 출자총액의 10%(해외자원개발사업을 하는 외국법인의 경우 5%) 이상을 출자하고 있을 것
불산입	수입배당금액의 95%
적용배제	① 법에 따라 특정외국법인의 유보소득에 대하여 내국법인이 배당 받은 것으로 보는 금액 및 해당 유보소득이 실제 배당된 경우의 수입배당금액 ② 특정외국법인의 유보소득 배당간주 규정의 요건을 모두 충족하는 특정외국법인으로부터 받은 수입배당금액으로서 실제 부담세액이 실제발생소득의 15% 이하인 수입배당금액 ③ 혼성금융상품(자본과 부채의 성격을 동시에 가지고 있는 특정 금융상품)의 거래에 따라 내국법인이 지급받는 수입배당금액
기타	① 외국자회사 배당금에 대해 익금불산입이 적용되지 않는 경우는 현행과 동일하게 외국납부세액공제가 적용됨 ② 내국법인이 해당 법인이 출자한 외국법인(외국자회사는 제외)으로부터 자본준비금을 감액하여 받는 배당으로서 익금에 산입되지 아니하는 배당에 준하는 성격의 수입배당금액을 받는 경우 그 금액의 95%에 해당하는 금액은 각 사업연도의 소득금액을 계산할 때 익금에 산입하지 아니한다.

*4 법인세액의 금액이 (−)인 경우 연결자법인이 연결모법인으로부터 지급받았거나 지급받을 금액

III 의제배당

구 분	내 용
잉여금 자본전입	• 주식수 × 액면가액(주식배당은 발행가액) = 의제배당액 • 귀속시기 : 주주총회(사원총회)의 자본전입 결의일(이사회의 결의 시 배당 기준일)

구분	무상주의 원천			의제배당 여부	
				1차배정분	자기주식분*
무상주 의제배당	자본 잉여금	주식발행 초과금	일반 주식발행초과금	×	○
			출자전환시 채무면제이익	○	○
		주식의 포괄적 교환차익 및 이전차익		×	○
		감자차익	일반적인 감자차익	×	○
			자기주식 소각이익 — 소각 당시 '시가〉취득가액'	○	○
			자기주식 소각이익 — 소각일 2년 이내 자본전입분	○	○
			자기주식 소각이익 — 위 외의 경우	×	○
		재평가 적립금	재평가세율 1% 적용분 토지	○	○
			재평가세율 3% 적용분 기타	×	○
		합병차익· 분할차익	의제배당대상 외의 금액	×	○
			의제배당대상 금액(또는 합병매수차익 등)	○	○
		기타자본잉여금(자기주식처분이익)		○	○
	이익잉여금(이익준비금, 기타법정준비금, 기타잉여금)			○	○

* 자기주식분 : 자기주식을 보유한 법인이 잉여금을 자본전입함에 따라 다른 주주의 지분이 증가한 경우 증가된 지분에 해당하는 주식가액

감자(퇴사· 탈퇴), 해산, 합병, 분할의 경우	받 은 대 가 (−) 종전 주식의 장부가액 ──────────── 의 제 배 당 액

• 종전 주식의 세무상 장부가액
① 의제배당 과세 무상주 : 의제배당액을 취득가액에 가산
② 의제배당 과세× 무상주 : 취득가액에 포함하지 아니함(주식수만 증가)
③ 단기소각주식 : 유상감자전 2년 이내에 의제배당으로 과세되지 아니하는 무상주의 취득분* ⇒ 먼저 감자, 취득가액 '0'

• 귀속시기
① 유상감자 : 주주총회(사원총회)의 감자 결의일(이사회의 결의에 의하는 경우에는 감자 기준일)*
  * 감자 결의일과 감자 기준일의 주주가 다른 경우에는 감자 기준일을 말함
② 해산 : 잔여재산가액 확정일
③ 합병 : 합병등기일
④ 분할 : 분할등기일

CHAPTER

04 손금과 손금불산입

I 손금

구분	내용
개념	법인의 순자산을 감소시키는 거래로 인하여 발생하는 손실 또는 비용(손비)의 금액 (단, ① 자본 또는 출자의 환급, ② 잉여금의 처분, ③ 손금불산입항목 제외) * 손비는 법에서 달리 정하고 있는 것을 제외하고는 그 법인의 사업과 관련하여 발생하거나 지출된 손실 또는 비용으로서 일반적으로 인정되는 통상적인 것이거나 수익과 직접 관련된 것으로 함.
범위 (예시)	(1) 판매한 상품 또는 제품에 대한 원료의 매입가액(기업회계기준에 따른 매입에누리금액 및 매입할인금액 제외)과 그 부대비용 (2) 판매한 상품 또는 제품의 보관료 · 포장비 · 운반비 · 판매장려금 및 판매수당 등 판매와 관련된 부대비용(판매장려금 및 판매수당의 경우 사전약정 없이 지급하는 경우를 포함) (3) 양도한 자산의 양도 당시의 장부가액 (4) 회수할 수 없는 부가가치세 매출세액미수금(대손세액공제를 받지 아니한 것에 한정함) (5) 자산의 평가차손(원칙 : 미실현손실로 손금불산입, 예외 : 법정 사유 손금 인정) (6) 영업자가 조직한 단체에 대한 회비(예 세무사회 회비) (7) 무료진료권 (8) 잉여식품의 장부가액(법에 따른 식품 및 생활용품의 제조업 · 도매업 · 소매업 영위 내국법인이 잉여식품 등을 무상 기증시) (9) 우리사주조합 출연금(자사주의 장부가액 또는 금품) (10) 사내근로복지 출연금 (11) 광고선전물품(불특정다수 : 전액 손금, 특정인 : 연간 합계액 5만원〈건당 3만원 이하 제외〉 이내) (12) 소액미술품(취득가액을 손비로 계산시 건별 1천만원 이하인 경우) (13) 임직원 유족지원금 (14) 다음의 운영비 또는 수당 　① 근로청소년을 위한 특별학급 또는 산업체부설 중 · 고등학교의 운영비 　② 교육기관이 해당 법인과 계약에 따라 채용을 조건으로 설치 · 운영하는 직업교육훈련과정 · 학과 등의 운영비 　③ 현장실급 또는 현장실습수업에 참여하는 학생들에게 지급하는 수당 (15) 주식매수선택권 (16) 그 밖의 손비로서 그 법인에 귀속되었거나 귀속될 금액

참고

지출액 증명서류

(1) 증명서류 : 적격증명서류와 그 외의 증명서류로 구분됨
(2) 증명서류의 보관의무 : 법인세 과세표준과 세액의 신고기한으로부터 5년간 보관(단, 해당 사업연도 개시일로부터 5년 전에 발생한 이월결손금을 공제받는 경우 그 결손금이 발생한 사업연도의 증명서류는 이월결손금을 공제받은 사업연도의 신고기한으로부터 1년이 되는 날까지 보관)

참고

적격증명서류 미수취시 제재

− 건당 3만원(경조금 20만원)초과 접대비 : 손금불산입(기타사외유출)
− 사업자*로부터 건당 3만원(vat 포함)초과 거래분 재화 · 용역을 공급받은 경우 : 손금 산입, 가산세부과(거래금액의 2%)
− 그 외의 거래분 : 손금산입(**예** 해당 법인의 임직원 경조사비)

Ⅱ 손금불산입

구 분	손금불산입 항목
(1) 자본거래	① 결산을 확정할 때 잉여금의 처분을 손비로 계상한 금액 ② 주식할인발행차금 : 액면미달 신주 발행시 그 미달하는 금액과 신주발행비의 합계액
(2) 과다 인건비	① 비상근임원보수 중 부당행위계산 부인해당액 ② 노무출자사원 보수 ③ 지배주주등에 대한 과다 보수(임직원) ④ 이익처분에 따라 지급하는 상여금 ⑤ 임원상여금한도초과액 ⑥ 임원퇴직급여한도초과액
(3) 감가상각비	감가상각비 한도초과액
(4) 지급이자	① 채권자불분명사채이자 ② 비실명 채권 · 증권이자 ③ 건설자금이자 ④ 업무무관자산 이자
(5) 자산 평가손실	다음을 제외한 자산의 평가손실 ① 재고자산 : 파손 · 부패로 인한 평가손실 ② 주식 : 일정한 요건에 해당하는 주식의 평가손실 ③ 유형자산 : 천재지변, 화재, 법정 수용, 법정 폐광으로 인한 평가손실
(6) 과다 · 부당경비등	① 법 소정 외의 복리후생비 ② 임직원이 아닌 지배주주 등에게 지급한 여비 · 교육훈련비 ③ 공동경비 초과부담액 ④ 업무와 관련 없는 비용

240

구 분	손금불산입 항목
(7) 징벌적 목적 손해배상금	내국법인이 지급한 손해배상금 중 실제 발생한 손해를 초과하여 지급하는 금액으로서 법령으로 정하는 금액
(8) 업무용승용차 관련비용	업무용승용차 관련비용(감가상각비, 차량유지비 등) 중 업무외 사용금액
(9) 세금과공과금	① 법인세비용(연결자법인이 연결모법인에 지급하였거나 지급할 법인세비용 포함)[*1] ② 세금 중 간접세 : 부가가치세매입세액, 개별소비세,「교통 · 에너지 · 환경세」, 주세 ③ 공과금 중 임의적 부담금과 제재목적 부과금 ④ 벌과금, 가산세와 징수불이행세액, 강제징수비
(10) 기부금	① 비지정기부금 ② 특례기부금(50% 한도적용) · 일반기부금(10% 또는 20% 한도적용) · 우리사주조합 기부금 한도초과액
(11) 접대비	① 건당 3만원(경조금 20만원) 초과분 중 적격증명서류 미수취 접대비 ② 접대비 한도초과액
(12) 충당금 · 준비금	충당금 · 준비금의 한도초과액과 미열거된 충당금 · 준비금의 계상액

[*1] 법인세액의 금액이 (–)인 경우 연결자법인이 연결모법인으로부터 지급받았거나 지급받을 금액

1. 복리후생비

구 분	내용
손금	임원 또는 직원(파견근로자 포함)을 위하여 지출한 다음의 복리후생비 ① 국민연금보험료 · 국민건강보험료 · 노인장기요양보험료 · 고용보험료에 대한 사용자부담금* ② 직장어린이집의 운영비 ③ 직장체육비, 직장문화비, 직장회식비 ④ 우리사주조합운영비 ⑤ 사회통념상 타당한 범위 내의 경조금 등 기타 위와 유사한 비용
불산입	위에서 열거되지 않는 복리후생비

* 건강보험료 등의 부담 : 사용자 부담분 50% → 법인이 비용처리, 근로자 부담분 50% → 근로자가 소득공제

2. 여비와 교육훈련비

구 분	내용
손금	법인이 임직원을 위하여 지출하는 여비와 교육훈련비
불산입	임직원이 아닌 지배주주등(특수관계인 포함)의 여비와 교육훈련비

3. 인건비[손금항목 : 업무와 관련된 지출인 임직원(국내+특정 해외파견)에 대한 인건비(급여 · 상여 · 퇴직급여)]

구 분	손금불산입 인건비
인건비	(1) 비상근임원 보수 중 부당행위계산의 부인 해당액 (2) 합명회사 또는 합자회사의 노무출자사원에게 지급하는 보수(이익처분에 의한 상여로 봄) (3) 지배주주등*에 대한 과다보수 : 지배주주등(특수관계인 포함)인 임원 또는 직원에게 정당한 사유없이 동일 직위에 있는 지배주주등이 아닌 임원 또는 직원에게 지급하는 금액을 초과하여 보수를 지급한 경우 그 초 과금액 * 지배주주등 : 발행주식총수(or출자총액)의 1% 이상의 주식(출자지분)을 소유한 주주등으로서 그와 특수관계에 있는 자와 의 소유 주식(출자지분)의 합계가 해당 법인의 주주등중 가장 많은 경우의 해당 주주등
상여금	(4) 임원 또는 직원에게 이익처분에 따라 지급하는 상여금 (5) 임원상여금한도초과액 : 정관 · 주주총회 · 사원총회 · 이사회에서 정한 급여규정에 의한 한도액을 초과하는 금액(단, 급여규정이 없는 경우 : 전액 손금불산입)/직원은 전액 손금인정
퇴직 급여	(6) 임원퇴직급여한도초과액 : 다음 한도를 초과하는 금액 손금불산입(직원은 전액 손금인정)

구분	임원퇴직급여 한도액
정관(정관 위임)규정 존재	규정상 금액(퇴직위로금 등 포함)
위의 규정이 없는 경우	퇴직 직전 1년간 총급여액 × 10% × 근속연수

총급여액에 포함되는 급여	총급여액에서 제외되는 급여
① 급여 · 임금 · 보수 · 상여 · 수당과 이와 유사한 성질의 급여 ② 잉여금처분에 의한 상여(손금에 산입하지 아니하는 금액은 제외)	① 인정상여 ② 임원퇴직소득 한도초과액(근로소득간주) ③ 근무기간 중 지급받는 직무발명보상금 ④ 소득세 비과세근로소득 ⑤ 손금불산입액(임원상여한도초과액 등)

* 주식매수선택권의 보상액과 주식기준보상액
법에 따른 주식매수선택권, 우리사주매수선택권 또는 금전을 부여받거나 지급받은 자에 대한 다음의 금액(해당 법인의 발행주식총수의 10%의 범위에서 부여하거나 지급한 경우로 한정함)
① 주식매수선택권 등을 부여받은 경우로서 다음의 어느 하나에 해당하는 경우 해당 금액
  (가) 약정된 주식매수시기에 약정된 매수가액과 시가의 차액을 금전 또는 주식으로 지급하는 경우의 해당 금액
  (나) 약정된 주식매수시기에 주식매수선택권 등 행사에 따라 주식을 시가보다 낮게 발행시 실제 매수가액과 시가의 차액
② 주식기준보상으로 금전을 지급하는 경우 해당 금액

4. 소액미술품 등

구 분	대 상	세무상처리
소액미술품	장식 · 환경미화 등의 목적으로 사무실 · 복도 등 여러 사람이 볼 수 있는 공간에 항상 전시하는 미술품의 취득가액이 거래단위별로 1천 만원 이하인 것	[원칙] 자산처리 [특례] 손비 계상시 당기 손금
우리사주조합 출연금	해당 법인의 우리사주조합에 출연하는 자사주의 장부가액과 금품	
사내근로복지 기금 등 출연금	① 해당 내국법인이 설립한 사내근로복지기금 또는 해당 내국법인과 다른 내국법인 간에 공동으로 설립한 공동근로복지기금에 출연하는 금품 ② 해당 내국법인의 협력중소기업이 설립한 사내근로복지기금 또는 해당 내국법인의 협력중소기업 간에 공동으로 설립한 공동근로복지기금에 출연하는 금품	전액 손금 (기부금으로 보지 아니함)
잉여식품등 기부액	식품 및 생활용품*의 제조업 · 도매업 또는 소매업을 영위하는 내국법인이 해당 사업에서 발생한 잉여식품등을 제공자* 또는 제공자가 지정하는 자에게 무상으로 기증하는 경우 기증한 잉여 식품등의 장부가액	
무료진료의 가액	무료진료권과 새마을진료권에 의한 무료진료의 가액	

5. 공동경비 · 업무무관비용 · 징벌적 목적의 손해배상금

구 분	내 용		
공동경비 부담액	다음의 분담비율을 초과하는 금액 : 〈손금불산입〉		
	(1) 출자공동사업(특수관계 포함)		출자비율
	(2) 비출자 공동 사업	① 특수관계	전기 또는 당기 매출액 비율과 총자산가액 비율 중 선택
		② 비특수관계	약정 분담비율 ⇒ (없는 경우) 위 ①의 비율
업무무관 비용	다음 항목은 증빙서류를 갖춘 경우에도 〈손금불산입〉한다. ① 업무무관자산의 관리비 · 유지비 · 수선비, 업무무관자산의 취득을 위한 차입비용		

취득단계	보유단계	처분단계
· 취득가액, 취득세 등 부대비용 … 자산	· 재산세, 수선비, 관리비 … 〈손불〉(기유) → · 감가상각비 ……… 〈손불〉(유보) → 장부가액(자산)	· 양도가액(익금) → 〈손금산입〉(△유보) → 손금

구분	내 용
업무무관 비용	② 법인이 직접 사용하지 아니하고 다른 사람(비출자임원·소액주주임원·직원 제외)이 주로 사용하는 장소·건축물·물건 등의 유지비·관리비·사용료와 이와 관련되는 지출금. 단, 법인이 무상으로 해당 중소기업에 대여하는 생산설비와 관련된 지출금 등은 제외 ③ 출자임원(소액주주임원 제외) 또는 그 친족이 사용하고 있는 사택의 유지비·관리비·사용료와 이와 관련되는 지출금 * 소액주주 : 지분율이 1% 미만인 주주(단, 지배주주와 특수관계인 제외) ④ 뇌물(외국공무원 뇌물 포함)에 해당하는 금전·자산·경제적 이익의 합계액(소득처분 : 기타소득) ⑤ 법을 위반하여 노조전임자에게 지급하는 급여(소득처분 : 기타소득)
징벌적 목적 손해 배상금	손해배상금 중 다음의 금액 : 〈손금불산입〉 ① 내국법인이 지급한 손해배상금 중 실제 발생한 손해를 초과하여 지급하는 금액으로서 다음 중 어느 하나에 해당하는 금액 　(가) 법률의 규정에 따라 지급한 손해배상액 중 실제 발생한 손해액을 초과하는 금액 　(나) 외국의 법령에 따라 지급한 손해배상액 중 실제 발생한 손해액을 초과하여 손해배상금을 지급하는 경우 실제 발생한 손해액을 초과하는 금액 ② 위 ①을 적용할 때 실제 발생한 손해액이 분명하지 아니한 경우에는 내국법인이 지급한 손해배상금에 2/3를 곱한 금액 * 임직원의 손해배상의 대상이 된 행위 등이 법인의 업무수행과 관련된 것이고 또한 고의나 중과실로 인한 것이 아닌 경우 그 지출한 손해배상금은 손금에 산입함

6. 업무용승용차

구분	내 용
(1) 범위	업무용승용차 : 다음의 승용자동차를 제외한 개별소비세 과세대상 승용자동차 ① 부가가치세법상 매입세액 공제대상인 업종(운수업 등) 또는 시설대여업에서 사업상 수익을 얻기 위하여 직접 사용하는 승용자동차 ② 장례식장 및 장의관련 서비스업을 영위하는 법인이 소유하거나 임차한 운구용 승용차 ③ 연구개발을 목적의 임시운행 허가를 받은 자율주행자동차
(2) 관련비용	업무용승용차에 대한 감가상각비, 임차료, 유류비, 보험료, 수선비, 자동차세, 통행료 및 금융리스부채에 대한 이자비용 등 업무용승용차의 취득·유지를 위하여 지출한 비용
(3) 감가상각비	무조건 내용연수 5년의 정액법으로 상각하여 손금산입하여야 함(신고조정강제)

구 분	내 용
(4) 업무외 사용금액 손금불산입	업무용 승용차 관련비용 중 업무사용금액에 해당하지 아니하는 금액(업무 외 사용 금액) : 손금불 산입(배당, 상여 등으로 소득처분) 1) 업무전용자동차보험 가입 : 업무용승용차 관련 비용 × (1−업무사용비율*) = 업무외 사용금액

구분			업무사용비율
운행기록 등을 작성·비치한 경우			$\dfrac{\text{업무용 사용거리}^{*1)}}{\text{총주행거리}}$
운행기록 등을 작성·비치하지 않은 경우	관련비용 1천 5백만원 (특정법인 500만원) 초과		$\dfrac{\text{1천5백만원(특정법인 500만원)}^{*2)}}{\text{업무용승용차관련비용}}$
	관련비용 1천 5백만원 (특정법인 500만원)이하		100%

<table>
<tr><td>

*1) 업무용 사용거리 : 사업장·거래처 등 방문, 회의 참석, 판촉 활동, 출·퇴근 등 업무수행 주행 거리

*2) 사업연도가 1년 미만이거나 일부 기간만 보유·임차한 경우 해당 월수로 안분하여 계산

2) 업무전용자동차보험에 가입하지 아니한 경우 : 전액 손금불인정

</td></tr>
</table>

구 분	내 용
(5) 업무사용금액 중 감가상각비 (상당액)한도 초과액	1) 업무사용금액 중 감가상각비(상당액) 한도초과액의 손금불산입 　업무사용금액 중 업무용승용차별로 계산한 다음의 한도초과액은 해당 사업연도의 손금에 산입하지 아니하고 이월하여 손금에 산입함 　① 감가상각비 × 업무사용비율 − 800만원(특정법인 400만원)*1) = 한도초과액(손금불산입. 유보) 　② 임차료 중 감가상각비 상당액 × 업무사용비율 − 800만원(특정법인 400만원)*1) 　　= 한도초과액(손금불산입, 기타사외유출) *1) 사업연도가 1년 미만이거나 일부 기간만 보유·임차한 경우 해당 월수로 안분하여 계산 2) 감가상각비(상당액) 한도초과액의 이월액 손금추인 　① 감가상각비 이월액 : 위 1) ①의 금액이 한도미달액인 경우 그 미달액을 한도로 하여 손금추인함(소득처분 : △유보) 　② 임차료 중 감가상각비상당액 이월액 : 위 1) ②의 금액이 한도미달액인 경우 그 미달액을 한도로 손금산입함(소득처분 : 기타)
(6) 업무용 승용차 처분손실	업무용승용차 처분손실 − 800만원(특정법인은 400만원) = 한도초과액(손금불산입, 기타사외유출) 한도초과액(손금불산입액)은 다음 사업연도부터 800만원(특정법인 400만원)*을 균등하게 손금산입하되, 남은 금액이 800만원(특정법인 400만원)* 미만인 사업연도에는 남은 금액을 모두 손금산입함(소득처분 : 기타) * 사업연도가 1년 미만인 경우 : 800만원(특정법인 400만원) × 해당 사업연도 월수 ÷ 12

* 특정법인 : 다음의 요건을 모두 갖춘 내국법인

① 사업연도 종료일 현재 내국법인의 지배주주등 보유 주식등의 합계가 내국법인의 발행주식총수(출자총액)의 50%를 초과할 것

② 부동산 임대업을 주된 사업으로 하거나 다음 금액의 합계가 매출액((가) (나) 금액이 포함되지 않은 경우 포함)의 50% 이상일 것

　(가) 부동산 또는 부동산상의 권리의 대여로 인하여 발생하는 수입금액(장부기장시 계산하는 간주임대료 포함)

　(나) 소득세법상 이자소득과 배당소득의 금액

③ 해당 사업연도의 상시근로자 수가 5명 미만일 것

7. 세금과 공과금 · 영업자단체의 회비 · 벌과금

구분		내 용
세금	손금불산입	① 법인세[1][2], 농어촌특별세, 법인 지방소득세 [1] 단, 외국납부세액공제를 적용하지 않는 경우의 외국법인세액은 제외(손금)하되, 외국납부세액공제 또는 익금불산입이 적용되는 수입배당금액에 대하여 외국에서 납부한 세액은 포함(손금×) [2] 연결자법인이 연결모법인에게 해당 연결자법인 부담분에 해당하는 각 연결사업연도의 법인세액을 지급하였거나 지급할 금액(해당 금액인 '−'인 경우 연결모법인이 연결자법인에 지급하였더나 지급할 금액) ② 부가가치세 매입세액(단, 면세사업관련분 등 제외) ③ 반출하였으나 판매하지 아니한 제품에 대한 개별소비세·「교통·에너지·환경세」·주세의 미납액.(단, 제품가격에 그 세액을 가산한 경우는 제외) ④ 증자관련 등록면허세(신주발행비임) ⑤ 가산세, 강제징수비, 각 세법상 의무불이행으로 인한 세액
	손금	위 외의 세금(예 관세, 취득세, 인지세, 증권거래세, 종합부동산세 등)
	* 부가세(surtax) : 농어촌특별세, 교육세, 지방교육세는 본세와 동일하게 처리	
공과금	손금불산입	① 임의적 부담금 : 법령에 의하여 의무적으로 납부하는 것이 아닌 공과금 ② 제재목적 공과금 : 법령에 의한 의무의 불이행 또는 금지·제한 등의 위반에 대한 제재로서 부과되는 공과금 (예 폐수배출부담금, 장애인고용부담금)
	손금	위 외의 공과금(예 교통유발부담금, 폐기물부담금)
영업자단체의 협회비 · 조합비		① 법정단체(영업자가 조직한 단체로서 법인이거나 주무관청에 등록된 조합 또는 협회)에 지급한 회비[법령(or정관)이 정하는 바에 따른 정상적인 회비징수 방식에 의하여 경상경비 충당 등을 목적으로 조합원(or회원)에게 부과하는 회비] : 전액 손금 * 회비의 요건을 충족하면 명칭(예 특별회비)에 관계없이 전액 손금으로 보며, 공익성기부금 단체에 해당하면 기부금으로 구분하고, 그 외에는 비지정기부금으로 손금불산입함 ② 임의단체에 지급한 회비(일반회비 및 특별회비) : 비지정기부금 → 전액 손금불산입
벌금· 과료· 과태료	**손금불산입항목**	**손금항목**
	① 법인의 임원 또는 직원이 관세법을 위반하고 지급한 벌과금 ② 업무와 관련하여 발생한 교통사고벌과금 ③ 산업재해보상보험료의 가산금 ④ 국민건강보험법에 따라 징수하는 연체금 ⑤ 외국의 법률에 따라 국외에서 납부한 벌금	① 사계약상의 의무불이행으로 인하여 부담하는 지체상금(정부 납품계약 지체상금 포함, 구상권 행사가 가능, 지체상금 제외) ② 보세구역에 보관되어 있는 수출용 원자재가 관세법상의 보관기간 경과로 국고에 귀속이 확정된 자산의 가액 ③ 산업재해보상보험료의 연체금, 전기요금의 납부지연으로 인한 연체가산금 등

* 부가가치세매입세액 불공제분 처리방법

구분	매입세액 불공제 사유	매입세액의 처리
사업자 귀책사유	① 사업무관 지출 관련 매입세액 ② 등록 전 매입세액 ③ 세금계산서 미수취·부실기재분 수취, 합계표 미제출·부실기재 관련 매입세액	손금불산입항목
조세정책적 목적	④ 개별소비세 과세대상 자동차(영업용 제외)의 구입·임차 및 유지 관련 매입세액 ⑤ 토지의 조성 등을 위한 자본적지출 관련 매입세액 ⑥ 면세사업(부가가치세 비과세사업) 관련 매입세액 ⑦ 접대비 관련매입세액 ⑧ 영수증 관련 매입세액	손금항목 (자산 or 비용) (지출에 대한 부대비용처리)
	⑨ 간주임대료에 대한 부가가치세	손금항목(비용)

8. 접대비(기업업무추진비로 명칭 개정)

1) 접대비의 범위

접대, 교제, 사례 등 어떠한 명목이든 상관없이 이와 유사한 목적으로 지출한 비용으로 내국법인이 직·간접적으로 업무와 관련이 있는 자와 업무를 원활하게 진행하기 위하여 지출한 금액

* 접대비·광고선전비 및 기부금의 비교

구분	업무 관련성	지출상대방의 특정인 여부	손금 인정
접 대 비	○	○	법정 한도내
광고선전비	○	×	전액
기 부 금	×	○	법정 한도내

구분	세무상 처리
① 주주·임직원의 사적 용 도지출액	전액 손금불산입(귀속자에 따라 배당, 상여 등으로 소득처분함)
② 판매장려금 및 판매수당	사전약정 여부에 관계없이 전액 손금(접대비로 보지 않음)
③ 광고선전 목적으로 기증한 물품의 구입비용	• 불특정다수 : 전액 손금 • 특정인 : 1인당 연간 5만원 이하 : 전액 손금(1인당 연간 5만원 초과 : 전액 접대비) * 1개당 3만원 이하의 물품은 5만원 초과 여부 계산시 불포함
④ 직원이 조직한 조합· 단체의 복리시설비	• 조합·단체가 법인인 경우 : 접대비 • 조합·단체가 법인이 아닌 경우 : 회사 경리의 일부(자산 or 비용) * 고객이 조직한 임의단체에 대해 지급하는 금품 : 법인 여부에 불구하고 접대비로 봄
⑤ 접대비 관련 부가가치세 부담액	접대비 관련 매입세액불공제액과 접대목적으로 제공한 자산(사업상증여)에 대한 매출세액 부담액은 접대비

구 분	세무상 처리
⑥ 약정에 따른 채권포기액	· 업무와 관련 있는 경우 : 접대비 업무와 관련 없는 경우 : 기부금 · 채권회수를 위한 불가피한 포기 : 대손금(전액 손금) · 특수관계인에 대한 이익분여 : 부당행위(전액 손금불산입)
⑦ 경조금	· 거래처의 임직원인 경우 : 접대비 · 해당 법인의 임직원인 경우 : 복리후생비(사회통념상 타당한 범위)
⑧ 그 밖의 사례	· 업무와 관련한 회의비 중 통상회의비 초과액과 유흥비 : 접대비 · 접대목적으로 구입한 예탁금제 골프회원권의 취득가액 : 자산

2) 현물접대비

구 분	내 용
① 현물접대비의 평가	시가와 장부가액 중 큰 금액(부가가치세 매출세액 부담분 포함)
② 수입금액 포함여부	법인의 생산품 등으로 제공한 접대비는 수입금액(매출액)에 포함하지 아니함
③ 증명서류 수취여부	법인의 생산품 등으로 제공한 접대비는 적격증명서류 수취 대상이 아님

3) 접대비의 귀속시기

접대행위가 이루어진 날(발생주의)

4) 접대비 시부인 계산

(1) 적격증명서류 미수취분 접대비(1단계) : 손금불산입(기타사외유출)

구 분	내 용
적격 증명서류 수취대상	접대에 지출한 금액(부가가치세 포함)이 3만원(경조금은 20만원)을 초과하는 접대비 다만, 다음의 접대비는 적용대상에서 제외함. ① 법인이 직접 생산한 제품 등에 의한 현물접대비(사업상 증여에 대한 매출세액 포함) ② 지출사실이 객관적으로 명백한 경우로서 적격증명서류를 구비하기 어려운 다음 접대비 　가) 접대비 지출 장소에서 현금 외 지출수단이 없어 적격증명서류를 구비하기 어려운 국외지역 지출 　나) 농·어민(법인 제외)으로 직접 재화를 공급받은 경우로 대가를 금융회사 등을 통하여 지급한 경우(법 　　인이 과세표준 신고를 할 때 송금명세서를 첨부하여 제출한 경우로 한정) ③ 채권포기 등 거래실채상 원천적으로 증빙을 구비할 수 없는 접대비
적격 증명서류 범위	① 세금계산서(매입자발행세금계산서 포함), 계산서 ② 법인명의 신용카드 매출전표(외국 발행 신용카드 포함), 직불카드영수증, 기명식선불카드영수증, 직불 　전자지급수단, 기명식선불전자지급수단, 기명식전자화폐, 현금영수증 ③ 원천징수영수증(사업자등록을 하지 아니한 자로부터 용역을 제공받고 발급하는 것) * 적격증명서류가 아닌 것 : 임직원명의 신용카드매출전표, 위장카드가맹점 신용카드매출전표, 영수증, 금전등록기 계산서

(2) 접대비한도초과액 세무조정(2단계)

(−) 한도액	접대비한도액 : (1)+(2) (1) 일반접대비한도액 : ①+②[특정법인은 (①+②)×50%] 　① 기본한도 : 12,000,000원(중소기업 36,000,000원)×$\dfrac{\text{사업연도 월수}}{12}$ 　② 수입금액[4]별 한도 : 일반매출액×적용률+특수관계인매출액×적용률×10% (2) 문화접대비한도액 : Min[문화접대비], 일반접대비 한도액×20%]
한도초과액	손금불산입 (기타사외유출)

9. 기부금

1) 기부금의 범위

구 분	내 용
본래의 기부금	내국법인이 사업과 직접적인 관계없이 무상으로 지출하는 금액 * 참고 ① 특수관계인 : 부당행위계산부인 규정 적용 　　　 ② 특례·일반기부(특수관계인 여부 불문) : 기부금 　　　 ③ 업무와 직접 관련하여 지출한 경우(특수관계인 여부 불문) : 접대비
의제 기부금	특수관계인 외의 자에게 정당한 사유 없이 자산을 정상가액(시가−시가×30%)보다 낮은 가액으로 양도하거나 특수관계인 외의 자로부터 정상가액(시가+시가×30%)보다 높은 가액으로 매입하여 실질적으로 증여한 것으로 인정되는 금액(특수관계인과=부당행위계산의 부인적용)

2) 현물기부금의 평가

구 분		금전 외의 자산의 평가액
특례기부금		기부했을 때의 장부가액
일반기부금	특수관계인이 아닌 자	
	특수관계인	기부했을 때의 장부가액과 시가 중 큰 금액
비지정기부금		

3) 기부금의 손익귀속시기

구 분		손익귀속시기
원칙		현금기준(실제 지출일)
예 외	수표로 지급한 경우	그 수표를 교부한 날(단, 선일자수표는 결제일)
	설립 중인 공인법인 등에 지출한 일반기부금	그 법인(단체)이 인가 또는 허가를 받은 날

4) 기부금의 분류

구 분	내 용
특례 기부금	① 국가 등(법인이 자산을 기증하고 기증받은 자가 지체없이 다시 국가 등에 기증한 금품 가액 포함) ② 국방헌금과 국군장병 위문금품(향토예비군 기부금 포함) ③ 천재지변(특별재난지역 선포 사유 재난 포함)으로 인한 이재민(해외 이재민 포함) 구호금품 ④ 사립학교(병원 제외) 등에 시설비 · 교육비 · 장학금 또는 연구비 ⑤ 국립대학병원, 사립대학병원 등에 시설비 · 교육비 또는 연구비 ⑥ 전문모금기관 : 사회복지공동모금회. 재단법인 바보의 나눔
우리사주 조합	법인이 해당 법인의 우리사주조합 외의 우리사주조합(협력업체 등)에 지출하는 기부금 * 법인이 해당 법인의 우리사주조합에 출연하는 금품은 법정손금으로 기부금에 해당하지 않음
일반 기부금	(1) 다음의 비영리법인(단체 및 비영리외국법인 포함)에 고유목적사업비로 지출하는 기부금 　　① 사회복지법인, 어린이집, 유치원, 초 · 중등 · 고등교육법의 학교 등 　　② 종교법인(단체), 의료법에 의한 의료법인 　　③ 민법상 비영리법인, 비영리외국법인, 사회적협동조합, 공공기관(공기업 제외) (2) 다음의 용도로 지출하는 기부금 　　① 유치원 · 학교 등의 장이 추천하는 개인에게 교육비 · 연구비 또는 장학금으로 지출하는 기부금 　　② 공익신탁으로 신탁하는 기부금 　　③ 사회복지 · 문화 · 예술 · 교육 · 종교 · 자선 · 학술 등 공익목적 기부금(근로복지진흥기금 등) (3) 무료 또는 실비로 이용할 수 있는 일정한 사회복지시설 또는 기관에 기부하는 금품(아동복지시설, 노인 　　복지시설, 장애인복지시설, 청소년복지시설 등). (4) 기획재정부장관이 지정하여 고시하는 국제기구에 지출하는 기부금
비지정	동창회 · 향우회, 신용협동조합, 새마을금고, 정치자금 기부금등 → 전액〈손금불산입〉(배당 등 사외유출)

10. 지급이자 손금불산입

1) 지급이자

원칙	손금 (순자산 감소)
예 외	손금불산입 : 동시에 적용되는 경우 다음의 순서에 따라 부인함
	① 채권자 불분명 사채이자[1] : 대표자 상여(원천징수세액 : 기타사외유출) 〈사채시장양성화〉
	② 비실명 채권 · 증권이자[2] : 대표자 상여(원천징수세액 : 기타사외유출) 〈금융실명제보완〉
	③ 건설자금이자 : 유보 〈자산취득부대비용〉
	④ 업무무관자산 등 이자 : 기타사외유출 〈재무구조개선〉

[1] 알선수수료 · 사례금 등 일체의 금품 포함(단, 거래일 현재 주민등록표에 의하여 그 거주사실 등이 확인된 채권자가 차입금을 변제받은 후 소재불명이 된 경우의 차입금이자는 제외)

[2] 채권 또는 증권의 이자 · 할인액 또는 차익을 해당 채권 또는 증권의 발행법인이 직접 지급하는 경우 그 지급사실이 객관적으로 인정되지 아니하는 이자 · 할인액 또는 차익

* 「국제조세조정에 관한 법률」의 지급이자 손금불산입 규정(출자금액 대비 과다차입금 지급이자, 소득 대비 과다 지급이자, 혼성금융상품 거래에 따른 지급이자)을 법인세법의 규정보다 우선 적용

2) 건설자금이자

구분	내 용			
대상	사업용 유형자산 및 무형자산의 매입·제작·건설(장기재고자산, 투자자산은 대상 아님)			
자본화 기간	자본화개시일 ~ 자본화종료일(건설이 준공된 날 등) ① 토지 : 대금완불일과 사용일(착공일 또는 업무사용일) 중 빠른 날 ② 건축물: 양도소득세의 취득일과 사용 개시일 중 빠른 날 ③ 위 외의 자산: 사용 개시일			
자본화 대상 금액	(1) 특정차입금이자 : 자본화강제 (특정차입금이자*-운영자금 전용이자)-일시예금으로 인한 수입이자 * 지급이자에는 지급보증료와 할인료를 포함한다. 건설자금에 대한 연체이자는 건설자금 이자로 보나, 원본에 가산한 연체이자에 대한 지급이자는 손금으로 한다. (2) 일반차입금이자 : 자본화선택 → 손금에 산입하지 아니할 수 있음			
세무 조정	건설자금 이자 과소계상액	구분	당기	차기 이후
		비상각자산(토지)	손금불산입(유보)	양도 : 손금산입(△유보)
		상각 자산 / 건 설 중	손금불산입(유보)	건설 완료시 상각부인액으로 보아 시인부족액 범위 내에서 손금산입
		건설완료	즉시상각의제	–
	건설자금 이자 과다계상액	비상각·상각자산	손금산입(△유보)	상각 또는 양도시 손금불산입(유보)

05

3) 업무무관자산 등 이자

구분	내 용
대상자산	업무무관 자산, 특수관계인 업무무관 가지급금(이자 수령 여부와 관계없음)
업무무관 자산 등 이자 의 계산	(내용 본문 아래 참조)

$$\text{업무무관자산 등 이자} = \text{지급이자}^{1)} \times \frac{\text{업무무관자산가액 등의 적수}^{3)}}{\text{총차입금적수}^{2)}}\ (100\%\ \text{한도})$$

1) 지급이자 : 선순위 부인된 지급이자를 제외한 지급이자

지급이자에 포함되는 것	지급이자에 포함되지 않는 것
① 사채할인발행차금 상각액 ② 금융어음 할인료 ③ 금융리스료 중 이자상당액 ④ 차입금 · 회사채 · 사채에 대한 이자 ⑤ 손금으로 인정되는 미지급이자	① 현재가치할인차금 상각액 ② 연지급수입이자 ③ 상업어음할인료(매각거래인 경우) ④ 기업구매자급대출의 이자 : 정책차금 ⑤ 선급이자 ⑥ 지급보증료 · 신용보증료 · 지급수수료 ⑦ 은행차입금 조기상환수수료

2) 차입금적수 : 차입금적수＝차입금잔액×일수
3) 자산가액의 적수
  ① 자산가액 : 법인세법상 취득가액(단, 부당행위계산 부인시 적용된 시가초과액 포함)
  ② 가지급금적수 : 가지급금 잔액의 매일말 합계액(초일산입 · 말일불산입)
    • 동일인에 대한 가지급금과 가수금이 있는 경우
    (원칙) 상계한 금액
    (예외) 각각 상황기간 · 이자율 등의 약정이 있어 상계할 수 없는 경우 : 상계하지 아니한 금액

특수관계인 업무무관 가지급금으로 보지 않는 것

① 소득세법상 지급한 것으로 보는 배당소득 및 상여금("미지급소득")에 대한 소득세(개인지방소득세 포함)를 법인이 납부하고 계상한 금액(한도 : 종합소득 총결정세액×미지급소득÷종합소득금액)

② 국외에 자본을 투자한 내국법인이 해당 국외투자법인에 종사하거나 종사할 자의 여비 · 급료 기타 비용을 대신하여 부담한 금액

③ 우리사주조합 또는 조합원에게 해당 법인의 주식취득 자금 대여액(조합원간에 주식을 매매하는 경우와 조합원이 취득한 주식을 교환하거나 현물출자함으로써 지주회사 또는 금융지주회사의 주식을 취득하는 경우 포함)

④ 국민연금법에 의하여 근로자가 지급받은 것으로 보는 퇴직금전환금

⑤ 소득의 귀속이 불분명하여 대표자에게 상여처분한 금액에 대한 소득세 및 개인지방소득세 대납액

⑥ 직원에 대한 월정급여액의 범위 안에서의 일시적인 급료의 가불금

⑦ 직원에 대한 경조사비 또는 학자금(자녀 학자금 포함) 대여액

⑧ 중소기업에 근무하는 직원(지배주주등인 직원 제외)에 대한 주택구입 또는 전세자금의 대여액

⑨ 한국자산관리공사가 출자총액의 전액을 출자하여 설립한 법인에 대여한 금액

⑩ 내국법인이 해외현지법인의 시설 및 운영자금을 대여한 경우에 그 자금의 대여가 사실상 내국법인의 영업활동과 관련된 것

05

05 손익의 귀속시기

I 원칙

권리의무확정주의, 기업회계기준과 관행의 적용

II 거래유형별 손익의 귀속시기

1. 자산의 판매 · 양도손익

구 분	손익의 귀속시기
(1) 재고자산 일반매출 (부동산 제외)	인도일 * ① 납품계약 또는 수탁가공계약의 경우 : 계약상 인도할 장소에 보관한 날 　(단, 검사조건부인 경우에는 검사완료일) ② 물품수출 : 계약상 인도할 장소에 보관한 날(계약상 별도의 명시가 없는 한 선적일)
(2) 재고자산 등의 시용판매	상대방의 구입의사표시일(단, 일정기간내 반송 · 거절의사 표시가 없는 경우 특약에 의하여 판매가 확정되는 때에는 그 기간의 만료일)
(3) 재고자산 외의 자산 양도 (부동산 포함)	대금청산일, 소유권이전등기(등록)일, 인도일 또는 사용수익일 중 빠른 날 * 대금청산일에 어음을 받은 경우에는 어음의 결제일
(4) 위탁판매	수탁자가 위탁자산을 매매한 날
(5) 증권시장에서 보통거래방식에 따른 유가증권의 매매	매매계약을 체결한 날
(6) 장기할부 판매 · 양도 (2회이상 분할하고 할부기간*1)이 1년 이상인 경우)	〈원칙〉 인도기준+명목가치 〈특례〉 회수기일도래기준*2), 현재가치[결산상 계상시만 인정(신고조정 불가)] * 중소기업은 결산상 회계처리와 관계없이 회수기일도래기준을 적용할 수 있음(신고조정 허용)
(7) 매출할인	약정에 의한 지급일(그 지급일의 약정이 없는 경우에는 실제 지급일)

*1) 할부기간 : 인도일(재고자산 외의 자산은 소유권이전등기일, 인도일 · 사용수익일 중 빠른 날)의 다음날 ~ 최종할부금일
*2) 회수기일도래기준 적용시 귀속시기 :
　① 인도일 전에 받은 할부금 : 인도일, ② 인도일부터 폐업일까지 수령분 : 약정일, ③ 폐업일 이후 회수약정일 도래분 : 폐업일

2. 건설·제조·기타용역(도급공사 및 예약매출 포함)제공의 손익

구분	손익의 귀속시기
원칙	진행기준*(장기와 단기에 관계없음)
인도기준 선택가능	다음 중 어느 하나에 해당하는 경우 인도기준(완성기준)으로 할 수 있음 ① 중소기업이 수행하는 계약기간이 1년 미만인 용역매출(예약매출) ② 기업회계기준에 따라 인도기준(완성기준)으로 회계처리한 경우
인도기준 강제적용	다음의 경우에는 인도기준(완성기준)을 적용함 ① 작업진행률을 계산할 수 없다고 인정되는 경우(비치·기장한 장부가 없거나 내용이 불충분한 경우) ② 배당소득공제 적용대상인 유동화전문회사등에 해당하거나 프로젝트금융투자회사로서 한국채택국제 회계기준을 적용하는 법인이 수행하는 예약매출의 경우

* 공사계약이 해약된 경우 : 작업진행률에 의한 수익과 비용이 공사계약의 해약으로 인하여 확정된 금액과 차액이 발생된 경우에는 그 차액을 해약일이 속하는 사업연도의 익금 또는 손금에 산입한다.

3. 기타의 손익

구분	손익의 귀속시기
(1) 이자수익	〈원칙〉 소득세법상 이자소득의 수입시기(금융보험업은 실제수입일로 하되 선수이자 제외) 〈특례〉 결산확정시 기간경과분 미수이자를 수익계상한 경우에는 인정(원천징수대상 이자는 제외)[국내이자 인정×, 국외이자 인정○]
(2) 이자비용	〈원칙〉 소득세법상 이자소득의 수입시기에 해당하는 날 〈특례〉 결산확정시 기간경과분 미지급이자를 손비로 계상한 경우에는 인정(차입일부터 이자지급일이 1년을 초과하는 특수관계인과의 거래에 따른 이자는 제외함)
(3) 배당소득	소득세법상 배당소득의 수입시기(배당결의일)
(4) 금융보험업 영위법인[*1]의 수입보험료 등	실제수입일(선수보험료 등은 제외) 단, 결산확정시 기간경과분 보험료 등을 수익계상한 경우에는 익금으로 봄
(5) 임대료	① 임대료 지급기간*이 1년 이하인 경우 〈원칙〉 계약상 지급일(계약상 지급일이 없는 경우에는 그 지급을 받은 날) 〈특례〉 결산확정시 기간경과분 임대료와 비용을 수익과 손비로 계상한 경우에는 인정 ② 임대료 지급기간*이 1년을 초과하는 경우 이미 경과한 기간에 대응하는 임대료와 비용을 각각 해당 사업연도의 익금과 손금에 산입(발생주의) → 회계처리 불문 * 임대료 지급기간 : 임대료 지급기일~다음 임대료 지급기일

구 분	손익의 귀속시기
(6) 금전등록기 설치·사용법인	영수증 발급대상 사업을 영위하는 법인이 금전등록기를 설치·사용하는 경우 물품 대금과 용역대가는 그 금액이 실제로 수입된 사업연도를 귀속시기로 할 수 있음(선택)
(7) 기부금	실제 지급일(현금주의)
(8) 사채 할인발행차금	기업회계기준에 의한 사채할인발행차금의 상각방법(유효이자율법)에 따라 손금에 산입
(9) 자산유동화 ·매출채권 또는 어음양도	법에 따른 방법에 의하여 보유자산을 양도하는 경우 및 매출 채권 또는 받을 어음을 배서양도하는 경우에는 기업회계기준에 의한 손익인식방법(매각거래 또는 차입거래)에 따라 관련 손익의 귀속사업연도를 정함
(10) 개발 완료 전 취소 된 개발비	감가상각자산인 개발비로 계상하였으나 해당 제품의 판매 또는 사용이 가능한 시점이 도래하기 전에 개발을 취소한 경우에는 다음의 요건을 모두 충족하는 날이 속하는 사업연도의 손금에 산입함 ① 해당 개발로부터 상업적인 생산 또는 사용을 위한 해당 재료·장치·제품·공정·시스템 또는 용역을 개선한 결과를 식별할 수 없을 것 → 자산성 상실 ② 해당 개발비를 전액 손비로 계상하였을 것 → 결산조정사항
(11) 파생상품거래	계약의 목적물을 인도하지 않고 목적물의 가액 변동에 따른 차액을 금전으로 정산하는 파생상품의 거래로 인한 손익은 그 거래에서 정하는 대금결제일이 속하는 사업연도의 익금과 손금으로 함
(12) 리스료	리스이용자가 리스로 인하여 수입하거나 지급하는 리스료(리스개설직접원가 제외)의 익금과 손금의 귀속사업연도는 기업회계기준으로 정하는 바에 따름(단, 한국채택국제회계기준을 적용하는 법인의 금융리스 외의 리스자산에 대한 리스료의 경우에는 리스기간에 걸쳐 정액기준으로 손금에 산입함)
(13) 보험회사의 보험계약관련	보험회사가 보험계약과 관련하여 수입하거나 지급하는 이자 및 할인액, 보험료 등은 보험감독회계기준에 따라 수익 또는 손비로 계상한 사업연도의 익금 또는 손금으로 한다.

[1] 법에 따른 보험회사는 제외

CHAPTER 06 자산·부채의 취득가액과 평가

Ⅰ 자산 취득가액

1. 매입·자가제조·교환 등으로 취득한 자산

구분		자산의 취득가액
① 매입 자산	일반적인 자산*	매입가액+취득부대비용
	기업회계 기준에 따라 단기매 매항목으로 분류된 금융자산 및 파생상품	매입가액(부대비용 불포함)
② 제조·생산·건설한 자산		제작원가+부대비용
③ 정부로부터 무상 할당받은 온실가스 배출권		영(0)원
④ 그 밖의 방법(교환·수증 등)으로 취득한 자산		취득 당시의 시가

* 토지와 건물 등을 함께 취득하여 가액의 구분이 불분명한 경우 : 부당행위계산 부인규정에 따른 시가에 비례하여 안분
* 내국법인이 외국자회사를 인수하여 취득한 주식 : 특정 요건을 충족하는 수입배당금을 차감한 금액

2. 채무의 출자전환에 따라 취득한 주식

구분		주식의 취득가액
채무자가 과세이연 요건을 충족	일반채권	출자전환된 채권의 장부가액
	채무보증으로 인하여 발생한 구상채권, 특수관계인 업무무관가지급금인 채권	주식의 취득 당시의 시가
	위 외의 경우	주식의 취득 당시의 시가

3. 공익법인 등이 기부받은 일반기부금에 해당하는 자산(금전 외의 자산만 해당)

구분	자산의 취득가액
특수관계인 외의 자로부터 기부받은 경우	기부한 자의 장부가액(비사업자인 개인이 기부한 경우 취득가액)*
특수관계인으로부터 기부받은 경우	기부 당시의 시가

* 다만, 증여세 과세가액에 산입되지 않은 출연재산이 그 후에 과세요인이 발생하여 그 과세가액에 산입되지 않은 출연재산에 대하여 증여세의 전액이 부과되는 경우 : 기부 당시의 시가

4. 특수한 경우의 취득가액

(1) 현재가치할인차금(자산을 장기할부조건 등으로 취득하는 경우)

구 분	법인세법	K-IFRS
① 현재가치할인차금	[원칙] 취득가액에 포함 [특례] 현재가치할인차금을 계상한 경우 취득가액에 포함하지 아니함(자산의 매매거래에 한함)	• 취득가액에서 제외 • 매매거래 · 금전대차거래에 적용
② 상각액	손금으로 인정하나 지급이자로는 보지 않음	이자비용

* 현재가치할인차금의 상각액 및 연지급수입이자에 대해서는 수입배당금 익금불산입 규정 · 지급이자 손금불산입 규정 · 원천징수 규정 및 지급명세서 제출규정을 적용하지 아니한다.

(2) 연지급수입이자

법인세법	K-IFRS
[원칙] 취득가액에 포함 [특례] 취득가액과 구분하여 지급이자로 계상한 경우 취득가액에 포함하지 아니함	이자비용

(3) 건설자금이자

구 분	내 용
특정차입금 이자	취득가액에 포함
일반차입금 이자	법인의 자본화 여부에 따라 취득가액에 포함 여부가 달라짐

(4) 자산취득시 국 · 공채매입

구 분	내 용
원칙	자산의 취득과 함께 국 · 공채를 매입하는 경우 매입가액과 현재가치의 차액은 채권의 취득가액으로 함
특례	유형자산의 취득과 함께 국 · 공채를 매입하는 경우 기업회계기준에 따라 그 국 · 공채의 매입가액과 현재가치의 차액을 해당 유형자산의 취득가액으로 계상한 금액은 그 회계처리를 수용함

* 건물 등이 재고자산인 경우에는 위의 특례 규정을 적용하지 아니함

(5) 그 밖의 취득가액

취득가액에 포함하는 것	취득가액에 포함하지 않는 것
① 법률에 따른 유형자산 및 무형자산 등의 평가차익 ② 특수관계인인 개인으로부터의 유가증권을 저가로 매입한 경우 시가와 매입가액의 차액* ③ 자본적지출액	① 특수관계인으로부터 고가매입시 시가초과액(부당행위계산부인액) ② 불균등증자시 신주를 시가보다 높은 가액으로 인수한 경우의 시가초과액(부당행위계산 부인액) ③ 특수관계 없는 자로부터 정상가액을 초과하는 금액으로 매입함에 따른 의제기부금

* ② 외의 경우 : 자산을 저가로 취득한 경우에도 실제양수가액을 취득가액으로 함

* 참고

　① 법인세법상 인정되는 자산의 평가차손익 : 취득가액에 더하거나 뺀다.

　② 의제매입세액 : 해당 원재료의 매입가액에서 뺀다.

* 기업회계기준과 관행의 적용

　내국법인이 익금과 손금의 귀속시기와 자산·부채의 취득 및 평가에 관하여 일반적으로 공정·타당하다고 인정되는 기업회계기준을 적용하거나 관행을 계속 적용해 온 경우에는 법인세법 및 조세특례제한법에서 달리 규정하고 있는 경우를 제외하고는 그 기업회계기준이나 관행에 따른다.

Ⅱ 재고자산 평가기준

1. 평가방법 등

재고자산평가액＝수량(기말실지재고) × 단가

구 분	내　용
종류	① 원가법 : 개별법, 선입선출법, 후입선출법*, 총평균법, 이동평균법, 매출가격환원법 ② 저가법* : 원가와 시가 중 낮은 가액으로 평가하는 방법 → 저가법 신고시에만 적용 　* K—IFRS는 후입선출법을 허용하지 않고, 저가법을 강제로 적용함
적용단위	재고자산종류별·영업장별·영업종목별로 각각 다른 평가방법을 적용할 수 있음 ① 제품 및 상품* (부동산매매업자의 매매목적용 부동산을 포함하며, 유가증권을 제외함) ② 반제품 및 재공품 ← 같은 평가 방법 적용 ③ 원재료 ④ 저장품 * 제품과 상품은 영업종목이 다르므로 각각 다른 평가방법 적용 가능

구 분	내 용
신고 (승인요건 없음)	(1) 최초신고기한 : 설립한 사업 연도의 과세표준 신고기한까지 　*저가법 신고시 원가법을 함께 신고
	(2) 변경신고기한 : 변경하고자 하는 사업연도의 종료일 이전 3개월이 되는 날까지
	(3) 기한경과후 신고시의 처리 　① 해당 신고한 사업연도 : 신고 또는 변경신고가 없는 것으로 봄 　② 다음 사업연도 : 신고 또는 변경신고한 평가방법 적용
	(4) 최초 무신고시 : 무신고시 평가방법[선입선출법(매매목적 부동산 = 개별법)]을 적용받는 법인이 그 평가방법을 변경하고자 하는 경우에는 변경할 평가방법을 적용하고자 하는 사업연도의 종료일 이전 3개월이 되는 날까지 변경 신고를 하여야 함

2. 재고자산의 평가

구 분	재고자산의 평가
(1) 신고시	신고한 평가방법
(2) 무신고시	선입선출법(매매목적용 부동산은 개별법)
(3) 임의변경시	Max[① 선입선출법(매매목적용 부동산은 개별법), ② 신고한 평가방법]

3. K-IFRS 적용 내국법인에 대한 재고자산평가차익 익금불산입 특례

구 분	내 용
재고자산 평가차익의 익금불산입	내국법인이 한국채택국제회계기준을 최초로 적용하는 사업연도에 재고자산평가방법을 후입선출법에서 다른 재고자산평가방법으로 납세지 관할 세무서장에게 변경신고한 경우에는 재고자산평가차익을 익금에 산입하지 아니할 수 있다.(신고조정 허용)
사후관리	① 최초로 적용하는 사업연도의 다음 사업연도 개시일부터 5년간(60개월)* 분할익금산입 ② 해산(적격합병 · 적격분할로 인한 해산은 제외)하는 경우 : 잔액 익금산입

4. 유가증권의 평가

1) 유가증권 평가방법

구 분	내 용
평가방법 (원가법)	① 주식: 총평균법 · 이동평균법 중 선택
	② 채권: 총평균법 · 이동평균법 · 개별법 중 선택
평가방법의 최초신고와 변경신고	재고자산 평가방법과 동일

2) 유가증권의 평가

*투자회사가 보유한 집합투자재산 : 신고여부에 불구하고 시가법으로 평가함.

구 분	유가증권의 평가
(1) 신고시	신고한 평가방법
(2) 무신고시	총평균법
(3) 임의변경시	Max[① 총평균법, ② 신고한 평가방법]

5. 자산 · 부채의 평가기준

1) 자산 · 부채의 평가증액 또는 감액

구 분	내 용
원칙(불인정)	자산 및 부채의 평가증 또는 평가감은 원칙적으로 인정하지 아니함
법률에서 정한 평가 증액 또는 감액 (인정)	① 보험업법 등 법률에 의한 유형자산 및 무형자산 등의 평가(증액에 한함)
	② 재고자산, 유가증권의 법인세법상 평가
	③ 화폐성 외화자산 · 부채, 통화관련파생상품의 법인세법상 평가

2) 평가감액 특례

감액사유가 발생한 사업연도에 결산조정한 경우 인정

구 분	내 용	비망금액
(1) 재고 자산	① 파손 · 부패 등 사유로 정상가액 판매불능시	×
	② 저가법+시가하락	
	③ 매출가격환원법 적용시 판매예정차손이 발생하는 경우	

구분	내 용	비망금액
(2) 주식	① 다음 주식의 발행법인이 부도발생·회생계획인가 결정·부실징후기업이 된 경우 　(가) 상장주식(특수관계여부 불문) 　(나) 특수관계 없는 비상장법인의 주식(지분율 5% 이하 + 취득가액 10억원 이하인 경우 　　　소액주주로 보아 특수관계가 없는 것으로 봄) 　(다) 중소기업창업투자회사·신기술사업금융업자가 보유하는 창업자·신기술사업자 주식 　　　(특수관계여부 불문)	1,000원
	② 주식발행법인이 파산한 경우의 해당 주식(특수관계여부 불문)	1,000원
(3) 유형자산	① 천재지변, 화재, 법령에 의한 수용, 채굴예정량의 채진으로 인한 폐광(토지를 포함한 광업 용 유형자산이 그 고유의 목적에 사용될 수 없는 경우 포함)으로 파손 되거나 멸실된 경우 → 발생하거나 확정된 사업연도	×
	② 시설개체 또는 기술낙후로 생산설비의 일부 폐기시 ③ 사업의 폐지 또는 사업장의 이전으로 임대차계약에 따라 임차한 사업장의 원상회복을 위 하여 시설물을 철거하는 경우	1,000원

6. 외화자산·부채의 평가등

구분	내 용
(1) 외화자산·부채의 상환손익	해당 사업연도의 익금 또는 손금에 산입 ⇒ 당기손익
(2) 외화자산·부채의 평가손익	① 은 행 : 화폐성외화자산·부채는 평가하여야함(강제) ② 비은행 : 화폐성외화자산·부채는 평가가능(선택)[1]
(3) 파생상품의 거래손익	손익의 귀속사업연도 ⇒ 그 계약이 만료되어 대금을 결제한 날 등
(4) 파생상품의 평가손익	① 은 행 : 통화선도와 통화스왑, 환변동보험은 평가가능(선택)[1] ② 비은행 : 화폐성외화자산·부채의 환위험회피용 통화선도·통화스왑·환변동보 험은 평가가능(선택)[1]

[1] 취득일 또는 발생일(계약체결일)의 매매기준율등으로 평가하는 방법과 사업연도 종료일 현재의 매매기준율 등으로 평가하는 방법(=평가하는 방법) 중 선택

　: 법인이 신고한 평가방법은 그 후의 사업연도에도 계속하여 적용하여야 한다. 다만, 최초로 '평가하는 방법'을 신고하여 적용하기 이전 사업연도에는 '평가하지 않는 방법'을 적용하여야 한다.

* 비은행의 경우에는 신고한 평가방법을 적용한 사업연도를 포함하여 5개 사업연도가 지난 후에는 다른 방법으로 신고를 하여 변경된 평가방법을 적용할 수 있다. → 은행의 경우에는 변경할 수 없음

* 가상자산의 평가(<u>2025</u>.1.1.부터 시행)

구분	내 용
평가대상 가상자산	「특정 금융거래정보의 보고 및 이용 등에 관한 법률」에 따른 가상자산
평가방법	가상자산은 선입선출법에 따라 평가해야 함

07 감가상각비

I 개념

내용연수 동안 비용을 배분하는 것. 사용기간동안 상각하여 수익·비용대응 원칙 실현

II 감가상각자산의 범위와 구조

구분	내 용
감가상각 자산	토지를 제외한 사업용 유형자산 및 무형자산 ① 장기할부 매입 감가상각자산 : 대금청산 및 소유권이전에 관계없이 자산 계상 후 사업에 사용 ② 개발비 : 상업적 생산(or 사용)전에 재료·용역 등을 창출하거나 현저히 개선하기 위해 발생하는 비용으로 기업회계기준에 따른 개발비 요건을 갖춘 것 ③ 사용수익기부자산가액 : 금전 이외의 자산을 국가 또는 지방자치단체, 공익법인(특례·일반기부금 해당 법인)에게 기부한 후 그 자산을 사용하거나 그 자산으로부터 수익을 얻는 경우에 해당 자산의 장부가액 → 시가가 아님 ④ 영업권 : 유상으로 취득한 것(합병 또는 분할시 합병법인 등이 계상한 영업권 제외) ⑤ 리스자산 : 법인세법에서는 기업회계기준에 따른 금융리스의 자산을 리스이용자의 감가상각자산으로, 운용리스의 자산을 리스회사의 감가상각자산으로 한다.
감가상각 자산이 아닌 것	① 업무무관자산 ② 사업에 사용하지 아니하는 자산*(예 사용 중 철거한 미사용 설비, 취득 미사용 보관 설비) * 다만, 일시적인 조업중단 등으로 사업에 사용하지 않는 유휴 중인 설비는 감가상각자산이다. ③ 건설중인 자산*(설치중인 자산, 시운전기간에 있는 자산 포함) * 다만, 건설중인 자산의 일부가 완성되어 당해 부분이 사업에 사용되는 경우 그 부분은 이를 감가상각자산에 해당하는 것으로 한다. ④ 시간의 경과에 따라 가치가 감소하지 아니하는 자산(예 토지, 서화·골동품 등)
감가상각의 특성	결산조정사항으로 상각범위액 내에서 결산상 손비로 계상한 경우에 한하여 손금으로 인정 단, 다음의 경우는 신고조정사항임 • 강제조정사항 : 감가상각의제액(감면사업 영위 법인), 업무용승용차의 감가상각비, 특수관계인 자산 양수시 장부에 미달 계상한 자산가액의 감가상각비 • 임의조정사항 : K-IFRS 적용 법인의 유형자산

* 특례 : 손비로 계상하는 경우 전액 손금인정(세무조정 없음) … 감가상각비 아님

구분		대 상
취득 가액	(1) 소액자산	취득가액이 거래단위별로 100만원 이하인 감가상각자산(다만, 고유업무 성질상 대량보유 자산, 사업개시·확장을 위한 취득자산 제외)
	(2) 단기사용자산 등	① 영화필름, 공구, 가구, 어구(어선용구 포함), 전화기(휴대용 전화기 포함) 및 개인용 컴퓨터(주변기기 포함 등(☞ 금형 ×) ② 대여용 비디오테이프와 음악용 CD(개별자산의 취득가액이 30만원 미만인 것)
자본적 지출	(3) 소액수선비	① 개별자산별로 수선비*가 600만원 미만인 경우 ② 개별자산별로 수선비*가 직전 사업연도 종료일 현재 재무상태표상 장부가액(취득가액−감가상각누계액)의 5%에 미달하는 경우
	(4) 주기적 수선비	3년 미만의 기간마다 주기적인 수선을 위하여 지출하는 경우(금액제한 없음)

* 수선비＝자본적 지출+수익적 지출

* 자본적 지출과 수익적 지출

구분	자본적 지출	수익적 지출
개념	감가상각자산의 내용연수를 연장시키거나 그 가치를 현실적으로 증가시키는 수선비	감가상각자산의 원상을 회복시키거나 능률유지를 위하여 지출한 수선비
처리	자산의 장부가액에 가산	비용 처리
사례	① 본래의 용도를 변경하기 위한 개조 ② 엘리베이터 또는 냉·난방 장치의 설치 ③ 빌딩에 있어서 피난시설 등의 설치 ④ 재해 등으로 인한 건물·기계·설비 등이 멸실 또는 훼손되어 해당 자산의 본래의 용도에 이용 가치가 없는 것의 복구 ⑤ 그 밖의 개량·확장·증설 등 위와 유사한 것	① 건물 또는 벽의 도장 ② 파손된 유리나 기와의 대체 ③ 기계의 소모된 부속품과 벨트의 대체 ④ 자동차의 타이어의 대체 ⑤ 재해 자산에 대한 외장의 복구·도장·유리의 삽입 ⑥ 그 밖의 조업 가능한 상태의 유지 등 위와 유사한 성질의 것

Ⅲ 상각범위액

1. 감가상각방법

구 분		신고시 상각방법	무신고시 상각방법
유형 자산	① 건축물	정액법	정액법
	② 광업용유형자산	정액법 · 정률법 · 생산량비례법	생산량비례법
	③ 폐기물매립시설	정액법 · 생산량비례법	생산량비례법
	④ 업무용승용차	정액법(내용연수 5년)	정액법(내용연수 5년)
	⑤ 위 외의 유형자산	정액법 · 정률법	정률법
무형 자산	① 개발비	20년이내 기간에 따른 정액법	5년간 정액법
	② 사용수익기부자산가액	사용수익기간에 따른 정액법	좌동
	③ 주파수이용권 · 공항(or항만)시설 관리권	사용기간에 따른 정액법	좌동
	④ 광업권(해저광물자원 채취권 포함)	정액법 · 생산량비례법	생산량비례법
	⑤ 위 외의 무형자산	정액법	정액법

2. 감가상각방법별 상각범위액의 계산

구 분	내 용
정액법	상각범위액 =Min[① 세무상 취득가액×상각률, ② 세무상 미상각잔액]
정률법	상각범위액=세무상 미상각잔액×상각률
생산량비례법	상각범위액 =Min[① 세무상 취득가액×, ② 세무상 미상각잔액]

* 신규취득자산, 사업연도 12개월 미만 등의 경우 월할계산

3. 내용연수와 잔존가액

구 분		내 용
내용 연수	기준내용연수[1]	자산별로 법정된 기준이 되는 내용연수 → 무신고시 적용
	내용연수범위	기준내용연수의 25%를 가감하여 정한 내용연수
	신고내용연수[1]	내용연수범위내에서 선택하여 신고한 내용연수
	수정내용연수 (승인불필요)	중고자산 : 기준내용연수의 50% 이상이 경과한 자산으로 다른 법인 또는 사업자인 개인으로부터 취득(비적격 합병·분할자산 승계 포함)한 자산
		(기준내용연수의 50% ~ 기준내용연수)범위 내에서 선택하여 신고한 내용연수
	특례내용연수[2] (승인필요)	기준내용연수의 50%(특례내용연수 적용 및 내용연수 변경사유의 ⑤와 ⑥은 25%)를 가감한 범위안에서 납세지 관할지방국세청장의 승인을 얻은 내용연수
잔존가액		① 원칙 : 0(영) ② 정률법상각의 잔존가액 특례 : 미상각잔액이 최초로 취득가액의 5% 이하가 되는 사업연도 　　(상각 종료연도)의 상각범위액에 가산함. ③ 상각 종료자산의 비망금액 : Min[l천원, 취득가액의 5%]

[1] 자산별·업종별로 적용한 신고내용연수(기준내용연수)는 그 후의 사업연도에 계속하여 적용하여야 한다.

[2] 특례내용연수 적용 및 내용연수 변경사유

　① 사업장 특성으로 자산의 부식·마모 등이 현저하여 내용연수 범위와 달리 내용연수를 적용하거나 변경할 필요가 있다고 인정

　② 생산설비(건축물 제외) 가동률이 직전 3개 사업연도의 평균 가동률보다 현저히 증가하여 내용연수 변경 필요가 인정

　③ 새로운 생산기술 및 신제품의 개발·보급 등으로 기존 생산설비의 가속상각이 필요하다고 인정

　④ 경제적 여건의 변동으로 조업 중단 or 생산설비 가동률이 감소되어 내용연수를 변경할 필요가 있다고 인정

　⑤ 유형자산(시험연구용 자산 제외)에 대하여 K—IFRS를 최초 적용 사업연도에 결산내용연수를 변경한 경우

　⑥ 유형자산(시험연구용 자산 제외)에 대한 기준내용연수가 변경된 경우.

* 특례내용연수의 승인 또는 변경승인을 얻고자 할 때에는 변경할 내용연수를 적용하고자 하는 최초 사업연도의 종료일(영업개시일 또는 새로운 자산 취득일로부터 3개월 이내)까지 변경(승인)을 신청하여야 한다.

4. 감가상각방법의 변경

구분	내용
감가상각방법 변경사유	다음 중 어느 하나의 요건을 구비한 경우 ① 상각방법이 서로 다른 법인이 합병(분할합병 포함)한 경우 ② 상각방법이 서로 다른 사업자의 사업을 인수 또는 승계한 경우 ③ 외국투자가가 내국법인의 주식 또는 지분을 20% 이상 인수 또는 보유하게 된 경우 ④ 해외시장의 경기변동 등 종전의 상각방법을 변경할 필요가 있는 경우 ⑤ 국제회계기준의 도입으로 인한 회계정책의 변경에 따라 결산상각방법이 변경된 경우(변경한 결산상각 방법과 같은 방법으로 변경하는 경우만 해당)
변경절차	변경할 상각방법을 적용하고자 하는 사업연도의 종료일까지 변경신청을 후 승인을 얻어야 한다.

상각 범위액 계산방 법	변경 후 방법	상각범위액
	정액법	변경 당시 미상각잔액[1]×상각률[2]
	정률법	변경 당시 미상각잔액[1]×상각률[2]
	생산량비례법	변경 당시 미상각잔액[1]× $\dfrac{\text{해당 연도 중 채굴량(매립량)}}{\text{총채굴(매립) 예정량 - 기채굴량(매립량)}}$

[1] 미상각잔액＝취득가액-감가상각누계액+상각부인액
[2] 변경 후 상각방법에 대한 신고내용연수(무신고시 기준내용연수)에 대한 상각률을 말한다.(변경시점의 잔존 내용연수에 따른 상각률이 아님)

5. 감가상각비 신고조정 특례

1) 감가상각의제(강제조정사항)

구분	내용
적용 대상법인	① 감면법인 : 각 사업연도의 소득에 대하여 법인세를 면제받거나 감면(소득공제 포함)받은 경우 개별자산 의 감가상각비가 상각범위액이 되도록 손금에 산입하여야 함 → 신고조정(강제) ② 추계법인 : 추계시 감가상각비를 손금에 산입한 것으로 봄. (신고조정하는 것 아님)

2) K-IFRS 적용 내국법인의 감가상각비 신고조정 (임의조정사항)

구분	내용
취지	K-IFRS 도입시 감가상각비 감소에 따른 세부담 증가를 완화
신고조정 대 상자산	K—IFRS 적용시 보유한 자산의 감가상각비가 종전감가상각비가 감가상각 시부인에 따라 손금에 산입한 금액보다 큰 경우 그 차액의 범위에서 추가로 손금에 산입할 수 있다. → 신고조정(임의)

Ⅳ 상각부인액

1. 양도자산의 상각시부인액

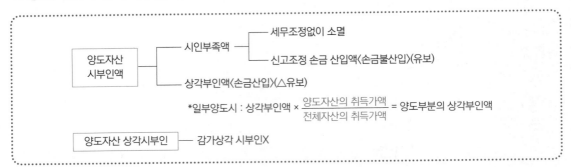

* 유형 · 무형자산의 평가손익

구 분	내 용
평가차익	(원칙) 익금불산입 (예외) 보험업법 등 법률에 따른 평가증(익금)
평가차손	(원칙) 손금불산입 (예외) 손금인정* * 천재지변, 화재 등의 사유로 파손 · 멸실된 유형자산의 평가손실(사유 발생 · 확정 연도 & 결산조정 시)
적용순위	먼저 감가상각을 한 후 자산의 평가증을 한 것으로 본다.(선상각 후평가)
상각 부인액	상각부인액은 평가증액까지는 손금에 산입하며, 평가증액을 초과하는 것은 그 이후의 사업연도에 이월할 상각부인액으로 계산한다. 이 경우 시인부족액은 소멸계산한다.

08 충당금과 준비금

구 분	내 용
충당금의 특성	① 법정손금 　┌ 열거되지 아니한 충당금: 전액 손금불산입(유보) 　└ 열거된 충당금의 한도초과액 : 손금불산입(유보) ② 임의계상주의와 결산조정 　┌ 일시상각충당금과 K—IFRS적용법인의 구상채권상각충당금 : 신고조정 가능 　└ 퇴직연금충당금 : 신고조정 강제
열거 충당금	대손충당금, 퇴직급여충당금, 퇴직연금충당금, 일시상각충당금(압축기장충당금), 구상채권상각충당금
미열거 충당금	판매보증충당부채, 공사손실충당부채, 하자보수충당부채, 복구충당부채 등

I 퇴직급여충당금과 퇴직연금충당금

1. 퇴직급여충당금

현실적 퇴직인 경우	현실적 퇴직이 아닌 경우
① 직원이 임원으로 취임한 경우 ② 상근임원이 비상근임원이 된 경우 ③ 법에 따라 직원의 퇴직급여를 중간정산하여 지급하는 경우 ④ 정관 등의 퇴직급여지급규정에 따라 장기 요양 등 법 소정의 사유로 그때까지의 퇴직급여를 중간정산[*1]하여 임원에게 지급하는 경우 ⑤ 임직원이 그 법인의 조직변경·합병·분할 또는 사업양도에 의하여 퇴직한 경우	① 임원이 연임된 경우 ② 법인의 대주주 변동으로 계산 편의, 기타사유로 전사용인에게 퇴직급여를 지급한 경우 ③ 외국법인의 국내지점 종업원이 본점(본국)으로 전출 ④ 정부투자기관 등이 민영화됨에 따라 전종업원의 사표를 일단 수리한 후 재채용한 경우 ⑤ 퇴직급여를 중간정산하기로 하였으나 미지급한 경우 ⑥ 분할법인이 분할신설법인으로 고용을 승계한 임직원에게 퇴직금을 미지급하고, 퇴직급여충당금을 승계한 경우 ⑦ 임직원이 특수 법인으로 전출시 전입법인이 퇴직급여상당액을 인수하여 퇴직급여충당금으로 계상시

[*1] 종전에 퇴직급여를 중간정산하여 지급한 적이 있는 경우 직전 중간정산 대상기간 종료 다음 날부터 기산한 중간저안

* 합병·분할시 인수한 퇴직급여충당금(내국법인에게 사업을 포괄양도하는 경우에도 준용함)

　퇴직급여충당금을 손금에 산입한 내국법인이 합병하거나 분할하는 경우 합병등기일 또는 분할등기일 현재의 해당 퇴직급여충당금 중 합병법인등이 승계받은 금액은 그 합병법인등이 합병등기일 또는 분할등기일에 가지고 있는 퇴직급여충당금으로 본다. 이 경우 퇴직급여충당금 관련 세무조정사항(유보)은 합병법인등이 승계한다(적격·비적격 불문).

2. 퇴직연금충당금(확정급여형 퇴직연금) ⇒ 결산조정 또는 신고조정(강제)

(1) 손금산입한도

퇴직연금충당금 손금한도액=Min[①, ②]
① 추계액기준 : 퇴직급여추계액 − 세무상 퇴직급여충당금 기말잔액 − 세무상 퇴직연금충당금 설정 전 잔액
② 운용자산기준 : 퇴직연금운용자산 기말잔액 − 세무상 퇴직연금충당금 설정 전 잔액

(2) 세무조정

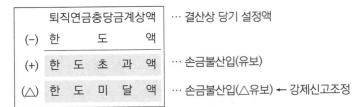

	퇴직연금충당금계상액	… 결산상 당기 설정액
(−)	한　　도　　액	
(+)	한　도　초　과　액	… 손금불산입(유보)
(△)	한　도　미　달　액	… 손금불산입(△유보) ← 강제신고조정

Ⅱ 대손금과 대손충당금

1. 대손금

(1) 대손처리 대상 채권의 범위

다음의 채권을 제외하고 원칙적으로 제한 없음

대손금이 될 수 없는 채권	규제내용	취지
① 특수관계인에 대한 업무무관가지급금(대여 시점 기준 특수관계인)	대손금과 처분손실의 손금불산입	제재목적
② 보증채무 대위변제 구상채권(법정 특정채무보증 제외)		
③ 대손세액공제를 받은 부가가치세 매출세액 미수금	대손금 손금불산입	이중혜택방지

(2) 대손사유 · 대손시기 및 대손금액

구 분	신고조정사항	결산조정사항
사유	① 소멸시효가 완성된 채권 ② 법에 의한 회생계획인가의 결정 또는 「법원의 면책결정」에 따라 회수불능으로 확정된 채권 ③ 민사집행법에 의하여 채무자의 재산에 대한 경매가 취소된 압류채권 ④ 법에 따른 채무조정을 받아 신용회복지원협약에 따라 면책으로 확정된 채권	① 채무자의 파산, 강제집행, 형의 집행, 사업폐지, 사망, 실종, 행방불명으로 회수할 수 없는 채권 ② 부도발생일*부터 6개월 이상 지난 수표 또는 어음상 채권 및 외상매출금(중소기업 외상매출금 + 부도 발생일 이전의 것). 다만, 채무자 재산에 저당권 설정시 제외 ③ 중소기업의 외상매출금 및 미수금으로서 회수기일이 2년 이상 지난 외상매출금 및 미수금(단, 특수관계인과의 거래로 인하여 발생한 것은 제외) ④ 회수기일이 6개월 이상 지난 채권 중 30만원 이하(채무자별 채권가액의 합계액 기준)인 채권 ⑤ 재판상 화해 등 확정판결과 같은 효력을 가지는 것으로서 「민사소송법」에 따른 화해와 화해권고결정 및 「민사조정법」에 따른 조정과 조정을 갈음하는 결정에 따라 회수불능으로 확정된 채권 ⑥ 금융회사등의 채권 중 금융감독원장으로부터 대손금 승인받은 것과 대손처리 요구를 받아 대손금으로 계상한 것 ⑦ 중소기업창업투자회사의 창업자에 대한 채권으로서 일정한 기준에 해당하는 것 ⑧ 물품의 수출 또는 외국에서의 용역제공으로 발생한 채권으로서 특정 사유에 해당하여 한국무역보험공사로부터 회수불능으로 확인된 채권
시기	해당 사유가 발생한 날의 손금	해당 사유가 발생하여 손비로 계상한 날의 손금
대손 금액	대손요건 구비 회수불능채권 전액	대손요건 구비 회수불능채권 전액(다만, 부도수표 · 어음 1매당, 외상매출금은 거래처별로 1,000원을 제외한 금액)

* 합병분할의 경우 신고조정 : 법인이 다른 법인과 합병하거나 분할하는 경우로서 결산조정사항인 대손금을 합병등기일 또는 분할등기일이 속하는 사업연도까지 손비로 계상하지 아니한 경우 그 대손금은 해당 법인의 합병등기일 또는 분할등기일이 속하는 사업연도의 손금으로 한다.

* 채권의 재조정에 대한 특례 : 내국법인이 기업회계기준에 따른 채권의 재조정에 따라 채권의 장부가액과 현재가치의 차액을 대손금으로 계상한 경우에는 이를 손금에 산입하며(결산조정사항), 손금에 산입한 금액은 기업회계기준의 환입방법에 따라 익금에 산입한다. (채무자의 회계처리는 인정하지 않음 ↔ 채권자의 회계처리는 인정함)

(3) 대손금의 회계처리

대손금은 먼저 대손충당금과 상계하고, 부족액을 대손상각비로 회계처리한다.

2. 대손충당금(총액법)

$$대손충당금 기말잔액^{*1}$$

$$(-) \quad 손 \, 금 \, 한 \, 도 \, 액 \quad \cdots \quad 당기말 \, 대손충당금 \, 설정대상 \, 채권잔액^{*2} \times 설정률^{*3}$$

$$(+) \quad 한 \, 도 \, 초 \, 과 \, 액 \quad \cdots \quad 손금불산입(유보) \xrightarrow{차기(무조건)} 익금불산입(\triangle유보)$$

$$(\triangle) \quad 한 \, 도 \, 미 \, 달 \, 액 \quad \cdots \quad 소멸(세무조정 없음)$$

*1 채권의 재조정에 따라 현재가치차액을 대손금으로 계상한 금액과 관련하여 계상된 대손충당금은 제외

*2 채권잔액 : 해당 사업연도 종료일 현재 세무상 장부가액

대손충당금 설정대상 채권	대손충당금 설정 제외 채권
① 매출채권 : 사업수입금액의 미수액(특수관계인 매출채권 포함, VAT미수금 포함)	① 대여시점의 특수관계인에 대한 업무무관가지급금
② 미수금 : 정상적인 영업거래 이외의 채권	② 채무보증으로 인하여 발생한 구상채권(특관 여부 무관)
③ 대여금 : 금전소비대차계약 등에 의하여 타인에게 대여한 금액(특관 없는 법인에 대한 대여금 등)	③ 부당행위계산의 부인규정을 적용받는 시가초과채권
④ 기타채권 : 기업회계기준 및 관행상 대손충당금 설정대상인 채권(작업진행률에 의한 공사미수금 등)	④ 동일인 채권·채무가 동시에 있고 상계지급약정이 있는 경우의 상계대상액
	⑤ 할인어음과 배서어음(매각거래인 경우)
⑤ 업무와 직접 관련된 대여금의 미수이자(귀속시기 미도래분 제외)	⑥ 수탁물품의 판매대금 ⑦ 전세보증금, L/C개설보증금
	⑧ 예금·적금의 미수이자 ⑨ 부가가치세 환급금의 미수금

* 동일인에 대한 채권·채무 상계한다는 약정이 없는 경우 : 상계하지 아니한 채권 전액을 설정대상 채권에 포함

상계하기로 약정이 있는 경우 : 상계하고 남은 채권을 설정대상 채권에 포함

*대손가능성이 없는 채권(국가·지방자치단체에 대한 채권, 담보가 100% 설정된 채권 등) : 설정대상 채권에 포함

*3 설정률 : Max[1%, 대손실적률 : $\dfrac{당기 \, 대손금}{전기말 \, 대손충당금 \, 설정대상 \, 채권의 \, 세무상 \, 잔액}$]

 참고

합병·분할시 인수한 대손충당금

대손충당금을 손금에 산입한 내국법인이 합병하거나 분할하는 경우 합병등기일(분할등기일) 현재의 해당 대손충당금 중 합병법인등이 승계(관련 채권이 함께 승계되는 경우만 해당)받은 금액은 합병 법인 등이 합병등기일(분할등기일)에 가지고 있는 대손충당금으로 본다. 대손충당금과 관련된 세무조정사항(유보)은 합병법인등이 승계한다(적격·비적격 불문).

Ⅲ 일시상각충당금(상각자산)과 압축기장충당금(비상각자산)

1. 손금산입방법(과세이연)

기업회계기준 위배이므로 법인의 선택에 따라 신고조정(임의조정사항)할 수 있음

2. 손금산입 요건

구분	국고보조금	공사부담금	보험차익
대상	법률에 따라 지급받은 국고보조금(사업용자산을 취득·개량 후 국고보조금을 사후에 지급받은 경우 포함)	전기·도시가스사업 등을 영위하는 법인이 수요자(편익자)로부터 제공받은 공사부담금(취득 후 사후에 받은 경우 포함)	유형자산(보험대상자산)의 멸실·손괴로 인하여 발생한 보험차익 → 재고자산×
취득기한	지급(제공)받은 사업연도의 다음 사업연도 개시일로부터 1년 이내		좌동(지급받은~부터) 2년 이내
손금 산입액	국고보조금으로 취득하거나 개량한 사업용자산의 가액[*1]	공사부담금으로 취득한 사업용 자산(토지 등 유형자산과 무형자산)의 취득가액[*2]	보험차익 중 멸실한 보험대상 자산과 같은 종류의 자산을 대체 취득하거나 개량(취득 자산의 개량 포함)에 사용된 금액
손금산입시기	지급받은 사업연도	제공받은 사업연도	지급받은 사업연도

[*1] 자산 취득 후 국고보조금을 지급받았을 때에는 지급일의 사업연도 이전 사업연도에 이미 손금 산입한 감가상각비 제외
[*2] 자산 취득 후 공사부담금을 제공받았을 때에는 제공받은 날 이전 사업연도에 이미 손금 산입한 감가상각비 제외

Ⅳ 준비금(세금을 일정기간 동안 연기하는 과세이연제도)

1. 준비금의 종류

구 분	종 류	잉여금처분 신고조정(임의)
법인세법상 준비금	책임준비금(보험업법인)	
	비상위험준비금(보험업법인)	K-IFRS 적용 법인
	해약환급준비금(보험업법인)	K-IFRS 적용 법인
	고유목적사업준비금(비영리내국법인)	회계감사를 받는 비영리법인

2. 비영리내국법인의 고유목적사업준비금

구 분	내 용
(1) 설정대상법인	비영리내국법인, 법인으로 보는 단체(일반기부금 해당 단체 등)
(2) 손금산입 범위액	이자 · 배당소득금액 +(일정한 수익사업소득 등 ×50%)
(3) 설정방법	원칙 : 결산조정사항, 예외 : 회계감사를 받는 경우 잉여금처분 신고조정 허용
(4) 사용의무	고유목적사업준비금을 손금 산입 사업연도의 종료일 이후 5년이 되는 날이 속하는 사업연도 종료일까지 고유목적사업 또는 일반기부금 지출에 사용하여야 한다.
(5) 준비금 환입	5년 거치 일시환입(미사용분 환입+이자상당액)

CHAPTER 09 부당행위계산의 부인

내국법인의 행위 또는 소득금액의 계산이 특수관계인과의 거래로 인하여 법인의 소득에 대한 조세의 부담을 부당히 감소시킨 것으로 인정되는 경우 그 법인의 행위 또는 소득금액의 계산(부당행위계산)과 관계없이 그 법인의 각 사업연도의 소득금액을 계산한다.→ (효과) 소득금액 재계산, 사법상 거래효력 유지, 조세범처벌 대상×

I 요건

(1) 특수관계인과의 거래일 것(특수관계 판정시 해당 법인도 그 특수관계인의 특수관계인으로 봄)

* 특수관계인 판정기준일 : 행위당시를 기준으로 적용한다. 단, 불공정합병의 경우 특수관계 판정은 합병등기일이 속하는 사업연도의 직전사업연도의 개시일(개시일이 서로 다른 경우 먼저 개시한 날)부터 합병등기일까지의 기간에 의한다.

(2) 조세의 부담을 부당히 감소시킨 것으로 인정되는 경우일 것

주요거래유형	현저한 이익의 요건
① 자산의 고가매입(현물출자 포함)	거래차액이 시가의 5% 이상 또는 3억원 이상
② 자산의 무상·저가양도(현물출자 포함)	
③ 금전·자산·용역의 무상 또는 저율로 제공	
④ 금전·자산·용역의 고율로 차용 또는 제공받은 경우	
⑤ 자본거래로 이익분여	–

* 중요성기준: 상장주식을 거래한 때에는 중요성 기준을 적용하지 않음.
* 부당행위계산의 부인대상이 아닌 거래
  ① 비출자임원(소액주주임원 포함)과 직원에게 사택(임차사택 포함)을 제공하는 경우
  ② 손금산입대상 주식매수선택권이나 주식기준보상의 행사·지급에 따라 주식의 저가양도 또는 금전제공의 경우
  ③ 연결납세방식의 연결법인 간에 연결법인세액의 변동이 없는 등 법정 요건을 갖추어 용역을 제공하거나 제공받는 경우

Ⅱ 기준

1. 매매거래의 경우

〈1순위〉 시가* : 해당 거래와 유사한 상황에서 해당 법인이 특수관계인 외의 불특정다수인과 계속적으로 거래한 가격
또는 특수관계인이 아닌 제3자간에 일반적으로 거래된 가격이 있는 경우에는 그 가격
〈2순위〉 감정평가법인등의 감정가액(감정가액이 2 이상인 경우에는 그 감정가액의 평균액). 단, 주식(출자지분 포함)
및 가상자산(2025.1.1.부터 적용)은 제외
〈3순위〉 상속·증여세법의 규정(보충적 평가방법)을 준용하여 평가한 가액(단, 비상장법인의 주식가액 산정시 비상장
법인이 보유한 상장주식의 가액은 한국거래소 최종시세가액으로 평가함)

* 사실상 경영권의 이전이 수반되는 경우에는 최대주주의 할증평가 규정을 준용하여 그 가액의 20%를 가산한다.
(단, 회생계획 등을 이행 중인 법인 등이 회생계획 등을 이행하기 위해 거래하는 경우에는 할증 제외)

2. 자산(금전 제외) 또는 용역제공의 경우

구 분	시 가
(1) 유·무형의 자산	(해당 자산시가×50%−전세금·보증금)×정기예금이자율(적수적용)
(2) 건설 기타 용역	용역의 제공에 소요된 원가(직접비·간접비 포함)×(1+원가기준이익률)

3. 금전대여·차용의 경우

[원칙] 가중평균차입이자율

[예외] 일정한 경우 당좌대출이자율

당좌대출이자율이 적용되는 일정한 경우	적용 방법
① 특수관계인이 아닌 자로부터 차입한 금액이 없는 경우 ② 차입금 전액이 채권자 불분명 사채 또는 비실명 채권·증권으로 조달된 경우 ③ 대여법인의 가중평균차입이자율 또는 대여금리가 대여시점 현재 차입법인의 가중평균차입이자율보다 높은 경우(차입한 법인의 차입금이 없는 경우 포함) ④ 대여한 날(계약 갱신시 그 갱신일)부터 해당 사업연도 종료일(해당 사업연도에 상환하는 경우는 상환일)까지의 기간이 5년을 초과하는 대여금이 있는 경우	해당 대여금(차입금)에 한정하여 적용
⑤ 법인세신고와 함께 당좌대출이자율을 시가로 선택하는 경우	선택한 사업연도와 이후 2개 사업연도까지 모든 대여금 (차입금)에 적용

Ⅲ 사례

구 분	내 용
고가매입 · 저가양도	① 특수관계인 : 부당행위계산 부인 → 시가와 차액 ② 비특수관계인 : 의제기부금 → 정상가액(시가±시가의 30%)과 차액
가지급금 인정이자	인 정 이 자 (시가) … 가지급금 적수 × 이자율 × $\dfrac{1}{365(윤년\ 366)}$ (−) 약 정 이 자 　저 가 제 공 액 … 시가의 5% 이상 or 3억원 이상인 경우〈익금산입〉 * 동일인에 대한 가지급금과 가수금 　원칙 : 상계함 / 예외 : 상환기간 · 이자율 등에 대한 약정(○) ⇒ 상계하지 아니함 * 이자율 : 가중평균차입이자율 또는 당좌대출이자율
자본거래를 통한 이익분여	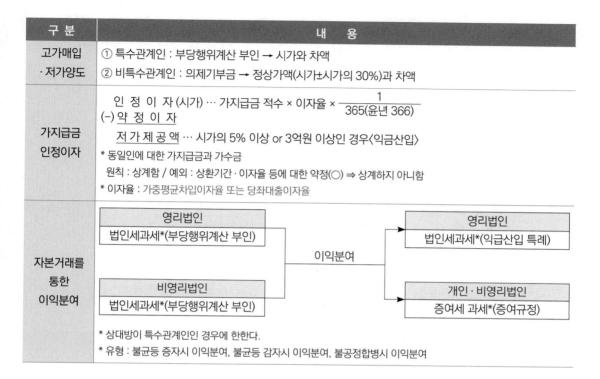 * 상대방이 특수관계인인 경우에 한한다. * 유형 : 불균등 증자시 이익분여, 불균등 감자시 이익분여, 불공정합병시 이익분여

CHAPTER 10 과세표준과 세액계산

I 과세표준의 계산

1. 과세표준의 계산구조

	각사업연도소득금액	
(−)	이 월 결 손 금	15년 이내 개시 사업연도 발생 세무상 이월결손금
(−)	비 과 세 소 득	
(−)	소 득 공 제	
	법 인 세 과 세 표 준	

* 각 사업연도 소득금액에서 이월결손금, 비과세소득, 소득공제를 순차적으로 차감하여 계산한다. 이월결손금의 미공제액은 이월공제하나, 비과세소득 및 소득공제 미공제액과 최저한세의 적용으로 미공제된 소득공제액은 소멸되어 이월되지 않는다.

2. 이월결손금

구분	내 용
공제대상	각 사업연도의 개시일 전 발생한 각 사업연도의 결손금으로서 그 후의 각 사업연도의 과세표준을 계산할 때 공제되지 아니한 금액 중 다음의 요건을 모두 갖춘 금액 ① 각 사업연도의 개시일 전 15년이내에 개시한 사업연도에서 발생한 결손금일 것 ② 신고하거나 결정·경정되거나 수정신고한 과세표준에 포함된 결손금일 것(tax상 결손금)
공제순서	먼저 발생한 이월결손금부터 차례대로 공제(강제공제)
공제한도	① 중소기업과 경영정상화계획을 이행중인 법인 : 각 사업연도 소득금액의 100% ② ① 외의 내국법인 : 각 사업연도의 소득금액의 80%
공제배제	추계결정·경정한 경우(단, 천재지변 기타 불가항력으로 추계결정시에는 공제)

3. 중소기업의 결손금소급공제

구분	내 용
요건 (모두충족)	① 중소기업에 해당하는 내국법인이 결손금이 발생할 것 ② 법인세 신고기한 내에 결손금이 발생한 사업연도와 그 직전 사업연도의 소득에 대한 법인세의 과세표준 및 세액을 각각 신고할 것 ③ 결손금이 발생한 사업연도의 법인세 신고기한까지 소급공제에 의한 환급신청을 할 것 * 법인세 신고기한까지 환급신청하지 않은 경우에는 경정청구할 수 없다.
환급받은 세액의 추징	다음의 세액을 해당 결손금이 발생한 사업연도의 법인세로서 징수한다. ① 법인세를 환급한 후 결손금이 발생한 사업연도에 대한 법인세 과세표준과 세액을 경정함으로써 결손금이 감소된 경우 : 감소된 결손금에 대한 환급세액+이자상당액 ② 전기법인세를 경정함으로써 환급세액이 감소된 경우 : 감소된 환급세액+이자상당액 ③ 중소기업이 아닌 내국법인이 법인세를 환급받은 경우 : 환급세액 전액+이자상당액
환급절차	환급신청을 받은 때에는 지체없이 국세기본법에 따라 환급하여야 한다.

4. 유동화 전문회사 등에 대한 소득공제

구분	내 용
대상법인	① 유동화전문회사 ② 투자회사, 투자합자회사(기관전용 사모집합투자기구 제외) 등 ③ 기업구조조정투자회사, 기업구조조정 부동산투자회사 및 위탁관리 부동산투자회사 ④ 선박투자회사, 해외자원개발투자회사 ⑤ 임대사업 목적의 특수 목적 법인 ⑥ 문화산업전문회사
소득공제	배당가능이익의 90% 이상 배당(의제배당 포함)한 경우에 그 배당금액을 소득공제함
공제시기	해당 배당을 결의한 잉여금 처분의 대상이 되는 사업연도의 소득금액에서 공제
이월공제	원칙적으로 이월되지 않으나, 초과배당금액이 있는 경우 5년간 이월 가능

Ⅱ 산출세액의 계산 (과세표준 × 세율*)

*세율 : 과세표준 2억원 이하분 9%, 2억원 초과 200억원 이하분 19%, 200억원 초과 3,000억원 이하분 21%, 3,000억원 초과분 24%

*사업연도 월수는 태양력에 따라 계산하되, 1개월 미만의 일수는 1개월로 한다.

*사업연도가 1년 미만인 경우 과세표준 × $\dfrac{12}{\text{사업연도 월수}}$ × 세율 × $\dfrac{\text{사업연도 월수}}{12}$

Ⅲ 법인세액의 계산구조

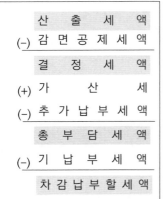

산 출 세 액	⋯ 일반법인세+토지 등 양도소득에 대한 법인세+투자·상생협력 촉진을 위한 법인세
(−) 감 면 공 제 세 액	⋯ 법인세법상 세액공제*¹⁾, 조특법상 세액공제·세액감면*²⁾
결 정 세 액	
(+) 가 산 세	
(−) 추 가 납 부 세 액	
총 부 담 세 액	
(−) 기 납 부 세 액	⋯ 원천징수세액+중간예납세액+수시부과세액
차 감 납 부 할 세 액	

*¹⁾ 법인세법상 세액공제
① 외국납부세액공제(미공제분 10년간 이월공제*)
  * 이월공제기간(10년) 내에 공제받지 못한 경우 그 공제받지 못한 외국법인세액은 이월공제기간의 종료일 다음 날이 속하는 사업연도의 소득금액을 계산할 때 손금에 산입할 수 있음
② 간접투자회사 등의 외국납부세액공제(이월공제 ×)
③ 재해손실세액공제(이월공제 ×)
④ 사실과 다른 회계처리 경정세액공제(매년 과다납부한 세액의 20%를 한도로 공제, 기간제한 없음)
*²⁾ 세액감면 : 법인세 산출세액의 일부 또는 전부를 면제하는 것을 말하며, 이월공제가 허용되지 아니한다.

🔖 참고

세액공제와 세액감면 적용순서
: 산출세액을 한도로 다음 순서에 의하여 적용함

〈1〉 세액감면
〈2〉 이월공제가 인정되지 않는 세액공제
〈3〉 이월공제가 인정되는 세액공제(이월된 세액공제를 우선 적용)
〈4〉 사실과 다른 회계처리 경정세액공제

(1) 외국납부세액공제

외국납부세액공제액=Min[①, ②]

① 외국납부세액 : 직접외국납부세액[*1]+의제(간주)외국납부세액[*2]+간접외국납부세액[*3]

② 한 도 액 : 법인세 산출세액 $\times \dfrac{\text{국외원천소득(과세표준)}}{\text{과세표준}}$ (국별한도방식)

[*1] 직접외국납부세액 : 내국법인이 외국에서 직접 납부한 법인세와 그 부가세액(가산세 제외) → [주의] 직접외국납부세액은 세액공제를 적용하는 경우에는 손금불산입하나, 세액공제를 적용하지 않는 경우에는 손금에 해당함.

[*2] 의제(간주)외국납부세액 : 국외원천소득이 있는 내국법인이 조세조약의 상대국에서 해당 국외원천소득에 대하여 법인세를 감면받은 세액 상당액은 그 조세조약으로 정하는 범위에서 세액공제의 대상이 되는 외국법인세액으로 봄

[*3] 간접외국납부세액 : 내국법인이 외국자회사로부터 배당금을 받은 경우 외국자회사의 법인세 중 배당금에 상당하는 금액은 세액공제되는 외국법인세액으로 봄

① 외국자회사 요건	내국법인이 직접 의결권 있는 발행주식총수의 10% 이상을 외국 자회사의 배당기준일 현재 6개월 이상 계속하여 보유하고 있을 것
② 간접외국납부세액 계산	외국자회사의 법인세액 $\times \dfrac{\text{외국자회사로부터 지급받은 배당금}}{\text{외국자회사의 소득금액}^* - \text{외국자회사의 법인세액}}$ * 외국자회사의 소득금액은 세율을 곱하기 전의 과세표준을 의미함
③ 세액공제 시 세무조정	〈익금산입〉 간접외국납부세액 × × (기타)

* 추계시 배제 : 추계시에는 외국납부세액공제를 하지 아니한다. 다만, 천재지변 등으로 장부나 그 밖의 증명서류가 멸실 되어 추계하는 경우에는 그러하지 아니하다.

* 중복적용배제 : 외국자회사 수입배당금액에 대한 익금불산입의 적용대상이 되는 수입배당금액에 대해서는 위의 외국납부세액공제의 규정을 적용하지 아니한다.

(2) 재해손실세액공제

구 분	내 용
공제 요건	천재지변 등 재해로 사업용 자산총액의 20% 이상을 상실하여 납세가 곤란하다고 인정되는 경우 상실된 자산가액[*1]을 한도로 '공제대상법인세 × 재해상실비율[*2]'에 대하여 공제 [*1] 상실자산가액 : 재해로 인하여 수령한 보험금은 차감하지 아니하며, 예금, 받을어음, 외상매출금 등은 채권추심에 관한 증서가 멸실된 경우에도 포함하지 아니함 [*2] 상실된 자산가액/상실 전의 자산 총액 　* 자산총액 : 사업용 자산(토지 제외)과 변상책임 있는 타인 소유자산의 합계액 　* 토지제외, 타인소유 변상택임자산 포함

(3) 사실과 다른 회계처리로 인한 경정에 따른 세액공제

구분	내 용
적용대상	내국법인이 다음의 요건을 모두 충족하는 사실과 다른 회계처리를 하여 과세표준 및 세액을 과다하게 계상함으로써 국세기본법에 따라 경정청구하여 경정을 받은 경우 ① 사업보고서 및 감사보고서를 제출할 때 수익 또는 자산을 과다 계상하거나 손비 또는 부채를 과소 계상할 것(☞ 분식회계) ② 내국법인, 감사인 또는 그에 소속된 공인회계사가 법령으로 정하는 경고·주의 등의 조치를 받을 것
세액공제 방법	과다 납부한 세액을 환급하지 아니하고 그 경정일이 속하는 사업연도부터 각 사업연도의 법인세액에서 과다 납부한 세액을 공제한다. 이 경우 각 사업연도별로 공제하는 금액은 과다 납부한 세액의 20%를 한도로 하고, 공제 후 남아 있는 과다 납부한 세액은 이후 사업연도에 이월하여 공제한다.

I 기납부세액

1. 중간예납

구 분	내 용
1. 중간예납 대상법인	사업연도의 기간이 6개월을 초과하는 내국법인은 해당 사업연도의 개시일부터 6개월이 되는 날까지의 중간예납기간으로 하여 중간예납세액을 납부할 의무가 있다. 다만, 다음 중 어느 하나에 해당하는 법인은 중간예납세액을 납부할 의무가 없다. ① 법에 따른 사립학교를 경영하는 학교법인, 국립대학법인 서울대학교(인천대학교), 산학협력단 ② 신설법인의 최초 사업연도(합병·분할에 의하여 신설된 법인은 제외) ③ 직전 사업연도의 중소기업으로서 직전 사업연도의 산출세액을 기준으로 하는 방법에 따라 계산한 금액이 <u>50만원</u> 미만인 내국법인 ④ 청산법인(청산기간 중에 사업을 계속하여 영위하여 사업수입금액이 발생하는 경우 제외) ⑤ 관할세무서장이 중간예납기간 중 수입금액이 없는 것으로 확인한 휴업법인 ⑥ 국내 사업장이 없는 외국법인
2. 중간예납세액의 계산 방법	①과 ② 중 선택 ① 직전실적기준 : 직전 사업연도의 산출세액을 기준으로 6개월분의 세액을 환산하여 계산하는 방법 ② 당기실적기준 : 중간예납기간의 법인세액을 기준으로 가결산하여 계산하는 방법
3. 중간예납세액의 계산방법을 선택 할 수 없는 경우	다음 중 하나에 해당하는 경우에는 해당 방법에 따라 중간예납세액을 계산한다. (1) 중간예납의 납부기한까지 중간예납세액을 납부하지 아니한 경우 : 직전실적기준 (2) 다음 중 하나에 해당하는 경우 : 당기실적기준 　① 직전 사업연도의 법인세로서 확정된 산출세액(가산세는 제외)이 없는 경우 　② 중간예납기간 만료일까지 직전 사업연도의 법인세액이 확정되지 아니한 경우 　③ 분할신설법인 또는 분할합병의 상대방법인의 분할 후 최초의 사업연도인 경우
4. 신고납부	중간예납기간이 지난 날부터 중간예납세액을 2개월 이내에 신고·납부하여야 한다. 납부할 세액이 1천만원을 초과하는 경우에는 분납할 수 있다.
5. 가산세 적용	중간예납세액을 법정신고기한까지 납부하지 않거나 미달하게 납부하는 경우에는 납부지연가산세를 징수한다. → 신고불성실(무신고, 과소신고) 가산세는 적용하지 않음

2. 법인세의 원천징수

구분		내 용
1. 원천징수 대상		내국법인(금융회사등 제외)에 다음의 금액을 지급하는 자(원천징수의무자)는 그 지급하는 금액에 원천징수세율을 적용하여 계산한 금액에 상당하는 법인세(1천원 이상인 경우만 해당함)를 원천징수하여야 한다. (원천징수세액이 1천원 미만인 경우 징수×→소액부징수) ① 이자소득금액 : 14%(비영업대금의 이익 25%) ② 투자신탁이익 : 14% * 원천징수 제외대상 : 법인세가 부과되지 아니하거나 면제되는 소득, 신고한 과세표준에 이미 산입된 미지급소득, 법령에서 정하는 금융회사 등의 법 소정 수입금액
2. 원천징수세액 납부기한	원칙	원천징수할 시기는 소득을 지급하는 때이며, 징수한 세액은 그 징수일이 속하는 달의 다음 달 10일까지 납부하여야 한다.
	반기별 납부	직전 연도(신규사업자의 경우 신청일이 속하는 반기)의 상시 고용인원이 20명 이하인 원천징수의무자(금융보험업 영위 법인 제외)로서 관할 세무서장으로부터 반기별 납부의 승인을 얻거나 국세청장으로부터 반기별 납부의 지정을 받은 자는 반기의 마지막 달의 다음 달 10일까지 납부할 수 있다.

3. 수시부과결정

* 법인세 포탈 우려가 있는 경우에는 사업연도 종료 전이라도 조세수입을 확보하기 위하여 미리 법인세를 부과할 수 있다.

구분	내 용
1. 수시부과사유	(1) 법인세 포탈 우려가 있는 경우 　① 신고를 하지 아니하고 본점 등을 이전한 경우 　② 사업부진 기타 사유로 인하여 휴업 또는 폐업상태에 있는 경우 　③ 기타 조세를 포탈할 우려가 있다고 인정되는 상당한 이유가 있는 경우 (2) 외국군 등으로부터 사업수입금액을 외국환은행으로부터 수령하는 때
2. 기타 절차 규정	① 수시부과세액의 처리 : 수시부과세액은 기납부세액으로 공제한다. ② 가산세 적용 배제 : 수시부과하는 경우에는 가산세를 적용하지 않는다. ③ 수시부과를 한 경우에도 각 사업연도의 소득에 대하여 과세표준 등의 신고를 하여야 한다.

Ⅱ 과세표준신고와 납부

구 분		내 용
신고기한	원칙	납세의무있는 내국법인은 각 사업연도의 종료일이 속하는 달의 말일부터 3개월(성실신고는 4개월)이내에 신고하여야 한다. 소득금액이 없거나 결손금이 있는 우에도 신고하여야 한다. * 제출서류 : 법인세과세표준 및 세액신고서(필수적 첨부서류 : 법인세과세표준 및 세액조정계산서, 재무상태표, 포괄손익계산서, 이익 잉여금처분계산서(결손금처리계산서)) → 미첨부시 무신고 * 외부세무조정 대상법인 : 외부조정계산서를 첨부하지 아니하는 경우 무신고로 보고 무신고가산세 부과
	신고기한연장	외부회계감사대상 내국법인이 감사가 종결되지 아니하여 결산이 확정되지 아니하였다는 사유로 신고기한의 종료일 3일 전까지 납세지 관할 세무서장에게 신고기한의 연장을 신청한 경우 그 신고기한을 1개월 범위에서 연장할 수 있다. 신고기한이 연장된 내국법인이 세액을 납부할 때에는 다음의 이자상당액을 더해서 납부해야 한다.
납부기한		법인세를 법인세 신고기한까지 납세지 관할세무서 등에 납부하여야 한다.
분납		납부할 세액이 1천만원을 초과하는 경우에는 1개월(중소기업은 2개월) 이내에 분납할 수 있다.

구분	분납세액
① 납부할 세액이 2천만원 이하	1천만원을 초과하는 금액
② 납부할 세액이 2천만원 초과	납부할 세액의 50% 이하의 금액

* 가산세와 감면분 추가납부세액은 분납대상이 아니다.

*결정 · 경정

구분	내 용
1. 의 의	① 결정 : 법인이 신고기한까지 신고하지 않는 경우 정부가 과세표준과 세액을 정하는 것 ② 경정 : 신고 또는 결정에 오류 · 탈루가 있는 경우 과세관청이 과세표준과 세액을 올바르게 고치는 것
2. 결정 · 경정권자	과세표준과 세액의 결정 또는 경정은 납세지 관할 세무서장이 행한다. 다만, 국세청장이 특히 중요하다고 인정하는 것에 대하여는 납세지 관할 지방국세청장이 이를 결정 또는 경정할 수 있다.
3. 결정기한	결정은 법인세 과세표준 신고기한부터 1년 내에 완료해야 한다. 다만, 국세청장이 조사기간을 따로 정하거나 부득이한 사유로 인하여 국세청장의 승인을 받은 경우에는 그러하지 아니하다.
4. 재경정	납세지 관할 세무서장 또는 관할 지방국세청장은 법인세의 과세표준과 세액을 결정 또는 경정한 후 그 결정 또는 경정에 오류나 누락이 있는 것을 발견한 경우에는 즉시 이를 다시 경정한다.
5. 결정 · 경정방법	[원칙] 실지조사(장부와 증명서류를 근거로 과세하는 것) [예외] 추계조사 * 추계조사 사유 : 소득금액을 계산할 때 필요한 장부 또는 증명서류가 없거나 중요한 부분이 미비 · 허위인 경우 등 기장의 내용이 허위임이 명백한 경우에 한하여 추계조사할 수 있다.

* 추계조사시 불이익

① 간주임대료 익금산입(모든 법인)

② 이월결손금과 외국납부세액공제 배제(단, 천재지변 등의 경우에는 공제)

③ 추계소득을 대표자상여로 처분(단, 천재지변 등의 경우에는 기타사외유출)

④ 감가상각의제 적용으로 추계사업연도 이후 사업연도의 상각범위액 감소

12 기타 법인세

I 비영리법인

구분	내 용
1. 납세의무	민법에 따라 설립된 법인, 사립학교, 국세기본법상 법인으로 보는 단체 등 영리 외의 사업을 목적으로 하는 법인은 수익사업소득에 대한 법인세 납세의무가 있다.
2. 이자소득 신고 특례	① 비영리법인의 원천징수된 이자소득(비영업대금의 이익 제외하고 투자신탁의 이익은 포함) 중 전부 또는 일부분에 대하여 분리과세를 선택한 경우에는 해당 부분에 대한 과세표준 신고를 하지 아니할 수 있다.(원천징수대상이 아닌 이자소득은 과세표준 신고에 포함시켜야 함) ② 과세표준신고를 하지 아니한 이자소득에 대하여는 수정신고, 기한 후 신고 또는 경정 등에 의하여 이를 과세표준에 포함시킬 수 없다.
3. 자산양도소득 신고 특례	① 비영리내국법인(사업활동의 수익사업을 하는 비영리내국법인은 제외)이 양도소득세 과세대상 자산의 양도소득이 있는 경우 과세표준의 신고를 하지 아니할 수 있다. ② 과세표준의 신고를 하지 아니한 자산양도소득에 대하여는 양도소득세 규정을 준용하여 계산한 세액을 법인세로 납부하여야 한다.
4. 가산세 배제	장부의 기록·보관 불성실 가산세 적용 배제(사업소득 유무와 관계없음)
5. 필수적 첨부서류 미제출시	사업소득과 채권 등의 매매차익이 없는 비영리법인은 무신고로 보지 않는다.

Ⅱ 청산소득

구분	내용
1. 납세의무자	해산(합병, 분할, 조직변경 제외)으로 소멸하는 영리내국법인(비영리법인과 외국법인×)
2. 청산소득에 대한 법인세	잔 여 재 산 가 액① ··· 사업계속의 경우 잔여재산분배액 (−) 자 기 자 본 총 액② ··· 해산등기일 현재 청 산 소 득 금 액③ (×) 세 율 ··· 각 사업연도 소득에 대한 법인세율과 같음 <u>청산소득에 대한 법인세</u> ① 잔여재산가액＝자산총액*−부채총액 * 자산총액 : 해산등기일 현재의 자산의 합계액 ② 자기자본총액＝자본금*1)+세무상 잉여금*2)+법인세 환급액*3) *1) 해산등기일 전 2년 이내에 자본금에 전입한 잉여금이 있는 경우에는 해당 금액을 자본금에 전입하지 아니한 　것으로 보아 계산한다(잉여금에 포함). *2) 세무상 잉여금＝결산서상 잉여금±유보−세무상 이월결손금(발생연도 제한이 없는 것으로서 세무상 잉여금 　에서만 상계함) *3) 청산기간에 국세기본법에 따라 환급되는 법인세액 ③ 청산기간에 발생한 각 사업연도 소득은 사업연도 소득금액에 포함한다.(청산소득 포함×)
3. 신고·납부	<table><tr><th>구분</th><th>신고기한</th></tr><tr><td>① 확정신고</td><td>잔여재산가액 확정일 또는 사업계속등기일이 속하는 달의 말일부터 3개월 이내</td></tr><tr><td>② 중간신고</td><td>다음의 날이 속하는 달의 말일부터 1개월 이내 • 잔여재산가액이 확정되기 전에 분배한 경우 분배일 • 해산일로부터 1년간 잔여재산가액이 확정되지 않은 경우 해산등기일부터 1년이 되는 날</td></tr></table>
4. 징수	납세지 관할 세무서장은 내국법인이 청산소득에 대한 법인세의 전부 또는 일부를 납부하지 아니하면 그 미납된 법인세액을 국세징수법에 따라 징수하여야 한다.
5. 납부지연가산세 적용 제외	청산소득에 대한 법인세를 징수할 때에는 납부지연가산세 중 납부고지서에 따른 납부기한의 다음 날부터 부과되는 미납부가산세 및 납부고지서에 따른 납부기한까지 완납하지 아니한 경우의 3% 가산세와 납부고지서에 따른 납부기한의 다음 날부터 납부일까지의 기간 5년 한도 규정을 적용하지 아니한다.

05

Ⅲ 토지 등 양도소득에 대한 법인세

구 분	내 용
1. 납세의무자	국가와 지방자치단체(지방자치단체조합 포함)를 제외한 모든 법인 * 토지 등 양도소득에 대한 법인세는 해당 사업연도에 결손금이 발생하거나 이월결손금 잔액이 있는 경우라도 추가로 납부하여야 한다.

2. 과세대상	과세대상	세율
	주택, 별장(법소정의 농어촌주택 제외)	20%(미등기 40%)
	주택을 취득하기 위한 권리로서 조합원입주권 및 분양권	20%
	비사업용 토지	10%(미등기 40%)

구 분	내 용
3. 계산구조	① 토지 등 양도가액[1] − 세무상 장부가액 = 양도소득[2] (양도비용은 공제×) ② 양도소득×세율 = 토지 등 양도소득에 대한 법인세 [1] 장기할부판매에 대하여 명목가치인도기준으로 회계처리한 경우에는 명목가치를, 현재가치인도기준으로 회계처리한 경우에는 현재가치를 양도가액으로 한다. [2] 양도차손의 처리 : ① 동일한 세율이 적용되는 양도소득에서 공제 → ② 다른 세율이 적용되는 양도소득세에서 공제

Ⅳ 외국법인

구 분	내 용
(1) 판단기준	외국에 본점이나 주사무소를 둔 단체(국내에 사업의 실질적 관리장소가 존재하지 않는 경우에만 해당)로서 다음 중 어느 하나에 해당하는 단체 ① 설립지국의 법률에 따라 법인격이 부여된 단체 ② 구성원이 유한책임사원으로만 구성된 단체 ③ 그 밖의 동종 또는 가장 유사한 국내의 단체가 상법 등 국내의 법률에 따른 법인에 해당되는 단체
(2) 과세소득	① 각 사업연도소득 : 국내원천소득에 대해서만 납세의무가 있음(제한납세의무자) ② 청산소득 : 납세의무 없음 ③ 토지 등 양도소득 : 국내 소재 부동산 등의 양도에 대해서만 납세의무가 있음 ④ 미환류소득 : 납세의무 없음
(3) 국내원천소득	① 국내원천 이자소득, ② 국내원천 배당소득, ③ 국내원천 부동산소득, ④ 국내원천 선박등임대소득, ⑤ 국내원천 사업소득, ⑥ 국내원천 인적용역소득, ⑦ 국내원천 부동산등양도소득, ⑧ 국내원천 사용료소득, ⑨ 국내원천 유가증권양도소득, ⑩ 국내원천 기타소득

구분	내 용		
(4) **과세방법**	국내사업장 ○	① 원칙 : 종합과세	
		② 예외 : 국내사업장 관련 × or 국내사업장에 귀속 × → 분리과세*	
	국내사업장 ×	① 원칙 : 분리과세*	
		② 예외 : 국내원천부동산소득이 있는 경우 → 종합과세	
	* 단, 양도소득은 예납적 원천징수 후 별도로 신고 · 납부하여야 함		
(5) **국내 사업장**	외국법인이 국내에서 사업의 전부 또는 일부를 수행하는 고정장소(주요수익창출성 + 고정성)		
(6) **비과세 특례**	외국법인의 국내원천 이자소득 중 국체 등에서 발생하는 소득 및 국내원천 유가증권양도소득 중 국채 등의 양도로 발생하는 소득에 대하여는 이에 대한 법인세를 과세하지 아니한다.		

V 신탁소득에 대한 법인세 과세

1. 신탁소득에 대한 법인세 과세방식 및 납세의무자

구분	내 용
(1) 수익자 과세신탁	신탁재산에 귀속되는 소득에 대해서는 그 신탁의 이익을 받을 수익자가 그 신탁재산을 가진 것으로 보고 법인세법을 적용한다.
(2) 수탁자 과세신탁 **(법인과세 신탁재산)**	법에 따른 목적신탁 등 일정한 신탁으로서 다음의 요건을 모두 충족한 경우에는 그 신탁의 수탁자가 법인세를 납부할 수 있다. 이 경우 신탁재산별로 각각을 하나의 내국법인(법인과세신탁재산)으로 본다. ① 수익자가 둘 이상일 것(법에 따른 목적신탁은 제외) 다만, 어느 하나의 수익자를 기준으로 특수관계인에 해당하는 자는 수익자 수를 계산할 때 포함하지 않는다. ② 위탁자가 신탁재산을 실질적으로 통제 또는 지배하는 경우가 아닐 것

(3) 위탁자 과세신탁	(1) 및 (2)에도 불구하고 다음 중 어느 하나에 해당하는 경우 그 신탁의 위탁자가 법인세를 납부할 의무가 있다.
	① 수익자가 특별히 정하여지지 아니하거나 존재하지 아니하는 신탁
	② 다음 중 어느 하나의 요건을 갖춘 신탁의 경우
	  ㉠ 위탁자가 신탁재산을 실질적으로 지배 · 통제할 것
	  ㉡ 신탁재산 원본을 받을 권리에 대한 수익자는 위탁자로, 수익을 받을 권리에 대한 수익자는 위탁자의 지배주주등의 배우자 또는 직계존비속 등으로 설정했을 것

2. 법인과세 신탁재산의 각 사업연도의 소득에 대한 법인세

구 분	내 용
(1) 적용관계	내국법인으로 보는 신탁재산(법인과세 신탁재산) 및 이에 귀속되는 소득에 대하여 법인세를 납부하는 신탁의 수탁자(법인과세 수탁자)에 대해서는 본 특례 규정을 다른 법인세의 규정에 우선 적용한다.
(2) 신탁재산에 대한 법인세 과세방식의 적용	① 수탁자의 납세의무 법인과세 수탁자는 법인과세 신탁재산에 귀속되는 소득에 대하여 그 밖의 소득과 구분하여 법인세를 납부하여야 한다. ② 수익자의 보충적 납세의무(제2차 납세의무) 재산의 처분 등에 따라 법인과세 수탁자가 법인과세 신탁재산의 재산으로 그 법인과세 신탁재산에 부과되거나 납부할 법인세 및 강제징수비를 충당하여도 부족한 경우 신탁의 수익자는 분배받은 재산가액 및 이익을 한도로 그 부족한 금액에 대하여 제2차 납세의무를 진다. ③ 이익 분배 법인과세 신탁재산이 그 이익을 수익자에게 분배하는 경우에는 배당으로 본다.
(3) 설립 및 해산등	① 설립 법인과세 신탁재산은 「신탁법」에 따라 그 신탁이 설정된 날에 설립된 것으로 본다. ② 해산 법인과세 신탁재산은 「신탁법」에 따라 그 신탁이 종료된 날(신탁이 종료된 날이 분명하지 아니한 경우에는 「부가가치세법」에 따른 폐업일을 말한다)에 해산된 것으로 본다.
(3) 설립 및 해산등	③ 사업연도 법인과세 수탁자는 법인과세 신탁재산에 대한 사업연도를 따로 정하여 법인 설립신고 또는 사업자등록과 함께 납세지 관할 세무서장에게 사업연도를 신고하여야 한다. 이 경우 사업연도의 기간은 1년을 초과하지 못한다. ④ 납세지 법인과세 신탁재산의 법인세 납세지는 그 법인과세 수탁자의 납세지로 한다.
(5) 법인과세 신탁재산에 대한 소득공제	① 소득공제 법인과세 신탁재산이 수익자에게 배당한 경우에는 그 금액을 해당 배당을 결의한 잉여금 처분의 대상이 되는 사업연도의 소득금액에서 공제한다(소득공제액이 소득금액을 초과하는 경우 그 초과금액은 없는 것으로 봄). * 소득공제를 적용받는 법인과세 신탁재산으로부터 배당을 받는 경우 : 수입배당금 익금불산입 규정을 적용하지 않음 ② 소득공제 배제 및 적용 배당을 받은 법인과세 신탁재산의 수익자에 대하여 그 배당에 대한 소득세 또는 법인세가 비과세되는 경우에는 소득공제를 적용하지 아니한다. 다만, 배당을 받은 수익자가 동업기업과세특례를 적용받는 동업기업인 경우로서 그 동업자들에 대하여 배분받은 배당에 해당하는 소득에 대한 소득세 또는 법인세가 전부 과세되는 경우는 소득공제를 적용한다.

구분	내 용
(7) 소득금액 계산	수탁자의 변경에 따라 법인과세 신탁재산의 수탁자가 그 법인과세 신탁재산에 대한 자산과 부채를 변경되는 수탁자에게 이전하는 경우 그 자산과 부채의 이전가액을 수탁자 변경일 현재의 장부가액으로 보아 이전에 따른 손익은 없는 것으로 한다.
(8) 신고 및 납부	법인과세 신탁재산에 대해서는 성실신고확인서 제출 및 중간예납 의무 규정을 적용하지 아니한다.
(9) 원천징수	'내국법인의 이자소득 등에 대한 원천징수' 규정에도 불구하고 법인과세 신탁재산이 다음의 소득을 지급받고, 법인과세 신탁재산의 수탁자가 금융회사 등에 해당하는 경우에는 원천징수하지 아니한다. (가) 소득세법상 이자소득의 금액(금융보험업 법인의 수입금액 포함) (나) 소득세법상 집합투자기구로부터의 이익 중 투자신탁의 이익의 금액

연결납세방식

구 분	내 용
1. **연결납세방식의** **적용 요건**	① 내국영리법인과 그 법인이 연결 지배하는 다른 내국법인(완전자법인 : 지분 100%를 직접 또는 간접적으로 소유한 경우)은 완전모법인의 납세지 관할지방국세청장의 승인을 받아 연결납세방식을 적용할 수 있다. * 우리사주조합이 보유한 주식 등으로 발행주식총수의 5% 이내의 주식은 제외 인정 * 발행주식총수 : 의결권 없는 주식 포함, 자기주식 제외 전부 보유하고 있는 경우 자기주식 제외 ② 완전자법인이 2 이상인 때에는 해당 법인 모두가 연결납세방식을 적용하여야 한다.
2. **적용제외 법인**	다음의 법인은 연결모법인에서 제외한다. ① 비영리내국법인 ② 다른 내국법인(비영리내국법인 제외)의 완전지배를 받는 법인 ③ 해산으로 청산 중인 법인 ④ 동업기업과세특례를 적용하는 동업기업 ⑤ 해운기업에 대한 과세표준계산특례를 적용하는 법인 ⑥ 배당소득공제를 적용받는 법인　　　　　　　완전자법인에서도 제외
3. **적용신청·승인**	최초의 연결사업연도 개시일부터 10일 이내에 납세지 관할 세무서장을 경유하여 관할지방국세청장에게 제출하여야 한다. 관할지방국세 청장은 최초의 연결사업연도 개시일부터 2개월이 되는 날까지 승인여부를 서면으로 통지하여야 하며, 통지하지 않은 경우는 승인한 것으로 본다.
4. **연결납세방식의** **취소**	(1) 연결모법인의 관할지방국세청장은 다음의 경우 연결납세방식의 적용 승인을 취소할 수 있다. 　① 연결법인의 사업연도가 연결사업연도와 일치하지 아니하는 경우 　② 연결모법인이 완전 지배하지 아니하는 내국법인에 대하여 연결납세방식을 적용하는 경우 　③ 연결모법인의 완전자법인에 대하여 연결납세방식을 적용하지 아니하는 경우 　④ 추계조사결정 사유로 장부나 그 밖의 증명서류에 의하여 연결법인의 소득금액을 계산할 수 없는 경우 　⑤ 연결법인에 수시부과사유가 있는 경우 　⑥ 연결모법인이 다른 내국법인(비영리내국법인은 제외)의 완전 지배를 받는 경우 (2) 연결납세방식의 적용 승인이 취소된 연결법인은 취소된 날이 속하는 사업연도와 그 다음 사업연도의 개시일부터 4년 이내에 끝나는 사업연도까지는 연결납세방식의 적용 당시와 동일한 법인을 연결모법인으로 하여 연결납세방식을 적용받을 수 없다.

구 분	내 용
5. 연결과세표준의 신고 및 납부	연결모법인은 각 연결사업연도의 종료일이 속하는 달의 말일부터 4개월 이내에 과세표준과 세액을 연결모법인의 납세지 관할세무서장에게 신고 및 납부하여야 한다.
6. 연대납세의무	연결법인은 각 연결사업연도의 소득에 대한 법인세(각 연결법인의 토지 등 양도소득에 대한 법인세와 투자·상생협력 촉진을 위한 과세특례를 적용하여 계산한 법인세액 포함)를 연대하여 납부할 의무가 있다.
7. 적용방법	연결기업집단은 개별납세방식과 연결납세방식 중 하나를 선택할 수 있으며, 연결납세방식을 선택하면 연결납세방식을 최초 적용받은 사업연도와 그 다음 사업연도 개시일로부터 4년 이내에 종료하는 연결사업연도까지는 연결납세방식의 적용을 포기할 수 없다.
8. 납부절차	① 연결모법인은 각 연결사업연도의 소득에 대한 법인세를 신고기한과 동일한 기한까지 납부하여야 하며, 연결자법인은 각 연결법인에 귀속되는 법인세액을 신고기한까지 연결모법인에게 지급하여야 한다. ② 연결자법인은 별도의 신고의무가 없다.

CHAPTER 14 합병 및 분할특례

Ⅰ 합병

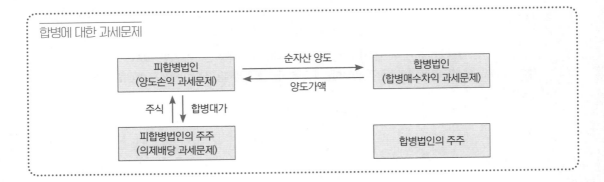

합병에 대한 과세문제

피합병법인
(양도손익 과세문제)
— 순자산 양도 →
← 양도가액 —
합병법인
(합병매수차익 과세문제)

주식 ↑ ↓ 합병대가

피합병법인의 주주
(의제배당 과세문제)

합병법인의 주주

1. 합병에 대한 원칙적인 과세방법(비적격합병)

(1) 피합병법인

$$양도가액^① - 순자산 장부가액^② = 양도손익(익금 또는 손금에 산입함)$$

① 양도가액 = 합병대가 + 합병법인이 대신 부담한 피합병법인의 법인세비용
└▶합병교부주식*의 가액 및 금전이나 그 밖의 재산가액의 합계액(시가 평가)
② 순자산 장부가액(합병등기일 현재) = 자산의 장부가액 − 부채의 장부가액 + 법인세 환급액
→ 장부가액은 세무상 장부가액이므로 결산상 장부가액에 유보(△유보)를 가감함.

(2) 합병법인

구 분	내 용
1. 자산의 취득가액	피합병법인의 자산을 합병등기일 현재 시가로 양도받은 것으로 본다.
2. 합병매수차익 (합병매수차손)	① 합병매수차익 : 합병등기일부터 5년(60개월)간 균등하게 나누어 익금에 산입함 $$\text{해당 사업연도의 익금} = \text{합병매수차익} \times \frac{\text{해당 사업연도 월수}}{60}$$
2. 합병매수차익 (합병매수차손)	* 월수는 역에 따라 계산하되, 1개월 미만의 일수는 1개월로 함(합병등기일이 속한 월을 1개월로 계산하면 합병등기일부터 5년이 되는 날이 속한 월은 계산에서 제외) ② 합병매수차손* : 합병등기일부터 5년(60개월)간 균등하게 나누어 손금에 산입함 * 합병법인이 피합병법인의 상호·거래관계, 그 밖의 영업상의 비밀 등에 대하여 사업상 가치가 있다고 보아 대가를 지급한 경우에만 인정함
3. 피합병법인의 유보 등의 미승계	① 합병법인이 피합병법인의 퇴직급여충당금 또는 대손충당금을 승계한 경우에는 그와 관련된 세무조정사항을 승계하고 그 밖의 세무조정사항은 모두 승계할 수 없음 ② 합병법인은 피합병법인의 이월결손금, 세액감면·세액공제를 승계할 수 없음

(3) 피합병법인의 주주

합병대가(시가로 평가) − 종전 주식의 장부가액 = 의제배당

2. 적격합병에 대한 특례규정

(1) 피합병법인

구 분	내 용
1. 적격합병 요건	적격합병은 다음의 요건을 모두 갖춘 합병을 말한다. 다만, 부득이한 사유가 있는 경우에는 ②·③ 또는 ④의 요건을 갖추지 못한 경우에도 적격합병으로 본다.

구분	적격합병요건
① 사업목적	합병등기일 현재 1년 이상 사업을 계속하던 내국법인 간의 합병일 것 * 단, 합병법인이 기업인수목적회사인 경우 요건을 갖춘 것으로 본다
② 지분연속성	피합병법인의 주주가 합병법인으로부터 받은 합병대가 중 주식가액(시가 평가)이 80% 이상이거나 합병법인의 모회사의 주식가액이 80% 이상인 경우로서 그 주식이 지분비율에 따라 배정되고, 피합병법인의 지배주주가 합병등기일이 속하는 사업연도의 종료일까지 그 주식을 보유할 것
③ 사업계속성	합병법인이 합병등기일이 속하는 사업연도의 종료일까지 승계받은 사업을 계속할 것(단, 기업인수목적회사는 본문의 요건을 갖춘 것으로 봄)
④ 고용승계	합병등기일 1개월 전 당시 피합병법인에 종사하는 법령으로 정하는 근로자 중 합병법인이 승계한 근로자의 비율이 80% 이상이고, 합병등기일이 속하는 사업연도의 종료일까지 그 비율을 유지할 것

구 분	내 용
2. 양도손익 계산	적격합병의 경우에는 피합병법인은 양도가액을 피합병법인의 합병등기일 현재 순자산 장부가액으로 보아 양도손익이 없는 것으로 할 수 있다. 양도가액(순자산 장부가액)-순자산 장부가액=양도손익(0)

* 다음 중 어느 하나에 해당하는 경우에는 무조건 적격합병으로 보아 양도손익이 없는 것으로 할 수 있다.
 ① 내국법인이 발행주식총수를 소유하고 있는 완전자회사를 합병하거나 완전자회사에 합병되는 경우
 ② 동일한 내국법인이 발행주식총수를 소유하고 있는 서로 다른 완전자회사 간에 합병하는 경우

(2) 합병법인

구 분	내 용		
1. 취득가액	적격합병을 한 합병법인은 피합병법인의 자산을 장부가액으로 양도받은 것으로 한다.		
2. 자산 조정계정	적격합병을 한 합병법인은 양도받은 자산 및 부채의 가액을 합병등기일 현재의 시가로 계상하되, 시가에서 피합병법인의 장부가액을 뺀 금액을 자산조정계정으로 계상해야한다. ① (시가〉피합병법인 장부가액)익금 산입후 해당 금액을 자산조정계정으로 손금에 산입함 ② (시가〈피합병법인 장부가액)손금 산입후 해당 금액을 자산조정계정으로 익금에 산입함		
3. 피합병법인의 유보 등 승계	① 적격합병을 한 합병법인은 피합병법인의 모든 유보와 세무상 이월결손금(과세표준 계산상 공제 가능한 이월결손금)을 승계함 ② 적격합병을 한 합병법인은 피합병법인의 세액감면·세액공제를 승계하여 공제할 수 있음(→ 세액감면 등의 요건이 있는 경우 합병법인이 그 요건을 갖춘 경우에만 적용함)		
4. 합병시 이월결손금의 공제 제한	합병법인의 이월결손금	합병법인의 합병등기일 현재 이월결손금 중 피합병법인으로부터 합병법인이 승계한 이월결손금을 제외한 금액은 피합병법인으로부터 승계받은 사업에서 발생한 소득금액의 범위에서는 공제하지 아니한다.	
	이월결손금승계	적격합병을 한 합병법인이 피합병법인으로부터 승계받은 이월결손금은 피합병법인으로부터 승계한 사업에서 발생한 소득금액의 범위에서 공제한다.	
	합병 전 보유자산 처분손실의 공제제한	적격합병을 한 합병법인은 합병법인과 피합병법인이 합병 전 보유하던 자산의 처분손실(합병등기일 현재 자산의 시가가 장부가액보다 낮은 경우로서 그 차액을 한도로 하며, 합병등기일 이후 5년 이내에 끝나는 사업연도에 발생한 것만 해당함)을 각각 합병 전 해당 법인의 사업에서 발생한 소득금액의 범위에서 손금에 산입한다. 이 경우 손금에 산입하지 아니한 처분손실은 자산 처분시 각각 합병 전 해당 법인의 결손금으로 본다.	

*합병시 이월결손금 공제방법

합병법인의 합병등기일 현재 결손금과 합병법인이 승계한 피합병법인의 결손금에 대한 공제는 다음의 구분에 따른 소득금액의 80%(중소기업과 일정한 회생계획 이행 법인은 100%)을 한도로 한다.

① 합병법인의 합병등기일 현재 결손금의 경우 : 합병법인의 소득금액에서 피합병법인으로부터 승계받은 사업에서 발생한 소득금액을 차감한 금액

② 합병법인이 승계한 피합병법인의 결손금의 경우 : 피합병법인으로부터 승계받은 사업에서 발생한 소득금액

* 분할합병의 상대방법인의 분할등기일 현재 결손금과 분할신설법인등이 승계한 분할법인등의 결손금에 대한 공제도 위와 동일한 방법으로 공제한다.

*적격합병·적격분할 시 기부금한도초과 이월액의 손금산입한도

합병법인, 분할법인의 상대방법인의 합병·분할 당시 기부금한도초과 이월액은 합병·분할 전 해당 법인의 사업에서 발생한 소득을 기준으로 산출한 한도 내에서 손금산입하고, 피합병법인, 분할법인 등으로부터 승계되는 기부금한도초과 이월액은 승계받은 사업에서 발생한 소득을 기준으로 산출한 한도 내에서 손금산입함.

(3) 피합병법인의 주주

합병대가[*] – 종전 주식의 장부가액 = 의제배당

* 적격합병의 경우 합병대가 평가
 ① 주식만 받은 경우 : 종전 주식의 장부가액
 ② 주식과 기타 재산을 받은 경우 : Min[종전 주식의 장부가액, 교부받은 주식의 시가]+기타 재산의 시가
* 시가 : 부당행위계산 부인규정의 시가로 하되, 자본거래로 특수관계인으로부터 분여받은 이익이 있으면 그 이익을 차감한 금액을 시가로 한다.

* 적격합병 요건

구분	피합병법인과 합병법인의 요건	피합병법인의 주주의 요건
① 사업목적은 합병	○	○
② 지분의 연속성	○	○(주식보유 요건 불필요)
③ 사업계속성	○	×
④ 고용승계	○	×

(4) 적격합병에서의 이탈

구분	내용
1. 적격합병 이탈요건	적격합병(무조건 적격합병으로 보는 경우는 제외)을 한 합병법인은 합병등기일이 속하는 사업연도의 다음 사업연도 개시일로부터 2년(③은 3년) 이내에 다음 중 어느 하나에 해당하는 경우에는 적격합병에서 이탈된 것으로 본다. 다만, 부득이한 사유에 해당하는 경우에는 그러하지 아니한다. ① 합병법인이 피합병법인으로부터 승계받은 사업을 폐지하는 경우[*] ② 피합병법인의 지배주주가 합병법인으로부터 받은 주식을 처분하는 경우 ③ 각 사업연도 종료일 현재 합병법인에 종사하는 근로자 수가 합병등기일 1개월 전 당시 피합병법인과 합병법인에 각각 종사하는 근로자 수의 합의 80% 미만으로 하락하는 경우
2. 적격합병에서 이탈될 경우의 처리	적격합병에서 이탈될 경우 피합병법인과 합병법인이 당초 적격합병으로 처리함으로써 혜택을 받은 것을 취소하고 세액을 추징한다.

* 합병법인이 사후관리기간 중 피합병법인으로부터 승계한 자산가액의 이상을 처분하거나 사업에 사용하지 아니하는 경우에는 피합병법인으로부터 승계받은 사업을 폐지한 것으로 본다.

Ⅱ 분 할

분할 체계도

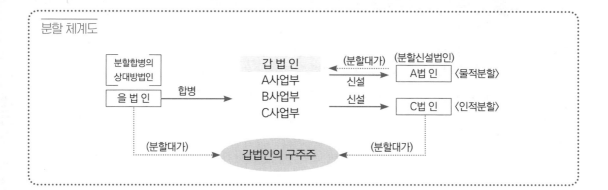

1. 인적분할에 대한 과세 … 합병의 경우와 동일

적격분할 요건

적격분할은 다음의 요건을 모두 갖춘 분할을 말한다. 다만, 부득이한 사유가 있는 경우에는 ②·③ 또는 ④의 요건을 갖추지 못한 경우에도 적격분할로 본다.

구분	적격분할요건
① 사업목적분할	분할등기일 현재 5년 이상 사업을 계속하던 내국법인이 분할할 것(분할합병의 경우 소멸한 분할합병의 상대방법인 및 분할합병의 상대방법인이 분할등기일 현재 1년 이상 사업을 계속하던 내국법인일 것)
② 지분연속성	분할법인 등의 주주가 분할신설법인 등으로부터 받은 분할대가의 전액이 주식인 경우(분할합병의 경우에는 분할대가의 80% 이상이 분할신설법인등의 주식인 경우 또는 분할대가의 80% 이상이 분할합병의 상대방 법인의 발행주식총수를 소유하고 있는 내국법인의 주식인 경우)로서, 분할법인 등의 주주가 소유하던 지분 비율에 따라 그 주식을 배정*하고, 지배주주가 분할등기일이 속하는 사업연도의 종료일까지 그 주식을 보유할 것 * 분할합병의 경우에는 분할법인의 일정 지배주주에게「분할신설법인의 주식가액의 총합계액×그 지배주주의 분할법인에 대한 지분비율」이상의 주식이 배정될 것
③ 사업계속성	분할신설법인 등이 분할등기 일이 속하는 사업연도의 종료일까지 분할법인 등으로부터 승계받은 사업을 계속할 것
④ 고용승계	분할등기일 1개월 전 당시 분할하는 사업부문에 종사하는 법령으로 정하는 근로자 중 분할신설법인등이 승계한 근로자의 비율이 80% 이상이고, 분할등기일이 속하는 사업연도의 종료일까지 그 비율을 유지할 것

* 적격합병과 차이 : 적격분할 후 분할법인이 존속하는 경우 분할신설법인 등은 분할된 사업부와 관련된 유보는 승계하나 이월결손금은 승계하지 않는다.

2. 물적분할에 대한 과세체계 (현물출자와 같이 자산양도차익 과세문제 발생)

구분		내 용
분할법인	취득한 주식의 평가	순자산의 시가(적격·비적격 동일)
	압축기장충당금 손금산입	적격분할 요건을 갖춘 경우와 부득이한 사유로 적격분할 요건을 갖추지 못한 경우에도 자산의 양도차익을 압축기장충당금으로 손금산입가능
분할 신설법인	취득한 자산의 평가	취득하는 자산의 시가(적격·비적격 동일)
	유보 및 감면공제세액 승계	① 유보의 승계 : 퇴직급여충당금 또는 대손충당금을 승계하는 경우에는 그와 관련된 유보는 승계하고, 그 외의 유보는 미승계(적격·비적격 동일) ② 세액감면·세액공제 이월액의 승계 : 적격물적분할의 경우 승계함